Maike Arz · Literatur und Lebenskraft

Maike Arz

Literatur und Lebenskraft

Vitalistische Naturforschung und bürgerliche Literatur um 1800

M&P
VERLAG FÜR WISSENSCHAFT
UND FORSCHUNG

Die Deutsche Bibliothek - CIP-Einheitsaufnahme

Arz, Maike:
Literatur und Lebenskraft : vitalistische Naturforschung und bürgerliche Literatur um 1800 / Maike Arz.
- Stuttgart : M und P, Verl. für Wiss. und Forschung, 1996
Zugl.: Aachen, Techn. Hochsch., Diss., 1994
ISBN 978-3-476-45152-1

ISBN 978-3-476-45152-1
ISBN 978-3-476-04248-4 (eBook)
DOI 10.1007/978-3-476-04248-4

M & P Verlag für Wissenschaft und Forschung
ein Verlag der J.B. Metzlerschen Verlagsbuchhandlung und
Carl Ernst Poeschel Verlag GmbH in Stuttgart

Ursprünglich erschienen bei J.B. Metzlersche Verlagsbuchhandlung
und Carl Ernst Poeschel Verlag GmbH in Stuttgart 1996

INHALT

Abkürzungen

a.a.O.	am angegebenen Ort
Abt.	Abteilung
Aufl.	Auflage
Bd., Bde.	Band, Bände
DD	Diskussion Deutsch
DU	Der Deutschunterricht
DVjs	Deutsche Vierteljahrsschrift für Literaturwissenschaft und Geistesgeschichte
Ebd.	Ebenda
EG	Études germaniques
Fn.	Fußnote
GJb	Goethe-Jahrbuch
GLL	German Life and Letters. New Series
GRM	Germanisch-Romanische Monatsschrift
IASL	Internationales Archiv für Sozialgeschichte der deutschen Literatur
JbDFH	Jahrbuch des Freien Deutschen Hochstifts
JbDSG	Jahrbuch der Deutschen Schillergesellschaft
JbGG	Jahrbuch der Goethe-Gesellschaft
JbRG	Jahrbuch der Raabe-Gesellschaft
LfL	Literatur für Leser
LWJb	Literaturwissenschaftliches Jahrbuch
LWU	Literatur in Wissenschaft und Unterricht
MLR	Modern Language Review
NR	Neue Rundschau
s.u.	siehe unten
SuF	Sinn und Form
WB	Weimarer Beiträge
ZfdPH	Zeitschrift für deutsche Philologie

1. Einleitung

Naturwissenschaftliche Erkenntnisse sind konstitutiv für das moderne Weltverständnis und bestimmen, aufgrund des neuzeitlichen Postulats von der kausalanalytischen Erforschbarkeit und Beherrschbarkeit der Natur, unser Zeitalter in einem Maße, wie das christliche Dogma das Mittelalter. Naturforschung wird heute als Naturerklärung im Sinne der sogenannten 'exakten' Naturwissenschaften begriffen, die auf die Entdeckung kausaler Gesetzmäßigkeiten und deren Randbedingungen zielen. Infolge der "naturwissenschaftlichen Revolution"[1] Galileis und Newtons und des Cartesianismus' setzt sich im 18. Jahrhundert, im Zuge der Aufklärung, das mechanistische Denken erstmals auf breiter Basis durch. Der Einfluß naturwissenschaftlicher Erkenntnisse auf das menschliche Bewußtsein hat sich seit der 'kopernikanischen Wende' im 16. Jahrhundert beständig vergrößert. Wie Wolf Lepenies hervorhebt, entwickelt der moderne Mensch mit Wissenschaft und Technik als Ersatz für Religion und Magie neue, wirksame Mechanismen, um mit der Angst vor der äußeren Natur fertig zu werden[2]. Das mit universalem Geltungsanspruch vertretene physikalistische Denken behauptet bis ins 20. Jahrhundert die Vorherrschaft, weil es den naturwissenschaftlich-technischen Fortschritt ermöglicht. Auf der theoretischen Grundlage der Allgemeingültigkeit der physikalisch-chemischen Naturgesetze gelingt es den Naturwissenschaftlern, praktisches Wissen zu erzeugen, das sich bezahlt macht. Die Erfolge der kausalanalytischen Forschung münden in die Erfolge der Technik, also in die Umgestaltung der Natur mit einer exponentiell wachsenden Zahl gezielter Eingriffe in die natürliche Umwelt. Verbunden ist damit, wie im Fall des hybriden Fortschritts- und Wissenschaftsglaubens des ausgehenden 19. Jahrhunderts, der Anspruch einer totalen Einverleibung der natürlichen in die menschliche Sphäre. Indem im 20. Jahrhundert die negativen Folgen und Begleiterscheinungen der raschen Industrialisierung unübersehbar werden, führt die Analyse der negativen Seiten der abendländischen Zivilisa-

---

1 A. Rupert Hall: Die Geburt der naturwissenschaftlichen Methode. 1630-1720. Von Galilei bis Newton, aus dem Engl. übers. von Theodor A. Knust, Gütersloh 1965.

2 Wolf Lepenies: Angst und Wissenschaft, in: ders.: Gefährliche Wahlverwandtschaften. Essays zur Wissenschaftsgeschichte, Stuttgart 1989, S. 39-60.

tion zu der Einsicht, daß die Bearbeitung der Natur, ihre Umschaffung in Kultur und Technik, zu einem neuen Belastungsfaktor geworden ist. Die Hoffnung auf einen endgültigen Sieg über die Natur schlägt in ihr Gegenteil um. Auf dem Boden des Kulturpessimismus wächst zum einen die Angst vor einem 'Zurückschlagen' der Natur, vor einer globalen Umweltkatastrophe, zum anderen aber auch die Bereitschaft, sich mit Konzepten auseinanderzusetzen, die einer Verabsolutierung des physikalistischen Naturverständnisses entgegenlaufen. Gemeint ist hier insbesondere die vitalistische Denkrichtung, die in der neuzeitlichen Naturforschung um 1800 einen Höhepunkt erreicht. In Opposition zu einem verabsolutierten mechanistischen Denken postulieren die sogenannten Vitalisten einen prinzipiellen Unterschied zwischen belebter und unbelebter Natur. Grundlegend ist dabei das Postulat einer besonderen Lebenskraft bzw. eines Lebensprinzips und/oder besonderer Lebensgesetze, die neben den physikalisch-chemischen Naturgesetzen in den Lebewesen wirksam seien. Die Vitalisten halten es für unwahrscheinlich, daß die Lebensphänomene allein durch physikalisch-chemische Gesetze verständlich gemacht werden könnten und insistieren daher auf einem grundlegenden Unterschied zwischen Lebewesen und Maschine. Sie begreifen eine biologische Forschung, die glaubt, die Lebenserscheinungen aus den Materieeigenschaften ableiten zu können, als 'reduktionistisch'.

Gegenwärtig gilt der Vitalismus bei der Mehrzahl der Naturwissenschaftler als überwunden. So bewertet etwa Ernst Mayr das Wiederaufleben des in der Antike wurzelnden vitalistischen Denkens im 18. Jahrhundert als "Reaktion auf eine naive, mechanistische Interpretation komplexer organischer Erscheinungen, die einer einfältigen physikalistischen Auslegung völlig verschlossen waren"[3]. Aus wissenschaftshistorischer Sicht gesteht man dem vitalistischen Lebensbegriff zwar heuristischen Wert zu; aufgrund seiner Verbindung mit dem teleologischen Denken wird er aber aus dem Bereich naturwissenschaftlicher Erkenntnisse ausgeschlossen.

---

3 Ernst Mayr: Die Entwicklung der biologischen Gedankenwelt: Vielfalt, Evolution und Vererbung, aus dem Engl. übers. von Karin de Sousa Ferreira, Berlin, Heidelberg, New York, Tokyo 1984, S. 309.

Die Betonung eines prinzipiellen Unterschieds zwischen belebter und unbelebter Natur, sei es nun in ontologischer oder methodologischer Hinsicht[4], geht generell mit der Ablehnung einer rein kausalmechanischen Erklärung des Lebens einher. Daß es kein tiefergehendes naturwissenschaftliches Verständnis von den Lebenserscheinungen gebe als ihre Zurückführung auf die Begriffe und Gesetze der Physik, scheint für viele evident zu sein, wie es sich besonders durch die expansive Entwicklung der in den letzten Jahrzehnten entstandenen, biologischen Disziplin Molekularbiologie bestätigt, die sich mit der Erklärung molekulargenetischer Strukturen und Mechanismen der Selbstreproduktion von Organismen erfolgreich behauptet. Molekularbiologen bekennen sich wie Physiker selbstbewußt zum reduktionistischen Forschungsprogramm.[5] Ihre vehemente Kritik am Vitalismus zielt gegen seine vermeintliche Tendenz zur Mystifizierung und zur Metaphysik. Der Vitalismus biete da "Scheinlösungen" an, wo "jeweils aktuelle Erkenntnislücken von Chemie und Physik" bestünden[6]; sobald diese aber geschlossen würden, verliere er seine Überzeugungskraft augenblicklich: "Wenn Fakten zur Tür hereinkommen, entweicht der Vitalismus durchs Fenster"[7]. Gerade aufgrund einer derartigen Tendenz zur Verabsolutierung der 'molekularen Sichtweise' und der damit verbundenen Vernachlässigung vitaler Aspekte, die sich nur auf den höheren Ebenen des Organismus zeigen, regen sich gerade heute auch wieder kritische Stimmen. Gegen die Vorherrschaft der "reduktionistisch-mechanistischen Philosophie"[8] widersetzt sich der Naturwissenschaftler Hans Primas, der darauf aufmerksam macht, daß man dem Vitalismus auch anders begegnen könne, indem er schreibt:

---

4 Siehe Bernd-Olaf Küppers: Einleitung. Inwieweit lassen sich die Lebenserscheinungen physikalisch-chemisch erklären?, in: Leben = Physik + Chemie? Das Lebendige aus der Sicht bedeutender Physiker. Ein Lesebuch, hg. und eingeleitet von Bernd-Olaf Küppers, S. 9.

5 Bernd Olaf Küppers: Einleitung, a.a.O., S. 9-34.

6 Bernd-Olaf Küppers: Materie, Information und der Ursprung des Lebens, in: Die Frage nach dem Leben, hg. von Ernst Peter Fischer und Klaus Mainzer, München und Zürich 1990, S. 113.

7 Francis Crick: Die Natur des Vitalismus, in: Leben = Physik + Chemie?, a.a.O., S. 129.

8 Hans Primas: Biologie ist mehr als Molekularbiologie. wir müssen gleichzeitig mit mehreren Naturbeschreibungen arbeiten, in: Die Frage nach dem Leben, a.a.O., S. 84.

Die vitalistische Schule lehnte angeblich die mechanistische Sicht ab und behauptete, in den Lebewesen fänden Prozesse statt, die nicht den Gesetzen der Physik gehorchten. Man kann aber im Vitalismus auch einen verzweifelten Versuch sehen, das mechanistische Prinzip der Naturerklärung beizubehalten, aber zusätzlich neue transphysikalische Vitalkräfte einzuführen. Ob wir nun sagen 'transphysikalische Kräfte' oder wie Schrödinger 'andere, bisher unbekannte physikalische Kräfte', macht kaum einen wesentlichen Unterschied, denn die moderne Physik kann durchaus neue Kräfte in ihr Denksystem integrieren.[9]

Bemerkenswert ist, daß an der vordersten Front der naturwissenschaftlichen Theorienbildung der vitalistischen Sichtweise heute wieder - wenn auch unter Vorbehalt - eine gewisse Berechtigung zugesprochen wird.[10] Wie Franz M. Wuketits, der maßgeblich an der Verbreitung einer 'Systemtheorie der Evolution' mitwirkt, zugibt, "erweisen sich viele Annahmen des Vitalismus insofern heute als richtig, als sie auf die offensichtlichen selbstregulierenden Fähigkeiten jedes lebenden Systems Bezug genommen haben"[11].

Die vorliegende Arbeit nähert sich dem Begriff vorwiegend aus kulturhistorischer Perspektive. Sie beleuchtet die konstitutive Bedeutung des Vitalismus, der zwischen 1750 und 1840 das Paradigma der biologischen Naturforschung darstellt, hinsichtlich der Entstehung eines anthropologischen Begriffs vom Menschen, wie er sich in der modernen deutschen Literatur seit der zweiten Hälfte des 18. Jahrhunderts manifestiert. Es soll verständlich gemacht werden, inwiefern sich auf der Grundlage dieser naturwissenschaftlichen Denktradition ein der menschlichen Selbsterfahrung entsprechendes, aufgeklärtes Selbstverständnis entwickeln konnte, das - paradoxerweise - heute noch im allgemeinen Akzeptanz genießt. Worin die Notwendigkeit eines dem mechanistisch-reduktionistischen Denken widersprechenden, 'teleologischen' Menschenbildes besteht, läßt sich anhand der hier ausgewählten literarischen Texte von Autoren, die als Naturwissenschaftler auch heute noch hohes Ansehen genießen, deutlich machen.

Während die mechanistische Naturauffassung Mitte des 18. Jahrhunderts beispielsweise mit La Mettries populärem Werk *L'homme machine* einen Hö-

---

9 Ebd., S. 79.

10 Ernst Fuchs: Die Mechanisierung des Herzens. Harvey und Descartes - Der vitale und der mechanische Aspekt des Kreislaufs.

11 Franz M. Wuketits: Grundriß der Evolutionstheorie, Darmstadt 1989, S. 138.

hepunkt erreicht, bemühen sich bereits einzelne Physiologen wie Albrecht von Haller und Caspar Friedrich Wolff um eine Revision dieser Sichtweise. Haller, der sich selbst zeitlebens als Mechanist verstand, führt im Hinblick auf die Lebewesen die Begriffe 'Reizbarkeit' und 'Sensibilität' ein und legt damit eine vitalistische Deutung nahe. Außerdem ebnet Wolff mit seinem Postulat einer 'vis essentialis' in Pflanzen und Tieren den Weg für eine Problematisierung der Vorstellung von einer 'Lebenskraft' innerhalb der empirischen Forschung. Was entscheidend zur Entstehung einer neuen naturwissenschaftlichen Disziplin, der Biologie, beiträgt: erstmals in der Geschichte der neuzeitlichen Naturwissenschaften wird die Frage nach einem besonderen Lebensprinzip zur hypothetischen Grundlage eines Forschungsprogramms gemacht. Je mehr man sich im 18. Jahrhundert, am Anfang des sogenannten 'bürgerlichen Zeitalters', für die Erforschung der lebendigen Natur interessiert, desto unbefriedigender erscheint die mechanistische Erklärung der Lebewesen in der philosophischen Tradition Descartes', wonach Pflanzen und Tiere sowie der menschliche Körper als komplexe Maschinen aufgefaßt werden. Mit zunehmender Säkularisierung schwindet die Bereitschaft, die Stellung des Menschen allein auf eine gottgegebene, immaterielle Seele zu begründen. Somit fordert die 1749 durch Linné vorgenommene Integration des Menschen in die Naturgeschichte zu einer naturphilosophischen Reflexion heraus. Insofern sich der Mensch als Teil der Natur begreift, stellt sich die Frage nach seiner 'Verwandtschaft' zum Tier oder allgemeiner nach den Gemeinsamkeiten und Unterschieden zwischen den Lebewesen und der toten Materie.

In diesem Zusammenhang gewinnt die vitalistische Idee um 1800 weitreichende geistesgeschichtliche Bedeutung. Ihre theoretische Verarbeitung bleibt nicht auf die naturwissenschaftliche Tradition beschränkt, sondern wird durch Philosophie und Literatur zu einem wichtigen Bestandteil des Zeitbewußtseins. Entscheidend ist hier die Entwicklung des Begriffs Organismus, wie ihn beispielsweise Immanuel Kant definiert. Er spricht dem Menschen naturgegebene, artspezifische Vermögen, wie Verstand und Vernunft, zu und unterscheidet in der *Kritik der Urteilskraft* (1790) zwischen rein mechanischen und organischen Naturerscheinungen:

> Ein organisiertes Wesen ist also nicht bloß Maschine: denn die hat lediglich b e w e g e n d e Kraft; sondern es besitzt in sich b i l d e n d e Kraft und zwar eine solche, die es den Materien mitteilt, welche sie nicht haben (sie organi-

siert): also eine sich fortpflanzende bildende Kraft, welche durch das Bewegungsvermögen allein (den Mechanism) nicht erklärt werden kann.[12]

Demnach nimmt Kant - wie die Vitalisten - eine klare Abgrenzung zwischen Organismus und Maschine vor. Als Unterscheidungskriterium postuliert er eine "bildende" Naturkraft, in Analogie zu Newtons Schwerkraft. Er erklärt die auf die lebendige Natur beschränkten Phänomene der Selbstorganisation und Selbstreproduktion durch die Wirksamkeit einer besonderen Kraft. Für Kant zeichnet sich der Organismus durch das Prinzip aus, daß seine Teile und das Ganze wechselseitig Mittel und Zweck sind. Die Teile funktionieren durch das Ganze und das Ganze erhält sich durch die Teile: "Ein organisiertes Produkt der Natur ist das, in welchem alles Zweck und wechselseitig auch Mittel ist"[13]. Ein Lebewesen stellt demnach nicht die Summe seiner Einzelelemente dar, sondern eine durch die wechselseitige Abhängigkeit von den Teilen und dem Ganzen bedingte individuelle Einheit. Durch die Wechselwirkungen zwischen Zweck und Ursache erklärt Kant die Zweckmäßigkeit der Lebewesen, wofür er den Begriff "Naturzweck"[14] prägt. Nach Ilse Jahn kann er deshalb "auf die entstehenden biologischen Disziplinen Einfluß gewinnen, weil er die metaphysisch belasteten Begriffe der Zweckmäßigkeit und Lebenskraft letztlich auf 'Naturmechanismen' zurückführt und eine Form des 'Vitalmaterialismus'"[15] vertritt. Das besondere Interesse dieser Arbeit richtet sich auf einen Vitalismus, der weder die mechanische Erklärung der Lebenserscheinungen ablehnt, noch metaphysisch im traditionellen Sinne genannt werden kann, sondern eine Lösung des Problems auf rationale Weise mit naturwissenschaftlichen Methoden anstrebt. Der Begriff 'Lebenskraft' erscheint als hypothetischer Begriff eines der Empirie verpflichteten Forschungsprogramms, das um 1800 eine Reihe bedeutender Naturforscher bindet. Galvani glaubt 1787, einen empirischen Beweis für die Existenz einer 'Lebenskraft' erbracht zu haben. Dadurch werden sowohl streng induktiv arbeitende Forscher wie beispielsweise Alexander von Humboldt als auch deduktiv-spekulative Denker wie Schelling anregt. Schel-

12 Immanuel Kant: Kritik der Urteilskraft, hg. von Gerhard Lehmann, Stuttgart 1986, S. 340 f.

13 Ebd., S. 343.

14 Ebd., S. 334 f.

15 Ilse Jahn: Grundzüge der Biologiegeschichte, Jena 1990, S. 303. Die Autorin übernimmt den Begriff 'Vitalmaterialismus' von Th. Lenoir ("The strategy of life", Dordrecht 1982).

ling legt mit seinen Spekulationen über die Entstehung der Lebenserscheinungen, die er deduktiv auf polare Kräfte zurückführt, um 1800 die Grundlage für die, im wesentlichen auf Deutschland beschränkte, romantische Naturphilosophie. Diese bringt den Vitalismus nachhaltig in den Ruf der Metaphysik und damit bei vielen Naturwissenschaftlern in Mißkredit. Der Bedeutungsverlust des Vitalismus im 19. Jahrhundert ist jedoch hauptsächlich darauf zurückzuführen, daß es der induktiven Forschung nicht gelingt, die angenommene besondere 'Lebenskraft' nachzuweisen, was von seiten der Naturwissenschaftler nach 1800 zunehmend als entscheidender Mißerfolg gewertet wird. Diese Entwicklung repräsentiert Alexander von Humboldt, der sich als junger Forscher - angeregt durch die Entdeckung der 'tierischen Elektrizität' und die neue Chemie Lavoisiers - in den neunziger Jahren des 18. Jahrhunderts mehrere Jahre lang experimentell mit der Frage nach dem Lebensprinzip beschäftigt, ohne einen Durchbruch zu erzielen. Gegen Ende seines Lebens schließt er sich dann der Auffassung seiner jüngeren Kollegen an, die behaupten, daß die Annahme besonderer Lebenskräfte wahrscheinlich überflüssig sei. Die Ansicht, daß die Lebenserscheinungen nur auf physikalisch-chemischer Ebene zu erklären seien, führt in der zweiten Hälfte des 19. Jahrhunderts zur Vorherrschaft eines extrem reduktionistischen Wissenschaftsbegriffs.

Daß das Ansehen des Vitalismus im 19. Jahrhundert fast völlig vernichtet wird, schmälert jedoch nicht seine Bedeutung für das Zeitbewußtsein des ausgehenden 18. und des frühen 19. Jahrhunderts, das gerade heute wieder in mancher Hinsicht aktuell erscheint. Infolge der vitalistischen Sichtweise formiert sich - in Auseinandersetzung mit dem Mechanismus und dem Problem des Lebens - die jüngste naturwissenschaftliche Disziplin, die Biologie, während zur gleichen Zeit in der Philosophie und der Literatur ein naturphilosophisch-anthropologisches Welt und Selbstverständnis begründet wird und so ins allgemeine Bewußtsein vordringt.

Indem sich der moderne Mensch nicht mehr als 'Krone einer göttlichen Schöpfung', sondern als 'vollkommenstes Geschöpf der Natur' versteht, ist er genötigt, gesicherte Erkenntnisse über die eigene Lebensform zu gewinnen bzw. Abgrenzungen gegenüber den anderen Elementen der Natur vorzunehmen, um sich in einer säkularisierten Welt orientieren und zurechtfinden zu können. Daher ist anzunehmen, daß die Gestaltung eines differenzierteren Welt- und Menschenbildes in der Literatur seit dem 18. Jahrhundert mit der problematischen Integration des Menschen in eine methodisch zu erforschende

Naturordnung zusammenhängt. Eben diesen Entwürfen will die vorliegende Arbeit anhand einzelner Interpretationen literarischer Texte des ausgehenden 18. und des beginnenden 19. Jahrhunderts nachgehen. Dabei soll die Frage nach dem mit der beschriebenen geistesgeschichtlichen Entwicklung verbundenen Bewußtseinswandel des modernen Menschen, der sich nunmehr als Teil eines lebendigen Ganzen, der Organismenwelt, begreift, im Zentrum stehen.

Nach der im 18. Jahrhundert durch die wichtigsten Vertreter der Naturgeschichte - Carl von Linné, Georges Buffon und Charles Bonnet - verbreiteten naturgeschichtlichen Vorstellung von der 'scala naturae', die auf eine neuplatonische Idee zurückgeht, bilden alle existierenden 'Wesen' von den Gesteinen über die Pflanzen und Tiere bis hin zum Menschen eine lineare, kontinuierliche Reihe. Die Zäsuren zwischen Unbelebtem und Belebtem sowie zwischen Tier und Mensch erscheinen im Rahmen eines religiösen Weltbildes unproblematisch, während sie den aufgeklärten, säkularisierten Menschen, der sich zur Selbstbestimmung genötigt sieht, vor eine schwierige Aufgabe stellen, sofern er sich nicht mit der cartesianischen Lösung des Problems zufrieden gibt. Denn wenn - wie Descartes behauptet - alle Lebewesen Maschinen sind und allein der Mensch darüber hinaus eine gottgegebene Seele besitzt, die ihn zu einem selbstbewußten und bewußt agierenden Wesen macht, gibt es nur einen wesentlichen, metaphysisch begründeten Unterschied, nämlich den zwischen Mensch und Tier. Die Frage nach dem Leben erscheint dann unerheblich. Somit erklärt sich aus der Vorherrschaft des mechanistischen und des religiösen Weltbildes in der zweiten Hälfte des 17. und der ersten Hälfte des 18. Jahrhunderts, daß das Leben in seinen vielfältigen und komplexen Erscheinungen erst im 18. Jahrhundert zu einem Gegenstand der Forschung wird. Man beginnt, das Leben als Naturphänomen zu betrachten und in seiner Eigengesetzlichkeit zu untersuchen. Bei Vertretern dieses Forschungsprogramms stößt das mechanistische Naturmodell wie auch der Cartesianismus in der Regel auf Ablehnung. Die 'Entdeckung des Lebens' führt um 1800 zu einem enormen Aufschwung der Naturforschung und der Naturphilosophie, die man noch nicht als ein Gegensatzpaar begreift. Vitalistische Theorien dringen rasch ins Zeitbewußtsein vor und tragen zur Herausbildung und Durchsetzung eines modernen Welt- und Menschenbildes entscheidend bei.

Die Auseinandersetzung über einen vitalistischen Lebensbegriff führt nicht nur zur Etablierung einer eigenständigen 'Wissenschaft vom Leben', sondern besitzt auch für die Konstituierung der modernen Literatur entscheidende Bedeutung. Die Auffassung, daß das menschliche Leben aus dem organischen Leben abgeleitet und mit den anderen Existenzformen verglichen werden soll, korrespondiert mit dem Anspruch der Literatur, die Bedingungen der menschlichen Existenz zu erkennen bzw. zu bestimmen. In dieser Hinsicht verarbeiten Johann Wolfgang von Goethe (1749-1832), Adelbert von Chamisso (1781-1838) und Georg Büchner (1813-1837) den vitalistischen Lebensbegriff in ihren literarischen Werken. Der Vitalismus stellt eine theoretische Basis dar, um über die Bedingungen der menschlichen Existenz zu reflektieren. Die drei hier ausgewählten Autoren - Goethe, Chamisso und Büchner - bieten sich insofern für dieses Vorhaben an, da sie zu unterschiedlichen Zeiten auf verschiedenen Gebieten als professionelle 'biologische' Forscher tätig waren. Als Naturwissenschaftler verbindet sie eine konsequent empirische Grundhaltung und eine Abkehr von der traditionellen, von Kant kritisierten teleologischen Naturinterpretation, wonach die in der Natur zu beobachtende Zweckmäßigkeit und Ordnung als Gottesbeweis aufgefaßt wird.

Welche Konsequenzen hat der Versuch, das menschliche Leben auf die Wirkungen von Naturkräften und -gesetzen zurückzuführen, für das menschliche Selbstverständnis und Handeln? Was bedeutet es, wenn man annimmt, daß das Leben durch eine 'Lebenskraft' bestimmt wird? Läßt sich auf der Basis des vitalistischen Naturmodells eine hinreichende Bestimmung des menschlichen Lebens vornehmen, oder ist eine weitere Komponente wie etwa eine humanspezifische Form von Beseelung anzunehmen? Inwieweit erweist sich das vitalistische Erklärungsmodell als überzeugend und wo stößt es an seine Grenzen? Mit diesen Fragen muß sich die Literatur auseinandersetzen, sofern sie die vitalistische Theorie aufnimmt und als Kern eines von den traditionellen Deutungsmustern emanzipierten Menschenbildes betrachtet.

Der revolutionäre Gedanke, daß der Mensch allein durch eine ihm innewohnende, naturgegebene Kraft zur Individualisierung und weitgehenden Autonomie von seiner Umwelt fähig ist, schlägt sich vor allem in der Geniekonzeption nieder. Das durch den Autonomiegedanken gesteigerte Selbstbewußtsein führt zu dem Versuch, die Unabhängigkeit auf schöpferische Weise im Rahmen der bestehenden Naturordnung, das heißt unabhängig von göttlicher Gnade, noch weiter auszudehnen. In Verbindung mit dem Autonomie- und Produktivitätsideal entwickelt beispielsweise das Prometheusmotiv in Deutschland in den 70er Jahren des 18. Jahrhunderts im dichtungstheoretischen Kontext seine Potenz. Die "alte mythologische Figur des Prometheus [...], der, abgesondert von den Göttern, von seiner Werkstätte aus eine Welt bevölkerte"[16], soll den Prototyp des selbstbewußten, nach Autonomie strebenden Menschen im allgemeinen und des modernen Künstlers im besonderen darstellen. Dabei tritt nicht mehr seine Schwäche, die Unterlegenheit gegenüber einem Gott, sondern seine Stärke, die Schaffenskraft, in den Vordergrund.[17] Herder nennt den Künstler einen "zweiten Prometheus", der "den elektrischen Funken vom Himmel holt", um seine geformten Figuren zu beleben.[18] Wie Herder spricht auch der junge Goethe dem genialen Künstler die Fähigkeit zu, seinem Geist in seinen Werken lebendigen Ausdruck zu verleihen. Er verwendet das Motiv beispielsweise in dem frühen kunsttheoretischen Aufsatz *Von deutscher Baukunst* (1772), worin die künstlerische Kreativität des Menschen als ein ursprüngliches, fast triebhaftes, artspezifisches Grundverhalten beschrieben wird.[19] Für Herder und die junge Dichtergeneration der Sturm und Drang-Bewegung ist es um 1770 nicht mehr Aufgabe des Dichters, eine durch göttliche Autorität gesicherte, vernünftige und sinnvolle Weltordnung widerzuspiegeln. Vielmehr soll er - wie Prometheus - auf der Basis seiner individuellen Erfahrungen und Möglichkeiten Ordnung und Sinn in einer größtenteils noch unerforschten Wirklichkeit aktiv aufsuchen und darstellen. Die Verwendung des Prometheusmotivs bei Herder macht in exemplarischer Weise deutlich, daß der moderne Mensch die Natur nicht mehr fraglos als positives Werk Gottes akzeptiert. Aufgrund des seit der Aufklärung entfesselten Forschungsgeistes erscheint die Welt vielmehr erklärungs- und gestaltungsfähig. Im 18. Jahrhundert beginnt, frühestens mit den Züricher Theoretikern Breitinger und Bodmer, "in Deutschland eine Poetik, die im dichterischen Kunstwerk nicht nur ein Medium zur Vermittlung von Lehre und zur Orientierung in einer strukturell geschlossenen Welt sieht, sondern die dem Kunstwerk Erkenntnis- und Gestaltungsauf-

---

16 Goethe: Dichtung und Wahrheit, 15. Buch, HA, Bd. 10, S. 48.

17 Vgl. die Tragödie "Gefesselter Prometheus" des Aischylos.

18 Johann Gottfried Herder: Fragmente (1767), Sämtliche Werke, Bd. I, hg. von Bernhard Suphan, Berlin 1877, Neudruck Hildesheim 1967, S. 256. Auch im ersten "Kritischen Wäldchen" von 1769 bezeichnet Herder den Dichter als "zweiten Prometheus", Sämtliche Werke, Bd. III, hg. von Bernhard Suphan, Berlin 1878, Neudruck Hildesheim 1967, S. 103.

19 Auch in seiner berühmten Rede "Zum Shakespeares Tag" verwendet Goethe das Motiv im Hinblick auf den englischen Dramatiker, der für ihn den Prototyp des genialen Künstlers darstellt.

gaben in einer strukturell offenen Welt zugesteht"[20]. Angesichts der schwierigen Aufgabe, einen neuen Begründungszusammenhang und Orientierungsrahmen zu schaffen, entsteht bei einer Reihe von Autoren ein besonderes Interesse für naturwissenschaftliche Annahmen und Erkenntnisse, die als methodisch gesichert gelten. In der Entstehungsphase der neuen Literatur läßt sich - mit Schwerpunkt auf Goethe - eine besondere Affinität zwischen Dichtung und Naturforschung feststellen.

Schon in der ersten Hälfte des 18. Jahrhunderts trägt die deutsche Literatur zur Vermittlung naturwissenschaftlicher Ansichten bei, bleibt allerdings noch vornehmlich naturtheologisch orientiert.[21] Analog zur literarischen Verarbeitung des naturreligiösen Denkens in der ersten Hälfte des 18. Jahrhunderts findet in der zweiten Hälfte des 18. Jahrhunderts in der deutschen Literatur eine Auseinandersetzung mit einer vom religiösen Weltbild emanzipierten Naturforschung statt. Die Basis für eine Korrelation zwischen diesen beiden kulturellen Bereichen stellt dabei insbesondere die Aufgabe einer naturphilosophischen Be-

---

20 Hans Peter Hermann: Naturnachahmung und Einbildungskraft. Zur Entwicklung der deutschen Poetik von 1670-1740, Bad Homburg v. d. H., Berlin, Zürich 1970, S. 280.

21 Beispielhaft für die literarische Verbreitung der naturtheologischen Tradition ist das neunbändige Hauptwerk Barthold Heinrich Brockes, "Irdisches Vergnügen in Gott" (1721-1748). Ruth und Dieter Groh nennen es in ihrem Buch "Weltbild und Naturaneignung" die "poetische Enzyklopädie der Bewegung"(54). Beispielhaft demonstriere das Gedicht "Das Firmament", wie das "Erschrecken des Menschen angesichts eines grenzenlosen Weltalls"(122) vom gläubigen Menschen in eine Naturoffenbarung des unendlichen Gottes transformiert werde. Brockes genaue Naturbeschreibungen, die sich auf viele unbelebte und belebte Naturgegenstände beziehen, werden ausnahmslos der theologischen Absicht untergeordnet. Wie Newton, der sich die Welt als Maschine und Gott als ihren Konstrukteur und Maschinisten vorgestellt habe, besäßen die meisten Vertreter der neuzeitlichen Naturwissenschaften bis ins 18. Jahrhundert einen metaphysischen Naturbegriff. Die meisten von ihnen sammeln als 'reine Empiriker' allein deshalb Belege, um - wie sie glauben - a posteriori von "der beobachtbaren Ordnung der Welt auf ihren Ordner"(31) schließen zu können. Seit Mitte des 17. Jahrhunderts verbreitete sich von England aus die sogenannte 'physikotheologische' Bewegung, die in ihrer Naturforschung den Grundstock für eine optimistische, Naturwissenschaften und Religion harmonisierende Weltsicht sieht. Sie verliert im Laufe des 18. Jahrhunderts ihre Bedeutung, nicht zuletzt, weil ihre Argumentationsweise durch Humes und Kants Kritik an der Zirkularität ihres Schlußverfahrens zweifelhaft wird. Ruth und Dieter Groh: Weltbild und Naturaneignung. Zur Kulturgeschichte der Natur, Frankfurt a. M. 1991.

stimmung der menschlichen Art dar. Sie bedingt, daß von Seiten der Literatur um 1800 ein auffallendes Interesse an naturwissenschaftlichen Erkenntnissen überhaupt besteht. Zusätzlich seien hier die Autoren Jean Paul, Georg Christoph Lichtenberg, Novalis und E.T.A. Hoffmann genannt.

In der germanistischen Forschung findet der biologisch-vitalistische Deutungsaspekt bisher keine nennenswerte Beachtung. Nur ausnahmsweise wird auf den Zusammenhang speziell von vitalistischer Theorie und Genieästhetik hingewiesen. So bemerkt Karl N. Renner, daß der im Sturm und Drang entwickelte "Geniebegriff [...] eine auffallende formale wie inhaltliche Ähnlichkeit mit dem kurz zuvor entwickelten Vitalismuskonzept in der Medizin" hat und führt anschließend aus:

> Formal gesehen schränken beide den universalen Geltungsanspruch rationalistischer und mechanistischer Normen ein, indem sie die Spezifität von Leben und Kunst auf eine mechanistischen Gesetzen nicht unterworfene Größe zurückführen, nämlich auf Leben oder Genie. Inhaltlich gesehen wird Leben wie Genie als eine natürliche Größe betrachtet, die letztlich nicht erklärbar ist und daher auch nicht mechanisch erwerbbar ist.[22]

Offensichtlich wird hier ein Begriff von Vitalismus vorausgesetzt, der wissenschaftliche Erklärungen des Lebens grundsätzlich ausschließt, indem er auf einen unerklärbaren Rest, gewissermaßen ein Mysterium des Lebens, abhebt. Wolfgang Braungart identifiziert analog dazu "Naturvitalismus"[23] mit "magisch-hermetischen Naturauffassungen [...], welche Natur belebt den-

---

22 Karl N. Renner: '...laß das Büchlein deinen Freund seyn'. Goethes Roman 'Die Leiden des jungen Werthers' und die Diäthetik der Aufklärung, in: Zur Sozialgeschichte der deutschen Literatur von der Aufklärung bis zur Jahrhundertwende: Einzelstudien, hg. von Günter Häntzschel, Tübingen 1985, S. 19 f. In einer Anmerkung verweist Renner auf eine ältere Studie von Hellmuth Sudheimer, die "auf den biologisch-vitalistischen Geniebegriff des jungen Goethe [...] bereits [...] aufmerksam" gemacht habe. Da von dieser Arbeit für meine Untersuchung keine besondere Anregung ausging, möchte ich es bei diesem Hinweis belassen. Hellmuth Sudheimer: Der Geniebegriff des jungen Goethe, Berlin 1935.

23 Wolfgang Braungart: Naturverhältnisse. Zur poetischen Reflexion eines Aufklärungsproblems beim jungen Goethe, in: Idealismus und Aufklärung. Kontinuität und Kritik der Aufklärung in Philosophie und Poesie um 1800, hg. von Christoph Jamme und Gerhard Kurz, Stuttgart 1988, S. 19.

ken"[24]. Als weiteres Beispiel für das bestehende Unverständnis sei Jeremy Adler erwähnt, der Goethes philosophische Grundhaltung, die er "empirischen Idealismus" nennt, einerseits gegen einen empirisch-rationalistischen Mechanismus und andererseits gegen einen transzendental-idealistischen Vitalismus abgrenzt.[25]

Schränkt man den Begriff dieser Denktradition solcherart ein, dann erscheint der Metaphysik-Vorwurf, der vor allem von seiten der 'exakten' Naturwissenschaften bis heute gemacht wird, durchaus berechtigt. Eine Rehabilitierung des Vitalismus setzt voraus, daß man naturwissenschaftliche Erkenntnis nicht einfach mit den objektivistisch aufgefaßten Erklärungen der atomistisch-mechanistischen Tradition gleichsetzt; es müßte vielmehr grundsätzlich auch als Ziel der Naturwissenschaften betrachtet werden, ein Verständnis von Natur zu entwickeln, das dem Individuum als Orientierungsrahmen dienen kann. Da der Begriff Vitalismus in der Regel mißverstanden wird, ist es notwendig, diese naturwissenschaftliche Sichtweise ausführlich zu charakterisieren, nicht nur, um die gängigen Vorurteile auszuräumen, sondern vor allem, weil dadurch überhaupt erst eine Deutungsperspektive gewonnen werden kann, die für die Interpretation literarischer Werke geeignet ist.

Ausgehend von der bereits einleitend skizzierten These, daß zwischen der in der zweiten Hälfte des 18. Jahrhunderts beginnenden Erforschung des Lebens und der etwa gleichzeitigen Revolutionierung der deutschen Literatur und Poetik ein Zusammenhang besteht, ist es das Ziel der vorliegenden Arbeit, einen neuen Zugang zum Verständnis der modernen Literatur zu eröffnen und damit einen Ansatz zu schaffen, der neue Einsichten im Hinblick sowohl auf die heutige Naturtheorie als auch auf die aktuelle Poetik vermittelt.

Im ersten Teil soll die Deutungsperspektive in einen allgemeinen Rahmen eingebunden werden: Zunächst wird die Entstehung der 'Wissenschaft vom Leben' beschrieben, wobei der damit einhergehenden naturwissenschaftlichen Diskussion über die 'Lebenskraft' besondere Beachtung geschenkt wird. Das zweite Kapitel veranschaulicht die Bedeutung der vitalistischen Theorie im wissenschaftlichen und kulturellen Kontext des ausgehenden 18. Jahrhunderts anhand einer kurzen Erzählung von Alexander von Humboldt. Aspekte der theoretischen Bestimmung von Naturforschung und Dichtung durch Goethe werden

24 Ebd., S. 25.

25 Jeremy Adler: 'Eine fast magische Anziehungskraft': Goethes 'Wahlverwandtschaften' und die Chemie seiner Zeit, München 1987, S. 138.

im dritten Kapitel thematisiert. Das vierte Kapitel enthält Einzeldarstellungen der Naturforschungen Goethes, Chamissos und Büchners, die im Kontext naturwissenschaftlicher Traditionen hinsichtlich zentraler Aspekte gebündelt und spezifiziert werden. Im fünften Kapitel werden Analogien zwischen dem vitalistischen Denken und der durch Herder und Goethe in den literarischen Diskurs eingeführten Idee einer das Genie auszeichnenden Schöpfungskraft aufgezeigt.

Der zweite Teil enthält eine Reihe von Einzelinterpretationen zu literaturgeschichtlich bedeutsamen Werken Goethes, Chamissos und Büchners, die im Zeitraum von den siebziger Jahren des 18. bis Mitte der dreißiger Jahre des 19. Jahrhunderts entstanden sind. Im ersten Kapitel werden zwei zentrale Texte des jungen Goethe behandelt, die in den beiden Figuren Prometheus und Werther unterschiedliche Ausdeutungen des Postulats einer Lebens- und Schaffenskraft in ihrer existentiellen Bedeutung vorführen. Das zweite Kapitel thematisiert an zwei Werken der klassischen Literatur - den naturwissenschaftlichen Lehrgedichten - exemplarisch die von Goethe unter Bezugnahme auf seine eigene Naturforschung entwickelte harmonistische Lebens- und Kunstauffassung, die zur Ausgrenzung der existentiellen Problematik des modernen Individuums führt. Wenngleich diese idealistische Weltsicht in Adelbert von Chamissos Werk *Peter Schlemihls wundersame Geschichte*, mit dem sich das dritte Kapitel befaßt, vordergründig noch ausgemalt wird, lassen sich doch schon Risse und Brüche erkennen, die die Unhaltbarkeit dieses Lebenskonzepts vorwegnehmen. Das Schicksal Schlemihls, der sich zum 'idealen Biologen' entwickelt, verdeutlicht die Problematik des in der klassischen Literatur verabsolutierten Harmoniegedankens. Zum völligen Bersten dieses Entwurfs kommt es schließlich im Werk Georg Büchners, dessen Erzähltext *Lenz* im vierten Kapitel gedeutet wird. Als Allegorie eines mit letzter Konsequenz betriebenen Widerstands entwirft Büchner hier ein kritisch engagiertes, im Hinblick auf die existentielle Problematik des modernen Individuums allerdings erschütterndes Bild der Realität.

Im dritten Teil werden die bisher gewonnenen Ergebnisse ausgewertet, um die grundlegende Bedeutung des vitalistischen Lebensbegriffs für die poetische Weltreflexion einsichtig zu machen. Im ersten Kapitel soll angesichts der verschiedenen literarischen Entwürfe zunächst ein Verständniszusammenhang hergestellt werden. Im zweiten Kapitel geht es um eine Anbindung an den aktuellen literaturwissenschaftlichen Diskurs und die Auswertung in Richtung einer 'Poetik des Lebendigen'.

Die Schlußbetrachtung verweist auf den aktuellen Diskurs der Naturwissenschaften, wobei versucht wird, zwischen naturwissenschaftlichen und literaturwissenschaftlichen Perspektiven unter einem interdisziplinären Gesichtspunkt zu vermitteln und in Hinblick auf kulturelle Implikationen kritisch zu diskutieren. Leitidee ist dabei grundsätzlich, dem Zusammenhang von Erkenntnisinteresse und Erkenntnisformen nachzuspüren.

2. Die Entdeckung des Phänomens 'Leben': Der Autor als Naturforscher

2.1. Die Entstehung der 'Wissenschaft vom Leben'

Schon in der Antike existierte ein umfangreiches Wissen über die Lebewesen, aber erst in der zweiten Hälfte des 18. Jahrhunderts wird das 'Leben' selbst zum Gegenstand der neuzeitlichen Naturforschung. Insbesondere seit dem 17. Jahrhundert wurde der Horizont der auf Aristoteles zurückgehenden 'Naturgeschichte' durch die Einführung des Mikroskops (z.B. Malpighi, Swammerdam, Leeuwenhoek) und im 18. Jahrhundert durch die großen Entdeckungsreisen (z.B. Linné, Cook, Humboldt) erheblich erweitert. Immer noch von der antiken Epistemologie geprägt, war es das Ideal vieler Naturbeobachter, ein enzyklopädisches Wissen zu erstellen. Daher wurden die verschiedenen Naturgegenstände bis Mitte des 18. Jahrhunderts generell eher als Inventar dieses Planeten betrachtet, das es aufzulisten, zu beschreiben und zu klassifizieren galt. Ein Kennzeichen dieser äußerlichen Betrachtungsweise der Natur ist beispielsweise, daß man an der aristotelischen Dreiteilung der Natur in das Pflanzen-, das Tier- und das Mineralreich festhielt, wobei ein Wesensunterschied zwischen lebendigen und unbelebten Dingen nicht expliziert wurde. Tierkunde betrieb man in dieser Zeit üblicherweise an Dauerpräparaten, so daß diese häufig in Kombination mit der Gesteinskunde auftrat, da beide an Naturalienkabinette bzw. an Museen gebunden waren. Dagegen arbeiteten die Botaniker meist an Frischmaterial und hielten sich dort auf, wo es botanische Gärten gab. Die Naturgeschichte orientierte sich an dem auf eine neuplatonische Idee zurückgehenden Naturmodell einer 'Stufenleiter der Natur' oder 'scala naturae', wonach alle 'Wesen' der physischen Welt, von den Gesteinen über die Pflanzen und Tiere bis zum Menschen eine lineare, kontinuierliche Reihe bilden. Der populärste Vertreter der Stufenleiteridee war im 18. Jahrhundert

Charles Bonnet, aber auch Johann Gottfried Herder trug wesentlich zur ihrer Verbreitung bei.[1]

Der enorme Erfolg dieses Naturmodells ist letztlich durch seine religiöse Fundierung begründet. Aufgrund der Dominanz eines religiösen Dogmatismus wurde weder die Unterscheidung von unbelebter und belebter Welt noch die von Tier- und Menschenwelt als Ziel der Naturforschung begriffen. Im Zuge der fortschreitenden Aufklärung und der Säkularisierung um die Mitte des 18. Jahrhunderts änderte sich das Wissenschaftsklima jedoch grundlegend. Nun begann man, das 'Leben' als Naturphänomen zu betrachten und in seiner Eigengesetzlichkeit zu untersuchen. Solange das mechanistische Weltbild vorgeherrscht hatte, wonach auch die Lebenserscheinungen auf die Gesetze der Mechanik zurückgeführt wurden, unterschied man nicht prinzipiell zwischen den Naturkörpern.

Dann bereiten die physiologischen Arbeiten Albrecht von Hallers (1708-1778) über die Reizbarkeit einfacher Strukturelemente organischer Körper[2] und die embryologischen Untersuchungen von Caspar Friedrich Wolff (1734-1794) um 1750 eine eigenständige Lebenslehre vor, indem diese Naturforscher erstmals spezifische Eigenschaften des Lebens betonen. Obwohl Haller sich selbst noch als Mechanist versteht, werden seine Erkenntnisse in der Folge vitalistisch interpretiert. So treten zunehmend, wie Thomas Fuchs prägnant zusammenfaßt, "die 'force animées', das 'principe de vie' bei den französischen, die 'Lebenskraft' oder 'vis essentialis' bei den deutschen Physiologen [...] an die Stelle iatromechanischer Erklärungen"[3]. Auch Caspar Friedrich Wolff, der als Begründer der 'Epigenesistheorie' bekannt wird[4], faßt die von ihm beobachteten Entwicklungsprozesse als Wirkungen einer "vis essentialis"[5] auf. In einer Anmerkung am Ende seiner berühmten Dissertation *Theoria Generationis* von

1 Zur Geschichte dieser Idee siehe Arthur O. Lovejoy: Die Kette der Wesen, Frankfurt a. M. 1985.

2 Ilse Jahn: Grundzüge..., a.a.O., S. 268.

3 Ernst Fuchs: Die Mechanisierung des Herzens. Harvey und Descartes - Der vitale und der mechanische Aspekt des Kreislaufs, Frankfurt a.M. 1992, S. 189.

4 Wolff verbreitet seine Theorie in den sechziger Jahren durch Privatvorlesungen und vor allem durch sein Lehrbuch "Theorie von der Generation in zwo Abhandlungen erklärt und bewiesen", Berlin 1764.

5 Caspar Friedrich Wolff: Theoria Generationis (1759), übers. und hg. von Paul Samassa, Leipzig 1896, S. 12.

1759 deutet er seine Auffassung vom Funktionieren der organischen Körper an:

> Ich will nur noch Weniges bemerken. Alle die Funktionen des Körpers, von denen ich geleugnet habe, dass sie auf mechanische Weise sich vollziehen, habe ich auf keine Art erklärt; ich habe nur den Zusammenhang, der zwischen der Maschine und dem Leben besteht, untersucht, den Ursachen des letzteren aber dort, wo es zu der Maschine keine Beziehung hat, nicht weiter nachgeforscht. Wenn Du also, wohlwollender Leser, in dieser Beziehung meine Ansicht errathen wolltest, so könntest Du leicht irren. Am nächsten wird man wohl meine Ansichten treffen, wenn man an die Meinung Stahl's oder an die von ihm übernommene und etwas geänderte Whytt's und anderer neuerer denkt, der zufolge die in unserem Körper sich vollziehenden Functionen der Thätigkeit einer immateriellen Seele zugeschrieben werden, die dieselben entweder leitet und frei handelt oder die durch den ihr auferlegten Zwang bestimmt wird. Ich möchte aber nicht, dass mir dies als ein Fehler angerechnet werde oder dass es scheine, als ob ich mir widerspräche, weil ich den gebräuchlichen Ausdrücken zuliebe in der ganzen Abhandlung so gesprochen habe, als ob Alles sich auf mechanische Weise vollzöge.[6]

Demnach unterscheidet Wolff theoretisch zwischen dem Körper als Maschine und einem ihn 'beseelenden' geistigen Prinzip, lehnt also die Vorstellung, der Organismus bewege sich und lebe allein aufgrund der Gesetze der Mechanik, grundsätzlich ab. Zurückhaltung legt er sich bezüglich der Teleologiefrage auf und gibt zu, nur eine vage Vorstellung davon zu besitzen, wodurch das Leben ermöglicht und bestimmt wird. Indem er jedoch auf den Animismus Georg Ernst Stahls und seiner Nachfolger verweist, die für den Menschen eine selbstbewußte, alle Lebensfunktionen steuernde Seele und für die übrigen Lebewesen ein instinktmäßig determiniertes Programm als Prinzip der Beseelung postulieren, deutet er die Richtung seiner Gedanken an. Später rückt Wolff immer entschiedener von der animistischen Auffassung ab; 1789 faßt er die 'vis essentialis' schließlich in seiner Abhandlung *Von der eigenthümlichen und wesentlichen Kraft der vegetabilischen sowohl als auch der animalischen Substanz* in Analogie zur Newtonschen Schwerkraft auf.[7]

6 Ebd., S. 81.

7 Ilse Jahn: Grundzüge..., a.a.O., S. 273 ff.

Auch die Naturforscher Johann Friedrich Blumenbach[8], Johann Wolfgang von Goethe[9], Carl Friedrich Kielmeyer[10] und Johann Christian Reil[11] gehen von spezifischen organischen Kräften aus, um Eigenschaften des Lebens, wie Ernährung/Stoffwechsel[12], Wachstum/Entwicklung, Reproduktion/Fortpflanzung[13], Sensibilität/Empfindungsvermögen und Irritabilität/Reizbarkeit, Vielfalt und Stammesentwicklung[14] zu erklären. Sie konstatieren einen Unterschied zwischen der belebten und der unbelebten Natur und wenden sich damit gegen das von der Physik entworfene atomistisch-mechanistische Weltbild.

Immanuel Kant bringt die Argumente dieser Geistesrichtung 1790 in der *Kritik der Urteilskraft* auf ein neues Niveau. Sein Organismusbegriff besitzt für die Entstehung der Disziplin Biologie insofern herausragende Bedeutung, als er eine reflektierte, philosophisch vertretbare Unterscheidung zwischen anorgani-

---

8 Johann Friedrich Blumenbach: Über den Bildungstrieb und das Zeugungsgeschäfte, Göttingen 1781.

9 Johann Wolfgang von Goethe: Versuch die Metamorphose der Pflanzen zu erklären, 1790, in: HA, Bd. 13, S. 99.

10 Carl Friedrich Kielmeyer: Über die Verhältnisse der organischen Kräfte untereinander in der Reihe der verschiedenen Organisationen, die Gesetze und Folgen dieser Verhältnisse, 1793, S. 9 f.

11 Johann Christian Reil: Von der Lebenskraft, 1795.

12 Wolff, Blumenbach.

13 Goethe schreibt im letzten Kapitel seiner Abhandlung zur Metamorphose der Pflanzen, das er "Wiederholung" nennt: "Betrachten wir eine Pflanze insofern die ihre Lebenskraft äußert, so sehen wir dieses auf eine doppelte Art geschehen, zuerst das Wachstum, indem sie Stengel und Blätter hervorbringt, und sodann durch die Fortpflanzung, welche in dem Blüten- und Fruchtbau vollendet wird." (99).

14 Für Kielmeyer geht das Leben aus einer Wechselwirkung von fünf organischen Grundkräften hervor. In der Individualentwicklung wirkten die verschiedenen Kräfte, vor allem die Empfindungsfähigkeit, die Reizbarkeit und die Reproduktionskraft, nacheinander in unterschiedlichem Maße und führten so zu einem bestimmten Organisationsniveau. Analog dazu vollziehe sich die Entwicklung "in der Reihe der Organisationen" (35), die nicht mehr nur räumlich, sondern auch zeitlich verstanden wird: "Ja, da die Vertheilung der Kräfte in der Reihe der Organisationen dieselbe Ordnung befolgt, wie die Vertheilung in den verschiedenen Entwicklungszuständen des nehmlichen Individuums, so kann gefolgert werden, daß [...] die Reproduktionskraft in ihren Gesetzen mit der Kraft übereinstimme, durch die die Reihe der verschiedenen Organisationen der Erde ins Daseyn gerufen wurde" (38 f.).

scher und organischer Natur macht und den Gegenstand dieses Faches dadurch definiert. Der Organismus wird zum Modell für die Natur als Ganzes sowie ihrer Teile, wobei neben Kant vor allem Herder und Goethe an der Durchsetzung dieser Auffassung mitwirken.[15] In den *Metaphysischen Anfangsgründen der Naturwissenschaft* und der *Kritik der reinen Vernunft* fordert Kant zunächst eine Eliminierung der Teleologie aus dem Bereich der Naturforschung.[16] Sein Interesse gilt zu dieser Zeit "vornehmlich der Frage nach der Bedingung der Möglichkeit von exakter Naturwissenschaft"[17], worunter er paradigmatisch die Newtonsche Physik versteht. Seine Teleologiekritik richtet sich dabei vornehmlich gegen die teleologischen Urteile der Physikotheologen[18] oder aber gegen die Philosophie Christian Wolffs, welche alle Lebewesen nach ihrem Nutzen für den Menschen beurteilte. In der *Kritik der Urteilskraft* schränkt er die Bedeutung der kausalmechanischen Naturerklärung schließlich radikal ein. Er unterscheidet prinzipiell zwischen den rein mechanischen und den lebendigen Naturerscheinungen:

> Ein organisiertes Wesen ist also nicht bloß Maschine: denn die hat lediglich b e w e g e n d e Kraft; sondern es besitzt in sich b i l d e n d e Kraft und zwar eine solche, die es den Materien mitteilt, welche sie nicht haben (sie orga-

---

15 Dorothea Kuhn: Versuch über Modelle der Natur in der Goethezeit, in: dies.: Typus und Metamorphose. Goethe-Studien, hg. von Renate Grumach, Marbach am Neckar 1988, S. 168. Walter D. Wetzels: Herders Organismusbegriff und Newtons Allgemeine Mechanik, in: Johann Gottfried Herder 1744-1803, hg. von Gerhard Sauder, Hamburg 1987, S. 182 f.

16 Vgl. Robert Spaemann und Reinhard Löw: Die Frage Wozu? Geschichte und Wiederentdeckung des teleologischen Denkens, München 1981, S. 125.

17 Ebd., S. 126.

18 Seit Mitte des 17. Jahrhunderts verbreitete sich von England aus die sogenannte physikotheologische Bewegung, die in ihrer Naturforschung den Grundstock für eine optimistische, Naturwissenschaften und Religion harmonisierende Weltsicht sah. Ihre empirischen Naturbeobachtungen sollten ausschließlich dazu dienen, die zweckmäßige Einrichtung der Welt durch ihren Schöpfer zu belegen. Als 'reine Empiriker' sammelten die Physikotheologen Belege, um - wie sie glaubten - a posteriori von "der beobachtbaren Ordnung der Welt auf ihren Ordner" schließen zu können. Kant hat die Möglichkeit dieses Analogieschlusses in der "Kritik der reinen Vernunft" widerlegt. Siehe Ruth und Dieter Groh: Weltbild und Naturaneignung. Zur Kulturgeschichte der Natur, Frankfurt a. M. 1991, S. 31 und 53. Siehe auch: Thomas P. Saine: Von der Kopernikanischen bis zur Französischen Revolution, Berlin 1987, S. 104 f.

nisiert): also eine sich fortpflanzende bildende Kraft, welche durch das Bewegungsvermögen allein (den Mechanism) nicht erklärt werden kann.[19]

Nach Kants Auffassung werden die Lebewesen als in sich zweckmäßig gestaltete und funktionierende Einheiten durch eine besondere Kraft organisiert. Diese "bildende Kraft" wirke in bestimmter Weise strukturierend und dynamisierend auf die Materie ein. Lebendig erhalte sich die organische Natur durch die Reproduktion der lebendigen Organismen selbst. Ein Organismus stellt für Kant ein Naturgebilde dar, "in welchem alles Zweck und wechselseitig auch Mittel ist. Nichts in ihm ist umsonst, zwecklos oder einem blinden Naturmechanismus zuzuschreiben"[20]. Die organische Natur läßt sich nach Kant also definitionsgemäß nur unter teleologischem Gesichtspunkt begreifen: Die Vorstellung von einem Lebewesen ist damit verbunden, daß man ihm ein 'Selbst' zuspricht. Implizit vorausgesetzt ist dabei, daß ein Lebewesen sich bis zu einem gewissen Punkt auch gegen Widerstände selbst erhält. Diese Fähigkeit zur Selbstorganisation und Selbsterhaltung[21] wird einer Zweckursache zugeschrieben:

> Es mag immer sein, daß z.B. in einem tierischen Körper manche Teile als Konkretionen nach bloß mechanischen Gesetzen begriffen werden könnten (als Häute, Knochen, Haare). Doch muß die Ursache, welche die dazu schickliche Materie herbeischafft, diese so modifiziert, formt, und an ihren gehörigen Stellen absetzt, immer teleologisch beurteilt werden, so, daß alles in ihm als organisiert betrachtet werden muß, und alles auch in gewisser Beziehung auf das Ding selbst wiederum Organ ist.[22]

Die teleologische Beurteilung der Natur besitzt nach Kant, im Gegensatz zu ihrer kausalen Bestimmung, 'regulative' Bedeutung; das heißt, es handelt sich um eine im menschlichen Erkenntnisvermögen begründete Reaktion der Vernunft auf die Erscheinungen der lebendigen Natur.[23] Bestimmte Dinge sind für

---

19 Immanuel Kant: Kritik der Urteilskraft, hg. von Gerhard Lehmann, Stuttgart 1986, S. 340 f.

20 Ebd., S. 343.

21 Ebd., S. 341.

22 Ebd., S. 345.

23 Josef Simon: Subjekt und Natur. Teleologie in der Sicht kritischer Philosophie, in: Die Struktur lebendiger Systeme. Zu ihrer wissenschaftlichen und philosophischen Bestimmung, hg. von Wolfgang Marx, Frankfurt a. M. 1991, S. 105-132.

den Menschen zweckmäßig organisiert, weil bei ihnen eine "innere Zweckmäßigkeit", die sie in ihrer "inneren Einheit" erhält, vorausgesetzt wird. Unter teleologischem Gesichtspunkt werden die "Naturzwecke" in Analogie zu den von der menschlichen Intelligenz intendierten Handlungszwecken betrachtet. Doch zielt die Teleologie nach Kant keinesfalls auf eine "übernatürliche Ursache", sondern spricht "von der Natur, als ob die Zweckmäßigkeit in ihr absichtlich sei, aber doch zugleich so, daß man der Natur, d. i. der Materie, diese Absicht beilegt". Sie stellt somit "eine andere Art der Naturforschung, als die nach mechanischen Gesetzen ist", dar.[24] Kant, so erläutern Robert Spaemann und Reinhard Löw, holt in der *Kritik der Urteilskraft* "die teleologische Betrachtungsweise aus der Metaphysik zurück zur Beurteilung von wirklichen Phänomenen in der Natur. Er überläßt die Natur nicht einfach dem Mechanismus"[25]. Auch Josef Simon führt die 'Rückholung' der teleologischen Betrachtung in einem Aufsatz zum Thema *Teleologie in der Sicht kritischer Philosophie* auf die Unzulänglichkeit der rein kausalen Erklärungsweise als der einzig objektiv gültigen Form des Erklärens zurück. Das "Problem des teleologischen Denkens" sei insofern "mit der Biologie als besonderer Naturwissenschaft unmittelbar verbunden"[26], als diese ihren "Gegenstand"[27] in besonderen Arten habe, denen eine "innere Einheit" zugesprochen wird. Zu den 'metaphysischen Anfangsgründen', also den axiomatischen Voraussetzungen der Biologie, gehöre deshalb notwendig "das Ausgehen von Arten des Lebens, von denen gesagt wird, daß sie sich in Stoffwechsel und Regeneration selbst erhalten"[28]. Diese an den Organismen beobachteten Merkmale seien dabei, aufgrund vorwissenschaftlicher Erfahrung, als "Anzeichen für eine innere Einheit" der Lebewesen zu verstehen. Für die Biologie ergibt sich ein substantiell anderes Erkenntnisziel als für die Physik. Geht es nämlich der Physik, unter Absehung von aller Besonderheit, um einen einheitlichen, durchgehenden Kausalzusammenhang, so macht die Biologie Aussagen über Phänomene, die sich gerade dadurch auszeichnen, daß sie sich in ihrem Selbstsein erhalten können und somit bis zu einem gewissen Grad eine Eigenständigkeit aufweisen. Die bei den Lebewesen vorausgesetzte "innere Zweckmäßigkeit", so Simon weiter, sei aber

24 Immanuel Kant: Kritik der Urteilskraft, a.a.O., S. 354.

25 Robert Spaemann und Reinhard Löw: Die Frage Wozu, a.a.O., S. 135.

26 Josef Simon, a.a.O., S. 112.

27 Ebd., S. 123.

28 Ebd., S. 112.

aufgrund der Begrenztheit des menschlichen Verstandes nicht objektiv bestimmbar und bleibe daher "eine 'Zweckmäßigkeit ohne Zweck', den wir angeben könnten"[29].

Damit ist ein theoretisches Niveau erreicht, auf dem sich das Selbstverständnis der 'Wissenschaft vom Leben' herausbilden kann. Die 'Entdeckung des Lebens' führt zu einem enormen Aufschwung von Naturforschung und Naturphilosophie, wobei Frankreich und Deutschland um diese Zeit die führenden Nationen sind. Die Konstituierung der Fachwissenschaft Biologie läßt sich nicht zuletzt an der Einführung des Begriffs festmachen.[30] Die wohl treffendste Definition findet Gottfried Reinhold Treviranus, der 1802 in der Einleitung zu seinem Lehrbuch *Biologie oder Philosophie der lebenden Natur für Naturforscher und Ärzte* schreibt:

> Die Gegenstände unserer Naturforschung werden die verschiedenen Formen und Erscheinungen des Lebens seyn, die Bedingungen und Gesetze, unter welchen dieser Zustand stattfindet, und die Ursachen, wodurch derselbe bewirkt wird. Die Wissenschaft, die sich mit diesen Gegenständen beschäftigt, werden wir mit dem Namen der Biologie oder Lebenslehre bezeichnen.[31]

So ist die Biologie die 'Wissenschaft vom Leben'; ihre Aufgabe besteht von Anfang an darin, den "Zustand" des Lebens hinsichtlich seiner Kausalgesetzlichkeit sowie seiner Ursächlichkeit im teleologischen Sinne zu erforschen. Die Biologie konstituiert sich, indem sie voraussetzt, daß es einen Teilbereich der

---

29 Ebd., S. 130. Auch die Autoren Spaemann und Löw beurteilen Kants Teleologieverständnis in ähnlicher Weise, wenn sie schreiben: "Von daher scheint Kant bezüglich der Teleologie schließlich ein Agnostiker zu sein, der der kausalen Naturbeobachtung den pragmatischen Nutzen, der teleologischen den Status einer zwar unabdingbaren, aber doch nur subjektiven Interpretationsmaxime zuschreibt". Robert Spaemann und Reinhard Löw: Die Frage Wozu, a.a.O., S. 135.

30 Der Begriff 'Biologie' wird zuerst von Theodor Gustav August Roose 1797 in seiner Schrift "Grundzüge der Lehre von der Lebenskraft" benutzt und in den Jahren 1800-1802 unabhängig von drei weiteren Autoren, K. F. Burdach (1800), J. B. Lamarck (1802) und G. R. Treviranus (1802) geprägt. Siehe: Geschichte der Biologie. Theorien, Methoden, Institutionen und Kurzbiographien, 2. durchgesehene Aufl., hg. von Ilse Jahn, Rolf Löther und Konrad Senglaub, Jena 1985, S. 319 f.

31 Gottfried Reinhold Treviranus: Biologie oder Philosophie der lebenden Natur für Naturforscher und Aerzte, Bd. 1, Göttingen 1802, S. 4.

physischen Natur gibt, der sich aufgrund eines ihm eigenen Prinzips selbst erhält. Die Beantwortung der Frage nach dem Lebensprinzip bzw. der Lebenskraft wird damit zum vordringlichen Erkenntnisziel. Beispielsweise geht Johann Christian Reil davon aus, daß die Lebenskraft an die Materie organischer Körper gebunden ist, welche aus groben und feinen Stoffen besteht, in denen gemeinsam der "Grund des Lebens"[32] liegt. Bezüglich der feinen Materie nimmt er an, daß sie "subtil, leicht beweglich und flüchtig sein, sich schnell entfernen, zuströmen und in diese und jene Teile sich anhäufen können"[33] müsse, ohne genaueres über ihre Natur aussagen zu können:

> Von der Natur dieser Materie, ob sie Wärme, Elektrizität, Oxygen usw. ist, Stoffe, deren Wirksamkeit auf den Körper offenbar ist; von dem Verhältnisse dieser Stoffe zu der groben Materie; von den Veränderungen, die sie im tierischen Körper veranlassen, sage ich nichts, weil wir dazu zu wenig Erfahrung haben. Es können bekannte oder unbekannte, ein oder mehrere Stoffe, oder nur verschiedene Modifikationen eines Prinzips sein.[34]

Reil glaubt, die Wirkungen der Lebenskraft in organischen Körpern veränderten sich "durch die Zumischung und Entziehung eines feinen Stoffes", durch das "Zuströmen und Abströmen einer feinen Materie"[35] und empfiehlt, die Eigenschaften der organischen Materie in ihrem Verhältnis zu den Lebenserscheinungen zu erforschen. Angesichts der Vielzahl offener Fragen bezüglich der besonderen Eigenschaften organischer Körper, schreibt er: "Das Studium der Naturlehre der organischen Welt ist freilich mühsam, aber auch die Ausbeute ist nützlicher und für den Forscher ehrenvoller"[36].

Indem aber die Aufgabe der Erforschung des Lebens, die mit der Entstehung der Biologie eigentliche Geltung findet, ins Bewußtsein rückt, beginnen Naturwissenschaft und Naturphilosophie methodisch wie intentional zunehmend zu divergieren. Obwohl das Wiederaufleben des Vitalismus seit Mitte des 18. Jahrhunderts und die Reinterpretation des Teleologiebegriffs durch Kant maß-

---

32 Johann Christian Reil: Von der Lebenskraft (1795), hg. von Karl Sudhoff, Leipzig 1910, S. 14.

33 Ebd.

34 Ebd., S. 15.

35 Ebd., S. 67, S. 88. Siehe auch S. 93.

36 Ebd., S. 68.

gebliche Faktoren bei der Herauskristallisierung der 'Wissenschaft vom Leben' sind, entwickelt sich die Biologie nach ihrer Verselbständigung allmählich in Richtung der kausalanalytischen Naturwissenschaften, deren Ziel im Erklären von Naturmechanismen besteht. Mit der Ausgrenzung naturphilosophischer Aussagen tritt die um 1800 aufgrund des vitalistischen Paradigmas innerhalb der biologischen Naturforschung zentrale ganzheitliche Betrachtungsweise, die auf ein wesentliches Verständnis der organischen Natur zielt, im Laufe des 19. Jahrhunderts wieder völlig in den Hintergrund. Gerade aber die Perspektive, wonach die Biologie eine zunächst durch die ganzheitliche Organismusvorstellung geprägte empirische Wissenschaft darstellt, erscheint als Ansatz für das Verständnis der im Zentrum dieser Arbeit stehenden Literatur unverzichtbar, denn die hier behandelten Autoren distanzieren sich als Naturforscher ausdrücklich von bestimmten Strömungen ihrer Zeit. Sie lehnen die bestehende rein experimentalphysiologische Ausrichtung genauso ab wie die sogenannte 'romantische Naturforschung' unter dem Einfluß von Schelling, der mit seiner deduktiven Konstruktion des Lebendigen als dynamisches Produkt einer ganzheitlich wirkenden Kraft oder "Weltseele" um 1800 sehr viel Anerkennung findet. In Schellings System der Natur wird das Organische dem Anorganischen logisch vorangestellt. Er faßt das Leben als "beseelte Leiblichkeit" auf und betrachtet die Sensibilität oder Erregbarkeit als wesentliches Kennzeichen des Organismus.[37] Mit seinen Spekulationen über die Entstehung der Lebenserscheinungen legt er die Grundlage für die, im wesentlichen auf Deutschland beschränkte, 'romantische Naturforschung'. Leitgedanken der Schellingschen Naturphilosophie werden von einer Reihe deutscher Naturforscher, wie Lorenz Oken, Karl Gustav Carus, Johann Jakob Wagner, Gotthilf Heinrich von Schubert, Adam Karl August Eschenmayer, Karl Friedrich Burdach u.s.w., aufgegriffen und in ihren biologischen Theorien z. T. weiterentwickelt.[38] Die Situation der Naturforschung ist in Deutschland um 1800 durch ein Nebeneinander induktiver und spekulativer Methoden gekennzeichnet, wobei es auch Bestrebungen gibt, Empirie und Spekulation miteinander zu verbinden. Beispielhaft erscheint in dieser Hinsicht das Werk Lorenz Okens, der auf der einen Seite durch exakte empirische Forschung wichtige Ergebnisse von bleibendem Wert, wie beispielsweise die Rekapitulationstheorie, liefert, und auf der anderen Seite ganzheitliche, nach bestimmten antiken Ideen konzipierte Klassi-

37 Zit. nach Ballauff: Die Wissenschaft vom Leben, a.a.O., S. 361.

38 Ebd., a.a.O., S. 368 ff.

fikationssysteme schafft, die induktiven Forschern unzugänglich bleiben.[39] Im allgemeinen betont die 'romantische Naturforschung' wieder stärker die Einheitlichkeit der Natur, postuliert jedoch, im Gegensatz zum Mechanismus des 18. Jahrhunderts, das Primat des Organischen. So teilt auch Oken die Idee, das Universum stelle einen einzigen Organismus dar[40]:

> Das Universum ist nur Ein Thier, dessen Sensorium commune oder Selbstbewußtsein der Menschenleib, dessen Hirn die Thiere, dessen Sinne die Pflanzen, dessen Rumpf aber alles Uebrige ist, was ihr unorganisch nennt.[41]

An dieser Aussage erkennt man die zu dieser Zeit bevorzugte Art der Analogiebildung, wonach die Natur als durchgängiger, harmonischer Zusammenhang analoger Bildungen erscheint. Unverkennbar lebt die antike Mikrokosmos-Makrokosmos-Idee wieder auf, wenn Oken behauptet, der Mensch repräsentiere als ein "Makrozoon"[42] das gesamte Tierreich. Modellcharakter besitzt für Oken auch der Entwicklungsgedanke, der beispielsweise in der Epigenesistheorie Wolffs und Blumenbachs[43] und der Metamorphosetheorie Goethes Ausdruck gefunden hat. In seinem Werk *Die Zeugung* (1805) überträgt er ihn auf die Gesamterscheinungen der Natur und meint, inhärente 'Lebenskräfte' führten zu einer fortgesetzten Produktion von Lebewesen.[44] Vom Standpunkt empirischer Naturforschung erscheinen solche Aussagen als bloße Behauptungen bzw. Ad-hoc-Hypothesen. Aufgrund ihrer Unhinterfragbarkeit bringen sie den Vitalismus nachhaltig in Mißkredit. Wegen der deduktiven Vorgehensweise und der Fülle metaphysischer Aussagen stößt die 'romantische Naturforschung' bei strengen Empirikern auf erbitterten Widerstand. Sie wird von die-

---

39 Ilse Jahn: Grundzüge..., a.a.O., S. 312 ff.

40 Die Vorstellung der Erde als Organismus geht vor allem auf Plotin und den Neuplatonismus zurück.

41 Lorenz Oken: Über das Universum als Fortsetzung des Sinnessystems, Jena 1808, S. 10. Zit. nach Wolfgang Proß: Lorenz Oken - Naturforschung zwischen Naturphilosophie und Naturwissenschaft, in: Die deutsche literarische Romantik und die Wissenschaften, hg. von Nicholas Saul, München 1991, S. 68.

42 Lorenz Oken: Abriss der Naturphilosophie. Bestimmt zur Grundlage seiner Vorlesung über Biologie, Göttingen 1805, Vorrede S. III. Zit. nach Wolfgang Proß: Lorenz Oken..., a.a.O., S. 61.

43 Siehe Fußnote 3.

44 Ilse Jahn: Grundzüge..., a.a.O., S. 312.

sen und später ganz allgemein insgesamt abgelehnt, obwohl sie nicht nur wichtige Einzelergebnisse hervorbringt, sondern auch auf theoretischem Gebiet durchaus heuristische Bedeutung besitzt. Im Unterschied einerseits zu den reinen Empirikern und andererseits zu den romantischen Naturphilosophen ihrer Zeit sind Goethe, Chamisso und Büchner Biologen, die zwar eine rein deduktiv-spekulative Vorgehensweise ablehnen und auf empirischem Wege forschen, deren Ziel es aber auch ist, durch Synthesenbildung zu naturphilosophischen Aussagen zu gelangen. Da sie sich hinsichtlich metaphysischer Behauptungen große Zurückhaltung auferlegen, entgehen sie der Gefahr der theoretischen Entgleisung, der die 'romantische Naturforschung' vielfach erliegt.

Der schlechte Ruf, der dem Vitalismus seit dem 19. Jahrhundert anhaftet, soll im folgenden Kapitel revidiert werden. Vor allem am Beispiel des Naturforschers Alexander von Humboldt, der in der gleichen naturwissenschaftlichen Tradition wie die genannten Autoren steht, wird gezeigt, daß der Vorwurf, vitalistische Theorien besäßen immer eine metaphysische Ausrichtung, um 1800 vielfach nicht mehr trifft.

2.2. Epische Reflexion des Vitalismus: *Die Lebenskraft oder der rhodische Genius*, eine Erzählung von Alexander von Humboldt

Ein gegenüber der traditionellen metaphysischen Auffassung vom Menschen entscheidender Bewußtseinswandel vollzieht sich durch die Subsumption menschlichen Lebens unter einem rein naturphilosophisch begründeten, ontologisch verstandenen Lebensbegriff. Das vitalistische Naturmodell impliziert, daß der Mensch durch eine ihm innewohnende Naturkraft zum einen zur 'Selbstverwirklichung' bestimmt und zum anderen zur Anteilnahme an einem alle Lebewesen verbindenden Schicksal gezwungen ist. Die naturwissenschaftliche Annahme einer Lebenskraft fordert den aufgeklärten Menschen in besonderem Maße heraus, seine Stellung im Kontext der Natur durch empirischen Vergleich zu bestimmen. Außerdem muß er sich, nachdem der teleologische Gottesbeweis durch Kant endgültig ad absurdum geführt worden ist, mit der Antwort zufrieden geben, daß die zweckmäßigen Naturphänomene keinem äußeren Zweck dienen, es sich also um "Naturzwecke" (Kant) handelt. Die Frage nach dem Ursprung der von der Natur aus sich heraus bewirkten Zweckmäßigkeit, Ordnung und Harmonie verlagert sich also von der metaphysischen entweder auf die 'praktische' oder aber auf die 'ästhetische' Ebene: Infolge des allmählichen Zerfalls der metaphysisch-theologischen Deutungsmuster sehen sich Naturforscher, Philosophen und Dichter gegen Ende des 18. Jahrhunderts gleichermaßen aufgefordert, neue Konzepte der Wirklichkeit zu schaffen, die einerseits dem gesteigerten Wahrheitsanspruch genügen und andererseits dem entstehenden Sinndefizit entgegenwirken müssen. Insofern verwundert es kaum, daß es vielfach zu Wechselwirkungen und Synthesen zwischen Naturwissenschaften, Philosophie und Literatur kommt, die ihre Arbeit jeweils als eine Art Sinnkonstitution verstehen.

Um eine Synthese im angedeuteten Sinne handelt es sich bei Alexander von Humboldts zu Beginn seiner wissenschaftlichen Laufbahn entstandenem, 1795 in Schillers *Die Horen* erstmals veröffentlichten Prosatext *Die Lebenskraft oder der rhodische Genius*[45]. Er enthalte - so erläutert der Autor 1849 in der 3. Auflage seiner *Ansichten der Natur* - "die Entwicklung einer physiologischen Idee in einem halb mythischen Gewande"[46]. Gemeint ist eine vitalistische Theorie des Lebens, die ihren Ursprung in der Antike hat und in Form einer Erzählung vermittelt wird, die im 4. Jahrhundert vor unserer Zeitrechnung in Syrakus spielt.

Die Grundidee einer Lebenskraft übernimmt Humboldt aus der Tradition, entwickelt dabei aber eine dem ausgehenden 18. Jahrhundert angemessene Form des Vitalismus, die zunächst im kulturhistorischen Kontext charakterisiert werden soll. Etwa um 1750 gewinnt die vitalistische Sichtweise für die Wissenschaften wieder Bedeutung. Sie erfährt Auftrieb vor allem durch die empirische Naturforschung, in erster Linie durch die Vorstellungen der Physiologen Albrecht von Haller und Caspar Friedrich Wolff. Teilweise wird der Begriff der "Lebenskraft" aber auch noch deduktiv bestimmt und zwar von Denkern, die dem religiösen Kontext verhaftet bleiben. So interpretiert ihn beispielsweise Friedrich Casimir Medicus in dem 1774 gehaltenen Vortrag mit dem Titel *Von der Lebenskraft* nach seinem metaphysischen Vorverständnis.

---

45 Alexander von Humboldt: Die Lebenskraft oder der rhodische Genius. Eine Erzählung, in: ders.: Ansichten der Natur mit wissenschaftlichen Erläuterungen, Nördlingen 1986, S. 425-430. In diesem Kapitel werden die Zitate aus diesem Text durch direkt nachgestellte Seitenzahlen belegt.

46 Alexander von Humboldt: "Erläuterungen und Zusatz" zu "Die Lebenskraft oder der rhodische Genius. Eine Erzählung", in: ders.: Ansichten der Natur, a.a.O., S. 431.

Medicus postuliert die Lebenskraft als unverzichtbare Komponente neben der Materie und der Seele. Er hält sowohl die Position des Animismus, wonach die bewußte Seele als alleiniges Steuerungsorgan des menschlichen Körpers betrachtet wird (vertreten durch Ernst Stahl), als auch die des reinen Materialismus, der den Organismus ausschließlich durch mechanische Gesetze zu erklären sucht (als Repräsentanten wären hier Friedrich Hoffmann und Herman Boerhaave zu nennen), für unzureichend. Auch gibt er sich nicht mit einem um Hallers Begriff der 'Reizbarkeit' oder 'Irritabilität' ergänzten "Vitalmaterialismus"[47] zufrieden; für ihn handelt es sich vorrangig um ein metaphysisches Problem. Medicus strebt auf deduktivem Weg eine theoretische Lösung des Problems der Organisation des Lebewesens an, die zwischen den beiden entgegengesetzten Erklärungsansätzen vermittelt.[48] So teilt er den von Descartes (Mechanismus) wie von Stahl (Animismus) propagierten Begriff von Seele. Der organische Körper stelle nach seiner Trennung von der Seele nur mehr eine "künstliche Zusammensetzung der Materie"[49], eine Maschine, dar. Da Medicus auf der einen Seite die Seele weitgehend mit der "vernünftigen"[50] Seele des Menschen, seinem "Denken und Wollen"[51] identifiziert, auf der anderen Seite aber - anders als Descartes - den Tieren eine "sinnlich-empfindende Seele"[52] zuspricht, stellt sich für ihn vor allem das Problem der Steuerung der unbewußten, unwillkürlichen Lebensvorgänge bei Pflanzen, Tieren und insbesondere natürlich beim Menschen. Heuristisch verfällt er auf eine allgemeine "Lebenskraft" als "Triebfeder des [...] mechanischen Lebens"[53], die ihm zur Erklärung des vegetativen und animalischen Lebens sowie des vom Denken und Wollen unabhängigen Teils humanen Lebens dient. Seine Systematik führt ihn zu dem Schluß, daß die Wirksamkeit dieser Lebenskraft die Freiheit des Menschen einschränke, da dessen geistig-moralische Existenz auf einer Schicht unwillkürlicher, instinktiver Lebensverrichtungen und Verhaltensweisen basiere. Nach Medicus wird also die gesamte "organisierte Materie" des men-

47 Th. Lenoir: The strategy of life. Studies in the history of modern science, Bd. 13, Dordrecht, Boston, London 1982, zit. nach Ilse Jahn: Grundzüge..., a.a.O., S. 303.

48 Ilse Jahn: Grundzüge..., a.a.O., S. 226.

49 Friedrich Casimir Medicus: Von der Lebenskraft, Mannheim 1774, S. 6.

50 Ebd., S. 7.

51 Ebd., S. 9.

52 Ebd., S. 7.

53 Ebd., S. 13.

schlichen Körpers durch die beiden Faktoren Lebenskraft und Seele gesteuert. Er hält die Verteilung dieser Komponenten auf die verschiedenen Lebewesen für einen schöpferischen Akt Gottes, bleibt also mit seinen Vorstellungen noch ganz im religiösen Denken verhaftet. Er schließt den Vortrag mit der Erwartung, seine Theorie werde durch die Erklärungsdefizite der empirischen Naturforschung indirekt an Überzeugungskraft gewinnen:

> ich sehe gar wohl ein, daß meine Meinung mit aller metaphysischen Buchstabenaufmerksamkeit geprüft werden muß; ich sehe, daß man allen Grundsätzen der Physik, Dynamik, Statik und Geostatik nachforschen müsse, um sich lebhaft zu überzeugen, daß nicht die Lebensgeschäfte nach diesen ihren Gesezen verrichtet werden können; sondern daß man hiezu eine Substanz annehmen müsse, die nichts weniger als Materie sey, und die die Quelle aller Bewegungen ist (26).

Durch diese im Dienste der Metaphysik stehende Intention unterscheidet sich Medicus grundsätzlich von denjenigen Naturforschern, die sich gegen Ende des Jahrhunderts von der Erwartung leiten lassen, das Problem auf induktive Weise zu lösen und dem Begriff der Lebenskraft "einen neuen, naturwissenschaftlich vertretbaren Inhalt zu geben und teleologische Spekulationen auszuschließen"[54]. Von diesen Wissenschaftlern wird nämlich die Kraft, die die lebendigen von den toten Naturkörpern unterscheidet, als eine besondere Eigenschaft von organischen Körpern in Analogie zur Newtonschen Schwerkraft aufgefaßt. Beispielhaft sei an dieser Stelle die programmatische Abhandlung von Johann Christian Reil genannt, die ebenfalls den Titel *Von der Lebenskraft* führt und 1795 erscheint (s.u.).

Im gleichen Jahr wird Humboldts "Erzählung" erstmals veröffentlicht, die sein besonderes Interesse am Lebensproblem spiegelt. Ein wichtiges Merkmal des darin vorgestellten Naturmodells ist die Herstellung kausaler Bezüge; einer finalen Deutung wird zwar prinzipiell Raum gegeben, ohne dabei aber eine bestimmte Antwort nahezulegen. Die Frage nach dem Ursprung der Beseeltheit der Natur wird bewußt nicht in einem religiösen Sinne beantwortet. Alexander von Humboldt gehört zweifellos zu der Kategorie von Naturforschern, die spekulative Methoden und metaphysische Deutungen generell ablehnen. Von einer Antwort im Sinne der christlichen Weltdeutung distanziert er sich schon durch den antiken Handlungsrahmen und die allegorische Gestalt eines Genius. Die

---

54 Ilse Jahn: Grundzüge..., a.a.O., S. 292.

"Erzählung" entsteht während seiner ersten Forschungsperiode in den neunziger Jahren des 18. Jahrhunderts. Bereits seine erste wissenschaftliche Veröffentlichung, die *Aphorismen der chemischen Physiologie der Pflanzen* im Anhang seiner *Unterirdischen Flora* (1793), zeugen von der Annahme eines besonderen Lebensprinzips.[55] Als moderner Naturforscher sucht er in den kommenden Jahren durch Beobachtung und Experiment nach empirischen Beweisen für diese hypothetische Annahme. Um die aufgegriffene Frage überzeugend beantworten zu können, führt er, angeregt durch die Versuche Galvanis zur "animalischen Elektrizität" und die neue Chemie Lavoisiers, chemisch-physiologische Experimente an Tieren und Pflanzen durch. 1797 veröffentlicht er seine Ergebnisse unter dem Titel *Versuche über die gereizte Muskel- und Nervenfaser nebst Vermuthungen über den chemischen Prozess des Lebens in der Tier- und Pflanzenwelt.* Trotz seiner anfangs gehegten Hoffnung, eine neue Disziplin "Vitale Chemie" begründen zu können, gelingt es Humboldt nicht, einer empirischen Lösung des Problems näher zu kommen.[56] Anstatt sich daraufhin zu einer, wie auch immer gearteten, metaphysischen Deutung zu bekennen, stellt er dieses Forschungsgebiet zurück und macht sich als Forschungsreisender und Begründer der Pflanzengeographie einen Namen.[57] Erst nach 1821 betätigt er sich wieder auf physiologischem Gebiet, indem er sich in Paris an Experimenten an elektrischen Fischen beteiligt. In den vierziger Jahren regt er schließlich Emil Du Bois-Reymond, einen Schüler von Johannes Müller, zu elektrophysiologischen Versuchen an, wodurch dieser 1848 die "tierische Elektrizität"[58] nachweist. Er hält die Annahme einer 'Lebenskraft' daraufhin für überflüssig. 1849 erscheint die dritte Auflage von Humboldts *Ansichten der Natur*, worin, wie schon in der zweiten Auflage von 1826, die Erzählung *Lebenskraft oder der rhodische Genius* wiederveröffentlicht und mit *wissenschaftlichen Erläuterungen* versehen ist. Humboldt bekräftigt darin seine Abkehr vom vitalistischen Grundgedanken, daß das Leben durch eine besondere Kraft organisiert sei, und teilt nunmehr die unter den jüngeren Biologen verbreitete Ansicht, das Leben sei prinzipiell durch die bekannten physikalisch-chemischen Kräfte erklärbar:

---

55 Alexander von Humboldt: Erläuterungen und Zusatz, a.a.O., S. 431.

56 Ilse Jahn: Grundzüge..., a.a.O., S. 291.

57 Siehe hierzu Kap. 2.4.2.

58 Emil du Bois-Reymond: Untersuchungen über tierische Elektrizität, Bd. 1, Berlin 1848.

Nachdenken und fortgesetzte Studien in dem Gebiete der Physiologie und Chemie haben meinen früheren Glauben an eigene sogenannte Lebenskräfte tief erschüttert (432);

Ich nenne [...] nicht mehr eigene Kräfte, was vielleicht nur durch das Zusammenwirken der einzeln längst bekannten Stoffe und ihrer materiellen Kräfte bewirkt wird (432).

Damit zieht er für sich einen Schlußstrich unter das Problem des Lebens, das ihn sein ganzes Forscherleben hindurch beschäftigt hat. Er begründet den Unterschied zwischen dem Verhalten unbelebter und belebter Elemente nun durch die "Thatsache", daß diese "Theile eines Ganzen" (432) seien und sich nur im Rahmen ihrer Ganzheit als solche erhielten. Indem er schreibt "So ist im Organismus alles wechselseitig Mittel und Zweck" (432), beruft er sich auf die philosophische Antwort Kants, der in seiner *Kritik der Urteilskraft* diese grundlegende Unterscheidung traf, ohne sich eindeutig auf die Position der Materialisten noch die der Vitalisten festzulegen. Mitte des 19. Jahrhunderts schließt sich Humboldt nunmehr der Ansicht der jungen Forschergeneration an, auf die er sich durch Hinweise auf Henle, Schleiden und die bereits erwähnte Arbeit von du Bois-Reymond bezieht. Mit diesen glaubt er, "die Schwierigkeit die Lebenserscheinungen des Organismus auf physikalische und chemische Gesetze befriedigend zurückzuführen" (433), bestünde allein aufgrund der Komplexität der Verhältnisse im lebenden Organismus. Den Vitalismus, der den Forschungsgeist in seiner Jugend allgemein beflügelt hat, hält auch er nun für veraltet. Insofern repräsentiert gerade Alexander von Humboldts Entwicklung als Naturforscher in exemplarischer Weise die allgemeine Tendenz in der Auseinandersetzung zwischen Vitalismus und Materialismus bzw. Mechanismus in dem betreffenden Zeitraum. Während die vitalistische Theorie um 1800 einen Höhepunkt erreicht, besitzt sie Mitte des 19. Jahrhunderts für die naturwissenschaftliche Theorie des Lebens kaum mehr Bedeutung. Daher hat sich auch die innovative Wirkung, die von dieser Idee auf das allgemeine Welt- und Selbstverständnis ausging, 1850 weitgehend abgeschwächt. Um 1800 prägt sie nicht nur das Verständnis der Naturforscher in entscheidender Weise mit, sondern dringt darüber hinaus weit ins allgemeine Bewußtsein vor, wie die von Friedrich Schiller veröffentlichte "Erzählung" Humboldts exemplarisch belegt.

Die Lebenskraft oder der rhodische Genius beleuchtet die vitalistische Naturauffassung aus historischer Perspektive und stellt zugleich ein Denkmodell vor, das dem Leser die theoretischen Grundannahmen dieser Sichtweise verdeutlichen kann. Die oben genannte "physiologische Idee" erschließt sich durch die Rezeption der in der Erzählung enthaltenen allegorischen Darstellung des Problems. So handelt die Geschichte, die im antiken Syrakus zur Zeit der Herrschaft des Tyrannen Dionysios I (430-367 v. u. Z.) angesiedelt ist, von der sich rätselhaft vollziehenden Deutung eines Gemäldepaars. Die komplementären Bilder werden durch die Figur des Philosophen Epicharmus als symbolische Darstellung einer naturphilosophischen Idee interpretiert. Auf den Inhalt wird im folgenden näher eingegangen.

Seit hundert Jahren wird in der Stadt ein gemaltes Kunstwerk von unbekannter Hand ausgestellt, das nach dem Untergang eines mutmaßlich aus Rhodos stammenden Schiffes geborgen wurde. Seine Bedeutung blieb die ganze Zeit über fraglich, obwohl oder gerade weil es allgemein wie kein anderes bewundert und von den Gelehrten auf unterschiedlichste Weise gedeutet wurde. Kein Sinn, den man dem Bild bisher zulegte, fand allgemeine Anerkennung, und so bleibt es rätselhaft, bis zu dem Tag, an dem zufällig sein Gegenstück von Rhodos nach Syrakus gelangt.

Das erste Bild zeigt eine Gruppe junger Menschen, deren Körper - obgleich sie "wohlgebildet" (426) aussehen - die Zeichen eines mühe-, sehnsuchts- und kummervollen Lebens tragen und somit ihrer Existenz im Rahmen der irdischen Daseinsbedingungen Ausdruck verleihen. Die Gesten der Jünglinge und Mädchen verraten ihr Verlangen nach körperlicher Vereinigung. Im Mittelpunkt schwebt schimmernd über der Szene die allegorische Gestalt eines Genius, der die Gruppe durch seinen gebietenden Blick in Bann hält. Auf dem zweiten Bild sieht man die Kraft des Genius gebrochen: Er steht mit gesenktem Haupt auf dem Boden; im nächsten Moment wird er augenscheinlich unter den Menschenleibern, die einander in entfesselter Begierde umfassen, begraben werden.

Beide Bilder werden auf Befehl des Herrschers Dionysius zu Epicharmus, einem hochbetagten Philosophen "aus der Schule des Pythagoras" (428) gebracht. Für ihn führt die Betrachtung des Bilderpaars zu einer neuen Naturinterpretation, die alle seine bisherigen Beobachtungen und Betrachtungen integriert und erweitert. Er deutet die Gemälde als die allegorische Darstellung einer naturphilosophischen Theorie.

Die zentrale Gestalt des "rhodischen Genius" (429), der den Begriff der "Lebenskraft" (430) versinnbildlicht, vermittelt für Epicharmus den Ausdruck "jugendlicher Stärke" (429), wodurch die Wirksamkeit dieser Vitalkraft im Reich der belebten Natur hervorgehoben wird. Der Schmetterling auf dessen Schulter symbolisiert in seiner Interpretation eine mit den Wirkungen der Lebenskraft einhergehende besondere Art der Beseelung, die hier das Erscheinungsbild der Gruppe mitbestimmt. Sein "Herrscherblick" (430) veranschaulicht die potentielle Macht der Lebenskraft über die 'niederen' Triebe der rein stofflichen Welt. Das Feuer der Fackel, bei Heraklit das Ursymbol des Lebens, zeigt ihre Potenz auf maximalem bzw. minimalem Niveau an. Die jungen Frauen und Männer symbolisieren das Verhältnis der menschlichen Geschlechter zueinander, ihr natürlich-ursprüngliches Streben nach Vereinigung und ihre für die Aufrechterhaltung des Lebens in der Geschlechterfolge notwendige Trennung.

Diese Bedeutungen der Symbole ergeben sich erst im Vergleich mit dem zweiten Bild, worin sie in veränderter Form wieder auftauchen. Die Kraft des Genius ist gebrochen und die irdische Schwere bemächtigt sich nun seiner Gestalt. Er steht mit gesenktem Kopf und mit nach unten gerichteter, erloschener Fackel. Allein der Schmetterling ist ganz aus der Szene verschwunden, was als ein "Entschwebt[sein]" (430) des "Geistes" (430) in "andere Sphären" (430) gedeutet wird. Während der zu Boden gerichtete Blick auf das Ende der Herrschaft der Lebenskraft verweist, deutet das Erloschensein auf die Vergänglichkeit der individuellen Lebenskraft hin. Das Verhalten der Gruppe läßt vermuten, daß der rhodische Genius im nächsten Moment unter der Masse der Leiber zusammenbrechen wird und die in zwei Geschlechter geschiedenen Menschen sich vereinigen und neues Leben zeugen werden.

Durch zentrale Topoi Heraklits, Anaxagoras und Demokrits ausgewiesen, wird Epicharmus als vorsokratisch geschulter Naturforscher und -philosoph eingeführt. Ausgangspunkt ist hier das kosmologische Naturmodell einer aus dem "Chaos" (429) entstandenen harmonischen Erscheinungswelt, die in ihrem Werden und Vergehen nach einheitlichen Naturgesetzen regiert wird, was sich in den Entsprechungen der Phänomene, vor allem in der im Kleinen wie im Großen erscheinenden Kugelgestalt zeigt. Als Ursache für die Entstehung der vielfältigen Körperwelt aus dem Chaos werden die gegensätzlich wirkenden, elementaren Kräfte der Anziehung und der Abstoßung angenommen. Aufgrund ihrer Wirkung sei es zu einer bestimmten Mischung der Elemente und somit zur Entstehung bestimmter physischer Einheiten, den Naturkörpern von unterschiedlicher Qualität, gekommen. Epicharmus aber entwickelt dieses Modell anhand der allegorischen Darstellung zu einer Theorie der Natur weiter, die, im Gegensatz zur atomistischen Theorie Demokrits, die Lebenskraft als ein Grundprinzip ansetzt: Die Menschen als "lebendige Wesen" (428) und die unbelebten Körper würden "von gleichen Trieben bewegt" (429); da sie aus den gleichen Stoffen bestünden, seien in ihnen identische, physikalische Kräfte wirksam. Aber während sich, aufgrund der polaren Kräfte der Anziehung und der Abstoßung in der anorganischen Welt ein bestimmter, relativ statischer Mischungszustand einstelle, führe eine weitere, hinzutretende Kraft, die Lebenskraft, in der organischen Welt dazu, daß sich das Mischungsverhältnis der Lebewesen davon unterscheide. Die Wirkung der Lebenskraft überlagere die der anorganischen Kräfte und zwinge der reinen Materie gewissermaßen ihre Gesetze auf. Erst so ließe sich die Natur als dynamischer Prozeß verstehen, in dem die Materie entweder durch anorganische Kräfte (Zustand toter Materie) oder darüber hinaus durch die Lebenskraft (Zustand belebter Materie) bewegt werde. Diese sei nur auf das Ganze der Natur bezogen von Dauer, da sie nur im Prozeß des Verlöschens und Aufstrebens greifbar ist. Außer der Lebenskraft sei - angedeutet durch das Motiv des Schmetterlings - ein von der physischen Existenz unabhängiges Prinzip der Beseelung anzunehmen.[59]

Durch die Zentralfigur des Epicharmus läßt sich die Erzählung Humboldts insgesamt als Hinweis auf eine wichtige Quelle der deutschen Naturphilosophie des ausgehenden 18. Jahrhunderts deuten. Epicharmus verkörpert den mit den Vorsokratikern erstmals hervortretenden Typus des klassischen Naturforschers, der nach natürlichen Ursachen für die zu beobachtenden Gesetzmäßigkeiten sucht, wie die folgende Passage charakterisiert:

> Er beschäftigte sich unablässig mit der Natur der Dinge und ihren Kräften, mit der Entstehung von Pflanzen und Tieren, mit den harmonischen Gesetzen, nach denen Weltkörper im großen und Schneeflocke und Hagelkörner im kleinen sich kugelförmig ballen (428).

Diese Beschreibung reiht physikalische und biologische Themen wie zufällig aneinander, um anzudeuten, daß bis dahin zwischen den Erscheinungen der unbelebten und der belebten Natur noch nicht deutlich unterschieden wurde. Die Titel, die Epicharmus den beiden Bildern, die nur als Einheit Bedeutung

59 In B. Hederichs "Mythologischem Lexikon" wird der Schmetterling im Zusammenhang mit dem Prometheusmythos als Symbol der Beseelung gekennzeichnet.

gewinnen, beilegt, "Bild des Lebens" und "Bild des Todes", (430) begründen sich explizit aus deren Deutung als eine allegorische Darstellung der Lebenskraft in ihrem kausalen Zusammenhang mit bestimmten Erscheinungen der physischen Welt: Das erste Bild symbolisiert die maximale Wirksamkeit dieser Kraft durch die in der Blüte der Jugend stehenden, schönen und zugleich durch äußere Einflüsse gezeichneten Gestalten. Da das Bild diese Menschen im Moment ihrer Vollendung zeigt, impliziert es einen Rückblick auf ihre Entwicklung und legt damit den Akzent auf die natürlichen 'Gestaltungskräfte'. Das zweite Bild zeigt die durch den Wegfall der Wirkung der Lebenskraft gewandelte Situation. Es legt nahe, daß die irdischen Geschlechter, wenn sie zur Zeugung gelangen, den Höhepunkt ihres Lebenslaufes bereits überschritten haben; hier gerät das Kriterium des Vergehens mit in den Blickwinkel. Der Zeugungstrieb wird nicht der Sphäre der Lebenskraft, sondern dem Wirkungsbereich der materiellen Kräfte der anorganischen Natur zugedacht. Epicharmus analogisiert das Zeugungsverhalten mit dem Durchmischungsverhalten der "todten anorganischen Materie" (429) und postuliert zudem eine Analogie zwischen dem Zeugungsakt und dem Sterben: "Der Tag des Todes wird ihnen ein bräutlicher Tag" (430). Sterben und Zeugen werden der vollendeten Ausgestaltung tugendsamer Menschen gegenübergestellt und damit in die Nähe der anorganischen Natur gerückt. Diese durch ausschweifendes, ungehaltenes und selbstvergessenes Verhalten charakterisierten Zustände bzw. Vorgänge werden der 'niederen' Natur im Menschen zugesprochen. Allein durch 'tugendhaftes' Verhalten lebendiger Menschen gelange die Natur als Ganzes zu ihrer höchsten Blüte. Demnach erscheint nicht nur die äußere Gestalt, sondern auch die Tugend auf dem ersten Bild als Ausdruck des geistigen Prinzips der Natur, die im Menschen potentiell ihr höchstes Ziel erreicht. Die Sphäre der Lebenskraft wird allein auf den Aspekt der Verwirklichung der Produktivkräfte beschränkt, während abbauende bzw. destruierende Prozesse auf ein Fehlen dieser besonderen Kraft zurückgeführt werden.

Die einseitige Hervorhebung des Gestaltungsprinzips der Natur kennzeichnet die klassisch-idealistische Naturauffassung im allgemeinen. Danach wird das Leben als das produktive Prinzip schlechthin verstanden und somit eindeutig auf einen positiv bewerteten Begriff gebracht, der als solcher nicht mehr religionstheoretisch, sondern naturphilosophisch begründet wird.

Die Zustände maximaler bzw. minimaler Potenz der Lebenskraft (Werden und Vergehen) werden als ein dialektisches Gegensatzpaar dargestellt, so daß

Zeugung und Tod als sich berührende Pole den Rahmen des allgemeinen Lebensprozesses ergeben. In Abstraktion hinsichtlich des Naturmodells gefaßt, ermöglicht erst ein Zusammenwirken der anorganischen und der organischen Naturkräfte überhaupt das Leben. Überträgt auf der einen Seite die Lebenskraft die Prinzipien des Lebendigen auf die Materie, so sorgen auf der anderen Seite die elemantaren stofflichen Kräfte für eine überindividuelle Fortdauer desselben.

Die Lebenskraft, die in "jedem Keim der organischen Schöpfung" (430) enthalten sei, so Epicharmus, bemächtige sich der "toten Materie" (430) immer wieder und forme und gestalte sie zu Lebendigem um. Epicharmus' naturphilosophische Deutung unterscheidet ein universales und ein spezifisches Lebensprinzip, die einander - zumindest beim Menschen - begleiten. Durch das Bild des Schmetterlings wird ein besonderes geistiges Prinzip, eine Art 'Seele', impliziert, die allerdings nur in Kombination mit der Lebenskraft in Erscheinung tritt. Man muß darunter nicht unbedingt eine 'Seele' im traditionellen Sinne begreifen, sondern könnte diese Komponente beispielsweise im Sinne eines idealistischen Artkonzepts verstehen, wonach die der jeweiligen Lebensform zugrundeliegende 'Idee' sich immer wieder in prinzipiell gleicher Weise verwirklicht und als solche (für das erkennende Subjekt) allein in den der physischen Welt angehörenden Individuen Realität besitzt. Auch wenn man das Motiv des Schmetterlings etwa als Anspielung auf den Metamorphosegedanken Goethes versteht, läßt sich die 'Seele' als artspezifisches Prinzip verstehen, das in jedem Lebewesen beim Durchlaufen typischer Entwicklungsstadien in Erscheinung tritt und die Erhaltung der Art in einem absoluten (nicht im heutigen evolutionären) Sinne garantiert. Damit aber wird der traditionellen, im christlichen Weltbild verankerten Vorstellung einer unsterblichen, individuellen menschlichen Seele eine Absage erteilt. Am Wendepunkt zu einem aufgeklärten, säkularisierten Naturverständnis kann das auf die antike Kultur verweisende Motiv des Schmetterlings als ein Symbol betrachtet werden, an dem sich die Arbeit des 'Nachsinnens' und damit des Sinn-Machens gleichsam entzünden soll.

Epicharmus' Naturmodell umfaßt drei unabhängige, konstitutive Komponenten: Materie, Lebenskraft und Geist/Seele, wobei erstere allgemein alle Naturgegenstände kennzeichnet, wogegen letztere in besonderem Maße die menschliche Lebensform kennzeichnet. Um den Abstand zwischen Mensch und Tier zu relativieren und die Einheit der Natur zu betonen, vergleicht Epicharmus den "göttlichen Geist des Pythagoras" (430) mit dem 'Bewußtsein' eines Wurmes, der "in augenblicklichem Genusse sich seines Daseins erfreut" (430). Indem er diesem niederen Lebewesen generell Empfindungen zuspricht, läßt sich sein Modell deutlich vom Descartes'schen Naturbegriff abgrenzen, wonach eine empfindende Seele allein dem Menschen zugesprochen wird.[60]

Das von Humboldt auf bildhafte Weise dargestellte Naturkonzept bildet einerseits eine philosophische Basis für die naturwissenschaftliche Erforschung des Lebensproblems. Es dient somit als hypothetisches Modell für den empirischen Nachweis einer Lebenskraft. Durch das Motiv des Schmetterlings fordert es andererseits eine darüber hinaus gehende philosophische Auseinandersetzung mit dem Problem. Humboldts Prosatext motiviert insofern also zugleich ein Forschungsprogramm, welches die Frage nach dem Leben auf zwei Wegen, dem induktiven der Naturforschung sowie dem deduktiven der Naturphilosophie, untersucht. Weder von der Naturphilosophie noch von den Naturwissenschaften allein wird eine befriedigende Antwort erwartet.

Im folgenden Kapitel werden Aspekte der wissenschaftstheoretischen Reflexion Goethes im Hinblick auf seine Poetologie herausgearbeitet. Ausgehend von den bisher vorgenommenen Überlegungen ist Goethe als ein bedeutender Vorreiter der Biologie anzusehen, da er im Hinblick auf die theoretische Abgrenzung dieses Faches Entscheidendes geleistet hat und großen Einfluß auf die biologische Forschung des frühen 19. Jahrhunderts besitzt, so daß sich auch die beiden jüngeren Naturforscher Chamisso und Büchner direkt und indirekt an Goethe geschult haben. Um die späteren Interpretationen der Texte in einen Zusammenhang stellen zu können, erscheint es sinnvoll, zunächst ein grundlegendes Verständnis für den naturwissenschaftlichen Traditionszusammenhang, dem die behandelten Autoren angehören, zu eröffnen.

---

60 René Descartes: Abhandlung über die Methode des richtigen Vernunftgebrauchs und der wissenschaftlichen Wahrheitsforschung, Stuttgart 1990, S. 44.

2.3. Dichtung als Naturforschung: Heuristische Effekte der naturwissenschaftlichen Schriften Goethes

In einem Aufsatz *Erster Versuch einer allgemeinen Einleitung in die vergleichende Anatomie, ausgehend von der Osteologie* von 1795 lesen wir im Hinblick auf den Modus der bisherigen Naturforschung die kritische Anmerkung:

> Entweder man nahm die Sache zu trivial und haftete bloß an der Erscheinung, oder man suchte sich durch Endursachen zu helfen, wodurch man sich denn nur immer weiter von der Idee eines lebendigen Wesens entfernte. Eben so sehr und auf gleiche Weise hinderte die fromme Denkart, da man jedes Einzelne zur Ehre Gottes unmittelbar verbrauchen wollte. Man verlor sich in leere Spekulationen.[61]

Goethe spielt damit auf das im 18. Jahrhundert unter Naturforschern weit verbreitete Interesse an, durch das Sammeln empirischer Daten die Zweckmäßigkeit der göttlichen Schöpfung nachzuweisen.[62] Derartige Versuche einer theologischen Rechtfertigung der Naturwissenschaften lehnt er, in Übereinstimmung mit Kant, entschieden ab. Seine Naturforschung ist, wie Dorothea Kuhn betont, "nicht ins Unendliche gerichtet, es gibt eine Grenze - und sie ist die Grenze des menschlichen Geistes"[63]. So unterscheidet sich Goethes Auffassung von Naturforschung sowohl gegenüber dem Wissenschaftsbegriff der experimentell-physikalistischen Naturwissenschaften als auch gegenüber dem der spekulativen Naturforschung seiner Zeit. Im Juni 1798 schreibt er in einem Brief an Schiller:

---

61 J. W. Goethe: Erster Entwurf einer allgemeinen Einleitung in die vergleichende Anatomie, ausgehend von der Osteologie, in: FA., I. Abt., Bd. 24, S. 228.

62 Ruth und Dieter Groh: Weltbild und Naturaneignung. Zur Kulturgeschichte der Natur, Frankfurt a. M. 1991, S. 50 ff.

63 Dorothea Kuhn: Über den Grund von Goethes Beschäftigung mit der Natur und ihrer wissenschaftlichen Erkenntnis, in: JbDSG 15 (1971), S. 169.

> Ich stehe gegenwärtig in ebendem Fall mit den Naturphilosophen, die von oben herunter, und mit den Naturforschern, die von unten hinauf leiten wollen. Ich wenigstens finde mein Heil nur in der Anschauung, die in der Mitte steht.[64]

Diese methodische Orientierung, wonach Goethe für die Anwendung sowohl induktiv-analytischer als auch deduktiv-synthetischer Verfahren plädiert, korrespondiert mit seiner bis dahin entwickelten Vorstellung von den Möglichkeiten und Zielen des Naturstudiums. Bei der Darstellung des wissenschaftstheoretischen Aspekts seines naturwissenschaftlichen Werks beziehe ich mich hauptsächlich auf die letzten beiden Jahrzehnte des 18. Jahrhunderts, in denen Goethe die "Leitbegriffe seiner Naturforschung [...] Typus, Metamorphose und Urphänomene"[65] findet und die theoretische Basis seiner Wissenschaft ausführlich reflektiert. Besondere Beachtung finden dabei seine Gedanken über die Grundlagen der morphologischen Forschung sowie die allgemeinen Aussagen zur Naturwissenschaft.

Seine Kritik an den Methoden der zeitgenössischen, empiristischen Wissenschaft läßt sich anhand eines handschriftlichen Fragments *Versuch über die Gestalt der Tiere* von 1790 exemplarisch verdeutlichen. Hier begründet er seinen eigenen methodischen Ansatz, indem er sich im Zusammenhang mit seinen osteologischen Studien von der bisherigen anatomischen Praxis distanziert. Er kritisiert vor allem die oberflächliche, notwendig zu falschen Ergebnissen führende, weil mehr oder weniger willkürliche Betrachtungsweise der "Zergliederer":

> Die Methode, wie die Lehre des menschlichen Knochengebäudes bisher vorgetragen worden, ist bloß empirisch und nicht einmal auf die Betrachtung der Gestalt des Menschen, geschweige in Betrachtung auf die Gestalt der übrigen Tiere rationell. Man hat die Knochen, nicht wie sie die Natur sondert bildet und bestimmt sondern wie sich solche ich möchte fast sagen zufällig in einem gewissen Alter des Menschen untereinander verbinden, angenommen und be-

64 J. W. Goethe an Friedrich Schiller, Brief vom 30. Juni 1798, in: Briefwechsel zwischen Schiller und Goethe in den Jahren 1794 bis 1805, hg. von Manfred Beetz, MA, Bd. 8,1, München 1990, S. 588 f. Siehe auch: J. W. Goethe: Das Unternehmen wird entschuldigt, FA, I. Abt., Bd. 24 , S. 389 f.

65 Dorothea Kuhn: Über den Grund..., a.a.O., S. 167.

schrieben, ein Weg aus welchem selbst die besten und genauesten Bemühungen kaum weiter als zu einer empirischen Nomenklatur führen konnten.[66]

Damit einzelne Phänomene überhaupt sinnvoll betrachtet und verstanden werden können, ist nach Goethe immer schon ein gewisser Überblick vorauszusetzen. Der Betrachter muß eine synthetische Vorstellung zum einen vom dynamischen Werden und zum anderen von den Strukturverhältnissen des jeweils untersuchten Lebewesens besitzen. Nach seiner Auffassung entstehen solche allgemeinen Vorstellungen im Wechselspiel zwischen induktiv-analytischer und deduktiv-synthetischer Vorgehensweise. Die Wissenschaft habe die Aufgabe, dieselben durch die systematische Anwendung dieses Verfahrens abzusichern und auf die ihnen zugrundeliegenden Bildungsgesetze zu schließen. Daher besteht Goethe darauf, die empirische Naturforschung müsse synthetische Zwischenschritte leisten, um über das bisherige "Beschreiben, Zergliedern und Ordnen"[67] hinauszugelangen. Immer wieder warnt er vor methodischen Einseitigkeiten. Er schlägt vor, auf der Basis der bisherigen Erfahrung einen "allgemeinen Typus, ein allgemeines Schema"[68] auszuarbeiten, das auf alle Tierarten einschließlich der menschlichen Art anzuwenden sei. Mit seinem osteologischen Schema erhebt Goethe, wie Wilhelm Lubosch 1919 pointiert, "die vergleichende Anatomie vorzugsweise zum Rang einer exakten Wissenschaft"[69]. Sein Entwurf einer "allgemeinen Vergleichungslehre"[70] erfolgt demnach parallel zu Cuviers wissenschaftlichen Innovationen auf diesem Gebiet.

Um sich einem angenommenen einheitlichen "Bildungs-prinzipio"[71] der Natur begrifflich zu nähern, wählt er ein hermeneutisch-dynamisches Verfahren, das von den Erscheinungen zum Gesetz leitet und vom Gesetz zu den Erscheinungen zurückführt.

---

66 J. W. Goethe: Versuch über die Gestalt der Tiere, FA, Abt. I, Bd. 24, S. 167.

67 Ebd., S. 162.

68 Ebd., S. 164.

69 Wilhelm Lubosch: "Was verdankt die vergleichend-anatomische Wissenschaft den Arbeiten Goethes?", in: Jahrbuch der Goethegesellschaft, 6 (1919), S. 160.

70 Dorothea Kuhn: Entwürfe zu einem osteologischen Typus 1795-1796. Kommentar zu "Erster Entwurf einer allgemeinen Einleitung in die vergleichende Anatomie, ausgehend von der Osteologie", FA, I. Abt., Bd. 24, S. 978.

71 J. W. Goethe: Versuch über die Gestalt der Tiere, a.a.O., S. 169.

> Wenn ich die Konstanz und Konsequenz der Phänomene, bis auf einen gewissen Grad, erfahren habe, so ziehe ich daraus ein empirisches Gesetz und schreibe es den künftigen Erscheinungen vor. Passen Gesetz und Erscheinungen in der Folge völlig, so habe ich gewonnen, passen sie nicht ganz, so werde ich auf die Umstände der einzelnen Fälle aufmerksam gemacht und genötigt neue Bedingungen zu suchen unter denen ich die widersprechenden Versuche reiner darstellen kann; zeigt sich aber manchmal, unter gleichen Umständen, ein Fall, der meinem Gesetze widerspricht, so sehe ich, daß ich mit der ganzen Arbeit vorrucken und mir einen höheren Standpunkt suchen muß. Dieses wäre also, nach meiner Erfahrung, derjenige Punkt, wo der menschliche Geist sich den Gegenständen in ihrer Allgemeinheit am meisten nähern, sie zu sich heranbringen, sich mit ihnen (wie wir es sonst in der gemeinen Empirie tun) auf eine rationelle Weise gleichsam amalgamieren kann.[72]

Dieter Käfer spricht in seinem Buch *Methodenprobleme und ihre Behandlung in Goethes Schriften zur Naturwissenschaft* von einer "methodischen Bewegung"[73], die von der Erfahrung ausgeht und über eine allgemeine Vorstellung (Idee) zur Überprüfung derselben an den Phänomenen zurückkehrt. Exakte empirische Analysen der Formenvielfalt der Natur und die systematische Erfassung der Unterschiede und Ähnlichkeiten bilden bei Goethe die Grundlage für Verallgemeinerungen. Zentrale Bedeutung gewinnt vor allem die Einsicht, daß natürliche Gebilde das 'scheinbare Resultat'[74] einer Wechselwirkung von allgemeinen Bildungsgesetzen und besonderen Modifikationen (in Abhängigkeit von den individuellen Lebensbedingungen) sind. Durch die Berücksichtigung des Entwicklungsaspekts wird Goethe seiner Forderung gerecht, die Organisation der Lebewesen im Gesamtzusammenhang der "beweglichen Ordnung"[75]

---

72 J. W. Goethe: Physik Überhaupt (1798), FA, I. Abt., Bd. 25, S. 125 f.

73 Dieter Käfer: Methodenprobleme und ihre Behandlung in Goethes Schriften zur Naturwissenschaft, Köln, Wien 1982, S. 12.

74 Goethe erklärt 1807 in "Die Absicht eingeleitet": "Betrachten wir aber alle Gestalten, besonders die organischen, so finden wir, daß nirgend ein Bestehendes, nirgend ein Ruhendes, ein Abgeschlossenes vorkommt, sondern daß vielmehr alles in einer steten Bewegung schwanke. Daher unsere Sprache das Wort Bildung sowohl von dem Hervorgebrachten, als von dem Hervorgebrachtwerdenden gehörig genug zu brauchen pflegt", FA, I. Abt., Bd. 24, S. 392.

75 J. W. Goethe: Metamorphose der Tiere, FA., I. Abt., Bd. 2, S. 498.

der Natur zu erforschen.[76] Die von ihm begründete vergleichend-morphologische Vorgehensweise wird im allgemeinen die "genetische Methode" genannt.[77] Sie beachtet neben der Individualentwicklung eines Organismus auch seine Stellung innerhalb der 'natürlichen Verwandtschaftsfolge'[78] von den niederen bis zu den höheren Lebewesen, ist also durch eine hermeneutische Herangehensweise bestimmt.

Auf wissenschaftstheoretischem Gebiet beschäftigt sich Goethe außerdem mit der Erneuerung der Ende des 18. Jahrhunderts umstrittenen Wissenschaftsorganisation. In einem handschriftlichen Aufsatz, der ebenfalls Mitte der neunziger Jahre entsteht, versucht er, die von ihm begründete 'Morphologie', "der Ansicht und der Methode nach"[79] als Naturwissenschaft zu bestimmen. Er entwickelt ein Schema, das die verschiedenen Möglichkeiten einer Naturforschung beschreibt und unter dem Titel "Rekapitulation der verschiedenen Wissenschaften"[80] zusammenfaßt. Auf Naturgeschichte, Naturlehre[81], Anatomie und Chemie folgen Zoonomie[82], Psychologie, Morphologie und eine noch zu

---

76 Vgl. dazu Dieter Käfer: Methodenprobleme und ihre Behandlung in Goethes Schriften zur Naturwissenschaft, Köln, Wien 1982, S. 126.

77 Geschichte der Biologie, hg. von Ilse Jahn, Rolf Löther und Konrad Senglaub, a.a.O., S. 284.

78 Der Ausdruck 'natürliche Verwandtschaft' wird noch nicht explizit in einem realhistorischen Sinne verstanden. Dennoch wird Goethe häufig mit dem später von Charles Darwin vertretenen Evolutionsgedanken in Verbindung gebracht.

79 J. W. Goethe: Betrachtung über Morphologie überhaupt, FA, I. Abt., Bd. 24, S. 365.

80 J. W. Goethe: <Betrachtung über Morphologie>, FA, I. Abt., Bd. 24, S. 363.

81 Der Ausdruck 'Naturlehre' bezeichnet nach dem damaligen Sprachgebrauch die Physik.

82 Erasmus Darwin (1731-1802) verstand in seinem 1794-1796 veröffentlichten Werk "Zoonomia or the laws of the organic life" (die deutsche Übersetzung erschien 1795-1797 unter dem Titel "Zoonomie oder Gesetze des organischen Lebens") unter der Bezeichnung Zoonomie die Tier- und Pflanzenphysiologie. In einem ähnlichen Sinne fand das Wort Verwendung in Carl Christian Erhard Schmid's (1761-1812) "Zoonomie oder Philosophie über die Gesetze der organischen und tierischen Natur, 1796. Der Kantianer Schmid wandte sich vor allem in seiner "Physiologie, philosophisch betrachtet" (1798-1801) gegen Fichtes Wissenschaftslehre und die daran anknüpfende Naturphilosophie. Vgl. Ilse Jahn: Grundzüge..., a.a.O., S. 297 und 303/304.

verwirklichende Wissenschaft, deren Benennung als Physiologie ersatzlos gestrichen wird.[83]

Unter Zoonomie versteht Goethe eine Wissenschaft, die das "Ganze in so fern es lebt und diesem Leben eine besondere physische Kraft untergelegt wird"[84], betrachtet.[85] Seine Überlegungen zielen demnach auf ein Forschungsprogramm ab, das von der hypothetischen Annahme einer empirisch erforschbaren Lebenskraft ausgeht. Diese Aufgabe erläuternd argumentiert er: Da die "organischen Körper"

> nur durch den Zustand, den wir das Leben nennen, organisiert und in Tätigkeit erhalten werden können: so war nichts natürlicher, als daß man eine Zoonomie aufzustellen versuchte und denen Gesetzen wonach eine organische Natur zu leben bestimmt ist nachzuforschen trachtete; mit völliger Befugnis legte man diesem Leben, um des Vortrags willen, eine Kraft unter, man konnte, ja man mußte sie annehmen, weil das Leben in seiner Einheit sich als Kraft äußert die in keinem der Teile besonders enthalten ist.[86]

Goethe betrachtet das Leben als einheitlichen Prozeß, der im Ganzen als Äußerung einer Kraft erscheine. Diesen Begriff gebraucht er durchaus in dem Bewußtsein, daß man darauf nur indirekt schließen kann, indem man bestimmte Naturphänomene als ihre Wirkungen auffaßt. Aufgrund der besonderen Merkmale, die die organische Natur aufweise, nämlich Organisiertheit und Aufrechterhaltung der Lebensdynamik, sei es "natürlich", nach spezifischen Lebensgesetzen zu fragen. Er hält die Rede von einer Kraft für berechtigt, nicht weil er sie für erwiesen hält, sondern weil sie ihm in einem heuristischen Sinne hilfreich zu sein scheint. Da die Organismen nach Goethes Auffassung für den menschlichen Geist nicht allein in ihrer physischen Existenz erschei-

---

83 Dorothea Kuhn: Kommentar zu "<Betrachtung über Morphologie>", FA, I. Abt., Bd. 24, S. 1025.

84 J. W. Goethe: <Betrachtung über Morphologie>, FA, I. Abt., Bd. 24, S. 364.

85 Um diese Zeit wird das Wort Zoonomie in etwa synonym zu der Bezeichnung Biologie gebraucht. Ilse Jahn bemerkt dazu: "Erasmus Darwin behandelte unter dem Titel Zoonomie die Tier- und Pflanzenphysiologie" und "Das unzureichende Disziplingefüge und die damit verbundenen Begriffsbestimmungen zur Erforschung der Lebenserscheinungen kritisierte der Kantianer C. Ch. Erhard Schmid und schlug 1796 die Bezeichnung Zoonomie vor." Ilse Jahn: Grundzüge..., a.a.O., S. 297.

86 J. W. Goethe: Betrachtung über Morphologie überhaupt, FA, I. Abt., Bd. 24, S. 367.

nen, sondern zugleich auch immer etwas Geistiges zum Ausdruck bringen, empfiehlt er, die Lebewesen gleichermaßen von der körperlichen Seite wie von der geistigen Seite zu erforschen; während die Physis die Sinne anspreche, rege die geistige Seite den Betrachter zum Denken an, indem sie "durch den inneren Sinn erkannt oder durch seine Wirkungen bemerkt"[87] werde. Demnach zielen die Naturwissenschaften letztlich auf ein der organischen Natur zugrundeliegendes, mit dem materiellen Sein untrennbar verbundenes Ideelles, das durch "die Operationen des Geistes"[88] erkannt werden soll.

Die 'Morphologie', "die Lehre von der Gestalt der Bildung und Umbildung der organischen Körper"[89] soll eine Mittelstellung zwischen den bisherigen Disziplinen und einer geforderten, integrierenden Naturwissenschaft einnehmen. Sie nutze die Erkenntnisse und Methoden der Nachbarwissenschaften, soweit es ihrer Absicht, "nur darstellen und nicht erklären"[90] zu wollen, diene. Diese Einschränkung bestätigt Goethes Zurückhaltung gegenüber kausalen wie finalen Letztbegründungen. Auch wenn er Kritik an der bisherigen Vorherrschaft der analytischen gegenüber der synthetischen Vorgehensweise übt, setzt er eine breite empirische Basis für die Theoriebildung voraus. Er weist diese Aufgabe den "Physiologen der künftigen Zeit"[91] zu. An diese noch zu erreichende Stufe der Naturforschung stellt er den Anspruch, eine "Betrachtung des organischen Ganzen durch Vergegenwärtigung aller dieser Rücksichten und Verknüpfung derselben durch die Kraft des Geistes"[92] zu leisten.

Indem Goethe beklagt, "daß diese sämtliche Wissenschaften beinah nur von Ärzten getrieben werden, die denn sehr bald durch die Ausübung [...] von weiterer Ausbreitung abgehalten werden"[93], legt er die Notwendigkeit der Formierung einer neuen, selbständigen Wissenschaft nahe, die eine Summe von Einzeldisziplinen umfassen soll. Seine Unentschiedenheit im Hinblick auf eine Bezeichnung für diese 'Wissenschaft der Zukunft' ist kennzeichnend im

87 Ebd.

88 Ebd., S. 368.

89 Ebd., S. 365.

90 Ebd., S. 364.

91 Ebd., S. 366.

92 Ebd., S. 364.

93 Ebd., S. 368.

Hinblick auf die gegen Ende des 18. Jahrhunderts zur Debatte stehende Disziplinbildung.[94]

Die Selbstverständlichkeit, mit der sich Goethe auf dem Boden der Erfahrungswissenschaften bewegt, wird heute in der Regel auf seinen 'Realismus' zurückgeführt, den er - angeregt erst durch den Einspruch Schillers - in Auseinandersetzung mit Kant hinterfragt.[95] Kants Erkenntnistheorie kommt ihm zwar insofern entgegen, als er den Menschen durch sein von Natur aus gegebenes Erkenntnisvermögen definiert. Wesentlich aber ist in diesem Zusammenhang, daß Goethe nicht nur dem menschlichen Geist, sondern auch der Objektwelt eine immanente, erkennbare Ordnung, das heißt einen immanenten 'Geist' zuspricht. Goethes Erkenntnisoptimismus basiert auf der Annahme einer prinzipiellen Entsprechung von Erkenntnisgegenstand und Erkenntnissubjekt, also einer real gegebenen Möglichkeit vollkommener Erkenntnis.[96] In diesem Sinne besteht er auf seinem "hartnäckigen Realismus"[97]. Auch für Alfred Schmidt ist Goethe kein "'Agnostiker' kantischer Schule"[98]. Seinen "nüchternen, gegenständlichen Realismus" beschreibt er mit den Worten: "Er vertraut sich mit der praktischen Weisheit des langjährigen Empirikers den Phänomenen an, überzeugt von ihrer - prinzipiellen - Erkennbarkeit"[99].

Eine weitere Diskrepanz zu Kant scheint mir zu sein, daß Goethe die Regelhaftigkeit der Verstandesleistungen zwar anerkennt, als empirischer Beobachter aber auf die "Versatilität"[100] der Erkenntnisprozesse stößt. In dem

94 Im Zusammenhang mit dem Problem der Disziplinbildung und ihrer philosophischen Reflexion verweist Ilse Jahn in ihrer Biologiegeschichte auf Kants "'Kritik der Urteilskraft' (1790), die scharf zwischen anorganischer und organischer Natur unterschied und danach die Naturlehre einteilte in Naturbeschreibung (Physiographie), Physiologie und Naturgeschichte (Historia naturalis), historisch aufgefaßt als Einbeziehung ausgestorbener Tierformen in die Betrachtung eines 'Systems', das 'dem Erzeugungsprinzip nach 'aufgestellt wird", Ilse Jahn: Grundzüge..., a.a.O., S. 303.

95 Dieter Käfer: Methodenprobleme..., a.a.O., S. 88 f.

96 Ebd., S. 131. Siehe auch Alfred Schmidt: Goethes herrlich leuchtende Natur, a.a.O., S. 49 f.

97 J. W. Goethe: Glückliches Ereignis, FA, I. Abt., Bd. 24, S. 437.

98 Alfred Schmidt: Goethes herrlich leuchtende Natur, a.a.O., S. 47.

99 Ebd, S. 135. Siehe auch S. 49.

100 J. W. Goethe: Der Verfasser teilt die Geschichte seiner botanischen Studien mit, FA. I. Abt., Bd. 24, S. 745. Vgl. Kap. 2.4.1.

wichtigen Aufsatz über experimentelle Naturforschung *Der Versuch als Vermittler von Objekt und Subjekt* (1793) begründet er die methodisch bedingten Irrtumsgefahren folgendermaßen:

> Man kann sich [...] nicht genug in acht nehmen, aus Versuchen nicht zu geschwind zu folgern: denn beim Übergang von der Erfahrung zum Urteil, von der Erkenntnis zur Anwendung ist es, wo dem Menschen gleichsam wie an einem Passe alle seine inneren Feinde auflauern, Einbildungskraft, Ungeduld, Vorschnelligkeit, Selbstzufriedenheit, Steifheit, Gedankenform, vorgefaßte Meinung, Bequemlichkeit, Leichtsinn, Veränderlichkeit, und wie die ganze Schar mit ihrem Gefolge heißen mag, alle liegen hier im Hinterhalte und überwältigen unversehens den handelnden Weltmann als auch den stillen vor allen Leidenschaften gesichert scheinenden Beobachter.[101]

Schon der Titel dieses theoretischen Textes verweist darauf, daß auch die experimentelle Wissenschaft von der Person des Forschers abhängt. Dem Versuch komme eine Vermittlungsfunktion zu, weil Subjekt und Objekt dabei unter definierten Bedingungen in Wechselwirkung treten. Der naturwissenschaftliche Experimentator greife manipulativ in Naturabläufe ein, um ihre Kausalität zu erforschen. Bei der Auswertung solcher Versuche spiele die Subjektivität des Wissenschaftlers ebenfalls eine nicht unerhebliche Rolle, weil das rationale, logische Denken häufig von Assoziationen, Emotionen, Stimmungen usw. beeinflußt werde. Demnach gibt es keinen von der Person unabhängigen Denkmechanismus, wodurch die Eindrücke quasi 'automatisch' zu objektiven Erkenntnissen verarbeitet werden. Goethe hält vor allem den kognitiven Verarbeitungsprozeß des Empirikers für störungsanfällig, wogegen die neuzeitlichen Naturwissenschaften normalerweise der sinnlichen Wahrnehmung mißtrauen, die Leistungen des Verstandes dafür aber im Prinzip für untrüglich halten. Der Wunsch liegt ihm fern, die empirische Beobachtung von der Person des Forschers abzulösen. Dabei vertraut er den Leistungen der Sinnesorgane, den Vermittlungsinstanzen zwischen Innen- und Außenwelt, mehr als den geistigen Verarbeitungsmechanismen.

Außerdem betont Goethe den Einfluß der Einbildungskraft des Menschen auf den Erkenntnisprozeß und somit vor allem die ästhetische Dimension des Erkenntnisprozesses. In einem Brief aus dem Jahr 1817 bezeichnet er die Vernachlässigung der Phantasie als einen "Hauptmangel" der Kantschen Philoso-

---

101 J. W. Goethe: Der Versuch als Vermittler von Objekt und Subjekt, FA, I. Abt., Bd. 25, S. 30.

phie. Er bestimmt sie als "die vierte Hauptkraft unseres geistigen Wesens" und erklärt:

> sie suppliert die Sinnlichkeit, unter der Form des Gedächtnisses, sie legt dem Verstand die Welt-Anschauung vor, unter der Form der Erfahrung, sie bildet oder findet Gestalten zu den Vernunftideen und belebt also sämtliche Menscheneinheit, welche ohne sie in öde Untüchtigkeit versinken müßte.[102]

Die Phantasie dient in seinen Augen dazu, zwischen sinnlich-konkreten Vorstellungen und intellektuell-abstrakten Ideen zu vermitteln, die für sich genommen unvollkommene Ergebnisse darstellen. An dieser Stelle schlägt Goethe eine Brücke zwischen Wissenschaft und Literatur, indem er bemerkt, daß die Phantasie durch die anderen Kräfte "ins Reich der Wahrheit und Wirklichkeit eingeführt" werde:

> Die Sinnlichkeit reicht ihr rein umschriebene, gewisse Gestalten, der Verstand regelt ihre produktive Kraft und die Vernunft gibt ihr die völlige Sicherheit, daß sie nicht mit Traumbildern spiele, sondern auf Ideen gegründet sei.[103]

Daraus folgt, daß Goethe seine naturwissenschaftliche Forschung als Korrelativ seiner literarischen Arbeit betrachtet. Sie soll ein einseitiges Phantasieren verhindern. Nur ein geistiges Gleichgewicht garantiere einen hohen Erkenntniswert seines Schaffens.

Zwischen Naturforschung und Literatur besteht also auf der Ebene der Erkenntnisvoraussetzungen prinzipiell keine Differenz. Beide Tätigkeiten basieren auf dem Zusammenwirken der vier angenommenen Produktivkräfte und der Wechselwirkung von Einzelbeobachtung (Analyse) und Erfassung des Ganzen (Synthese). Er sei in seinem "ganzen Leben, dichtend und beobachtend, synthetisch, und dann wieder analytisch verfahren"[104], bemerkt er 1820 in seinem Kant-Aufsatz *Einwirkung der neueren Philosophie*.

Auch Michael Böhler drängt in seinem Aufsatz *Naturwissenschaft und Dichtung bei Goethe* auf eine Revision der vielfach "zur Beurteilung von Goethes Verhältnis zu den Naturwissenschaften" dienenden Annahme, "Natur-

---

102 J. W. Goethe an die Erbgroßherzogin Maria Paulowna, Brief vom 3. 1. 1817, Artemis Gedenkausgabe, Bd. 21, S. 211.

103 Ebd.

104 J. W. Goethe: Einwirkung der neueren Philosophie, FA, I. Abt., Bd. 24, S. 443.

wissenschaft und Dichtung seien zwei verschiedene Dinge mit verschiedener Zielsetzung und verschiedener Methode"[105]. Mit einem Beleg aus Goethe Heften *Zur Morphologie* macht er begreiflich, daß Goethe diese Relation anders einschätzt. Er zitiert aus Goethes Beitrag *Schicksal der Druckschrift*, in dem dieser die Entstehung des Lehrgedichts *Die Metamorphose der Pflanzen* kommentiert, folgende Textstelle:

> [...] nirgends wollte man zugeben, daß Wissenschaft und Poesie vereinbar seien. Man vergaß daß Wissenschaft sich aus Poesie entwickelt habe, man bedachte nicht daß, nach einem Umschwung von Zeiten, beide sich wieder freundlich, zu beiderseitigem Vorteil, auf höherer Stelle, gar wohl wieder begegnen könnten.[106]

Böhler zieht die Schlußfolgerung, Goethe habe "das Problem von Naturwissenschaft und Dichtung nicht als das einer prinzipiellen Inkompatibilität der beiden und ihrer Methoden, sondern [...] ihre Verschiedenheit für eine Frage des historischen Entwicklungsprozesses"[107] gehalten. Beim Versuch, Goethes Programm einer Verbindung von Naturwissenschaft und Dichtung zu verdeutlichen, argumentiert er mit Goethes Kritik an "der Herauslösung des naturwissenschaftlichen Objekts aus dem Naturzusammenhang, der Verselbständigung der rationalen Intelligenz gegenüber dem Gesamtsubjekt Mensch und der Ausschaltung der Vermittlungsorgane der sinnlichen Wahrnehmung und der Sprache"[108]. Nach Böhlers Auffassung war es dessen entscheidendste Forderung an den empirischen Forscher, die Isolation der Objekte und die Trennung zwischen Objekt und Subjekt zu vermeiden oder wieder aufzuheben. Goethe habe angedeutet, daß dies nur in einem Prozeß, "in dem die rationale Intelligenz wieder an die übrigen Gemütskräfte gebunden wird"[109], möglich sei.

Meiner Ansicht nach lassen sich aus Goethes Wissenschaftsverständnis wichtige Aussagen über seinen Literaturbegriff ableiten. In Opposition zur rein

---

105 Michael Böhler: Naturwissenschaft und Dichtung bei Goethe, in: Goethe im Kontext. Kunst und Humanität, Naturwissenschaft und Politik von der Aufklärung bis zur Restauration. Ein Symposium, hg. von Wolfgang Wittkowski, Tübingen 1984, S. 315, 326.

106 J. W. Goethe: Schicksal der Druckschrift, FS, I. Abt., Bd. 24, S. 420.

107 Michael Böhler: Naturwissenschaft und Dichtung bei Goethe, a.a.O., S. 327.

108 Ebd., S. 332.

109 Ebd., S. 335.

analytisch-experimentell verfahrenden Naturwissenschaft schlägt er vor, sich der Wahrheit auf 'natürliche' Weise verstehend, sprich zwischen Subjekt und Objekt vermittelnd, zu nähern. Analog zu seiner Forderung, "einen verhängnisvollen Bruch im Zusammenhang zwischen Mensch und Natur und der Naturphänomene untereinander"[110] zu vermeiden, kommt es ihm auch in seiner Literatur vornehmlich darauf an, den Menschen im natürlichen und gesellschaftlichen Zusammenhang unvoreingenommen, also gleichsam als empirischen Forschungsgegenstand, darzustellen. Mit seiner Ablehnung spekulativer Forschungsweisen korrespondiert in der Literatur das Verfahren einer Veranschaulichung von Ideen. Auch in der Poesie scheidet für Goethe ein rein gefühlsmäßiges Erfassen der Wahrheit aus, wenngleich er die psychischen Komponenten im Erkenntnisprozeß nicht abwertet, sondern neben dem Logos für erkenntniskonstitutiv hält.[111] Im Bereich der Wissenschaften, wie überhaupt bei allen produktiven Tätigkeiten, spiele die Spontaneität des Erfassens, das "Apercu", eine wichtige Rolle, wovon Goethe sagt, daß man "durch Anschauen dazu [komme], weder durch Nachdenken noch durch Lehre oder Überlieferung"[112]. Es behalte aber, "man gebärde sich wie man will, eine esoterische Eigenschaft"[113]. Allerdings fordert er, plötzliche Eingebungen immer

110 Ebd., S. 333.

111 Goethes Wissenschafts- und Literaturverständnis muß daher klar von der deutschen romantischen Naturforschung und Poesie unterschieden werden, für die "neben dem Verstand [...] auch Glaube, Gefühl und Traum zur Erfassung der Natur dienen können". Dietrich v. Engelhardt: Die Naturwissenschaft der Aufklärung und die romantisch-idealistische Naturphilosophie, in: Idealismus und Aufklärung. Kontinuität und Kritik der Aufklärung in Philosophie und Poesie um 1800, hg. von Christoph Jamme und Gerhard Kurz, Stuttgart 1988, S. 89.

112 J. W. Goethe: Dichtung und Wahrheit, 16. Buch, FA, I. Abt., Bd. 14, S. 743.

113 J. W. Goethe: <Zur vergleichenden Anatomie>, <Nachträge>, FA, I. Abt., Bd. 24, S. 504. Erläuternd fährt Goethe an dieser Stelle fort: "; im ganzen läßt sichs aussprechen, aber nicht beweisen, im einzelnen läßt sichs wohl vorzeigen, doch bringt man es nicht rund und fertig". "Ein solches Gewahrwerden" meint Goethe beispielsweise, wenn er beschreibt, wie er "durch einen sonderbar glücklichen Zufall" auf die "Wirbeltheorie des Schädels" gestoßen ist. J. W. Goethe an Karoline Herder, Brief vom 4. 5. 1790, LP, Bd. 9,1, S. 392.

auf die Empirie zurückzubeziehen, um möglichst alle spekulativen Erkenntnisweisen auszuschließen.[114]

Goethes Reflexionen über die Möglichkeiten, Ziele und Wege der Naturforschung widersprechen dem Bild, das die auf Technik ausgerichteten 'exakten' Naturwissenschaften aufrecht zu erhalten bemüht sind. Während diese seit Beginn der Neuzeit vorzugsweise analysieren, um auf die Funktionsweise der Natur schließen und in die isolierten Naturabläufe gezielt eingreifen zu können, bestimmt Goethe die Zerlegung der Natur in ihre Bestandteile als einen notwendigen methodischen Zwischenschritt auf dem Weg zu einem ganzheitlichen Naturverständnis. Als oberstes Ziel des Naturstudiums verfolgt er die Erkenntnis naturimmanenter Prinzipien der Organisation. Er fordert eine antiteleologische Grundhaltung des Naturforschers, in dem Sinne, daß er jede Art der Naturbeurteilung auf der Basis eines angenommenen, außer ihr liegenden Zwecks, ablehnt. Die Natur bringe eine in ihr selbst begründete gesetzmäßige Ordnung zum Ausdruck, die zu erforschen sei. Für ihn bildet Natur wesentlich eine Einheit, die auch die Menschheit als Ganzes umfaßt. Da er den Menschen mit allen seinen Fähigkeiten als Naturwesen betrachtet, sucht er in der Natur nach den Grundprinzipien ihrer Organisation, um durch Analogisierungen auch auf das Wesen der Menschheit und eine der menschlichen Natur angemessene Lebensform schließen zu können. Naturforschung ist also für Goethe idealiter immer auch praktische Anthropologie, die den Menschen im Kontext aktueller Existenzbedingungen darzustellen sucht. Goethes Erkenntniszuversicht beruht dabei auf der Überzeugung, daß der menschliche Geist als Produkt der Natur den ihm entsprechenden 'Geist' der Gesamtnatur zu reflektieren vermag.[115] Aufgrund dieses umfassenden Erkenntnisziels fordert er eine vielseitige, ausgewogene Methodik, arbeitet also gegen die Tendenz an, die Natur immer weiter zu zerlegen und damit ihre selbstgenügsame Ganzheit aus dem Blick zu verlieren. Auch vorwiegend analytisch vorgehende Naturwissenschaften müßten auf das Ganze der Natur bezogen bleiben, um überhaupt einen Beitrag zu ihrem Verständnis leisten zu können. Naturforschung in diesem Sinne bildet für ihn keinen Gegensatz zur Literatur; diese ist vielmehr gerade dadurch be-

---

114 Goethes "letztlich unüberwindliche Vorbehalte [...] gegen alle Spekulation" betont auch Alfred Schmidt in seiner Veröffentlichung zu Goethes Naturanschauung. Siehe Alfred Schmidt: "Goethes herrlich leuchtende Natur. Philosophische Studie zur deutschen Spätaufklärung, München und Wien 1984, S. 133 ff. Siehe auch S. 148.

115 Alfred Schmidt: Goethes herrlich leuchtende Natur, a.a.O., S. 50.

stimmt, daß sie sich bemüht, allgemeine Einsichten in die Organisation der Natur und damit in die analoge Organisation des menschlichen Organismus wie der ganzen Menschheit zu gewinnen, um diese zu reflektieren. Die Naturwissenschaften besitzen für Goethe so großen Reiz, weil er sich davon methodisch gesicherte Erkenntnisse über das 'Wesen' des Menschen verspricht.[116] Schon Friedrich Schiller verbindet Goethes Naturstudium mit der Absicht, "den Menschen genetisch aus den Materialien des gesamten Naturgebäudes zu erbauen"[117]. So läßt sich Goethes Faszination der Naturforschung gerade aus deren Effekt für die ästhetischen Möglichkeiten erklären.

2.4. Faszination des Lebendigen: Zum 'biologischen' Denken und Arbeiten Goethes, Chamissos und Büchners

2.4.1. Goethes Naturstudium

Johann Wolfgang von Goethe, der in seiner Kindheit und Jugend keine naturwissenschaftliche Ausbildung erfahren hat, beginnt mit Anfang Zwanzig sich für die Phänomene der Natur zu interessieren.[118] Während seiner Studienzeit in Leipzig setzt er sich mit den wichtigsten Naturforschern dieses Jahrhunderts - Albrecht von Haller, Carl von Linné und Charles Buffon - auseinander. Mit der 10. Auflage von Linnés *Systema naturae* (1758/59) hat die Einbeziehung des Menschen in die naturgeschichtliche Betrachtung begonnen. Sie wird durch Buffons *Histoire naturelle* und, daran anschließend, insbesondere durch Johann Friedrich Blumenbach verbreitet.[119] In Straßburg hört Goethe Vorlesungen bei Johann Hermann, wobei besonders die von Buffon, Bonnet u.a. vertretene Idee der 'scala naturae', das heißt einer linearen, kontinuierlichen Stufenleiter von den Gesteinen bis zum Menschen, Eindruck auf ihn macht. Dagegen lehnt er

116 Dorothea Kuhn: Über den Grund..., a.a.O., S. 172 f.

117 Friedrich Schiller an J. W. Goethe, Brief vom 23. 8. 1794, MA, Bd. 8,1, S. 13.

118 Zu Goethe Werdegang als Naturforscher siehe Otto Krätz: Goethe und die Naturwissenschaften, München 1992; hier die Seiten 8-17.

119 Johann Friedrich Blumenbach: De generii humani varietate nativa (1777). Siehe Dorothea Kuhn: Grundzüge..., a.a.O., S. 164, 168, 173.

die mechanistischen Lehren, z.B. in Holbachs *Système de la nature*, von Anfang an ab.

Ein Grund für das zunehmende Interesse Goethes am Naturstudium läßt sich anhand der 1772 verfaßten Kritik von G. J. Sulzers *Allgemeiner Theorie der schönen Künste* erkennen, in der er sich mit einer eindrucksvollen Beschreibung der allgemeinen Lebensdynamik gegen eine einseitige ästhetische Wahrnehmung der Natur wendet:

> Was wir von Natur sehn, ist Kraft, die Kraft verschlingt; nichts gegenwärtig, alles vorübergehend, tausend Keime zertreten, jeden Augenblick tausend geboren, groß und bedeutend, mannigfaltig ins Unendliche; schön und häßlich, gut und bös, alles mit gleichem Rechte nebeneinander existierend.[120]

Die Faszination des Naturstudiums geht offenbar gerade vom mannigfaltigen Gesamteindruck der Natur aus, den er - dem Gesamt einer Naturgewalt vergleichbar - als Ausdruck einer universal und andauernd wirkenden, elementaren Kraft deutet. Diese wird als eine Ursache verstanden, die grundsätzlich gegensätzliche Erscheinungen hervorbringt; Goethes Naturbild ist wesentlich durch Polarität gekennzeichnet. Damit wendet er sich implizit gegen eine teleologische Sichtweise, die die einzelnen Naturerscheinungen anthropozentrisch wertet. Paradigma für das hier entwickelte Naturverständnis ist vielmehr das Unberechenbare, das aus sich selbst heraus drängende, spontane Leben. Jedes Einzelwesen wird als in gewisser Weise autonomes Ganzes akzeptiert. Diese Sichtweise impliziert aber zugleich, daß die Individuen einem übergreifenden Lebensprozeß unterworfen sind, der sie verschlingt. Darin steckt im Keim eine ernsthafte Bedrohung für das Bild vom Menschen als Vernunftwesen und die damit verbundene 'harmonisierende' Anthropologie. In der *Geschichte seiner botanischen Studien* erinnert sich Goethe Anfang des 19. Jahrhunderts daran, daß seine ersten literarischen Arbeiten "von einem ernsten Drange das ungeheuere Geheimnis, das sich in stetigem Erschaffen und Zerstören an den Tag gibt, zu erkennen"[121], motiviert wurden. Diese Aussage ist nur vor dem Hintergrund verständlich, daß dieses 'Geheimnis' des Werdens und Vergehens ein grundsätzliches Problem für den Menschen darstellt. Man kann darin auch wie Andreas Wachsmuth einen Anlaß und Anfang seines naturwissenschaftlichen

---

120 J. W. Goethe: Aus den Frankfurter Gelehrten Anzeigen, HA, Bd. 12, S. 18.

121 J. W. Goethe: Der Verfasser teilt die Geschichte seiner botanischen Studien mit, FA, I. Abt., Bd. 24, S. 733.

Forschens sehen.[122] Auch sein naturwissenschaftliches Werk ist durch das primäre Interesse am Menschen bestimmt. Goethes Beteiligung an J. K. Lavaters *Physiognomischen Fragmenten* (1776), dem "ersten Beitrag, den man zu seinen naturwissenschaftlichen Schriften zählt, ein naturgeschichtliches Kapitel [...] mit der Beschreibung verschiedener Tierschädel"[123], ist charakteristischerweise einer der praktischen Ausgangspunkte seiner Naturstudien. Bezeichnend für Goethes anfängliche, noch traditionell geprägte Einstellung ist sein Vergleich von Mensch und Tier: "Der [...] Unterschied des Menschen von den Tieren bezeichnet sich schon lebhaft im Knochenbau"[124], wobei er den aufrechten Gang des Menschen als Hauptargument anführt. Als ein weiteres Signum zur Unterscheidung der Spezies Mensch gilt zu dieser Zeit die Befähigung zum Sprechen.[125] In diesem Zusammenhang vertreten mehrere Wissenschaftler, die Goethe kennt, so zum Beispiel Merck, Sömmering, Blumenbach und vor allem der bedeutende niederländische Anatom Peter Camper, die These, dem Menschen fehle im Gegensatz zum Affen der Zwischenkieferknochen.[126] Sie stößt bei Goethe auf Skepsis.[127] Nachdem er um 1781 durch den Hofrat Loder in die vergleichende Anatomie eingeführt worden ist, macht er sich selbst daran, das vermeintlich fehlende Merkmal beim Menschen nachzuweisen. Am 27.3.1784 schreibt er an Herder:

> Ich habe gefunden - weder Gold noch Silber, aber, was mir unsägliche Freude macht - das os intermaxillare am Menschen! Es soll dich auch recht

---

122 Andreas B. Wachsmuth: Geeinte Zwienatur. Aufsätze zu Goethes naturwissenschaftlichem Denken, Berlin und Weimar 1986, S. 9 f.

123 Dorothea Kuhn: Über den Grund..., a.a.O., S. 164.

124 Goethe: Aus Lavaters "Physiognomischen Fragmenten" 1776, in: ders.: Artemis Gedenkausgabe, Bd. 17, S. 446 f.

125 Zur folgenden Beschreibung der Entdeckung des Zwischenkieferknochens siehe auch Otto Krätz: Goethe und die Naturwissenschaften, a.a.O., S. 82 ff.

126 Beim Zwischenkieferknochen handelt es sich um den vorderen Teil des Oberkiefers, in dem die Schneidezähne verankert sind. Er ist bei manchen Säugetierarten mit dem restlichen Kiefer verwachsen und somit nur mehr undeutlich zu erkennen.

127 J. W. Goethe: <Zur vergleichenden Anatomie>, <Nachträge>, FS, I. Abt., Bd. 24, S. 486; ders.: Principes de Philosophie Zoologique discutés en Mars 1830 au sein de L'Académie Royale des sciences par Mr. Geoffroy de Saint-Hilaire Paris 1830, FA. I. Abt., Bd. 24, S. 827 ff.

herzlich freuen, denn es ist wie der Schlußstein zum Menschen, fehlt nicht, ist auch da![128]

Goethes Begeisterung über seine erste wichtige Entdeckung erklärt sich dadurch, daß das vermeintliche Fehlen des Zwischenkieferknochens zu dieser Zeit, wie gesagt, als Unterscheidungskriterium zwischen Mensch und Tier gilt. Später beklagt er einmal, die Bedeutung dieser Entdeckung sei nicht genügend erkannt worden.[129] Die eigentliche Pointe diese empirischen Untersuchung kommt aber gerade in seiner Abhandlung *Dem Menschen ist ein Zwischenkieferknochen zuzuschreiben* nicht vor. Sie ergibt sich jedoch aus einem Brief an Knebel, worin es heißt:

> Ich habe mich enthalten, das Resultat, worauf Herder in seinen Ideen deutet, schon ietzo merken zu lassen, daß man nämlich den Unterschied des Menschen vom Tier in nichts einzelnem finden könne. Vielmehr ist der Mensch aufs nächste mit den Tieren verwandt.[130]

Goethe unterschlägt diese Schlußfolgerung, die eine völlige Abkehr von der traditionellen anthropozentrischen Weltdeutung impliziert.[131] Daß er es hier unterläßt, die Ausnahmestellung des Menschen vom empirischen Standpunkt aus öffentlich in Frage zu stellen, ist wohl auf erwartete Angriffe von orthodoxer Seite zurückzuführen.[132] Die Brisanz dieses Themas aber macht für ihn wohl gerade den Reiz der vergleichenden Naturforschung aus. Die faktische Konsequenz, die Goethe als Naturforscher aus seiner Entdeckung zieht, ist der

---

128 J. W. Goethe: Brief an Herder vom 27. März 1784, Artemis Gedenkausgabe, Bd. 18, S. 761.

129 J. W. Goethe im Gespräch mit Kanzler Müller am 24. Mai 1828: "Die Wichtigkeit dieser Behauptung wollten selbst sehr gute Köpfe nicht einsehen, die Wichtigkeit leugneten die besten Beobachter", HA, Bd. 13, S. 49.

130 J. W. Goethe: Brief an Knebel von 17. November 1784, Artemis Gedenkausgabe, Bd. 18, S. 813.

131 Einen Vorstoß in dieser Richtung wagt Herder 1770 mit seiner "Abhandlung über den Ursprung der Sprache".

132 Vgl. Otto Krätz: Goethe und die Naturwissenschaften, a.a.O., S. 94.

Entwurf einer "allgemeinen Vergleichungslehre"[133], womit er etwa gleichzeitig mit dem Franzosen Cuvier die vergleichende Anatomie als diejenige wesentliche Disziplin begründet, die die Aufgabe verfolgt, die innere Organisation der Lebewesen systematisch zu untersuchen. Nach der von ihm entwickelten 'genetischen Methode' fängt man bei den niederen, einfach strukturierten Formen an, um darauf aufbauend den in Grundzügen gleichen, aber weiterentwickelten Aufbau der höheren Organismen bis hin zum Menschen kennenzulernen.

Wesentlich ist hier vor allem der Einfluß Herders. Insbesondere durch die Mitarbeit an Herders *Ideen zur Philosophie der Geschichte der Menschheit* (1784/85) wird Goethe in seinem Einheits- und Kontinuitätsdenken bestärkt.[134] Herder erweist sich hier als ein bedeutender Interpret der sich auf Haller berufenden vitalistischen Denkrichtung. Er warnt in seiner Vorrede davor, die angenommenen "organischen Kräfte" als "qualitates occultas"[135] mißzuverstehen. Im Hinblick auf die Pflanzen meint Herder: "Jedermann siehet die durchscheinende Aehnlichkeit zu Thieren und Menschen"[136], und im Hinblick auf die Tiere spricht er davon, sie seien "der Menschen älteste Brüder"[137]. Bei der Untersuchung der Pflanzen mit Hilfe der 'natürlichen Methode' und bei der vergleichenden Anatomie der Tiere bekomme "der Mensch natürlicher Weise an sich selbst einen Leitfaden, der ihn durchs große Labyrinth der lebendigen Schöpfung begleite"[138]. Seine Begründung dafür, "daß durch die ganze belebte Schöpfung unserer Erde das Analogon Einer Organisation herrsche"[139], kommt am komprimiertesten im zweiten Teil unter der Kapitelüberschrift "Die genetische Kraft ist die Mutter aller Bildungen auf der Erde [...]" zum Ausdruck. Herder argumentiert, das Studium der Entwicklung der Organismen - er ver-

---

133 Dorothea Kuhn: Entwürfe zu einem osteologischen Typus 1795-1796. Kommentar zu "Erster Entwurf einer allgemeinen Einleitung in die vergleichende Anatomie, ausgehend von der Osteologie", FA, I. Abt., Bd. 24, S. 978.

134 Dorothea Kuhn: Über den Grund..., a.a.O., S. 169. Siehe auch Otto Krätz: Goethe und die Naturwissenschaften, a.a.O., S. 94.

135 J. G. Herder: Ideen zur Philosophie der Geschichte der Menschheit, in: Sämtliche Werke, hg. von Bernhard Suphan, Bd. XIII, Berlin 1887, Neudruck Hildesheim 1967, S. 10.

136 Ebd., S. 56.

137 Ebd., S. 60.

138 Ebd., S. 69.

139 Ebd., S. 70.

weist dabei auf Harvey und Wolff - lege die Wirksamkeit einer "lebendigen, organischen Kraft" nahe. Sie gebe "dem todten Chaos der Materie lebendige Form"[140] und fahre fort, "sich in ihm thätig zu offenbaren [...]; zwar nicht mehr schaffend, denn es ist erschaffen, aber erhaltend, belebend, nährend"[141]. Auf diese "eingebohrene, genetische Lebenskraft" führt er zurück, daß jedes Lebewesen "ein lebendiges Ganzes" sei. Er kritisiert die animistische Theorie Stahls und seiner Nachfolger, indem er die Lebenskraft von dem "Vernunftvermögen unsrer Seele", welches sich "den Körper [...] gewiß nicht selbst gebildet" habe, unterscheidet[142], besteht aber darauf, daß es "mit jener Lebenskraft" verbunden sei, "wie alle Kräfte der Natur in Verbindung stehen: denn auch das geistige Denken hangt von der Organisation und Gesundheit des Körpers ab und alle Begierden und Triebe unsres Herzens sind von der animalischen Wärme untrennbar"[143]. So ist der Mensch für Herder kein Ausnahmewesen innerhalb der Natur; sein ganzes Leben begründe sich auf das einer immanenten Lebenskraft zugesprochene Vermögen, wovon er sagt:

> Es ist der Grund meiner Naturkräfte, der innere Genius meines Daseyns. Aus keiner andern Ursache ist der Mensch das vollkommenste Wesen der Erdeschöpfung, als weil die feinsten organischen Kräfte, die wir kennen, bei ihm in den feinsten Werkzeugen der Organisation einwohnend wirken. Er ist die vollkommenste animalische Pflanze, ein eingebohrner Genius in einer menschlichen Bildung.[144]

Der Mensch sei ein organisches Geschöpf der Natur; nur erreiche er aufgrund der ihm innewohnenden besonders feinen Kräfte einen höheren Vollkommenheitsgrad als seine Mitgeschöpfe, nicht zuletzt weil diese sich in ihm zum Vernunftvermögen verfeinerten.[145] Daher halten es Herder wie Goethe für ratsam, die verschiedenen Wirkungen der "aufsteigenden Reihe von Kräf-

140 Ebd., S. 275.

141 Ebd., S. 275.

142 Siehe auch Ebd., S. 174.

143 Ebd., S. 276.

144 Ebd.

145 Ebd., S. 78, S. 90 f. Nicht die Vernunft selbst, sondern nur das Vermögen, dieselbe auszubilden, sei dem Menschen angeboren; Ebd., S. 145, S. 185.

ten"[146] in den Pflanzen und Tieren zu erforschen, um schließlich die ganze Bildung des Menschen begreifen zu können.[147]

In Weimar erweitert Goethe seine botanischen Grundkenntnisse mit Hilfe der Identifikationsmethode Linnés. Nach einer autobiographischen Aussage bereitet ihm aber die für die Bestimmung notwendige klare Merkmalsunterscheidung Schwierigkeiten, da für ihn zunehmend die "Versatilität der Organe"[148] und das "Wechselhafte der Pflanzengestalten"[149] gegenüber dem Aspekt der Distinktheit der Arten in den Vordergrund tritt. So bemerkt er überall fließende Übergänge und konstatiert, daß zwischen der pflanzlichen Gestalt und den Bedingungen, unter denen sie sich individuell herausbildet, eine Wechselwirkung besteht. Unterstützung findet er dabei durch den Jenaer Botaniker August Johann G. C. Batsch (1761-1802), der in den achtziger Jahren über das Problem künstlicher (Linné) bzw. natürlicher Pflanzensysteme promoviert und 1795 mit der Bepflanzung des Jenaer Botanischen Gartens beauftragt wird.[150]

Zwischen 1776 und 1790 bilden morphologische Studien den Schwerpunkt der Naturforschungen Goethes. Seine Bemühungen zielen zum einen auf Strukturgesetze (Typen) und zum anderen auf die Gesetzmäßigkeiten von Lebensprozessen (Gestaltbildung), denn seine praktischen Beobachtungen verweisen ihn auf eine bewegliche und aufgrund ihrer Dynamik wandlungsfähige Natur. Die hier gewonnenen Ergebnisse finden ihren Niederschlag insbesondere in seiner Metamorphoselehre, die er durch Beobachtung der Entwicklung einjähriger Pflanzen gewinnt. Die entscheidende Idee einer "ursprünglichen Identität aller Pflanzenteile"[151] hat Goethe 1786 auf seiner Italienischen Reise im Botanischen Garten von Palermo. Seitdem faßt er die Gestaltwerdung eines Lebewesens, sprich seine jeweilige gesetzmäßige Herausbildung, als 'Tätigkeit', als 'Organisieren' der Natur auf.[152] Diese "Dynamisierung der le-

146 Ebd., S. 169.

147 Siehe Kap. 4.1, worin auf Herders "Ideen" noch näher eingegangen wird.

148 J. W. Goethe: Der Verfasser teilt die Geschichte seiner botanischen Studien mit, FA., I. Abt., Bd. 24, S. 745.

149 Ebd., S. 747.

150 Ilse Jahn: Grundzüge..., a.a.O., S. 242, S. 279.

151 J. W. Goethe: Der Verfasser teilt die Geschichte seiner botanischen Studien mit, FA, I. Abt., Bd. 24, S. 748.

152 J. W. Goethe: <Erläuterung zu dem aphoristischen Aufsatz 'Die Natur'> (1828), FA, I. Abt., Bd. 25, S. 81.

benden Gestalt"[153] gehört zu Goethes bedeutendsten Leistungen als Naturforscher. Er erkennt, was weder in der aristotelischen Lehre von den drei Naturreichen[154] noch in der Lehre von der 'scala naturae' zum Ausdruck kommt, nämlich daß diese spezifische Dynamik die lebenden Organismen auszeichnet und von der unbelebten Materie prinzipiell unterscheidet. Die Erforschung der Gestaltbildung von Organismen stellt Goethe in die vorderste Reihe der Naturforscher seiner Zeit. Sein *Versuch die Metamorphose der Pflanzen zu erklären* erscheint 1790, im gleichen Jahr wie Kants *Kritik der Urteilskraft*, worin dieser, wie bereits erwähnt, ebenfalls eine klare Grenze zwischen der anorganischen und der organischen Welt zieht.

Seit 1790 verlagert sich Goethes Hauptinteresse auf das Phänomen Farbe. 1810 veröffentlicht er ein umfangreiches Werk *Zur Farbenlehre*, das in naturwissenschaftlichen Kreisen vielfach auf Ablehnung stößt. Aufgrund des gegen Newtons Optik gerichteten polemischen Teils, fühlen sich die Physiker zur Kritik aufgerufen. Dabei wird übersehen, daß Goethes Aufmerksamkeit nicht auf das Licht, als Bestandteil der physischen Welt, sondern auf die Farbperzeption des menschlichen Auges gerichtet ist. Die Kritik zielt also insofern vorbei, als man nicht zwischen den physikalischen Erscheinungen der Außenwelt und den physiologischen Wahrnehmungsprozessen im Beobachter unter-

153 Peter Sachtleben: Das Phänomen Forschung und die Naturwissenschaft Goethes, Frankfurt a. M. 1987, S. 81.

154 Nach Aristoteles gibt es drei Reiche: "Minerale wachsen, Pflanzen wachsen und leben, Tiere wachsen, leben und fühlen", zit. nach Ilse Jahn: Grundzüge..., a.a.O., S. 236.

scheidet.[155] Dennoch einschlägig, bringt das vom Blickpunkt des Physikers gefällte vernichtende Urteil über die *Farbenlehre* die gesamte naturwissenschaftliche Leistung Goethes nachhaltig in Verruf. Seine Analyse der "physiologischen Farben", die bis dahin "als außerwesentlich, zufällig, als Täuschung und Gebrechen betrachtet" werden[156], wird jedoch von einzelnen bedeutenden Physiologen des 19. Jahrhunderts gewürdigt. So bemerkt Johannes Müller 1826 in seinem Buch *Zur vergleichenden Physiologie des Gesichtssinnes des Menschen und der Tiere*: "Ich scheue mich nicht zu bekennen, daß ich der Goetheschen Farbenlehre überall dort vertraue, wo sie einfach die Phänomene darlegt und in keine Erklärungen sich einläßt"[157].

Als Goethe mit seinem Naturstudium beginnt, existiert die Biologie als selbständige naturwissenschaftliche Disziplin noch nicht. Seine Arbeiten sind exemplarisch für die Naturforschung gegen Ende des 18. Jahrhunderts, deren Situation Goethe realistisch einschätzt und deren Entwicklung er durch gezielte Impulse beeinflußt. Durch seine vielseitigen Naturstudien erschließt er einen Fragenkomplex, der das Aufgabengebiet der entstehenden Biologie von morphologischen bis hin zu physiologischen Problemen bereits weitgehend abdeckt.

---

155 Eine Revision des Urteils der Physiker erfolgt hingegen erst im 20. Jahrhundert, beispielsweise durch Werner Heisenberg, der in einem Vortrag "Die Goethesche und die Newtonsche Farbenlehre im Lichte der modernen Physik" (1941) verdeutlicht, "daß sie von zwei ganz verschiedenen Schichten der Wirklichkeit handelten", Werner Heisenberg: Die Goethesche und die Newtonsche Farbenlehre im Lichte der modernen Physik. in: ders.: Wandlungen in den Grundlagen der Naturwissenschaft, Stuttgart 1949, S. 61. Zur Rehabilitation Goethes als Naturforscher siehe Wolfgang Buchheimer: Der Farbenlehrestreit Goethes mit Newton in wissenschaftsgeschichtlicher Sicht, in: Sitzungsberichte der Sächsischen Akademie der Wissenschaften zu Leipzig. Mathematisch-naturwissenschaftliche Klasse, Bd. 123, H. 1, Berlin 1991; Aufschlußreich ist in diesem Zusammenhang auch die Erklärung E. Hungers, der schreibt: "Goethe hat gegen eine nur physikalische Betrachtung der Farben Einspruch erhoben. Er erkannte, daß durch eine derartige Betrachtung die Welt der Phänomene ausgeklammert wird. Deshalb ist es falsch, die Physik als volle Darstellung der Wirklichkeit oder auch als ihre Kopie anzusehen". E. Hunger: Grundbegriffe des physikalischen Denkens, Frankfurt a. M. 1969, S. 30.

156 J. W. Goethe: Zur Farbenlehre, HA., Bd. 13, S. 329.

157 Zitiert nach Dorothea Kuhn und Rike Wankemüller: Nachwort zur Farbenlehre, HA., Bd. 13, S. 620.

2.4.2. Chamisso: Forschungsreisender und Systematiker

Adelbert von Chamisso, französischer Grafensohn und Emigrant, entscheidet sich mit Anfang Dreißig, Naturforscher zu werden. Nach langer Unzufriedenheit über seine - wie er meint - bedeutungslose und unsichere Existenz, findet er darin eine Lebensperspektive, die er mit bemerkenswerter Sicherheit verfolgt. Sein Plan erwächst sowohl aus seiner desolaten persönlichen als auch aus seiner finanziellen Situation. Er möchte ein Universitätsstudium absolvieren, um sich "eine unabhängige, selbständige, bescheidene, stille Existenz zu verschaffen"[158]. Im Bewußtsein einer Lebenswende schreibt er im November 1812 - dem zweiten Monat seines Studiums der Medizin und der Naturwissenschaften an der Berliner Universität - einen Brief an seinen Freund de la Foye, worin er seine wissenschaftlichen Pläne mitteilt:

> Diesen Winter treib' ich Anatomie, nebenbei Zoologie und Botanik; künftigen Sommer anatomia comparata, physiologia und Botanik; mein Zweck ist eben nicht zu praktizieren, ob ich gleich nach dem Doktorhut ringen werde, ich will alle Naturwissenschaften mehr oder weniger umfassen und in einigen Jahren als ein gemachter Mann und ein rechter Kerl vor mir stehen, der zu einer gelehrten Reise im Allgemeinen und zu einem bestimmten Zweig insbesondere in einer größern Unternehmung der Art als tauglich sich darstellen könne.[159]

Verblüffend ist, wie exakt er alle diese Vorhaben - trotz zum Teil widriger Umstände - später einzulösen vermag. Nach seiner Rückkehr von einer dreijährigen Entdeckungsreise in die Südsee und die Beringsee (1815-1818) macht er sich 1819 einen Namen als Naturforscher. Er wird zum Mitglied mehrerer naturwissenschaftlicher Vereinigungen ernannt, so auch der berühmten Kaiserlichen Leopoldinisch-Carolinischen Akademie der Naturforscher. Für die wichtige Entdeckung des regulären Generationswechsels (Metagenese) bei Sal-

---

158 A. v. Chamisso: Brief an Rosa Maria Varnhagen am 19. März 1812, Leben und Briefe, I, S. 358.

159 A. v. Chamisso: Brief an de la Foye vom Nov. 1812, in: Leben und Briefe, I, S. 376.

pen (Tunicata) verleiht man ihm die Ehrendoktorwürde.[160] Außerdem bekommt er ein Amt beim Botanischen Garten in Schöneberg.

Chamisso wählt bereits vor Beginn seines Universitätsstudiums die Botanik zu seinem Spezialfach. Seine ersten wissenschaftlichen Pflanzenkenntnisse erwirbt er im Jahre 1812 auf Anregung des Freundes de la Foye[161] in der Schweiz.[162] Nicht unerheblich für diese Wahl mag gewesen sein, daß sich drei seiner Vorbilder, nämlich Jean Jaques Rousseau, Johann Wolfgang von Goethe und Alexander von Humboldt auch vorzugsweise der Botanik widmeten. Zweifellos jedenfalls prägen diese drei sein Bild von der Naturforschung. Ihm schwebt das Ideal eines relativ unabhängigen, ungezwungenen Forscherlebens in der freien Natur vor. In seinen Briefen stilisiert er sich selbst wiederholt als umherstreifenden Botaniker, "die Kapsel auf dem Rücken, das Buch in der Tasche, den Stab in der Hand, allein auf Felsengesimsen, zwischen Wolken, Gletschern, Bergströmen und Abgründen, in einer Höhe von 7200 Fuß"[163] wandernd. Insbesondere wohl auf den Einfluß Goethes und Humboldts ist zurückzuführen, daß Chamisso für eine empirische Forschung eintritt und die deduktiv-spekulative romantische Naturforschung vehement ablehnt. So heißt es beispielsweise in dem bereits zitierten Brief vom November 1812:

> Mir ist das müßige Konstruieren a priori und Deduzieren und Wissenschaft aufstellen von jedem Quark und Haarspalten, zum Ekel worden [...]. - Der Wissenschaft will ich durch Beobachtung und Erfahrung, Sammeln und Vergleichen mich nähern.[164]

---

160 Bei den Salpen handelt es sich um tonnenförmige Meerestiere, die abwechselnd als ungeschlechtlich entstandene Kettenform und geschlechtlich entstandene Einzelform auftreten. Siehe Maximilian Renner: Leitfaden für das zoologische Praktikum, 2. überarbeiteter Druck der 18. Aufl., Stuttgart, New York 1982, S. 290.

161 A. v. Chamisso: Brief an de la Foye vom 23. Mai 1812, in: Leben und Briefe, I, S. 360.

162 In einem Brief an Hitzig vom 24. Mai 1812 schreibt er: "Ich habe mit diesem Frühjahr die Botanik zu treiben angefangen - ich finde hier Leichtigkeit und Anleitung dazu, und dies Land ist gleichsam der botanische Garten Europa's", in: Leben und Briefe, I, S. 361.

163 A. v. Chamisso: Brief an Rosa Maria Varnhagen vom 10. Aug. 1812, in: Leben und Briefe, I, S. 363. Siehe auch den Brief an Hitzig vom 18. Aug. 1812, in: Leben und Briefe, I, S. 364.

164 A. v. Chamisso: Brief an de la Foye vom Nov. 1812, in: Leben und Briefe, I, S. 376.

Diese Überzeugung wirkt sich vorübergehend sogar negativ auf sein Verhältnis zur Literatur aus. Ihm erscheinen seine bisherigen literarischen Ambitionen als Lebenslüge[165], und er nimmt sich vor, die Poesie zugunsten seiner naturwissenschaftlichen Bemühungen ganz aufzugeben:

> Tauge ich überhaupt zu irgend etwas, so ist es für die Naturwissenschaften, auf dem Wege der Erfahrung. Die Freunde selbst haben mir nie einreden können, daß ich zum Dichter geboren, und von müßiger Spekulation wend' ich mich mit Ueberdruß ab.[166]

Chamisso findet sich in der Rolle eines Biologen des frühen 19. Jahrhunderts zurecht; der beabsichtigte Bruch mit der Literatur allerdings findet nie statt. Seine bekannteste Dichtung, *Peter Schlemihls wundersame Geschichte*, ist vielmehr noch während seiner Ausbildung zum Naturwissenschaftler entstanden.

Chamissos Naturforscherideal deckt sich weitgehend mit dem Bild des Weltreisenden Alexander von Humboldt, der von 1799-1804 gemeinsam mit A. Bonpland eine der bedeutendsten Expeditionen in der Geschichte der Naturwissenschaften durchführt und mit den 1807 erscheinenden *Ideen zu einer Geographie der Pflanzen* einen neuen Wissenschaftszweig der Botanik, die Pflanzengeographie, begründet. Der Untertitel des Werks, *Nebst einem Naturgemälde der Tropenländer*, verweist auf das eigentliche Ziel Humboldts, nämlich eine "universale Morphologie der tropischen Natur auszugestalten"[167]. Angeregt durch Goethes Untersuchung der pflanzlichen Bauplantypen, beschreibt er siebzehn Vegetationstypen, die die physiognomische Ausgestaltung der gesamten Pflanzenwelt unter bestimmten, meßbaren geographischen Bedingungen verdeutlichen sollen.[168] Wie Meyer-Abich erklärt, stellt "Humboldts

---

165 Siehe A. v. Chamissos Brief an de la Foye vom November 1812, der mit dem Satz beginnt: "Ich bin einmal mit mir und der Welt in Eintracht, und aus der Lüge heraus.", in: Leben und Briefe, I, S. 375.

166 A. v. Chamisso: Brief an Rosa Maria Varnhagen vom 17. Nov. 1812, in: Leben und Briefe, I, S. 377 f. Siehe auch den Brief an Fouque vom 17. Nov. 1812, in: Leben und Briefe, I, S. 374 und den Brief an de la Foye vom Nov. 1812, in: Leben und Briefe, I, S. 375.

167 Adolf Meyer-Abich: Nachwort zu "Ansichten der Natur", in: Alexander von Humboldt: Ansichten der Natur, a.a.O., S. 155 f.

168 Vgl. "Ideen zu einer Physiognomik der Gewächse", in: Alexander von Humboldt: Ansichten der Natur, a.a.O. S. 77.

Pflanzengeographie [...] die komplementäre Entsprechung zur Morphologie der Pflanzen"[169] dar.

1810 schreibt Chamisso während einer Phase der Depression und des Umherirrens nach einer persönlichen Begegnung mit Humboldt in Paris an Fouqué:

> Was genügte uns, was überträfe unsere Forderungen, ja was erregte unsere Neugierde und spannte unsere Seele an? - Doch Einer hat es noch an mir gekonnt, unser herrlicher Humboldt, mit der Tropen-Natur, dem Llanos der Anden, der fremden Physiognomie einer uns unbekannten Schöpfung.[170]

Zwischen seiner Rezeption der Schriften Humboldts und dem Vorhaben, an der neuen Universität Berlin Medizin zu studieren, kann ein unmittelbarer Zusammenhang angenommen werden. Chamisso nimmt dieses Studium zwei Jahre später auf, um sich zum Forschungsreisenden auszubilden. In der Zwischenzeit liest er, während er sich in der Schweiz zum Pflanzenkenner ausbildet, Schriften so bedeutender Biologen wie J. B. Lamarck (1744-1829) und A.-P. De Candolle (1778-1841).[171] Während seiner akademischen Ausbildung in Berlin gewinnt er Einblick in die naturwissenschaftlichen und naturphilosophischen Themen seiner Zeit und erwirbt sich parallel dazu, durch verschiedene Arbeiten beim Zoologischen Museum und durch die progressive Erweiterung seines Herbariums praktisches Wissen, vor allem im taxonomischen Bereich.

Schon Chamissos Wahl des Faches Botanik weist ihn als typischen Biologen seiner Zeit aus. Infolge der enormen Wirkung Linnés im 18. Jahrhundert ist diese biologische Wissenschaft am weitesten fortgeschritten und auch gesellschaftlich am meisten anerkannt, nicht zuletzt weil man sich davon auch Nutzen auf den wirtschaftlich bedeutenden Gebieten der Heilkunde und des Anbaues verspricht. Auch aufgrund ihrer fortschreitenden Institutionalisierung kann sich Chamisso Hoffnungen auf eine berufliche Zukunft als Botaniker machen.

Als Fachmann steht Chamisso in der Tradition von De Jussieu und A.-P. De Candolle, die mit der Suche nach einem 'natürlichen System' begannen, indem sie nicht mehr - wie Linné - einzelne Merkmale, sondern Merkmalskomplexe in ihre Betrachtungen einbezogen und versuchten, möglichst auf induktivem

---

169 Adolf Meyer-Abich: Nachwort..., a.a.O., S. 156.

170 A. v. Chamisso: Brief an Fouqué vom 17. Juni 1810, in: Leben und Briefe, I, S. 282 f.

171 A. v. Chamisso: Brief an de la Foye vom 23. Mai 1812, in: Leben und Briefe, I, S. 360.

Wege, durch Aufwärtsklassifikation ein System zu errichten.[172] Voraussetzung für diese Aufgabe ist prinzipiell die vollständige Erfassung aller auf der Erde lebenden Pflanzenarten. Aus diesem Grund kann sich Chamisso keinen besseren Beitrag dazu denken, als an einer Forschungsreise teilzunehmen, um neue Pflanzen zu entdecken, Daten über die natürliche Umwelt der exotischen Gewächse zu sammeln, möglichst viel Pflanzenmaterial für die phytographische und taxonomische Forschung zu sichern und sich nach seiner Rückkehr an die gezielte Auswertung zu machen. Gerade seine Entdeckung des Generationswechsels der Salpen weckt allgemein "Zweifel an der Gültigkeit eines rein phänetischen Ansatzes bei der Klassifikation"[173] und verstärkt die Bemühungen bei der Suche nach einem 'natürlichen System'. Chamisso schließt sich demnach einem induktiv arbeitenden Forschungszweig an und verhält sich zurückhaltend bei Aussagen, die sich nicht durch direkte Beobachtung nachweisen lassen, so nicht nur gegenüber den spekulativen Systemen romantischer Naturforscher, sondern auch gegenüber Entwicklungsvorstellungen, wie sie beispielsweise Lamarck vertritt.[174]

Seine Stellungen als Student, als Expeditionsteilnehmer sowie als Berufsbotaniker lassen ihm nur einen relativ begrenzten Spielraum. So entsprechen Chamissos zahlreiche naturwissenschaftliche Veröffentlichungen seinem beruflichen Auftrag. Dazu gehören Pflanzenverzeichnisse, Reiseberichte, wissenschaftliche Abhandlungen und Pflanzenbeschreibungen sowie ein botanisches Lehrbuch, das zwischen 1823 und 1826 im Auftrag des Preußischen Kultusministers Freiherr v. Stein zum Altenstein entsteht[175]: *Übersicht der nutzbarsten und der schädlichsten Gewächse, welche wild oder angebaut in Norddeutschland vorkommen. Nebst Ansichten von der Pflanzenkunde und dem Pflanzenrei-*

---

172 Darüber informiert Ernst Mayr: "Bei diesem Verfahren beginnt man unten, sortiert ähnliche Arten in Gruppen und faßt diese Gruppierungen wiederum in einer Hierarchie höherer Taxa zusammen. Die Methode ist, zumindest im Prinzip, rein empirisch." In: Ernst Mayr: Die Entwicklung der biologischen Gedankenwelt, a.a.O., S. 154.

173 Ernst Mayr: Die Entwicklung der biologischen Gedankenwelt, a.a.O., S. 164.

174 Der Gedanke einer natürlichen Verwandtschaft zwischen allen Lebewesen wird von den Systematikern des frühen 19. Jahrhunderts noch nicht im historischen Sinne einer genealogischen Beziehung verstanden. Vorrangig wird an der Vorstellung einer konstanten, harmonischen Naturordnung festgehalten, wobei die 'Frage nach deren Ursprung' allmählich aus dem Bereich empirischer Forschung verdrängt wird.

175 Vgl. Günther Schmid: Chamisso als Naturforscher. Eine Bibliographie, Leipzig 1942.

che. Es ist die einzige naturwissenschaftliche Schrift, in der Chamisso sich zu allgemein-biologischen Fragen äußert. Sein methodischer Ansatz ist die konsequente Anwendung der induktiven Methode mit dem Ziel, prinzipielle Aussagen zu treffen. Programmatisch sind Sätze wie: "Wir müssen die Natur fragen, ob es sei oder nicht sei"[176] und "Wer mit vorgefaßter Meinung beobachtet, der gibt sich der Täuschung hin"[177]. Dennoch enthält er sich keineswegs der Synthese von Forschungsergebnissen, sobald sie ihm aufgrund der empirischen Forschungslage gerechtfertigt erscheint. So zeichnet er ein Gesamtbild der geographischen Verbreitung der Pflanzen, obwohl er anmerkt, "daß nur ein beschränkter Teil der gesamten Pflanzenwelt unserer Forschung offenliegt und sich unsere Untersuchungen und Vergleichnungen nur auf Bruchstücke erstrecken"[178]. Dagegen legt er sich Zurückhaltung auf bei dem umstrittenen Problem eines treffenden Artbegriffs bzw. bei der Beurteilung der Frage der Urzeugung ("Generatio aequivoca"), die in der damaligen Diskussion durch Lorenz Oken wieder aufgeworfen wurde. In beiden Fällen glaubt Chamisso, daß die bisherigen empirischen Befunde nicht ausreichen, um diese Fragen entscheiden zu können. Daher will er sich bewußt damit begnügen, "die Frage zu stellen und die betreffenden Tatsachen aufzuzählen, insofern solche bewahrheitet sind"[179]. Seine Aussage: "Wir haben eine Ahnung von dem was Art ist und müssen uns hier bei dieser Ahnung beruhigen, eingestehend, daß wir eines bestimmten Ausdruckes dafür ermangeln"[180], erscheint geradezu progressiv und das nicht nur im Hinblick darauf, daß eine weitgehend anerkannte Artdefinition erst Mitte des 20. Jahrhunderts durch die sogenannte 'Synthetische Evolutionsbiologie' gefunden wird.

Erkenntnistheoretisch nimmt Chamisso einen erkennbaren Zusammenhang für die Erscheinungen der physischen Welt an; so, wenn er beispielsweise schreibt:

---

176 A. v. Chamisso: "Ansichten von der Pflanzenkunde und dem Pflanzenreiche", in: ders.: Und lassen gelten, was ich beobachtet habe. Naturwissenschaftliche Schriften mit Zeichnungen des Autors, hg. von Ruth Schneebeli-Graf, Berlin 1983, S. 172.

177 Ebd., S. 179.

178 Ebd., S. 199.

179 Ebd., S. 172.

180 Ebd., S. 210.

> Der Mensch, den der Geist von den Tieren unterscheidet, gehöret in physischer Hinsicht zu den Tieren und ist, ohne Widerrede, das vollkommenste Geschöpf auf Erden. Es ist leicht, die schwindende Ähnlichkeit der menschlichen Bildung durch die Säugetiere, die Vögel, die Amphibien bis auf die Fische hinab zu verfolgen.[181]

Als Vertreter der Vorstellung einer 'scala naturae' nimmt er bezüglich der damals vieldiskutierten Frage, ob zwischen den einzelnen Lebensformen fließende Übergänge oder unüberwindliche Diskrepanzen bestehen, eine äußerst vorsichtige, eher vermittelnde Position ein: Obwohl sich alle lebendigen Individuen sowohl ihrer Gestalt als auch ihrer stofflichen Zusammensetzung nach glichen und sich beispielsweise die Grenze zwischen Pflanzen und Tieren nicht eindeutig festlegen ließe, seien Arten dennoch unterscheidbar:

> Denselben Urstoff eignen sich an und beleben abwechselnd verschiedenartige Wesen, Tiere oder Pflanzen. Ihre Geschlechter verdrängen einander, wechseln nacheinander ab, der Stoff hat sich verwandelt, sie aber sind unwandelbar geblieben. Soll der Mehlwurm für eine Verwandlung des Weizenkorn gelten?[182]

Chamisso wendet sich hier gegen zeitliche Kontinuitätsvorstellungen und das damit verbundene Postulat einer "unendlichen Variabiliät der Individuen"[183]. Unterschwellig schwingt dabei deutlich ein vitalistischer Gedanke mit; er spricht den Lebewesen eine immanente Gestaltungskraft zu, wobei er darauf besteht, daß diese sich in ihren Wirkungen artspezifisch manifestiere. Fragen, die sich nicht durch direkte Beobachtung klären lassen, wie beispielsweise die Frage einer Orthogenese, sprich der stufenweisen Umbildung einfacher Lebensformen zu höher entwickelten, verweist er strikt an die Naturphilosophie.[184] Auffällig ist aber, daß Chamisso im Rahmen seiner fachlichen Spezialisierung und seiner methodischen Beschränkung immer das Gesamtsystem der

181 Ebd., S. 152.

182 Ebd., S. 178.

183 Als wichtigster Vertreter dieser Richtung ist Jean Baptiste de Lamarck anzuführen, der außerdem "als wesentlichen Entwicklungsfaktor [...] einen 'Vervollkommnungstrieb'" annahm. Siehe: Geschichte der Biologie, hg. von Ilse Jahn, Rolf Löther und Konrad Senglaub, a.a.O., S. 202.

184 A. v. Chamisso: "Ansichten von der Pflanzenkunde und dem Pflanzenreiche", a.a.O., S. 179.

Natur im Auge behält. So integriert er die Pflanzen ausdrücklich in den sogenannten "Haushalt der Natur"[185], um gerade die Wechselbeziehungen zwischen allen Lebewesen zu unterstreichen:

> Ein vielfältiges Band wechselseitigen Bedürfnisses verbindet untereinander alle Geschöpfe und läßt die Einheit der Natur aus der Vielheit ihrer Erzeugnisse hervorgehen. Das Bestehen jeder Art beruht auf dem Bestehen vieler anderer Arten; jede wird durch andere erhalten, durch andere beschränkt und erhält und beschränkt hinwiederum andere.[186]

Die Arten bestehen demnach qua Integration in ein komplexes Beziehungs- und Abhängigkeitsgefüge, das sich durch die wechselseitigen Einflüsse in relativer Stabilität erhält. Für den Menschen räumt Chamisso ein, daß er, dank seiner geistigen Überlegenheit, auf seine Umwelt gestaltend einwirke, wobei er noch optimistisch auf die unbegrenzte Regenerationsfähigkeit der Natur vertraut: "unaufhaltsam schreitet das Leben fort, die Fülle ist nur Begrenzung"[187]. Ähnlich wie auf Goethe übt die Natur in ihrem noch unübersehbaren Schöpfungsreichtum auch auf ihn eine tiefgreifende Faszination aus.

Über Ziel und Methode seiner Wissenschaft äußert sich Chamisso folgendermaßen:

> Die höchste Aufgabe der Naturgeschichte möchte sein: die Wesen in ihren wechselseitigen Verhältnissen zu erkennen, und sie nach allgemeingültigen Bildungsgesetzen einander neben- und unterzuordnen. Die vollständige Lösung dieser Aufgabe setzt eine vollständige Kenntnis der Gesamtheit der Wesen voraus. Der Weg, auf welchem die Pflanzenkunde in ihrem Bezirke diese Aufgabe zu lösen versucht, heißt: das *natürliche Pflanzensystem*.[188]

Wie hier deutlich wird, gehört der Naturforscher Chamisso eindeutig einem biologischen Zweig an, der sich aus der 'Naturgeschichte' des 18. Jahrhunderts (Linné, Buffon, Lamarck etc.) entwickelt und, von Einzelbeobachtungen ausgehend, auf deskriptiv-vergleichende Weise ein Gesamtverständnis der Natur anstrebt: Sämtliche Organismen sollen gemäß ihrer Gestalt und Funktion im Naturhaushalt in ein hierarchisches System eingeordnet werden, das die Natur

185 Ebd., S. 179.

186 Ebd., S. 181 f.

187 Ebd., S. 185.

188 Ebd., S. 213.

nicht nur möglichst genau abbildet, sondern darüber hinaus deren harmonische, geistige Ordnung repräsentiert.

2.4.3. Büchner: Dozent der Anatomie und Physiologie

Bis kurz vor seinem Tode am 19. Februar 1837 lehrt der dreiundzwanzigjährige Georg Büchner an der Universität Zürich vergleichende Anatomie. In seiner einzigen Lehrveranstaltung im Wintersemester 1836/37 demonstriert er vor einem kleinen Zuhörerkreis die Wirbeltierorganisation an präparierten Fischen und Amphibien. Wie einer seiner Hörer, August Lüning, später berichtet, sei diese Vorlesung vor allem aufgrund der didaktischen Hinweise "auf die Bedeutung der Teile und die anschaulichen Demonstrationen an [...] frischen Präparaten" auf "das lebendigste Interesse bei allen Zuhörern"[189] gestoßen. Er betont, Büchner habe sich "von den damaligen Übertreibungen der sogenannten naturphilosophischen Schule (Oken, Carus u.s.w.) weislich fern zu halten"[190] gewußt.

Bereits der sechzehnjährige Schüler kennt die Grundgedanken der deutschen idealistischen Naturforschung seiner Zeit, wie seine Schulaufsätze erkennen lassen. Zum Beispiel heißt es in dem Aufsatz *Über den Traum eines Arkadiers*:

> Der rohe Mensch sieht Wunder in den ewigen Phänomen<en> der Natur, er sieht aber auch Wunder in außergewöhnlichen Fällen des Alltaglebens, für beide schafft er sich seine Götter. Der Gebildete sieht in den Wundern erstrer Art nur die Wirkungen der unerforschten, unbegriffnen Naturkräfte, aber auch sie sind ihm Wunder, solange das blöde Auge des Sterblichen nicht hinter den Vorhang blicken kann, der das Geistige vom Körperlichen scheidet, auch sie weisen ihn zurück auf ein Urprinzip, ein<en> Inbegriff alles Bestehenden, auf die Natur.[191]

Wie die meisten deutschen Vertreter der biologischen Forschung des frühen 19. Jahrhunderts, nimmt Büchner ein der Natur zugrundeliegendes ideelles Prinzip an. Wenn er von "unerforschten, unbegriffenen Naturkräften" spricht, ist an die vitalistische Hypothese zu denken, wonach die Lebenserscheinungen

---

189 August Lüning: Erinnerungen an den Dozenten Büchner (9. Nov. 1877 an Franzos), in: Georg Büchner: Werke und Briefe. Anhang: Dokumente, S. 386.

190 Ebd. S. 385.

191 Georg Büchner: Über den Traum eines Arkadiers, in: Werke und Briefe, S. 26.

als Wirkungen noch unbestimmter Naturkräfte aufzufassen sind. Büchner nimmt demnach Bezug auf die unbefriedigende Situation der Naturforschung seiner Zeit, der es nicht gelingt, die Ursache der natürlichen Organisationen auf empirische Weise zu klären.

Der junge Büchner kennt nicht nur die Schriften Goethes; er kommt, insbesondere durch seinen Vater, den Arzt Ernst Karl Büchner, der sich neben seiner Praxis mit wissenschaftlichen Fragen beschäftigt und in Fachzeitschriften veröffentlicht, bereits früh auch mit dem in der Medizin verbreiteten mechanistischen Denken in Berührung. Vorbehaltlos entscheidet er sich, einen ärztlichen Beruf anzustreben. Doch schon während seiner ersten Semester in Straßburg zeigt sich, daß seine Aufmerksamkeit ausschließlich den theoretischen Fächern der Medizin gilt. Zwei Professoren, Georges Duvernoy (1777-1855) und Ernest-Alexandre Lauth (1803-1837), legen die Grundsteine für seine wissenschaftliche Laufbahn. Duvernoy ist ein Schüler Cuviers, des bedeutendsten Analytikers auf dem Gebiet der vergleichenden Anatomie[192], und übernimmt später dessen Lehrstuhl in Paris. Er vertritt die in Frankreich vorherrschende, auf der Naturphilosophie des Aufklärungsmaterialismus fußende, induktive Richtung der vergleichenden Anatomie. Als Vertreter einer Naturforschung, die sich zu allgemeinen biologischen Fragen kaum äußert, steht er der Naturphilosophie ablehnend gegenüber. Lauth dagegen ist 'Physiologe' und beschäftigt sich mit den allgemeinsten Fragen bezüglich des wissenschaftlichen Problems, was Leben sei.

Goethe hat den 'Physiologen' die Aufgabe zugewiesen, auf empirischer Basis eine allgemeine Lebenslehre zu entwickeln.[193] Die deutschen 'Physiologen' des frühen 19. Jahrhunderts sehen sich selbst in der Tradition Albrecht von Hallers, der damit begann, die spezifischen Leistungen der Organismen als solche zu erforschen, wobei die meisten, zumindest zeitweise, zu vitalistischen Theorien neigen.[194] Da der Begriff 'Physiologie' zu dieser Zeit unmittelbar die 'Frage nach dem Leben' impliziert, tendieren typische Vertreter des Faches - vorzugsweise in Deutschland - zu einer naturphilosophischen Ausrichtung. So ist es Lauth, durch den Büchner erstmals die deutsche 'romantische Naturphilo-

192 Siehe J. W. Goethe: Principes de Philosophie Zoologie..., FA, I. Abt., Bd. 24, S. 810-813.

193 J. W. Goethe: <Betrachtung über Morphologie>, FA, I. Abt., Bd. 24, S. 361- 369. Siehe Kap. 2.3.

194 So etwa A. v. Humboldt und Johannes Müller. Vgl. Kap. 2.2.

sophie' kennenlernt. Während seiner Studienzeit vergrößert sich der Einfluß der positivistischen Naturwissenschaften, so daß sich die Physiologie innerhalb weniger Jahrzehnte zu einer positivistischen Experimentalwissenschaft entwickelt.[195] Für Büchner, der noch von Naturphilosophen, wie in Straßburg von Lauth und in Gießen von Johann Bernhard Wilbrand, unterrichtet wird, deutet sich in den dreissiger Jahren schon die Niederlage ihrer teilweise spekulativen Betrachtungsweise an. Die speziellen praktischen und theoretischen Voraussetzungen für seine Doktorarbeit erwirbt er sich bei Friedrich Christian Gregor Wernekinck (1798-1835) in Gießen, der anatomische Präparationskurse leitet und neben anderen Fächern vergleichende Anatomie lehrt. Er vermittelt Büchner auch die sogenannte 'Wirbeltheorie des Schädels', worauf dieser seine eigene wissenschaftliche Arbeit aufbaut.[196]

Büchners naturwissenschaftliche Schriften beschränken sich auf seine im Wintersemester 1835/36 entstandene Dissertation *Mémoire sur le système nerveux du barbeau* und die Probevorlesung *Über Schädelnerven*, die er am 5. November 1836 hält, um sich an der neuen Universität Zürich als Privatdozent zu qualifizieren. Wenige Monate nach Beginn seiner *Zootomischen Demonstrationen* stirbt er im Zuge einer Typhus-Epidemie. Auf die Breite und die Tiefe seiner biologischen Bildung kann von seinem schmalen wissenschaftlichen Werk nicht geschlossen werden, wohl aber zeigt es die akribische Arbeitsweise und die wissenschaftshistorisch und philosophisch reflektierte Haltung des Naturforschers Büchner.

Zentral für Georg Büchners naturwissenschaftliches Verständnis ist die Rezeption der Werke des zwölf Jahre älteren Johannes Müller, der in den dreissiger Jahren den Lehrstuhl von Carl Asmund Rudolphi in Berlin übernimmt und

---

195 Zu nennen ist in diesem Zusammenhang Justus Liebig, ein entschiedener Gegner einer idealistisch-spekulativen Naturforschung, bei dem Büchner in Gießen Lehrveranstaltungen belegt. Über Büchners medizinische Ausbildung informiert: Otto Döhner: Georg Büchners Naturauffassung, (Diss.) Marburg 1967, S. 21-58; Christian Maaß: Georg Büchner und Johann Bernhard Wilbrand. Medizin in Gießen um 1833/34, in: Georg Büchner. 1813-1837. Revolutionär, Dichter, Wissenschaftler (Katalog der Ausstellung Mathildenhöhe, Darmstadt, 2. 8. bis 27.9.1987) Basel und Frankfurt a.M., 1987, S. 148-155.

196 Christian Maaß: Georg Büchner und Johann Bernhard Wilbrand. Medizin in Gießen um 1833/34, in: Georg Büchner. 1813-1837. Revolutionär, Dichter, Wissenschaftler, a.a.O., S. 151 f.

zum bedeutendsten deutschen Anatomen und Physiologen seiner Zeit wird.[197] Auf die Affinität von Büchners naturwissenschaftlichem Denken mit dem des Naturforschers Müller verweist schon Otto Döhner in seiner Dissertation über *Georg Büchners Naturauffassung*. Auf der Grundlage seiner umfassenden Analyse des wissenschaftshistorischen Umfeldes stellt er in einem späteren Aufsatz fest, daß Büchner "wohl den Anschauungen Johannes Müllers am nächsten"[198] steht. Für diese Einschätzung spricht auch, daß Müller der einzige Rezensent der naturwissenschaftlichen Abhandlung Büchners ist, der seine Leistungen im 19. Jahrhundert kritisch zu würdigen versteht.[199] Büchner kennt das *Handbuch der Physiologie* und die *Jahresberichte über die Fortschritte der anatomisch-physiologischen Wissenschaften* und wahrscheinlich auch die frühen Werke von Johannes Müller.[200]

Die 1824 von Johannes Müller gehaltene Antrittsvorlesung bildet meines Erachtens die Folie, auf der die in Büchners Probevorlesung vermittelte naturwissenschaftliche Grundhaltung verständlicher wird.[201] Beide grenzen ihren Standpunkt beim Einstieg in die wissenschaftliche Laufbahn gegenüber den vorherrschenden naturphilosophischen Richtungen ihrer Zeit ab.

Büchner entwickelt seinen Ansatz aus einer Kritik der zeitgenössischen Physiologie und Anatomie, wozu er zwei entgegengesetzte naturphilosophische "Grundansichten"[202] unterscheidet, nämlich den "teleologischen Stand-

---

197 Aus Müllers Schule gingen so berühmte Biologen wie Theodor Schwann ('Zellentheorie'), Emil du Bois-Reymond ('Elektrophysiologie'), Hermann von Helmholtz ('Energetik'), Rudolf Ludwig Virchow ('Cellularpathologie'), Robert Remak ('Kernteilung', 'Keimblattentwicklung') und Ernst Haeckel ('Morphologie', 'Evolutionstheorie') hervor.

198 Otto Döhner: Neuere Erkenntnisse zu Georg Büchners Naturauffassung und Naturforschung, in: Georg Büchner Jahrbuch 2 (1982), S. 130.

199 Armin Geus: Die Rezeption der vergleichend-anatomischen Arbeiten Georg Büchners über der Bau des Nervensystems der Flußbarbe, in: Georg Büchner. 1813-1837. Revolutionär, Dichter, Wissenschaftler, a.a.O., s. 293 f. Siehe auch: Otto Döhner: Georg Büchners Naturauffassung, a.a.O., S. 78-80.

200 Ebd., S. 237.

201 Johannes Müller: Von dem Bedürfnis der Physiologie nach einer philosophischen Naturbetrachtung, Antrittsvorlesung, gehalten zu Bonn am 19. Oktober 1824, in: Biologie der Goethezeit, hg. von Adolf Meyer-Abich, Stuttgart 1949, S. 256-281.

202 Georg Büchner: Über Schädelnerven, in: Werke und Briefe, S. 259.

punkt"[203], der in England und Frankreich vorherrsche und die in Deutschland verbreitete "philosophische"[204] Ansicht.[205] Diese werden als Opposition jedoch nur aus dem Kontext verständlich.[206]

Büchner nimmt zu beiden Betrachtungsweisen der "Erscheinungen des organischen Lebens"[207] kritisch Stellung, wertet aber dabei deutlich das "teleologische" Denken ab. Zunächst muß geklärt werden, worauf Büchners Teleologiekritik generell zielt. Sein Angriff richtet sich gegen theologische Dogmatiker, die die physische Welt als Bewährungsraum für die menschliche Seele betrachten, die Natur also auf die Funktion als Mittel zur Erreichung einer übernatürlichen Existenz reduzieren. Gegen solch eine Herabsetzung des irdischen Lebens argumentiert er bereits vehement in seinem Schulaufsatz *Über den Selbstmord*, worin er meint, "daß das Leben selbst Zweck sei, denn: Entwicklung ist der Zweck des Lebens, das Leben selbst ist Entwicklung, also ist das Leben selbst Zweck"[208]. Diese Aussage impliziert, daß Büchners Denken naturteleologisch geprägt ist, und zwar geht er von einer 'inneren Zweckmäßigkeit' der Natur aus, ohne diese auf ein göttliches Bewußtsein zurückzuführen.

In der Probevorlesung kritisiert Büchner mit dem Begriff "teleologisch" speziell eine bestimmte traditionelle Ausrichtung innerhalb der Physiologie, welche die Frage nach dem Zweck ausschließlich im Sinne einer Selbsterhaltungsteleologie beantwortet. Er lehnt eine einseitige Naturwissenschaft ab, welche vorgibt, die Organismen zu erkennen, indem sie die Funktionen, die zu ihrer Erhaltung dienen, angibt und sich darauf beschränkt, den Mechanismus der Natur zu erklären:

---

203 Ebd.

204 Ebd., S. 260.

205 Auch Müller erwähnt am Ende seiner Vorlesung die nationalen Unterschiede zwischen der "auf die verständige Empirie" beschränkten Medizin in England und Frankreich und der deutschen Medizin, die "ein Organ für etwas, [...] was, durch Erfahrung unwiderlegbar, dieser erst den Gehalt gibt", besitze. Siehe Johannes Müller: Von dem Bedürfnis..., a.a.O., S. 280.

206 Vgl. auch Otto Döhner: Neuere Erkenntnisse zu Georg Büchners Naturauffassung und Naturforschung, a.a.O., S. 128.

207 Ebd., S. 259.

208 Georg Büchner: Über den Selbstmord. Eine Rezension, in: Werke und Briefe, S. 36.

> Sie [die Natur] kennt das Individuum nur als etwas, das einen Zweck außer sich erreichen soll, und nur in seiner Bestrebung, sich der Außenwelt gegenüber teils als Individuum, teils als Art zu behaupten. Jeder Organismus ist für sie eine verwickelte Maschine, mit den künstlichen Mitteln versehen, sich bis auf einen gewissen Punkt zu erhalten. Das Enthüllen der schönsten und reinsten Formen im Menschen, die Vollkommenheit der edelsten Organe, in denen die Psyche fast den Stoff zu durchbrechen und sich hinter den leichtesten Schleiern zu bewegen scheint, ist für sie nur das Maximum einer solchen Maschine.[209]

Paradigma dieser Physiologie, die die Organismen und ihre Teile auf nüchterne Weise zu Funktionen erklärt, die Frage nach einem Selbstzweck der Natur jedoch ablehnt, ist die materialistisch-mechanistische Sichtweise. Büchner protestiert nicht gegen die Annahme von Zwecken überhaupt, sondern gegen den Zirkelschluß der ausschließlich am Mechanismus interessierten Naturwissenschaften: sie setzen "die Wirkungen der Organe als Zwecke" voraus, implizieren aber damit eine Selbsterhaltungsteleologie. Der Begriff 'Psyche' verweist indirekt auf die Teleologie des Aristoteles, der damit "die Entelechie des Lebendigen"[210] bezeichnet. Nach aristotelischer Auffassung besteht der Zweck eines Naturdings in seiner Form, bzw. in der Tendenz, eine bestimmte Form zu erreichen.[211] Büchner steht diesem antiken Naturverständnis näher als dem der neuzeitlichen Naturwissenschaften, die unter dem Aspekt der Selbsterhaltung [...] alle teleologischen Phänomene funktional interpretieren"[212]. Seiner Ansicht nach organisiert die 'Psyche' als Formprinzip die konkrete Herausbildung der Lebewesen; Bewußtsein spielt dabei ursprünglich keine Rolle.[213] So nimmt auch Büchner eine den Organismen innewohnende Gestaltungskraft an. Diese teleologische Betrachtungsart ist insofern wesentlich, als Lebewesen, die ausschließlich dem Erhaltungsprinzip dienen, sinnlos erscheinen.

Gegen eine Unterwerfung der Natur unter das Gesetz der "größtmöglichen Zweckmäßigkeit"[214] argumentiert er bezeichnenderweise mit dem Postulat einer selbstgenügsamen Zweckmäßigkeit der Natur:

---

209 Ebd.

210 Robert Spaemann und Reinhard Löw: Die Frage Wozu?, a.a.O., S. 54.

211 Ebd., S. 62.

212 Ebd., S. 106.

213 Ebd., Kapitel II: Aristoteles.

214 Georg Büchner: Über Schädelnerven, a.a.O., S. 259.

Die Natur handelt nicht nach Zwecken, sie reibt sich nicht in einer unendlichen Reihe von Zwecken auf, von denen der eine den anderen bedingt; sondern sie ist in allen ihren Äußerungen sich unmittelbar selbst genug. Alles, was ist, ist um seiner selbst willen da.[215]

Diese Stelle ist für das Verständnis von Büchners naturwissenschaftlicher Haltung zentral. Sie macht unmißverständlich deutlich, daß er eine rein mechanistische Naturerklärung für unzureichend hält und ein Verständnis von Natur sucht, das über den Begriff der 'exakten' Naturwissenschaften hinaus geht.

Mit den gleichen Worten wie Büchner übt Johannes Müller Kritik an der "nüchternen verständigen Physiologie"[216], die sich "nur in den Schranken der Erfahrung"[217] bewege:

Eine solche Physiologie ist dann wohl auch eine teleologische, obgleich dieselbe verständige Physiologie die teleologische Richtung zu verachten seit langer Zeit Miene gemacht hat. Diese Physiologie spricht nur von Funktionen der Organe, von ihren Zwecken, von ihrer Nützlichkeit. Sie bemüht sich zu zeigen, daß eine gewisse Einrichtung die beste sei. In der Natur hat nichts, was einer physiologischen Untersuchung unterworfen ist, einen Zweck. Alles ist um seiner selbst willen da.[218]

Müller deutet das schwierige Verhältnis der neuzeitlichen Naturwissenschaften zum teleologischen Denken an. Wie Büchner kennzeichnet er mit diesem Begriff eine Forschungsart, die sich selbst längst eine antiteleologische Haltung attestiert hat, aber am Prinzip der Selbsterhaltung als dem einzigen Zweck der Naturereignisse festhält.[219] Demnach entscheidet sich Büchner bewußt für eine Wissenschaftsform, die schon bald in den Hintergrund einer kausalanalytischen Forschung gerät und deren Frage nach dem Urprinzip der Na-

---

215 Ebd, S. 260.

216 Johannes Müller: Von dem Bedürfnis..., a.a.O., S. 266.

217 Ebd., S. 267.

218 Ebd.

219 Diese Inkonsequenz, daß die "im Programm antiteleologischen Autoren alle noch teleologische Theorien entwerfen", greift später Friedrich Nietzsche besonders scharf an. Robert Spaemann und Reinhard Löw: Die Frage Wozu?, a.a.O., S. 109 f, 194-207.

tur, sprich einem Prinzip, das über das der reinen Selbsterhaltung hinaus geht, spätestens nach Einführung der Evolutionstheorie für überholt gilt.[220]

Büchner votiert für die "philosophische"[221] Schule, deren Ziel es sei, ein "Grundgesetz für die gesamte Organisation" festzustellen. Vom ihrem Standpunkt aus betrachtet, offenbare jedes Lebewesen ein "Gesetz der Schönheit, das nach den einfachsten Rissen und Linien die höchsten und reinsten Formen"[222] hervorbringe. Auch die Zweckmäßigkeit der Funktionen, deren Anschein Büchner nicht leugnet, sei ein notwendiger Ausdruck der harmonischen Wirkungen dieses Gesetzes. Um den Begriff "philosophisch" jedoch nach einer anderen Seite hin abzugrenzen, distanziert er sich ausdrücklich von der "Anschauung des Mystikers" und dem "Dogmatismus der Vernunftphilosophen"[223]. Damit kritisiert er jegliche Form der Naturphilosophie, der es an einer empirischen Basis mangelt:

> Die Philosophie a priori sitzt noch in einer trostlosen Wüste; sie hat einen weiten Weg zwischen sich und dem frischen grünen Leben, und es ist eine große Frage, ob sie ihn je zurücklegen wird.[224]

Büchner nimmt im wesentlichen die gleichen Abgrenzungen vor wie Johannes Müller. Dieser meint, den "irrigen Physiologien"[225] fehle es entweder an der "empirischen Ausbildung" oder an einer philosophischen Betrachtung, wie im Falle der "verständigen Physiologie"[226]. So spricht er von einer "mythischen Physiologie"[227] und der "falschen Naturphilosophie"[228]. Letztere habe zu einer trüben Vermischung der Gedanken"[229] geführt; aus ihr seien "die Systeme des Tages und der Vergangenheit [...] größtenteils [...] geboren". Am

220 Er entwickelt sich nicht, wie z.B. von Otto Döhner behauptet wird, konsequent auf eine empiristische Naturforschung zu, sondern verhält sich gegenüber den Experimentalwissenschaften reserviert.

221 Georg Büchner: Über Schädelnerven, a.a.O., S. 260.

222 Ebd.

223 Ebd.

224 Ebd.

225 Johannes Müller: Von dem Bedürfnis..., a.a.O., S. 261.

226 Ebd.

227 Ebd.

228 Ebd., S. 264.

229 Ebd., S. 265.

meisten aber habe die spekulative Naturlehre "in Deutschland in der falschen Naturphilosophie Wucher und Auswuchs getrieben"[230]. Müller fordert eine Verbindung von empirischer Physiologie und philosophischer Naturbetrachtung, um die Natur "lebendig zu denken"[231] bzw. "Gedanken der lebendigen Wesen und der Lebenserscheinungen im Geiste zu zeugen"[232].

Paradigma der "philosophischen Methode"[233] bildet für beide die Naturwissenschaft Goethes. Während Müller ausdrücklich "an die *Ansichten der Natur* von Alexander von Humboldt und an die naturforschenden Arbeiten Goethes"[234] erinnert, kennzeichnet Büchner die von ihm favorisierte Traditionslinie folgendermaßen:

> Hat man auch nichts Ganzes erreicht, so kamen doch zusammenhängende Strekken zum Vorschein und das Auge, das an einer Unzahl von Tatsachen ermüdet, ruht mit Wohlgefallen auf so schönen Stellen, wie die Metamorphose der Pflanze aus dem Blatt, die Ableitung des Skeletts aus der Wirbelform; die Metamorphose, ja die Metempsychose des Fötus während des Fruchtlebens; die Repräsentationsidee Okens in der Klassifikation des Tierreichs u.d.gl.m..[235]

Büchner wählt für seine Dissertation ein morphologisch-anatomisches Thema, *Mémoire sur le système nerveux du barbeau*. Es geht ihm darum, den "type primitif"[236] der Neural- und Spinalnerven bei Fischen nachzuweisen und damit die von Goethe und Oken begründete 'Wirbeltheorie des Schädels' zu bestätigen. Er verweist am Anfang seiner in französischer Sprache verfaßten Abhandlung ausdrücklich auf die "genetische Methode" ("la méthode génétique") der deutschen Schule ("l'école allemande").[237] Damit beruft er sich auch methodisch auf Goethe und die nach seinem Vorbild arbeitenden Biologen, wie die von ihm genannten Lorenz Oken und Carl Gustav Carus. Er begründet diesen Ansatz noch einmal ausdrücklich, indem er schreibt:

---

230 Ebd., S. 264.

231 Ebd., S. 257.

232 Johannes Müller: Von dem Bedürfnis..., a.a.O., S. 268.

233 Georg Büchner: Über Schädelnerven, a.a.O., S. 260.

234 Johannes Müller, Von dem Bedürfnis..., a.a.O., S. 280.

235 Georg Büchner: Über Schädelnerven, a.a.O., S. 261.

236 Georg Büchner: Mémoires sur le système nerveux du barbeau, in: Gesammelte Werke, Bd. 6, S. 49.

237 Ebd., S. 1.

> Es dürfte wohl immer verg<eblic>h <bleiben gerade mit der> verwickelsten Form, nämlich bei dem M<enschen anzufangen.> Die einfachsten Formen leiten immer am Sichersten, wei<l in> ihnen sich nur das Ursprüngliche, absolut Notwendige zeigt. Diese einfache Form bietet uns nun die Natur für dieses Problem entweder vorübergehend im Fötus, oder stehen geblieben, selbständig geworden in den niederen Wirbeltieren dar.[238]

Das Studium der Barben ist also exemplarisch zu verstehen: Büchner sucht an einem Vertreter aus einer niederen Wirbeltierklasse das "Urbild", um Aufschluß über die Organisation des ganzen Stammes bis hin zum Menschen zu bekommen. Bei seiner detaillierten Untersuchung behält er zugleich einen weiten 'Verwandtschaftskreis' im Sinn. So impliziert auch Büchners naturwissenschaftliche Arbeit - wiederum in Übereinstimmung mit Goethe - ein Interesse am Verständnis der menschlichen Organisation.

2.4.4. Grundpositionen der Naturforscher Goethe, Chamisso und Büchner

Um den Charakter derjenigen Naturforschung, die die drei ausgewählten Autoren vertreten, herauszukristallisieren, reicht der Begriff der neuzeitlichen Naturwissenschaften, für die die klassische Physik das Paradigma liefert, nicht aus. Vielmehr muß sie der sogenannten 'exakten', auf mathematisierbare Erkenntnisse zielenden mechanistischen Naturforschung gegenübergestellt werden. Obwohl die von Goethe, Humboldt, Chamisso und Büchner bevorzugte Art des Forschens die Beschreibung und den Vergleich dem Experiment in der Regel vorzieht, ist der hier thematisierte prinzipielle Unterschied nicht methodisch begründet. Diese Naturforscher handeln nach streng empirischen Grundsätzen und üben im Hinblick auf die Beantwortung metaphysischer Fragen große Zurückhaltung. Auch verstehen sie sich als Gegner einer mit der christlichen Weltdeutung in Einklang gebrachten Teleologie der Natur, wonach alles Planmäßige und Zweckmäßige der Naturprozesse auf einen Schöpfergott zurückgeführt wird. Ihre Arbeiten entsprechen insofern einem modernen Wissenschaftsverständnis. Nicht auf der Ebene ihrer besonderen Forschungsprogramme, sondern auf der Ebene der Voraussetzungen und der Konsequenzen ihrer Naturforschungen bestehen prinzipielle Differenzen zu den mechanistischen Naturwissenschaften. So lehnen sie den Atomismus bzw. einen reduktionistischen Materialismus als naturphilosophisches Fundament ab; das

---

238 Georg Büchner: Über Schädelnerven, a.a.O., S. 263.

heißt, sie betrachten die Lebewesen nicht als Summe von Elementen, die "sich allein aufgrund der Eigenschaften der Materie und den Gesetzen der Physik zu einer übergeordneten Organisation zusammenfügen"[239], sondern heben gerade auf ein Verständnis solcher Eigenschaften, die sie als Einheiten charakterisieren, ab.[240] In diesem Sinne setzen sie einen Organismusbegriff voraus, wie ihn Kant in Abgrenzung zum Maschinenmodell des Lebens bestimmt. Danach erscheinen die Lebewesen als in sich geschlossene Einheiten ohne äußeren Zweck, worin alle Teile miteinander in Wechselwirkung stehen.[241] Ein Organismus stellt für sie mehr als die Summe seiner Teile dar. Er zeigt relative Autonomie gegenüber seiner Umwelt, das heißt, er wächst unter wechselnden äußeren Bedingungen zu einer spezifischen Form heran und bleibt dann für eine gewisse Zeit weitgehend formstabil. Auch die Natur selbst wird in ihrer Totalität als Organismus verstanden. Im Gegensatz zur klassischen Physik (Trägheitsprinzip) wird ihr als Ganzes ursprüngliche Aktivität, die als eine immanente Kraft aufgefaßt wird, zugesprochen. So zielt ihre Kritik gerade darauf, daß das mechanistische Denken dem produktiven Aspekt der aus sich selbst heraus schaffenden Natur nicht gerecht wird. Die Bedeutung des Organismusmodells, das auf alle Ebenen der Organisation angewandt wird, ergibt sich vornehmlich aus dem Postulat lebendiger Systeme, die sich 'aus eigener Kraft' selbst regulieren und erhalten. Es konstituiert zugleich die 'metaphysische' Voraussetzung der 'Wissenschaft vom Leben'.

Wenngleich der Begriff Teleologie von Goethe wie Büchner negativ bewertet wird, läßt sich ihre Art der Naturbetrachtung nach Robert Spaemann und Reinhard Löw auch in einem positiven Sinne als eine 'teleologische' begreifen. Sie schreiben:

> Wenn wir aber einen Gegenstand als ein Ganzes aus Teilen ansehen, die auf das Ganze bezogen sind, d.h. wenn wir ihn als System interpretieren, das im Verhältnis zu seiner Umwelt das Bestreben hat, sich als dieses zu erhalten, heißt das, wir sehen ihn teleologisch an.[242]

---

239 Olivier Rieppel: Unterwegs zum Anfang. Geschichte und Konsequenzen der Evolutionstheorie, Zürich und München 1989, S. 43.

240 Man spricht heute von Systemeigenschaften.

241 Siehe Kap. 2.1.

242 Robert Spaemann und Reinhard Löw: Die Frage Wozu?, a.a.O., S. 64.

Daher muß noch einmal deutlich gesagt werden, daß die Absage dieser Autoren an die Teleologie sich gegen ihre - im Zuge der Scholastik (Thomas von Aquino) vorgenommene - "ontotheologische Fundierung"[243] richtet sowie gegen ihre "Inversion"[244] in eine reine Selbsterhaltungsteleologie, die erstmals im 16. Jahrhundert, parallel zur Durchsetzung einer rein kausalmechanischen Naturbeschreibung, gedanklich vollzogen wird. Nicht zufällig spielt Kausalanalyse für die charakterisierte Traditionslinie eine untergeordnete Rolle. Durch sie wird von den konkreten Lebensphänomenen abstrahiert; sie hebt alle Besonderheit auf und ersetzt sie durch einen einheitlichen, durchgängig determinierten Kausalzusammenhang. Die Naturgegenstände lassen sich dann nicht mehr als solche erkennen, geschweige denn der Mensch sich als wahrnehmendes, denkendes und handelndes sowie mit sich selbst identisches Wesen verstehen.[245] "Kausale Analyse kennt ihrer Natur nach nicht so etwas wie Selbstsein, sie kennt nur abhängige Variablen"[246].

'Teleologisch' ist das Naturverständnis der hier behandelten Autoren insofern, als sie Einspruch erheben, wenn bei der Betrachtung der Lebewesen der Aspekt ihrer Entwicklung sowie ihrer Ganzheit vernachlässigt wird. Als Vertreter eines alternativen Organismusmodells setzen sie voraus, daß jede Ontogenese in eine Richtung verläuft, die einem Zustand, der für den jeweiligen Organismus als normal betrachtet wird, entspricht.[247]

Noch gravierender als die Abweichung der grundlegenden Vorstellungen von den Lebewesen erscheint die Diskrepanz hinsichtlich den mit der einen oder der anderen Art der Naturforschung verbundenen Interessen. Die generelle Absage der neuzeitlichen, mechanistischen Naturwissenschaften an die Teleologie begründet sich nach Robert Spaemann durch das "Motiv des mangelnden Nutzens"[248], das Francis Bacon als erster propagierte. Die Frage nach einem Selbstzweck der Natur stehe dem Interesse an Naturbeherrschung entge-

243 Ebd., S. 79.

244 Ebd., S. 105.

245 Robert Spaemann und Reinhard Löw: Die Frage Wozu?, a.a.O., S. 138.

246 Ebd., S. 290.

247 Nach Aussage Spaemanns ist "das Äquivalent für 'Gesetzmäßigkeit' in Kausalaussagen [...] 'Normalität' in teleologischen Aussagen". Siehe Robert Spaemann: Teleologie, in: Handbuch zur Wissenschaftstheorie, hg. von Helmut Seiffert und Gerard Radnitzky, München 1989, S. 368.

248 Ebd., S. 366.

gen: "Um die Natur unseren Zwecken dienstbar zu machen, müssen wir ihren Mechanismus kennen, nicht etwaige ihr selbst innewohnende Zwecke"[249].

Sie grenzen insbesondere die von Aristoteles eingeführte 'causa finalis' aus dem Bereich der Naturerkenntnis aus. Ihr Interesse gilt vornehmlich der Erklärung des Wirkmechanismus der Natur, um gezielt in ihre 'Maschinerie' eingreifen und dieselbe manipulativ menschlichen Zwecken unterwerfen zu können. Die technische Revolution der Neuzeit basiert ausschließlich auf dieser Forschungsart. Robert Spaemann nennt außer dem Interesse an Naturbeherrschung ein weiteres legitimes Interesse des Menschen an der Naturforschung: "das Interesse des Menschen, die Natur so zu verstehen, daß er sich selbst als Teil der Natur begreifen kann, ohne sein Selbstverständnis als handelndes Wesen aufgeben zu müssen"[250]. Dies zu verfolgen, würde ein Abrücken vom eingefahrenen Anthropozentrismus bedeuten.

Damit ist das Programm der hier behandelten Autoren bereits umrissen: Goethe, Chamisso und Büchner verstehen den Menschen in diesem Sinne aus dem Kontext der Natur heraus; sie wollen die ihm traditionell von theologischer wie von philosophischer Seite zugesprochene Ausnahmestellung revidieren und neu begründen. Mit dem Versuch einer naturphilosophischen Bestimmung des Menschen widersprechen sie dem durch Descartes verbreiteten dualistischen Denken, wonach der Mensch aufgrund seiner Teilhabe am göttlichen Geist von der Natur durch eine unüberwindliche Kluft geschieden sei.

Der Organismusbegriff erscheint in besonderer Weise geeignet, um Naturforschung im Hinblick auf den Menschen erweitern zu können. Wie alle wesentlichen Eigenschaften des menschlichen Organismus wird auch sein Erkenntnisvermögen nun als Naturkraft angesehen. Indem man aber auch die Natur als Organismus betrachtet, wird ihr schon etwas Geistiges, ein Urprinzip, zugesprochen. Der menschliche Geist findet demnach in der Natur ein Entsprechendes, das durch ihn zur Bewußtheit gebracht werden kann. Aus dieser Korrelation resultiert das Festhalten der Autoren an der prinzipiellen Erkennbarkeit der Natur, die gewissermaßen zum Spiegel des Menschen gemacht und als solcher genutzt wird. Das Postulat eines naturimmanenten Geistes erscheint erkenntnistheoretisch nicht weniger problematisch als die Zurückführung der gesetzmäßigen Naturereignisse auf Naturkräfte. Bereits Newton er-

249 Ebd.

250 Ebd., S. 366. Siehe auch Robert Spaemann und Reinhard Löw: Die Frage Wozu?, a.a.O., S. 23.

kannte, daß die mathematische Beschreibung der Wirkungen der natürlichen Anziehungskräfte deren Ursache nicht erklären kann.[251] Der Natur ein dem menschlichen 'Wesen' Analoges zusprechen bedeutet, die durch den Cartesianismus verschärfte Auffassung eines absoluten Gegensatzes zwischen Mensch und Natur zu revidieren und zumindest in einem heuristischen Sinne auf der Erforschung des Menschen im Rahmen der Naturerkenntnis zu insistieren.

Die hier thematisierte Art der Naturforschung behandelt die Lebewesen gerade in ihrer Besonderheit und vergleicht sie miteinander.[252] Sie muß zur konkreten Anschauung zurückkehren, um die auf Gesetzen beruhende Einheit, den Typus, in der Mannigfaltigkeit der Strukturen und Lebensprozesse sichtbar machen zu können. Die Bedeutung der an die naturgeschichtliche Tradition anknüpfenden vergleichend-morphologisch und anatomischen Forschung gegenüber der physikalisch-chemisch orientierten biologischen Experimentalwissenschaften liegt vor allem darin begründet, daß sie durch Naturforschung zum Selbstverständnis des modernen Menschen beitragen kann. Voraussetzung dafür bildet für Goethe, Chamisso und Büchner das Feststellen von Ähnlichkeitsbeziehungen zwischen der Natur als Ganzem und ihren Teilen sowie zwischen den Teilen, insbesondere zwischen dem Menschen und den ihm nahe stehenden Lebewesen, denen zwar ein Bewußtsein fehle, nicht aber der Ausdruck eines geistig-seelischen Prinzips.

2.5. Vitalismus und Genieästhetik

Im Gegenzug zur Barock-Poetik spielt in der deutschen Poetik und Literatur der zweiten Hälfte des 18. Jahrhunderts der Gedanke eines belebenden Prinzips bzw. eines natürlichen Schaffensdrangs als Basis echten Künstlertums eine

---

251 Jeremy Adler: 'Eine fast magische Anziehungskraft': Goethes 'Wahlverwandtschaften' und die Chemie seiner Zeit, München 1987, S. 53-55.

252 Siehe Kap. 2.3.

zentrale Rolle.[253] Insbesondere der von Herder und Goethe am Anfang der Sturm und Drang-Bewegung propagierte Geniegedanke trägt zur Verbreitung dieser neuen Vorstellung vom Dichter bei. Anders als in früheren Konzeptionen, wird dessen Schaffen weder auf göttliche Inspiration noch auf die menschliche Vernunft, sondern auf die im Genie wirkenden elementaren Kräfte der Natur zurückgeführt. Der Dichter ist aus der Natur heraus in besonderem Maße mit "schöpferischer Kraft"[254] begabt, die auf dem Zusammenwirken aller organischen Kräfte im Menschen beruht und ihn zur Verwirklichung von Kunstgebilden drängt. Dichterisches Genie geht demnach auf eine naturhafte Anlage zurück, die angeboren ist und nicht erlernt werden kann. Mit der Anteilhabe des Dichters an den schöpferischen Energien der Natur wird seine Autonomie begründet: Deren organische Produktion und sein Wirken werden auf ein gemeinsames schöpferisches Prinzip zurückgeführt. Sein Schaffen erfolgt, unabhängig von äußeren Regeln und tradiertem Wissen, ganz aus dem eigenen Inneren heraus.

Diese grundsätzliche Bestimmung des dichterischen Genies wird in der europäischen poetologischen Tradition bereits in der ersten Hälfte des 18. Jahrhunderts angesprochen. So von Shaftesbury, der 1710 den wahren Dichter einen 'zweiten Schöpfer' nennt und ihm damit einen relativ autonomen Status zuspricht[255]. Die entscheidende Stelle aus *Soliquy or advice to an author*, die in den deutschen Poetiken von Bodmer bis Gottsched und Sulzers *Theorie der schönen Künste* übersetzt und kommentiert wird, lautet:

> Such a poet is indeed a second Maker, a just Prometheus under Jove. Like that sovereign artist or universal plastic nature, he forms a whole, coherent a

253 Eine Intention der barocken Kunst ist es, "elementare oder individuale Natur [...] durch das willentliche Entgegenhalten und Annehmen von situativ angemessenen, objektivistischen Ordnungsentwürfen zu bändigen". Conrad Wiedemann: Bestrittene Individualität. Beobachtungen zur Funktion der Barockallegorie, in: Formen und Funktionen der Allegorie. Symposion Wolfenbüttel 1978, hg. von Walter Haug, Stuttgart 1979, S. 580.

254 J. G. Herder: Shakespear, in: Sämtliche Werke, Bd. V, hg. von Bernhard Suphan, Berlin 1891, Neudruck Hildesheim 1967, S. 238.

255 Jochen Schmidt: Die Geschichte des Genie-Gedankens in der deutschen Literatur, Philosophie und Politik 1750-1945, Bd. 1, Darmstadt 1985, S. 261.

proportioned in itself, with due subjection and subordinacy of constituent parts.[256]

Shaftesbury vergleicht den Dichter mit der Figur des Prometheus, der die Menschen - der antiken Überlieferung nach - aus feuchter Erde geformt hat. Das Motiv wird in der deutschen Geniebewegung, insbesondere bei Goethe, zum Topos für den radikalen Autonomieanspruch des Dichters.[257] Shaftesbury aber stellt diesen noch nicht auf die gleiche Stufe mit Jupiter, obwohl er durch den Vergleich nahelegt, daß der Dichter gottähnlich schaffe. Die Bezeichnung "Prometheus under Jove" macht die Unterordnung des "zweiten Schöpfers" deutlich. Daß Jupiter hier als Künstler erscheint, entspricht der im 17. und 18. Jahrhundert geläufigen Vorstellung, Gott habe das Universum als ein vollendetes Kunstwerk oder als eine äußerst kunstvolle Maschine erschaffen. Als Beweis dafür wird in der von England ausgehenden physikotheologischen Bewegung die harmonische Ordnung und Ganzheit der Natur angesehen. An diesem Vorbild wird das dichterische Kunstwerk gemessen und paradigmatisch vorgeprägt; es soll ebenfalls ein in sich stimmiges Ganzes bilden. Der Vergleich mit der "universal plastic nature" rückt die Dichtkunst in die Nähe einer deistisch verstandenen Natur, die ihre schöpferische Potenz und ihre Gesetze zwar anfänglich von Gott erhalten hat, dabei aber eben so angelegt ist, daß sie - das macht ihre Größe bzw. die Göttlichkeit ihrer Schaffenskraft aus - bei ihrer Realisation ohne göttliche Eingriffe auskommt. Kunst und Natur werden bei Shaftesbury noch transzendent begründet. Erst bei Goethe wird der Vergleich der dichterischen Produktion mit dem Schaffensprozeß der Natur ins Zentrum einer innerweltlichen Begründung autonomen Dichtertums gesetzt. Danach werden die sich entsprechenden Werke der Natur und der Kunst als Wirkungen einer identischen, naturimmanenten Schöpfungskraft aufgefaßt und der Dichter konsequent als Teil einer in sich selbst gründenden, selbstgenügsamen Natur betrachtet. Je mehr der Aspekt des Dynamischen und Lebendigen ins Zentrum der Naturauffassung rückt, desto mehr wird er auch zum Kriterium für das Dichten. Jochen Schmidt bemerkt, daß Natur nunmehr als "generatives Prin-

---

256 Shaftesbury Anthony Ashley Cooper, Earl of: Soliquy or advice to an author, zitiert nach Jochen Schmidt: Die Geschichte des Genie-Gedankens, a.a.O., S. 260.

257 Oskar Walzel: Das Prometheussymbol von Shaftesbury zu Goethe, 2. neubearb. Auflage, München 1932. Siehe auch Jochen Schmidt: Die Geschichte des Genie-Gedankens, a.a.O., S. 259 ff.

zip"[258], als 'natura naturans' verstanden werde und der poetologische Begriff der Naturnachahmung deshalb in den der Schöpfung übergehe. "Denn wenn die natura naturans, das schöpferische Werden, als Wesen der Natur zu verstehen ist, dann heißt Natur-Nachahmung, daß man selbst schöpferisch werden soll"[259].

Der Gedanke eines naturhaften Genies geht besonders aufgrund der Rezeption der englischen Theoretiker Shaftesbury, Addison, Young und Home in die deutsche Dichtungstheorie ein[260]; er wird zur Basis für die revolutionäre Schaffenspoetik. Die auf Deutschland beschränkte Bewegung des Sturmes und Dranges protestiert dann auch gegen die von Gottsched autoritativ vertretene Vorstellung eines 'Poeta doctus', wonach Dichtung auf rationale Weise durch "mechanische Kombinatorik"[261] erzeugt werde.[262] Bereits Lessing kritisiert diese an der barocken Aristoteles-Rezeption des 17. Jahrhunderts orientierte Dichtungstheorie, der er eine Neuinterpretation der *Poetik* gegenüberstellt, womit er einen neuen Ansatz konstituiert, der Poesie auf Intuition begründet. Kunst lasse sich, so Lessing, nicht durch die strikte Befolgung vorgeschriebener, gelehrter Regeln herstellen, sondern entstehe in freier schöpferischer Tätigkeit, wobei der Dichter intuitiv den Regeln der Natur folge. Diese seien von Aristoteles "nicht gegeben, sondern gefunden" worden.[263] Nach Lessing braucht das dichterische Genie keine theoretische Ausbildung; es besitzt einen unmittelbaren, beobachtenden Zugang zur Natur. Genie besteht darin, daß der Künstler das Wesentliche in seiner Kunst zum Ausdruck bringt.[264] Herder und Goethe radikalisieren Anfang der siebziger Jahre das Konzept des aus seiner inneren Natur heraus, ohne Rücksicht auf tradierte Regeln und Gelehrsamkeit schaffenden künstlerischen Genies. Sie propagieren das Ideal des autonomen und kreativen Menschen, der für sie paradigmatisch durch den Dichter und

258 Jochen Schmidt: Die Geschichte des Genie-Gedankens, a.a.O., S. 13.

259 Ebd.

260 Ebd., S. 79 f., 154 ff.

261 Ebd., S. 34.

262 Ebd., S. 32-37.

263 Sven Aage Jorgensen, Klaus Bohnen und Per Ohrgaard: Aufklärung, Sturm und Drang, frühe Klassik 1740-1789, München 1990, S. 115 und S. 271 (Geschichte der deutschen Literatur von den Anfängen bis zur Gegenwart, begründet von Helmut de Boor und Richard Newald, Bd. 6).

264 Ebd., S. 115 f.

konkret durch Shakespeare repräsentiert wird. In seinem Aufsatz *Shakespear*, der 1773 in dem Band *Von Deutscher Art und Kunst* erscheint, betont Herder die "natürliche"[265] Entstehung der Shakespeareschen Dramen, die für ihn "ein lebendiges Ganzes"[266] darstellen. Seine Schaffenspoetik wird vom Gedanken einer im genialen Menschen wirkenden "Urkraft"[267] getragen. Kunstwerke, die "so groß und tief wie die Natur"[268] seien, würden durch die "schöpferische Kraft des Dichters"[269] quasi organisch hervorgebracht. Herders Geniebegriff korrespondiert deutlich mit der Vorstellung einer von spezifischen, immanenten Kräften beseelten organischen Natur, die das grundlegende Denkmodell vieler seiner späteren Schriften bildet.[270]

Der junge Goethe rezipiert Herders Kunstauffassung beispielsweise in seiner Rede *Zum Shakespeares Tag* und in dem frühen kunsttheoretischen Aufsatz *Von deutscher Baukunst*, worin er sich von der traditionellen Kunstdoktrin distanziert. Die künstlerische Kreativität erscheint auch ihm als ein ursprüngliches, gleichsam triebhaftes menschliches Grundverhalten: "Denn in dem Menschen ist eine bildende Natur, die gleich sich tätig beweist, wann seine Existenz gesichert ist"[271]. Genialität entwickele sich wie jede Naturanlage ganz aus innerem Antrieb, wobei jede Art von pädagogischer Anleitung oder Zucht nur störend wirke. Das Genie werde "mit einem scharfen Aug' für Verhältnisse geboren" und übe sich "mit Leichtigkeit an allen Gestalten", so daß es nach Maßgabe "seiner eignen Kräfte" kontinuierlich zum Künstler heranreife.[272] Nicht erlernte Regeln der Dichtkunst, sondern der unvoreingenommene Blick auf die Natur bildet für ihn eine wichtige Schaffensvoraussetzung. In einer Kritik an der *Allgemeinen Theorie der schönen Künste* von G. J. Sulzer aus dem Jahr 1772 verurteilt Goethe eine Kunstauffassung, die nur eine einseitige, ästhetisierende Wahrnehmung der Natur zulasse. Goethe polemisiert hierin gegen eine Kunst, welche die Natur wiederzugeben behaupte und dabei die zerstörerischen Seiten des Lebens, "die wütenden Stürme, Wasserfluten, Feu-

---

265 J. G. Herder: Shakespear, a.a.O., S. 217.

266 Ebd., S. 229.

267 Ebd., S. 218.

268 Ebd., s. 221.

269 Ebd., S. 238.

270 Jochen Schmidt: Die Geschichte des Genie-Gedankens, a.a.O., S. 135.

271 J. W. Goethe: Von deutscher Baukunst, HA, Bd. 12, S. 13.

272 Ebd., S. 14 f.

erregen, unterirdische Glut, und Tod in allen Elementen"[273] ausblende, nur um schöne Eindrücke zu erzeugen, was in der absolutistischen Funktion der Barock-Poetik gründet. Er kritisiert das durch diese vermeintliche Kunst erzeugte Klischee von der schönen Natur und verweist auf die Konfrontation des Menschen mit einer gleichermaßen organisierenden wie destruierenden Natur:

> Wäre es nun also auch wahr, daß die Künste zur Verschönerung der Dinge um uns wirken, so ist's doch falsch, daß sie es nach dem Beispiele der Natur tun. Was wir von Natur sehn, ist Kraft, die Kraft verschlingt; nichts gegenwärtig, alles vorübergehend, tausend Keime zertreten, jeden Augenblick tausend geboren, groß und bedeutend, mannigfaltig ins Unendliche; schön und häßlich, gut und bös, alles mit gleichem Rechte nebeneinander existierend. Und die Kunst ist gerade das Widerspiel; sie entspringt aus den Bemühungen des Individuums, sich gegen die zerstörende Kraft zu erhalten.[274]

Demnach bringt eine einzige in der Natur enthaltene Kraft permanent eine ungeheure Vielfalt unterschiedlichster Phänomene hervor und vernichtet sie wieder. Alle diese Erscheinungen müßten - ungeachtet ob vom Menschen als angenehm oder unangenehm empfunden - mit Recht als zur Natur gehörend betrachtet werden. Auch bilde das Gefühl einer existentiellen Bedrohung durch die allgemeine Lebensdynamik die Grundlage für das Bedürfnis des Künstlers nach freier Entfaltung seiner Produktivkräfte, um damit dem fortwährenden Verlust an individuellen Lebensformen entgegenzuarbeiten. An dieser Stelle wird die ambivalente Sicht des jungen Goethe angesichts der mannigfaltigen, sich ständig im Wandel befindlichen organischen Natur deutlich, die darin besteht, daß er Natur nicht mehr einseitig als Idylle bzw. Zustand unangetasteter Harmonie, sondern auch als akute, gewaltsame Bedrohung seiner Existenz versteht. Er verlangt hier vom Künstler, diese Spannung auszuhalten, denn gemäß dem "unbestimmten Prinzipium: Nachahmung der Natur"[275] habe er die Wirklichkeit in ihrer Totalität zu erfassen und zu spiegeln. Den gleichen Anspruch stellt Jakob Michael Reinhold Lenz in seiner poetologischen Schrift *Anmerkungen übers Theater* von 1774. Auch durch ihn wird die Bedeutung des forschenden Blicks für die Dichtung hervorgehoben. Das Genie habe eine außergewöhnliche Gabe, die Dinge zu durchschauen und sich ein klares Bild davon zu machen. Aber das "poetische Genie" besitze darüber hinaus "Begeisterung,

---

273 J. W. Goethe: Aus den Frankfurter Gelehrten Anzeigen, HA, Bd. 12, S. 17.

274 Ebd., S. 18.

275 Ebd., S. 17.

Schöpfungskraft, Dichtungsvermögen", die es dazu befähigten, "den Gegenstand zurückzuspiegeln"[276]. Naturnachahmung ist also auch für J.M.R. Lenz kein bloßes mechanisches Reproduzieren der Wirklichkeit, sondern - analog zum natürlichen Schöpfungsprozeß - ein Schaffen. Der geniale Dichter handelt nach seiner Vorstellung nicht willkürlich, sondern quasi mit Naturnotwendigkeit, denn er "verbindet nicht in seiner Einbildungskraft, wie es ihm gefällt [...]. Er nimmt Standpunkt - und dann muß er so verbinden"[277]. Genialität besteht also darin, durch Sprache Weltbilder zu konstituieren, um damit einen Zugang zur Wirklichkeit zu eröffnen und das Weltverständnis weiterzuführen.

In diesem Sinne ist Lenz offenbar zu verstehen, wenn er meint, daß die Dichtung zwei Grundbedürfnissen des Menschen entspreche: Zum einen dem "Trieb", als "freihandelndes selbständiges Geschöpf"[278] produktiv zu werden und zum anderen dem "Bestreben, all unsere gesammelten Begriffe [...] anschaulich und gegenwärtig zu machen"[279]. Demnach kommen beim Dichter ein erkennender Blick für die Wirklichkeit, den außer ihm auch viele Wissenschaftler besitzen[280] ['bestimmende Urteilskraft'], und die Fähigkeit, schöpferisch zu handeln ['reflektierende Urteilskraft'] zusammen:

> Die Poesie scheint sich dadurch von allen Künsten und Wissenschaften zu unterscheiden, daß sie diese beiden Quellen vereinigt, alles scharf durchdacht, durchforscht, durchschaut - und dann in getreuer Nachahmung zum andernmal wieder hervorgebracht.[281]

Nicht erst beim dichterischen Schaffensakt, sondern schon bei der erkennenden Auseinandersetzung mit der Welt, verläßt sich der Dichter auf die eigenen Kräfte. Er betätigt sich folglich selbst als eine Art Naturforscher, sofern darunter ein auf persönlicher Beobachtung und sinnlicher Erfahrung basierender Erkenntnisvorgang begriffen wird.

---

276 J. M. R. Lenz: Anmerkungen übers Theater, in: Werke, hg. von Friedrich Voit, Stuttgart 1992, S. 376.

277 Ebd., S. 376.

278 Ebd., S. 373.

279 Ebd., S. 375.

280 Lenz nennt in diesem Zusammenhang "Weltweise", "Zergliederer, Kritiker" und "auch vortreffliche Leser von Gedichten". Solche "Genies" unterscheiden sich vom "poetischen Genie" durch das Fehlen des "Vermögens nachzuahmen". Siehe Ebd., S. 376.

281 Ebd., S. 377.

Als wichtigstes Kennzeichen des Genies bestimmt die Sturm und Drang-Poetik die eingeborene Fähigkeit, die Wirklichkeit unvermittelt und unverstellt wahrzunehmen, zu begreifen und kreativ zu gestalten. Die aus der dichtungstheoretischen Tradition übernommene Vorstellung eines naturhaften Genies wird im Sinne einer von produktiven Kräften beseelten Natur interpretiert. Aufgrund der Analogisierung von Natur- und Kunstschaffen ist zu vermuten, daß die Verbreitung des Geniegedankes und des vitalistischen Gedankes in der zweiten Hälfte des 18. Jahrhunderts in Deutschland parallel und mit gegenseitig verstärkendem Einfluß erfolgte, zumal sich im allgemeinen seit Anfang dieses Jahrhunderts eine engere Verbindung zwischen den Naturwissenschaften und der deutschen Literatur und Literaturtheorie feststellen läßt.[282] Für die Annahme solch eines Zusammenhangs zwischen der Theorie einer "schöpferischen Kraft des Dichters" und der physiologischen Idee einer alle organischen Wesen durchdringenden Lebenskraft spricht die Verwendung derselben Denkmuster, Begriffe und Motive in der schaffenspoetischen wie in der vitalistischen Tradition, welches letztlich auf einen gemeinsamen ideengeschichtlichen Ursprung verweist.[283] Unter Voraussetzung der Konstitution eines naturphilosophisch bestimmten Naturbegriffs und der damit verbundenen Begründung einer Anthropologie ergibt sich die Korrespondenz von Natur- und Kunstbegriff, die sich nunmehr - unter gegenüber dem barocken Denken veränderten Prämissen - gegenseitig bedingen.

Seit der Antike werden die Bewegungen lebendiger Körper, denen man eine Gerichtetheit oder Planmäßigkeit (Entelechie) unterstellt, auf besondere Kräftewirkungen zurückgeführt. Als Medium dieser 'Lebenskräfte' werden, ausgehend von den Vorsokratikern Anaximenes und Heraklit, zum einen die Atemluft bzw. ein Derivat derselben, das Pneuma, und zum anderen die eingeborene Wärme angenommen. Aristoteles erklärt die Wärme zum primären

282 Karl Richter: Literatur und Naturwissenschaft. Eine Studie zur Lyrik der Aufklärung, München 1972.

283 Wahrscheinlich besteht im 18. Jahrhundert zwischen beiden Traditionen nicht nur indirekt über die Rezeption antiker Autoren, sondern auch direkt, durch die Verarbeitung der modernen, naturwissenschaftlichen bzw. literarischen Texte, eine Verbindung. Vor allem für den Dichter, der sich durch die Neuinterpretation bzw. die Reinterpretation des aristotelischen Mimesisbegriffs der Wirklichkeit in besonderer Weise verpflichtet denkt, wird die Naturforschung zu einem bedeutenden Orientierungspol.

Prinzip des Lebens; von ihr hänge auch die Bildung des Pneumas als Träger vitaler und seelischer Funktionen ab.[284] Noch im 17. Jahrhundert besitzt die antike Lehre von der Lebenswärme und von den Lebensgeistern (Spiritus) in der Physiologie William Harveys, den Jochen Fuchs an den Anfang der neuzeitlichen vitalistischen Tradition stellt[285], zentrale Bedeutung. Auch nach Harvey beruht "die Autonomie des Lebendigen [...] auf der spezifisch vitalen Eigenschaft des Blutes, 'seinem Wesen nach' warm zu sein"[286]. Unter Berufung auf Aristoteles wird für ihn das Blut, als warme Flüssigkeit, "zum bildenden und belebenden Prinzip des Körpers"[287]. Es steuere somit nicht nur die Lebensfunktionen im ausgewachsenen Zustand, sondern auch die Bildungsprozesse während der Ontogenese, wofür er den Begriff 'Epigenesis' einführt.[288] In diesem Zusammenhang verwendet Harvey das gleiche Motiv, welches später im poetologischen Kontext der dichterischen Produktion zugeordnet wird, nämlich das des Töpfers, welcher ungeformter Materie Gestalt verleiht:

> Wie der Töpfer ein Gebilde aus Lehm durch Zufügen, Vermehren und Gestalten formt, zugleich den Stoff zubereitet, anrichtet und anwendet, [...] so verhält es sich auch mit der Entstehung der Lebewesen.[289]

Es ist das Bild des Prometheus, der nach antiker Überlieferung die homogene, strukturlose Erde aus eigener Kraft zur menschlichen Gestalt formt. Daß das Prometheusmotiv zur Veranschaulichung sowohl der Genese der Organismen als auch der schöpferischen Entstehung der Dichtungen dient, wobei beide Vorgänge bis zur zweiten Hälfte des 18. Jahrhunderts auf eine transzendente Macht bezogen werden, deutet auf eine Analogie der Deutungsmuster hin.

Die epigenetische Entwicklung tierischer Körper wird von Harvey auf die "vitale Wärme des Blutes"[290] zurückgeführt. Auf ihr basiere letztlich die Autonomie des Lebewesens, die sich bereits in seiner primären "Bewegungs- und

---

284 Jochen Fuchs: Die Mechanisierung des Herzens. Harvey und Descartes - Der vitale und der mechanische Aspekt des Kreislaufs, Frankfurt a. M. 1992, S. 33 f.

285 Ebd., S. 12.

286 Ebd., S. 69.

287 Ebd., S. 104.

288 Ebd., S. 99.

289 Ebd.

290 Ebd., S. 95 f.

Wahrnehmungskraft" und seiner "'vis plastica'" zeige.[291] Das flüssige Blut bilde, aufgrund seiner vitalen Eigenschaften, durch Ablagerungsprozesse die festen Gewebe, Organe und den ganzen Organismus[292]. Dieselben vitalistischen Gedanken finden sich Mitte des 18. Jahrhunderts bei Caspar Friedrich Wolff. Auch er postuliert, ebenfalls aufgrund embryologischer Untersuchungen am Hühnerei, eine Eigenbewegung des Blutes. Er glaubt, daß bei Pflanzen wie Tieren "die Flüssigkeiten sich zum größten Theil aus eigenem Antrieb bewegen"[293] und führt diese Wirkung auf die eine "wesentliche Kraft"[294], die Lebenskraft, zurück. Unter ihrem Einfluß und wegen der Fähigkeit der pflanzlichen und tierischen Säfte zu erstarren, erfolge die epigenetische Bildung der Organismen: "Es ist daher die wesentliche Kraft mit der Erstarrungsfähigkeit des Nährsaftes ein hinreichendes Prinzip jeder Entwicklung sowohl bei Pflanzen als auch bei Thieren"[295]. Der Gedanke einer vitalen Bewegung der organischen Flüssigkeiten zieht sich durch die vitalistische Tradition der zweiten Hälfte des 18. Jahrhunderts und der deutschen romantischen Naturforschung des frühen 19. Jahrhunderts. Die dabei angenommene Lebenskraft wird in diesem Zeitraum anstatt auf Wärme häufig auf Magnetismus oder Elektrizität zurückgeführt. So betrachtet Lorenz Oken die tierische Elektrizität als Ursache der Selbstbewegung des Blutes; Carl Gustav Carus macht noch 1839 die primäre Blutbewegung von der elektrischen Polarität der Keimblätter abhängig.[296]

Insbesondere die durch das Strömen der organischen Flüssigkeiten bewirkte Bildung lebendiger Gestalten wird im Zuge der Durchsetzung des vitalistischen Denkens in der zweiten Hälfte des 18. Jahrhunderts als ein Hauptaspekt des Lebens betrachtet. Zeitlich parallel dazu finden interessanterweise die gleichen Begriffe im literarischen Kontext Verwendung als Metaphern für die dichterische Begabung. Wie sich z.B. an Herders frühen poetologischen Schriften zeigen läßt, stellen die Elemente, die in der physiologischen Theorie als Lebensprinzipien thematisiert werden, in der Dichtungstheorie und in den poetologischen Dichtungen der Geniebewegung Leitmotive dar. So werden zur Charak-

291 Ebd., S. 96.

292 Ebd, S. 97.

293 Caspar Friedrich Wolff: Theoria Generationis (1759), übers. und hg. von Paul Samassa, Leipzig 1896, S. 78.

294 Ebd., S. 11.

295 Ebd., S. 60.

296 Thomas Fuchs: Die Mechanisierung des Herzens, a.a.O., S. 190 ff.

terisierung der Lebendigkeit des Dichters, worunter eine besondere Empfindungs-, Erkenntnis- und Ausdrucksfähigkeit verstanden wird, vornehmlich Motive des Quellens, Fließens und Strömens, der Wärme, des Feuers und des Keimens und Wachsens verwandt. In *Über die neuere deutsche Literatur. Fragmente* (1767) spricht Herder davon, daß der Künstler, "als ein zweiter Prometheus den Elektrischen Funken vom Himmel"[297] holt. Offenbar kommt hier die "Entdeckung der atmosphärischen Elektrizität durch Benjamin Franklin (1752)"[298] zum Tragen, wobei diese nicht nur als Prinzip der Belebung erscheint; die traditionelle Vorstellung vom Feuer des Lebens verbindet sich mit der neuen von den elektrischen Lebenskräften.[299] In den *Fragmenten einer Abhandlung über die Ode* charakterisiert er den von der Geniebewegung als paradigmatisch angesehenen antiken Dichter Pindar und seine Oden als von leidenschaftlicher Glut erfüllt und greift damit einen in der französischen und englischen Odentheorie des 18. Jahrhunderts bereits etablierten Topos auf.[300] Außerdem tradiert er die schon in einem Gedicht von Horaz über Pindar vorkommende "Metapher des Stroms als Inbild des großen Genies"[301]. Auch Metaphern des pflanzlichen Keimens, Wachsens und Blühens werden von Herder häufig gebraucht, um die schöpferische Natur des Menschen zu veranschaulichen. Schon in dem für Herders Kunstauffassung bedeutsamen Werk Edward Youngs *Conjectures on Original Composition* (1759) heißt es:

---

297 J. G. Herder: Über die neuere deutsche Literatur. Fragmente, in: Sämtliche Werke, Bd. 1, a.a.O., S. 256.

298 Ilse Jahn: Grundzüge..., a.a.O., S. 283.

299 In den "Ideen zur Philosophie der Geschichte der Menschheit" vermutet Herder auch, daß "der ätherische oder elektrische Strom, der in den Röhren der Pflanze, in den Adern und Muskeln des Thiers, endlich gar im Nervengebäude immer feiner und feiner verarbeitet wird und zuletzt alle die wunderbaren Triebe und Seelenkräfte anfacht, über deren Wirkung wir bei Thieren und Menschen staunen" das "Principium des Lebens" sei. Auch nennt er die in allen Lebewesen enthaltene "schaffende Kraft, belebende Wärme". J. G. Herder: Ideen..., a.a.O., S. 77 f.

300 Jochen Schmidt: Die Geschichte des Genie-Gedankens, a.a.O., S. 210 ff., S. 239 f.

301 Ebd., S. 182.

> Man kann von einem Originale sagen, daß es etwas von der Natur der Pflanzen an sich habe: es schießt selbst aus der belebenden Wurzel des Genies auf, es wächset selbst, es wird nicht durch die Kunst getrieben.[302]

Herder rezipiert Youngs Vergleich der Entstehung originaler Werke mit dem autonomen Wachstum der Pflanzen. Das häufige Vorkommen von solchen Vegetationsmetaphern in seinem Werk entspricht seiner Vorstellung von einer einheitlichen, natürlichen Kraftquelle für alle Lebenserscheinungen, auf die er auch die "schöpferische Kraft des Dichters"[303] zurückführt.

Zum gleichen Ergebnis führt die Motivanalyse der Sturm und Drang-Gedichte Goethes, vor allem der berühmtesten: *Wanderers Sturmlied*, *Mahomets-Gesang*, *Prometheus* und *Ganymed*. Wie Jochen Schmidt nachweist, spielt darin die "Wärme- und Glutmetaphorik"[304], sowie die "für die ganze Geniezeit zentrale Metapher des Stromes"[305] eine bedeutsame Rolle. Außerdem deutet er das im *Sturmlied* vorkommende Motiv der Zeder als "Chiffre des sich autonom entfaltenden Genies in seiner vollen Macht und Größe"[306]. Diese Schlüsselmetaphern werden, so auch in Goethes Künstlergedichten *An Kenner und Liebhaber* und *Lied des physiognomischen Zeichners*, zum Ausdruck der Idee von der "innren Schöpfungskraft"[307] des Künstlers.

Die Analogie der grundlegenden Deutungsmuster von vitalistischer Theorie und poetologischem Geniegedanken basiert auf dem gegenüber dem traditionellen, christlich geprägten Welt- und Menschenbild grundlegend gewandelten Verhältnis zur Natur, die nunmehr als autonome Sphäre aufgewertet ist, in der sich die schöpferische Produktion bis auf die Ebene der menschlichen Kultur erstreckt. Auch im Vergleich zum antiken Denken kommt es zu einer entscheidenden Umwertung, indem der Lebenskraft eine wesentliche Bedeutung auch für die spezifischen Eigenschaften des Menschen, insbesondere für sein Denken, zugesprochen wird. Entgegen der cartesianischen sowie auch der aristotelischen Seelenlehre wird die organische Lebensseele - sogar im Hinblick auf

---

302 Zit. nach Jochen Schmidt: Die Geschichte..., a.a.O., S. 132.

303 Siehe Fn. 252.

304 Jochen Schmidt: Die Geschichte..., a.a.O., S. 239.

305 Ebd., S. 271.

306 Ebd., S. 243.

307 J. W. Goethe: Lied des physiognomischen Zeichners, HA, Bd. 1, S. 53.

die Kunst - als konstitutiv gewertet, da damit die menschliche Vernunft überhaupt erst zum Tragen komme. Während man die Natur einerseits nicht mehr - wie im Barock - nur als Ausdruck einer göttlichen Ratio betrachtet, wird die menschliche Vernunft andererseits nicht länger als "Anteil des göttlichen Geistes im Menschen" gewertet.[308] Die 'höheren' Kulturleistungen des Menschen resultierten aus dem Zusammenwirken aller in ihm enthaltenen Naturkräfte; auch die sogenannten 'niederen' Triebe seien daran maßgeblich beteiligt. Das radikale Umdenken der jungen Dichtergeneration wird auch dadurch deutlich, daß sie den Autonomiegedanken nicht mehr durch erworbene Fertigkeiten und Kenntnisse, sondern durch die dem Menschen von Natur aus innewohnenden Kräfte begründet. Die spontane organische Entstehungsweise wird zum entscheidenden Qualitätsmerkmal eines Kunstwerks, das allein dessen Authentizität verbürgt. Dennoch hebt die Schaffenspoetik des Sturmes und Dranges nicht nur auf irrationale Momente ab; die dichterische Leistung wird vielmehr auf die geniale Fähigkeit, Wirklichkeit begrifflich zu erfassen und als verstandene sprachlich widerzuspiegeln, zurückgeführt. Dieses 'Bewältigen' von Wirklichkeit resultiert nicht aus einer einzigen, isolierten Kraft, etwa der im Sinne des klassischen Rationalismus verstandenen Vernunft, sondern stellt eine Integrationsleistung aus allen in der menschlichen Organisation enthaltenen 'Kräften' dar. Die Vernunft wird nicht mehr losgelöst betrachtet, sondern als integrativ eingebunden in das Gesamtsystem der Natur und resultierend aus deren schöpferischer Potenz. Diese naturphilosophisch-anthropologische Begründung des Dichtens ist auf einen positiven Lebensbegriff angewiesen, für den die Aufklärung und dabei nicht zuletzt die Naturforschung den Boden bereitet hat. Ausgangspunkt für die vitalistische Theorie des Lebens ist demnach der Mensch als 'oberstes Geschöpf der Natur', in dem sich die Gesamtheit der natürlichen Kräfte spiegelt. Mit der vitalistischen Naturtheorie korrespondiert die Vorstellung von einem autonom lebenden und handelnden Subjekt, das sich zu Beginn des bürgerlichen Zeitalters wieder selbstbewußt als ein einzelnes, kraftvolles Wesen erfährt. Analog dazu konstruiert die Poetologie des ausgehenden 18. Jahrhunderts die Idee vom genialen Dichter.

Dieser revolutionäre Gedanke wird bereits während des 18. Jahrhunderts durch die Dichtungstheorie der deutschen Klassik modifiziert. Zwar bleibt die Vorstellung von einer besonderen Begabung als Voraussetzung des Dichtertums erhalten, doch wird diese durch ihre Koppelung an andere Bedingungen in

308 Wiedemann, Conrad: Bestrittene Individualität, a.a.O., S. 582.

ihrer Bedeutung stark eingeschränkt. In Goethes 1788 entstandenem Gedicht *Künstlers Apotheose* erteilt ein Meister der bildenden Kunst seinem Schüler bezeichnenderweise folgende Lehre:

> Dem glücklichsten Genie wird's kaum einmal gelingen / sich durch Natur und durch Instinkt allein / Zum Ungemeinen aufzuschwingen: / Die Kunst bleibt Kunst! Wer sie nicht durchdacht, / Der darf sich keinen Künstler nennen; / Hier hilft das Tappen nichts, eh' man was Gutes macht, / Muß man es erst recht sicher kennen.[309]

Entgegen der früheren Vorstellung von den sich organisch auswirkenden Kräften im Dichter, besteht der ältere Goethe auf einer durch Schulung ausgebildeten Basis der Kunst. Um das Stadium 'wahren' Künstlertums zu erreichen, sei es notwendig, die im Genie angelegten und heranreifenden Kräfte dynamisch weiterzuführen und bewußt zu vollenden. Nicht mehr die alle Lebewesen verbindende, angeborene Lebenskraft wird als das wesentliche Kriterium der Kunst hervorgehoben; der Akzent wird nun auf die unter dem Einfluß der Vernunft stattfindende, gezielte Ausbildung gelegt. Ausgehend von einer angeborenen Prädisposition, fordert er, daß sich der Dichter durch einen aufwendigen Bildungsgang die nötige Freiheit zu gesetzmäßigem Kunstschaffen erwerbe.

1798 postuliert Goethe in der *Einleitung in die Propyläen*, der gemeinsam mit Johann Heinrich Meyer und Friedrich Schiller geplanten Zeitschrift, die ein Medium für Natur- wie für Kunstbetrachtungen werden soll, die Notwendigkeit einer umfassenden praktischen und theoretischen Ausbildung des Künstlers. Es sei ein Irrtum, zu glauben, dem Genie fiele das Schaffen von Kunstwerken leicht.[310] Es müsse von der Natur lernen, sich allgemeine Begriffe von ihr machen, um schließlich durch eigenes Schaffen über sie hinaus zu gelangen; er dürfe die Natur nicht kopieren, sondern müsse sie methodisch durchleuchten und nach analogen Gesetzen Kunstwerke gestalten.

> Die vornehmste Forderung die an den Künstler gemacht wird, bleibt immer die: daß er sich an die Natur halten, sie studieren, sie nachbilden, etwas, das ihren Erscheinungen ähnlich ist, hervorbringen solle.[311]

---

309 J. W. Goethe: Künstlers Apotheose, HA, Bd. 1, S. 72.

310 J. W. Goethe: Einleitung in die Propyläen, WA., Bd. 47, S. 28.

311 Ebd., S. 11.

Naturnachahmung wird also wieder im Sinne einer schöpferischen Produktion in Analogie zu den organischen Bildungen der Natur ausgelegt. Doch anstatt den Dichter mit der schöpferischen Natur zu identifizieren, wird er in Konkurrenz zu ihr gesetzt. Er müsse sie studiert und begriffen haben, um mit ihr "wetteifern" zu können.[312] Goethe warnt davor, die "Bildung eines Künstlers"[313] zu verharmlosen, denn auch das Genie komme nicht ohne äußeres Zutun aus:

> Die Natur ist von der Kunst durch eine ungeheure Kluft getrennt, welche das Genie selbst, ohne äußere Hülfsmittel, zu überschreiten nicht vermag.[314]

Nach der klassisch-idealistischen Poetologie veredelt und vervollkommnet der Dichter die Natur, die "in ihrer großen Breite leicht in Häßlichkeit ausartet und sich in's Gleichgültige verliert"[315]. Er wird mit der Natur verglichen, weil es ihm gelingt "etwas geistig Organisches hervorzubringen, und seinem Kunstwerk einen solchen Gehalt, eine solche Form zu geben, wodurch es natürlich zugleich und übernatürlich erscheint"[316]. Goethe empfiehlt jedem Künstler, "sich von allgemeinen Naturwirkungen einen Begriff zu machen"[317]. Die Vorbildlichkeit der Natur wird allein dadurch begründet, daß deren Produktionen einen inneren, geistigen Zusammenhang erkennen ließen.[318] Für die klassische Kunst sind die Naturgegenstände insofern interessant als sie sich als Teile eines harmonisch geordneten Ganzen, einer zum Idealen tendierenden Wirklichkeit, zu erkennen geben. Alles, was diesen Eindruck stört, wird als nicht kunstgemäß ausgesondert und abgetan. Als wahr gelten allein die 'Ideen' der Wirklichkeit.

---

312 Ebd., S. 12, S. 15.

313 Ebd., S. 11.

314 Ebd., S. 11 f.

315 Ebd., S. 18.

316 Ebd., S. 12.

317 Ebd., S. 15.

318 Ebd., S. 18.

> Der echte gesetzgebende Künstler strebt nach Kunstwahrheit, der gesetzlose, der einem blinden Trieb folgt, nach Naturwirklichkeit; durch jenen wird die Kunst zum höchsten Gipfel, durch diesen auf ihre niedrigste Stufe gebracht.[319]

Nach dem idealistischen Programm geht es in der Kunst nicht darum, ein möglichst genaues, realistisches Bild der "Naturwirklichkeit" zu vermittelt; es wird vielmehr der Anspruch erhoben, die auf künstlerische Weise dargestellte Natur müsse als solche auf eine bestimmte "Kunstwahrheit" deuten. Indirekt verteufelt Goethe geradezu die in der Sturm und Drang-Poetologie zum Ausdruck gebrachte Vorstellung vom geborenen schöpferischen Genie und seiner realistischen Dichtung. Zum Dichter werde der begabte Mensch erst durch mühevolles Probieren und Studieren. Er stilisiert den Künstler zum allseitig ausgebildeten Idealtypus der Menschheit: "Jede Kunst verlangt den ganzen Menschen, der höchstmögliche Grad derselben die ganze Menschheit"[320]. Goethe verherrlicht somit nicht mehr die Natur im Künstler, sondern den Künstler, der das Vollkommene der Natur in klarer Anschaulichkeit zum Ausdruck bringe. Was vom Geniegedanken übrig bleibt, trifft gewissermaßen auf den Naturwissenschaftler wie auf den Künstler zu. Goethe akzeptiert zwar die irrationalen Momente, die unter der bewußten Sphäre des Denkens arbeitenden psychologischen Elemente sowie die organische Basis des Erkenntnis- und Schaffensprozesses, er läßt die auf 'geniale Weise' gefundenen bzw. geschaffenen Produkte aber nur insofern gelten, als sie einer empirischen Überprüfung standhalten, was für ihn heißt, daß sie 'Ideen' der Wirklichkeit zum Vorschein bringen und dieselbe als einen harmonisch geordneten, gesetzmäßigen Zusammenhang bestätigen.

So, wie innerhalb der vitalistischen Naturforschung die Grundidee von der Lebenskraft in der Theorie vom selbstorganisierten Organismus aufgeht, wird die poetologische Idee einer "schöpferischen Kraft des Dichters"[321] in eine analoge Dichtungstheorie integriert. Dabei geht ihr jedoch insofern ein Teil ihrer Progressivität verloren, als das Autonomiepostulat des modernen Menschen durch die Bewußtmachung seiner Eingebundenheit in ein umfassendes Ordnungsgefüge - den natürlichen und sozialen Organismus - deutlich relativiert wird. In Goethes klassischer Literatur geht es nämlich, wie im folgenden

---

319 Ebd., S. 23.

320 Ebd., S. 30.

321 Siehe Fn. 267.

zu zeigen sein wird, in erster Linie um eine bewußte Lenkung und Bändigung der elementar hervorbrechenden, teilweise beängstigend wirkenden Naturkräfte, weil er der Dichtung gerade im Hinblick auf die Gesellschaft wieder eine stabilisierende Funktion zuweist.

3. Zwischen Widerstand und Auslöschung: Lebensentwürfe bürgerlicher Autonomie

3.1. Spielarten der Lebens- und Schaffenskraft des aufgeklärten Individuums in Goethes Frühwerk

3.1.1. Vollendete Tatsachen. Goethes Dramenfragment *Prometheus*

In dem im Sommer 1773 entstandenen, aus zwei Akten bestehenden Dramenfragment *Prometheus* verarbeitet Goethe das aus der antiken Mythologie stammende Prometheus-Motiv, um ein auf seine eigenen Kräfte vertrauendes, sich durch autarkes Schaffen aus der Bevormundung durch tradierte Autoritäten befreiendes, also ein 'aufgeklärtes Individuum' darzustellen. Nach einer Überlieferung, die vornehmlich auf Hesiods Hauptwerk *Theogonie* zurückgeht, hat Prometheus Menschen aus Ton geformt, die er, nachdem sie durch eine Göttin belebt worden sind, gegenüber Zeus, der sie vernichten will, in Schutz nimmt.[1] Wie der Name schon sagt, gilt als besondere Stärke des Prometheus, daß er vorausdenkt und sich somit gegenüber Zeus mit List zur Wehr setzt. Wenngleich Goethe bezüglich des Prometheus-Motivs Elemente der Überlieferung aufgreift, gestaltet er doch eine eigene Figur; sein Prometheus repräsentiert geradezu paradigmatisch den modernen, gegen Fremdbestimmung und Abhängigkeit revoltierenden Menschen.

Nachdem Goethe die Arbeit an diesem Stück abgebrochen und stattdessen die Prometheus-Hymne fertiggestellt hat, verschwindet es für lange Zeit nicht nur aus seinem Besitz, sondern - wie er nach dem Wiederauftauchen glauben

1 Goethe kannte den Prometheusmythos aus der in Sulzers "Allgemeinen Theorie der schönen Künste" enthaltenen Beschreibung des antiken Dramas "Der gefesselte Prometheus" von Aischylos und aus Benjamin Hederichs "Gründlichem Mythologischem Lexikon", worin unter anderem steht, Minerva habe die von Prometheus geschaffene Figur beseelt.

machen will - auch aus seinem Bewußtsein.[2] Als das Werk 1819 in Form einer Abschrift seines Jugendfreundes Jakob Reinhold Michael Lenz in dessen Nachlaß gefunden wird, spricht Goethe sich gegen eine Veröffentlichung aus, besorgt, daß es Zündstoff für eine Jugendrevolte bieten könnte. Er selbst fühlt sich, wie es scheint, von diesem freiwillig zurückgelassenen Bruchstück seiner Vergangenheit "merkwürdig" betroffen; so schreibt er in einem Brief an Karl Friedrich Zelter vom 11. Mai 1820, "daß dieses widerspenstige Feuer schon funfzig Jahre unter poetischer Asche fortglimmt, bis es zuletzt, real entzündliche Materialien ergreifend, in verderblicher Flamme auszubrechen droht"[3]. Vor dem Hintergrund der Wirkungsgeschichte des Prometheus-Gedichts befürchtet Goethe, der darin zum Ausdruck gebrachte Autonomieanspruch könne in den Köpfen junger Leser wie Phönix aus der Asche auferstehen. Seine Erinnerung aber scheint getrübt zu sein, denn er behauptet, das Gedicht sei als Eröffnungsmonolog für den dritten Akt des Dramenfragments konzipiert worden[4], was schon aufgrund zahlreicher Überschneidungen des Inhalts höchst unwahrscheinlich ist. Es wäre möglich, daß dieses 'Vergessen' mit dem Scheitern des Projekts zusammenhängt, dessen Bedeutung für die künstlerische Entwicklung Goethes kaum überschätzt werden kann. Rolf Dieter Zimmermann behauptet in seiner umfassenden Interpretation, daß "an dieser Wegmarke eines Dramenfragments, das die Emanzipation des Individuums zum Inhalt hat, sich auch Goethes Denken emanzipiert"[5]. Parallel zu dieser Emanzipation, so Zimmermann, vollziehe sich der Übergang vom naturmystisch-hermetischen zum naturwissenschaftlichen Denken Goethes. Nach meiner Deutung ist dieser Ablösungsprozeß jedoch mit dem Prometheus-Fragment bereits abgeschlossen.

Goethes *Prometheus* thematisiert die Selbstermächtigung des sich auf die eigenen vitalen Kräfte berufenden modernen Menschen. Sein Prometheus lehnt sich gegen die Götter auf, indem er diese nicht als allwissend und allmächtig, sondern als Teil der einen, umfassenden Naturordnung betrachtet, in die sich auch seine ganze Existenz einfügt. Er weigert sich, ihre Autorität anzuerken-

---

2 J. W. Goethe an Karl Friedrich Zelter, Brief vom 11. 5. 1820, FA, I. Abt., Bd. 4, S. 846.

3 Ebd.

4 Ebd.

5 Rolf Dieter Zimmermann: Das Weltbild des jungen Goethe, Bd. 2, München 1979, S. 166.

nen, weil sie - wie er selbst - einen begrenzten Erfahrungshorizont besäßen und über ihren Ursprung nichts wüßten. "Weißest du woher du kommst?"[6] entgegnet er Merkur, der ihn zum Gehorsam gegenüber "Vater Zeus" (407) ermahnt. Seine entschlossene Auflehnung korrespondiert mit der Anerkennung der Gegebenheiten der physischen Realität und der allgemeingültigen Naturgesetze. Prometheus akzeptiert den Bereich, der für ihn empirisch zugänglich ist, als seinen Erfahrungs- und Wirkungskreis. Innerhalb der naturgegebenen Grenzen aber behauptet er seine Unabhängigkeit und fordert die Götter auf, sich ebenfalls auf ihren Bereich zu beschränken. Prometheus dehnt seine Grenzen auf den Rahmen aus, der nach seiner Auffassung theoretisch durch drei Konstituenten bestimmt wird. An erster Stelle steht für ihn die Zeit, die Voraussetzung aller Erfahrung und Entwicklung. "Hat nicht mich zum Manne geschmiedet / Die allmächtige Zeit, / Mein Herr und eurer?" (407 f.). Dann beruft er sich auf die Beständigkeit der räumlichen Körperwelt: "Könnt ihr den weiten Raum / Des Himmels und der Erde / Mir ballen in meine Faust? / Vermögt ihr mich zu scheiden / von mir selbst? / Vermögt ihr mich auszudehnen, / Zu erweitern zu einer Welt?" (408). Prometheus verankert seine Existenz im physischen Bereich, der die Erde und den Himmel umfaßt, weil dort einheitliche Gesetze herrschen. Sein Weltbild entspricht insoweit im wesentlichen der Newtonschen Naturvorstellung, welche die Identität der Naturgesetze im Weltall postuliert. Auch die Verwendung der Götternamen Jupiter und Merkur, die ja auch Planetennamen sind, kann als Anspielung auf die neuzeitliche Astronomie, die das bis dahin gültige Weltbild revolutionierte, aufgefaßt werden. Die dritte unpersönliche Macht, der auch die Götter unterworfen seien, wird "Schicksal" (408) genannt; dieses lenkt die spezifische Dynamik der lebendigen Natur. "Dem Schicksal ist es, nicht den Göttern / Zu schenken das Leben und zu nehmen" (412). Prometheus hat demnach erkannt, daß Werden und Vergehen nicht durch göttliche Gesetze bestimmt werden, sondern durch eine nicht willkürlich zu beeinflussende und, wie plausibel gemacht werden soll, naturgesetzlich wirkende Macht. Seine Einsicht in die Notwendigkeit der realen Naturzustände und -prozesse bildet die Grundlage seines Erfolgs, der sich allein auf die Schaffung naturgemäßer Werke begründet.

Prometheus glaubt, die Richtigkeit seines Denkens unter Beweis zu stellen, indem er die vorgefundene Welt im Rahmen seiner physischen Möglichkeiten

6 J. W. Goethe: Prometheus, FA, I. Abt, Bd. 4, S. 407. Die Zitate aus diesem Text werden im folgenden durch direkt nachgestellte Seitenzahlen belegt.

um eine selbstgeschaffene, lebendige Komponente bereichert; er formt das Menschengeschlecht. Dabei fällt jedoch auf, daß er seinen Geschöpfen nur in begrenztem Sinne zur Existenz verhelfen kann. Er vermag sie nicht zu beleben, sondern schafft lediglich gewisse Voraussetzungen für ihre Belebung, indem er ihnen nach Vorgabe seines eigenen Körpers eine Gestalt gibt. Daß seine Menschen lebendig werden, bestätigt sie gewissermaßen als wirklichkeitsgetreue Abbilder (keine Kopien) einer in der Realität schon vorhandenen Daseinsform, nämlich der eigenen. Daß seinen Geschöpfen das Leben zuteil wird, hängt weniger von seinem Willen als vielmehr von den Umständen ab. Es bedarf zum einen der Führung der Göttin Minerva und zum anderen gewissermaßen der Zustimmung des Schicksals, um an den "Quell des Lebens" (412) zu gelangen. Entscheidend für Prometheus ist jedoch seine Unabhängigkeit von der Willkür Jupiters. Er nimmt den persönlichen Beistand Minervas, der er sich verbunden fühlt, gern in Kauf, um sein Ziel mit Notwendigkeit verwirklichen zu können. Daß er es erreicht, liegt vornehmlich in der Qualität seiner Werke begründet, die prinzipiell in den Rahmen der bestehenden Naturordnung passen, so daß die unpersönliche Macht des Schicksals an ihnen wirksam werden kann.

Goethe fügt das biblische Bild des Lebensquells eigenständig in den Mythos ein und veranschaulicht damit das Leben als eine an besondere Kräfte gebundene Seinsqualität, ohne dessen Ursache anzudeuten. Mit der Vorstellung eines in allen Lebewesen identischen, belebenden Fluidums klingt eine vitalistische Position an, zumal dieses in den einmal belebten Körpern quasi von selbst seine Wirkung tut. Demnach kann man die Betrachtungsweise des Prometheus so charakterisieren, daß er die Newtonsche Naturlehre, die auf den drei Begriffen Zeit, Raum und Bewegung basiert, modifiziert, indem er den mechanistisch verstandenen Begriff der Bewegung durch einen vitalistisch gedeuteten Schicksals- und Lebensbegriff ersetzt. Die Lebewesen werden als von Natur aus beseelt betrachtet.

Der Aspekt des Lebens verbindet alle Wesen, wie Prometheus aufgrund eines Vergleichs feststellt: "Ihr seid nicht ausgeartet meine Kinder! / Seid arbeitsam und faul / Und grausam mild / Freigebig geizig / Gleichet all euern Schicksals Brüdern / Gleichet den Tieren und den Göttern" (416). Er postuliert hier eine Schicksalsgemeinschaft aller Wesen, deren Existenz durch die genannten Naturgegebenheiten und die Lebensgesetze bedingt ist. Konsequenterweise werden auch die Götter in die Reihe der Naturwesen eingegliedert, was der, auf eine neuplatonische Idee zurückgehenden, im 18. Jahrhundert weit verbreiteten Vorstellung von der Kette oder der Stufenleiter der Natur, 'scala naturae', entspricht. Der Unterschied, der zwischen den Lebewesen besteht, ist - so behauptet Prometheus - gradueller, nicht prinzipieller Art. Sein Selbstbewußtsein resultiert folglich aus der Anerkennung der bestehenden Naturordnung, die den Rahmen für die Entfaltung seiner individuellen Möglichkeiten vorgibt. Mit seiner Aussage "Ich habe sie geformt nach meinem Bilde" (414) demonstriert er die Stärke seines Schöpferbewußtseins, macht sich selbst zum Gott. Zugleich aber wird deutlich, daß er ein sekundärer, nachahmender Schöpfer ist, der sich an Vorhandenem orientiert, dessen Ursprung außerhalb seines Blickfeldes liegt.

Prometheus' allgemeiner Lebensbegriff leitet sich aus seiner Selbsterfahrung her. Durch das Gespräch mit Minerva, mit der er sich im Innersten verbunden fühlt, wird seine Selbstinszenierung als selbstbewußtes Schöpferindividuum in ein besonderes Licht gerückt. Er fühlt sich im Vollbesitz seiner eigenen Kräfte, und glaubt an sein Recht, unabhängig darüber verfügen zu können. Er deutet seine eigene Genese als Selbstverwirklichung einer angeborenen, naturgegebenen Potenz, die ihre Wirksamkeit in der durch Minerva geschaffenen günstigen Atmosphäre voll entfalten konnte. Jupiter aber empfindet er als Unterdrücker; jeglichen ursächlichen oder sonstigen positiven Einfluß auf seine Entwicklung spricht er ihm ab. Prometheus meint, sich gegen Widerstände behauptend aus eigener Kraft entwickelt zu haben und glaubt daher an seine eigenen Kräfte; er verläßt sich auf sie. So handelt er in dem Bewußtsein, Teil einer von Kräften beseelten Natur zu sein, deren Ursprung ihm zwar unbekannt ist, deren Wirkungen für ihn aber überwiegend positiv in Erscheinung treten.

Dieser Selbstbegründungsgedanke stellt für das Drama den wichtigsten Impuls dar: Der Text ist gewissermaßen die Postulierung dieses Gedankens, der zugleich aber in jeder Szene auch kritisch reflektiert und relativiert wird. Er wird durch die Beziehungen zu Minerva und zu Jupiter, welche im wesentlichen durch Prometheus' Verhältnis zu sich selbst bestimmt werden, in Frage gestellt. Prometheus fühlt sich vom Gegenpol Minerva angezogen und vom gleichnamigen Pol Jupiter abgestoßen, da er sein Selbst nur einseitig ausgeprägt hat. Durch Minerva erfährt er die Relativierung seine Individualität und die Möglichkeit, sich mit anderen im Einklang zu fühlen. Zu dem Entgrenztheitsgefühl, nicht mehr nur er selbst, sondern eins mit dem ganzen All zu sein, äußert er sich schon im Gespräch mit seinem Bruder Epimetheus; er distanziert sich hier entschieden davon. Nach dem antiken Mythos aber bilden Prometheus und Epimetheus ein Brüderpaar, das sich gegenseitig ergänzt. Durch Jupiter fühlt er sich zur Selbstdarstellung und Abgrenzung provoziert. Indem er sich auf die Behauptung seiner Selbständigkeit konzentriert, betont er Eigenschaften, die ihn Jupiter ähnlich machen, so daß er zuletzt zur Zielscheibe seiner eigenen Kritik werden muß.

Da Prometheus seinem Wesen nach beiden ähnlich ist, läßt sich seine Gestalt auf zwei allgemeine Grundprinzipien bzw. ein überindividuelles, polares Prinzip zurückführen. Rolf Dieter Zimmermann verweist in seiner Interpretation des Fragments auf die Bedeutung der Ironie, die hauptsächlich der "Relativierung und Ironisierung aller sich absolut setzenden schöpferischen Selbstherrlichkeit"[7] diene. Ihr Maßstab seien "die Schranken der Lebensgesetzlichkeit"[8], worunter er den "polaren Wechsel von konzentrativ-selbstischen und expansiv-teilnehmenden Regungen"[9] versteht. Auch Prometheus verspüre das Bedürfnis, sich anderen zu öffnen und sich in anderen wiederzufinden, lasse es aber in der Regel nicht zu. Daher bedeute die "Projektion des expansiven Inneren dieser Prometheusgestalt"[10] auf die Göttin Minerva eine ironische Relativierung ihres auf sich selbst Insistierens. Besonders in der letzten Szene, in der die Selbstgewißheit des Schöpferindividuums mit der Selbstvergessenheit der sich auf 'natürliche' Weise Fortpflanzenden konfrontiert wird, werden seine Person und sein Wahrheitsanspruch auf ironische Weise relativiert. Prometheus fühlt sich dazu verpflichtet, den Menschen als liebender Vater und Lehrer praktisch und theoretisch bei der Lebensbewältigung zu helfen. Dabei beabsichtigt er, ihnen einen positiven Lebenssinn zu vermitteln. Zu Beginn der letzten Szene bittet Pandora ihren Schöpfer, ihr ein erschütterndes Erlebnis begreiflich zu machen, das sie ihm so beschreibt:

> Namenlose Gefühle. / Ich sah sie zu dem Waldgebüsche gehn, / Wo wir so oft die Blumenkränze pflücken. / Ich folgt ihr nach. / Und ach wie ich vom Hügel komme / Seh ich sie im Tal auf einen Rasen hingesunken. / Zum Glück war Arbar ohngefähr im Wald. / Er hielt sie fest in seinen Armen, / Wollte sie nicht sinken lassen / Und ach sank mit ihr hin. / Ihr schönes Haupt entsank. / Er küßte sie tausendmal / Und hing an ihrem Munde / Um seinen Geist ihr einzuhauchen. / Mir ward bang ich sprang hinzu und schrie. / Mein Schrei eröffnet ihr die Sinnen. / Arbar ließ sie. Sie sprang auf. / Und ach mit halbgebrochnen

7 Rolf Dieter Zimmermann: Das Weltbild..., a.a.O., S. 138.

8 Ebd., S. 139.

9 Ebd., S. 141.

10 Ebd.

> Augen / Fiel sie mir um den Hals / Ihr Busen schlug / Als wollt er reißen / Ihre Wangen glühten / Es lechzt ihr Mund, und tausend Tränen stürzten. / Ich fühlte wieder ihre Knie wanken / Und hielt sie teurer Vater. / Und ihre Küsse, ihre Glut / Hat solch ein neues unbekanntes Gefühl / Durch meine Adern durchgegossen, / Daß ich verwirrt, bewegt / Und weinend endlich sie ließ / Und Wald und Feld, / Zu dir mein Vater. Sag / Was ist das alles was sie erschüttert / Und mich (416 f.).

Pandora hat von Prometheus gelernt, daß sie ihr Leben selbst bestimmen soll. Nun wird sie mit einer Situation konfrontiert, in der es ihr schwer fällt, sich nicht selbst zu vergessen. Der Zustand der sexuellen Erregung, den Pandora zunächst an Mira, die dabei ihr Bewußtsein verliert, beobachtet und in den sie dann selbst hineingerät, jagt ihr Furcht ein. Sie erlebt die Gewalt der körperlichen Liebe als bedrohlich, da sie sich mitgerissen und quasi einer fremden Macht ausgeliefert fühlt. Nun erwartet sie von Prometheus eine Erklärung, um die Gefahr einschätzen zu können. Dessen Antwort, "der Tod" habe sie angerührt, wirkt überraschend, zumal er beabsichtigt, ihr durch seine Erklärung die Angst zu nehmen. Verallgemeinernd behauptet er, das individuelle Erleben münde in einen schlafähnlichen, temporären Zustand, dem ein ekstatischer Moment der Erfüllung vorausginge und auf den ein Erwachen zu einem neuen Bewußtsein folge.

> Wenn alles, Begier und Freud und Schmerz / Im stürmenden Genuß sich auflöst. / Dann sich erquickt in Wonne Schlaf. / Dann lebst du auf, aufs jüngste wieder auf / Aufs neue zu fürchten zu hoffen und zu begehren (419).

Damit deutet Prometheus Zeugung und Tod bezeichnenderweise nicht von außen betrachtet als Naturvorgang, welcher der Selbsterhaltung des Lebens dient, sondern individualpsychologisch, aus der Sicht des menschlichen Individuums. Zeugung und Sterben werden von ihm nicht nur als analoge Extrempunkte des individuellen Lebens, sondern auch als Berührungspunkte im Zyklus des Verlöschens und Wiederauflebens autonomer Individuen gedeutet. Sein eigenes Handeln dadurch rechtfertigend, impliziert seine Aussage, die positiven Seiten kompensierten die negativen und das Leben als Ganzes kompensiere den Tod. Wenn - wie Prometheus behauptet - alle Lebenseindrücke zusammen ein Wonnegefühl erzeugen, dann stellt das Leben in der Summe eine positive Seinsweise dar. Durch seine Lebenslehre vermittelt er die spekulative Gewißheit, daß das individuelle Sein in Form einer Potenz, die sich immer wieder aufs neue verwirkliche, andauere und daß man daher, was einem das Leben

Angenehmes biete, unbeschwert genießen könne. In einer säkularisierten Form von Theodizee versucht er, Optimismus zu wahren, indem er Pandora nicht nur eine positive, sondern auch eine dauerhafte Seinsweise zusichert.

Ein gewisser Rechtfertigungsdruck entsteht für Prometheus, weil er das Leben auf kein bestimmtes Prinzip mehr zurückführt, sondern - angedeutet durch den Schicksalsbegriff - als absolute Macht versteht, der man sich folglich hoffnungslos ausgeliefert fühlen kann, wenn es nicht gelingt, das Leben selbst als Erfüllung zu betrachten. Dieser wird dadurch verstärkt, daß Prometheus den Menschen das Leben mutwillig und selbstherrlich zugemutet hat, nachträglich aber nichts von dem, was prinzipiell zum allgemeinen Lebensschicksal gehört, verhindern kann. Seine Position wird durch die Gesamtkonzeption und vor allem durch das Verhältnis zu Jupiter ironisch relativiert. Dessen Aussagen deuten gezielt die Schwächen seines Lebenskonzepts an. Seine Zuversicht wird von Anfang an durch den Antipoden in Frage gestellt, so zum Beispiel, indem dieser die Menschheit "das Wurmgeschlecht" (413) nennt und damit auf das Problem der Verwesung und der Nähe zum Tier anspielt.[11] Jupiter entkräftet sie außerdem durch die weise Voraussicht, daß die Menschen früher oder später bei ihm Zuflucht suchen werden; nur in diesem Sinne wird seine Weisung "Überlaß sie ihrem Leben" (414) verständlich. Unschwer läßt sich der Sturz des Prometheus vorausdeuten, wenn er mitansehen muß, daß seine Menschen aus Furcht vor Elend und Tod ihr insgesamt leidvoll und freudlos erfahrenes Leben einem persönlichen Gott opfern wollen. Nicht zuletzt um dem vorzubeugen, will er ihnen die Angst vor dem Leben nehmen.

Sein Verhalten gegenüber den Menschen läßt sich demnach auch als ein Mittel zur Aufrechterhaltung eines Machtanspruchs verstehen. So fürsorglich seine Sorge an sich erscheinen mag, sie darf nicht darüber hinwegtäuschen, daß er damit, seinem eigenen Urteil nach, fragwürdig handelt. Auch darin besteht die Ironie der Handlung, daß er sich gegenüber seinen Geschöpfen so verhält wie Jupiter, dem er den Vorwurf macht, sich die Rolle des Allwissenden und Allmächtigen anzumaßen. Durch seinen Streit mit Jupiter, dem er das Vertrauen restlos entzieht, nimmt Prometheus den Angriff auf seine eigene Position bereits vorweg. So wie Prometheus an der Lehre des Jupiters zweifelt, werden die Menschen seine mit Wahrheitsanspruch vermittelten Aussagen für unglaubwürdig halten, weil er - trotz seines an sich nach empirischen Grundsätzen entworfenen Denkmodells - an dem Gedanken der Permanenz jeder individuellen

11 Vgl. J. W. Goethe: Urfaust, Erdgeist-Szene, HA, Bd. 3, S. 370 f.

Existenz festhält. Prometheus beansprucht für sich und die Seinen das göttliche Attribut der Dauerhaftigkeit, was durch das Gotteswort, das er zitiert, noch unterstrichen wird: "Wir sind alle ewig / Meines Anfangs erinnr ich mich nicht, / Zu enden hab ich keinen Beruf / Und seh das Ende nicht. / So bin ich ewig denn ich bin" (411).[12] Er geht von einem an sich bestehenden, sich zyklisch erneuernden Kräfte-Selbst, einem selbstgenügsamen Sein aus, das keiner Begründung durch ein außer ihm existierendes Wesen bedarf und sich einer Erklärung entzieht. Dank der ihm innewohnenden Kräfte könne sich das Individuum tendenziell an der Verwirklichung aller in der Natur potentiell angelegten Formen, insonderheit aller Lebensformen, beteiligen. Sein Streben richtet sich auf das Absolute einer selbstgenügsamen Natur. Er kündigt den Gottesdienst auf, weil er voraussetzt, daß kein Individuum - seinem Wesen nach - einem Zweck, der außer ihm liegt, unterliegt. So zweifelhaft seine metaphysische Argumentation auch klingen mag, er muß sie behaupten, um seinen Anspruch auf Selbstherrschaft aufrecht erhalten zu können. Denn ansonsten kollidierte sein Bewußtsein der eigenen Stärke mit dem Bewußtsein des Unterworfenseins unter ein allgemeines Lebensprinzip, wonach die individuelle Existenz letztlich zur Reproduktion bestimmt ist.

Eine konsequente Durchführung der Dramenkonzeption hätte zwangsläufig zur Relativierung von Prometheus' Lebenskonzept geführt. Daß Goethe dieses Projekt vorzeitig beendet, legt den Schluß nahe, daß er an solch einer Abschwächung der provozierenden und stimulierenden Wirkung seiner Figur nicht interessiert ist. Für diese These spricht auch, daß er, anstatt das Stück zu beenden, das Prometheus-Gedicht schreibt, worin er sich ausschließlich auf die Darstellung der Zentralfigur mit ihrem radikalen Selbstbestimmungspostulat beschränkt und so die Ausgangsposition des Dramas gewissermaßen als Destillat präsentiert. Es beinhaltet die Forderung, sich als aufgeklärter Mensch von den autoritär vermittelten, weltanschaulichen Bestimmungen zu befreien und sein Leben selbst in die Hand zu nehmen.

Gerade diese Entscheidung gegen das vielschichtigere und vieldeutigere Prometheus-Drama läßt vermuten, daß Goethe die Gefahr, mit dem darin propagierten Selbstverständnis eine Sinnkrise heraufzubeschwören, gesehen hat. Die

12 Im Alten Testament antwortet Gott dem Mose: "Ich bin der 'Ich bin da'", 2. Mose: 3,14, in: Einheitsübersetzung der Heiligen Schrift: die Bibel, Psalmen u. Neues Testament, ökumen. Text, Klosterneuburg 1987, S. 68.

Problematik des Stückes besteht darin, aus der Sicht eines aufgeklärten Individuums ein positives Lebenskonzept zu vermitteln, nach dessen Grundidee sich das selbstbewußte Individuum als eine Art natürliches Kräftewesen transzendiere, indem es sich nach einem bestimmten Entwicklungsprinzip immer wieder in variierter Form entfalte. Je mehr Prometheus seine Position jedoch mit Argumenten verteidigt, desto mehr verliert sie an Faszinations- und Überzeugungskraft. Vor allem sein Festhalten an einer metaphysischen Deutung des Lebens läßt sein zunächst revolutionär wirkendes Denken fragwürdig erscheinen. Daß das Stück an der Stelle abbricht, an der Prometheus seine optimistische Weltsicht quasi abrundet, deutet das Scheitern dieser Art von Versöhnungsmodellen, die das naturwissenschaftliche mit einem metaphysischen Denken vereinbaren wollen, an.[13] Andererseits kann vermutet werden, daß Goethe das Drama aufgibt, weil er Prometheus' generelle Absage an autoritär vermittelte mythische oder religiöse Weltdeutungen in ihrer Wirkung nicht abschwächen will, denn die größte Gefahr besteht für ihn im Verzicht auf bzw. im Mangel an Bemühungen um Rationalität. Doch eröffnet das gescheiterte Projekt auf subtile Weise einen Problemhorizont, den Goethe einige Monate später, in den *Leiden des jungen Werthers*, aufs neue thematisiert. Hier schafft er eine Gegenfigur zum Prometheus, die er auch mit dem Problem der Begrenztheit individueller Lebenskräfte konfrontiert. Auffällig ist dabei die Umkehrung der Darstellungsperspektive: Im Gegensatz zu Prometheus stellt Werther ein Individuum dar, dem Selbstvertrauen und Tatkraft abgehen.

3.1.2. Um jeden Preis. Goethes Roman *Die Leiden des jungen Werthers*

Gegenüber seinem Roman *Die Leiden des jungen Werthers*, dessen Veröffentlichung ihn schlagartig berühmt macht, übt Goethe später so viel Zurückhaltung wie gegenüber keinem anderen seiner Werke. Entstanden ist dieses Werk etwa

---

13 Solch ein Integrationswille ist seit dem 17. Jahrhundert in aufgeklärten Kreisen durchaus weit verbreitet. Bedeutend erscheint in diesem Zusammenhang die Philosophie Leibniz', der Anfang des 18. Jahrhunderts lehrt, die Individuen bestünden nicht nur aus Materie, sondern zuerst aus immateriellen, beständigen 'Monaden'. Die Zusammensetzung aus qualitativ unterschiedlichen Monaden bestimme die Entwicklungshöhe jedes Individuums, das in das Gesamtkonzept einer 'scala naturae' eingegliedert sei. Er macht im Rahmen seiner Theodizee für die harmonische Weltordnung noch einen Schöpfergott verantwortlich.

ein halbes Jahr nach dem Prometheus-Projekt, im Februar 1774; Goethe verarbeitet darin eigene Erlebnisse, die schon fast zwei Jahre zurückliegen. Werther wie auch der Prometheus der Hymne erzielen als Figuren eine außerordentlich große Wirkung, obgleich sie vordergründig extreme Gegensätze darzustellen scheinen. Während Prometheus ohne Zögern seine Machtposition verteidigt, scheint Werther vor allem durch seine Schwäche bestimmt zu sein.[14] Goethes Werther stellt das menschliche Ringen um Autonomie in einer Weise dar, die den Anspruch auf menschliche Unabhängigkeit (im Vgl. zu Prometheus) unrealistisch und maßlos erscheinen läßt. Die selbstgefälligen Proklamationen des Prometheus werden damit ad absurdum geführt. Doch wie sehr Werther unter seinen berechtigten Zweifeln leidet, macht deutlich, daß es keinen unglücklicheren Menschen geben kann, als denjenigen, der seinen Kräften nicht vertraut. Insofern bietet weder Prometheus, der sich einbildet, unabhängig zu sein und seine Macht, soweit es ihm möglich ist, demonstriert, noch Werther, der sich dadurch lähmt, daß er seinen absoluten Autonomieanspruch nicht erfüllen kann, eine Lösung an. Der entscheidende Unterschied der *Leiden des jungen Werthers* gegenüber dem *Prometheus*-Fragment besteht darin, daß sich die Prometheusfigur durch ihre Werke zu erkennen gibt, während die Wertherfigur auch ohne äußeres Handeln auskommt, das heißt - zum ersten Mal in der Weltliteratur überhaupt - durch die Darstellung einer Innenperspektive zum Verstehen auffordert.

Das besondere Merkmal von Werther ist, daß es ihm nicht gelingt, seinen Empfindungen und Vorstellungen gestalterisch Ausdruck zu verleihen, obwohl er ein überaus reiches Innenleben besitzt; auf Reize seiner Umwelt reagiert er besonders empfindlich und läßt sich zu intensiven Gefühlen und Gedanken anregen. In diesem Zusammenhang spielt die Naturbeschreibung als Ausdrucks-

---

14 In diesem Sinne interpretiert z. B. Rolf Dieter Zimmermann die Wertherfigur, die er als defizitären Charakter versteht. In: ders.: Das Weltbild des jungen Goethe, a.a.O., S. 167 ff.

medium eine zentrale Rolle.[15] Gerade im Vergleich zu Prometheus fällt seine gänzliche Unproduktivität auf. Dieser ist ein ausgesprochener Akteur, dem Empfinden, Denken und Handeln eins sind. Sein Selbstvertrauen ist so stark ausgeprägt, daß es für ihn keinen Zweifel an der Positivität seines Schaffens gibt. Daß er seine Werke mit seinem ganzen Wesen hervorbringt, genügt ihm, sie an sich für gerechtfertigt zu halten. Werther dagegen fehlt dieses Vertrauen in die eigenen Kräfte. Er ist an sich nicht kraftlos, denn er zeichnet sich ja gerade durch eine besonders starke sensitive und intellektuelle Natur aus. Er arbeitet seine Kräfte aber vornehmlich im Inneren ab, ohne daß es zu äußeren Wirkungen kommt und klagt darüber, daß er sich nicht künstlerisch auszudrücken vermag.[16] Am Idealbild des produktiven Genies orientiert, dessen Äußerungen für ihn gleichsam Naturereignisse sind, stilisiert er sich selbst gewissermaßen zum 'Anti-Genie', wobei er - wie aus dem Brief vom 24. Juli hervorgeht - als Maßstab Prometheus vor Augen hat. Daß Werther den Wunsch besitzt, ein 'zweiter Prometheus' zu sein, wird zugleich deutlich. Nachdem er bekundet hat, daß er sich von der Natur wie nie zuvor beglückt fühlt, teilt er zögernd seinen Plan mit, nun bald produktiv zu werden, wobei er jedoch zurückhaltend äußert, daß er sich nicht einmal die einfachste gestalterische Arbeit zutraut:

> ich weis nicht, wie ich mich ausdrükken soll, meine vorstellende Kraft ist so schwach, alles schwimmt, schwankt vor meiner Seele, daß ich keinen Umriß pakken kann; aber ich bilde mir ein, wenn ich Thon hätte oder Wachs, so wollt

---

15 Nach der Interpretation Hans-Peter Herrmanns läßt die Landschaftsbeschreibung im 'Werther' "eine eigene, gleichsam philosophische Aussageschicht des Romans" erkennen. Die "Wirklichkeit im Ganzen" (92) zu spiegeln, gelinge Goethe allein im "Medium der Naturdarstellung", worin "Utopie und Kritik seiner Zeit" (98) zum Ausdruck gebracht werde. Hans-Peter Herrmann: Landschaft in Goethes 'Werther'. Zum Brief vom 18. August, in: Goethe. Vorträge aus Anlaß seines 150. Todestages, hg. von Thomas Clasen und Erwin Leibfried, Frankfurt a.M. 1984, S. 77-100.

16 Hans-Peter Herrmann äußert in diesem Zusammenhang den interessanten Gedanken, daß "Werthers unerfüllbarer Sehnsucht nicht nur auf Kunstproduktion, sondern darüber hinaus auf umfassende Aneignung der Wirklichkeit insgesamt gerichtet ist, und daß ihre Unerfüllbarkeit in der Unbedingtheit und Unvermitteltheit liegt, mit der Werther das Ganze der Welt, ihren göttlichen Geist und Sinn, in sich aufnehmen und realisieren will". Ebd., S. 89.

ich's wohl herausbilden, ich werde auch Thon nehmen wenn's länger währt, und kneten, und sollten's Kuchen werden.[17]

Selbst unter für ihn optimalen Voraussetzungen traut sich Werther nicht zu, mehr als ein Kind zu leisten, das seine noch schwachen Kräfte übt. Hier, offensichtlich im Bewußtsein seiner Ohnmacht, macht er die Durchführung seines Vorhaben davon abhängig, ob die gegenwärtige Phase der Beglückung länger andauert. Denn er hält sich für zu schwach, um seinem Maßstab genügen zu können, bildet sich aber ein, durch einen Zusatz an Kräften trotzdem noch zum Genie werden zu können. Er sehnt sich danach, Grenzen einzureißen, Dämme zu brechen und andere zur Mitleidenschaft zu bewegen. Gemessen an diesem Anspruch ist es Werthers Ziel, Kräfte freizusetzen, die mitreißen können. Er wünscht sich, sein Empfinden und Denken gleichsam in einem elementaren Strom ausdrücken zu können. Bis zu einem gewissen Maß fühlt er sich auch von Natur aus dazu begabt. Aber er glaubt, daß sich seine Kräfte schon bei der intensiven Wahrnehmung und Verarbeitung der Sinneseindrücke verbrauchen und nicht mehr ausreichen, um geniale Leistungen zu vollbringen. In der Hoffnung, trotzdem zum Genie werden zu können, hegt er die Vorstellung, nachträglich von der Natur Kraft abzuschöpfen. Er versucht gewissermaßen, an den Quell des Lebens zu gelangen, um ein Maximum an Kräften zu erreichen und sein Selbst anschließend durch eine ungeheure Schaffensflut zu entgrenzen. Dabei liegt Werthers Vorstellung zugrunde, daß es von den Kräften, über die jeder von Natur aus verfügt, abhänge, welchen Grad von Leben man erreichen könne. Daher hofft er, seine Kräfte potenzieren zu können, um die Wirklichkeit durch maximale Entfaltung bewältigen zu können. Die Vorstellung, zusätzliche Kräfte zu erlangen, wird im Roman durchgängig durch die Strom- und Wärmemetaphorik veranschaulicht.

Von dieser Vorstellung wird sein vielbesprochenes enthusiastisches Naturerlebnis getragen. Er meint, an den im Frühjahr in besonderem Maße hervorbrechenden natürlichen Schaffenskräften direkt partizipieren zu können und bildet sich ein, von den treibenden Kräften spürbar durchdrungen zu werden und sich damit quasi aufzuladen. Nachdem diese Bemühungen jedoch erfolglos bleiben, wie durch sein weiteres Verharren im Zustand der Unproduktivität deutlich

17 J. W. Goethe: Die Leiden des jungen Werthers, Der junge Goethe, Bd. IV, Berlin 1968, S. 130. Die Zitate aus diesem Text werden im folgenden durch nachgestellte Seitenzahlen belegt.

wird, setzt er seine Hoffnungen auf eine neue Konstellation, nämlich auf sein Liebesverhältnis mit Lotte.

In Lotte glaubt Werther eine unmittelbare Wesensverwandte gefunden zu haben. Durch das gemeinsame Erlebnis, das am Tag ihrer ersten Begegnung durch den Namen "Klopstock" (120) ausgelöst wird, fühlt sich Werther Lotte auf natürliche, "sympathetische" (156) Weise verbunden. Durch den momentanen Einklang ihres Erlebens erkennt er in ihr eine Person, die ihm im Wesen entspricht. Indem beide in ähnlicher Weise reagieren, wird ihnen ihre Seelenverwandtschaft bewußt.[18] An dieses Erkennen knüpft Werther unbewußt mit seinem Interesse an. Er hofft, durch Lottes unmittelbare Nähe einen Zugang zu den begehrten Urspungskräften zu finden, betrachtet sie also gleichsam als Medium. Wesentlich für die Faszination Werthers scheint dabei insbesondere Lottes mütterliche Art zu sein. Seine Bemühungen um Lotte bleiben der primären Absicht, eine Kräfteübertragung zu erfahren, untergeordnet. Dadurch erklärt sich, warum Werther keine geschlechtliche Beziehung zu Lotte sucht. Er weiß, daß ihm die im Geschlechtsakt freigesetzten Kräfte nicht 'nützen', weil sie sich sofort verzehren bzw. dem Keim und dadurch der Reproduktion des Lebens dienen. Er aber möchte nicht wie tausende andere dem natürlichen Kreislauf, sprich dem Selbsterhaltungsprinzip der Natur dienen, sondern über sich selbst hinaus gelangen.[19] Somit grenzt er sich von Anfang an von dem, was in ihm als Natur wirkt, ab. Gleichzeitig träumt er davon, sich des Kräftepotentials der Natur zu bemächtigen, um sich von allen äußeren Zwängen zu befreien und autonom zu leben. Damit deutet sich ein innerer Widerspruch zwischen seiner Natur und dem Begriff, den er sich von der Natur macht, an, der sich in seinem, in der Forschungsliteratur bereits vielfach skizzierten, ambivalenten Verhältnis zur Natur spiegelt.

Werther macht die Erfahrung, daß eine Zufuhr von externen Kräften nicht gelingt. Zwar fühlt er sich gelegentlich durch die Nähe zur Natur oder zu Lotte in besonderem Maße gereizt und belebt, doch stammt die Kraft, wodurch diese Empfindungen bewirkt werden, ausschließlich aus seinem eigenen Inneren. Die Erfahrung eines unmittelbaren Austauschs von Kräften bleibt bis zur letzten

---

18 Siehe Richard Alewyn: Klopstock!, in: Euphorion 73 (1979) S. 357-365.

19 Wenn Hans-Peter Herrmann davon spricht, daß Werther "sich nicht einbinden läßt, sondern [...] auf seinem Anspruch auf das ganze Glück" beharrt, dann trifft das nicht nur auf die Gesellschaft, sondern auch auf die Natur zu, der er sich gleichermaßen verweigert. Siehe Hans Peter-Hermann: Landschaft in Goethes 'Werther', a.a.O., S. 94.

Begegnung mit Lotte aus. Statt seine Wunschvorstellung zu bestätigen, gewinnt Werther eine neue Sichtweise, die seine Erwartung ins Gegenteil verkehrt und seine Hoffnung untergräbt. So kommt Werther gegen Ende des ersten Buches zu der erschreckenden Erkenntnis, daß seine Kräfte sich schicksalsgemäß verzehren. Das Leben wird für ihn gleichbedeutend mit allmählichem Absterben. Davon zeugt der Brief vom 18. August, worin seiner Vorstellung von der kraftspendenden, paradiesischen Natur, welche im Brief vom 10. Mai zum Ausdruck kommt, eine grauenhafte Vision gegenübergestellt wird. Werther beschreibt, wie sich ihm auf schockierende Weise eine neue Ansicht der Natur eröffnet:

> Es hat sich vor meiner Seele wie ein Vorhang weggezogen, und der Schauplatz des unendlichen Lebens verwandelt sich vor mir in den Abgrund des ewig offenen Grabs (139).

Schlagartig erkennt Werther, daß sich seine bisherige Vorstellung von der lebendigen Natur nicht einmal oberflächlich mit dem Gesamtphänomen Natur vereinbaren läßt. Er hat die "schönste Mannigfaltigkeit der Natur" (106) als berauschendes Produkt der unbegrenzt erscheinenden natürlichen Schaffenskräfte angesehen, die er äußerst positiv bewertete, weil er nur Augen für harmonische Verhältnisse besaß. Dieses Bild wird nun zerstört, indem Werther Einblick in eine tiefere Dimension der natürlichen Organisation gewinnt, der sich als Blick in einen Abgrund, in den jedes Individuum halt- und hoffnungslos gezogen wird, erweist. Ihm wird bewußt, daß er durch seine Anteilhabe an den Reproduktionskräften der Natur dazu bestimmt ist, einem monströsen Ganzen zu dienen, dem er seine persönliche Zustimmung versagen muß. Dabei verliert er die Hoffnung, die niederschmetternde Gewalt der Natur in geordnete Bahnen lenken zu können, da er sieht, daß dies die Kraft eines einzelnen, selbst die eines Genies, überstiege. Sein ganzes Bestreben wird hinfällig, indem er begreift, daß er die Wirkungen der allgemeinen Schaffenskraft letztlich erleiden muß und dabei selbst zur Ursache des anhaltenden Leids wird. Diese Kraft erweist sich ihm nun - wobei seine Perspektive für jedes beliebige Lebewesen steht - ihren Wirkungen nach vielmehr als Zerstörungskraft. Da er sich selbst nicht davon lossprechen kann, am Zerstörungswerk der Natur mitzuwirken, sieht Werther seine ganze Existenz grundsätzlich erschüttert. Er verliert seinen gesamten Bezugshorizont, indem ihm seine bisherige Ontologie gewissermaßen zerfließt.

Kannst du sagen: Das ist! da alles vorübergeht, da alles mit der Wetterschnelle vorüber rollt, so selten die ganze Kraft seines Daseyns ausdauert, ach in den Strom fortgerissen, untergetaucht und an Felsen zerschmettert wird. Da ist kein Augenblik, der dich nicht verzehrte und die Deinigen um dich her, kein Augenblik, da du nicht ein Zerstöhrer bist, seyn mußt (139).

Diese Sichtweise untergräbt nicht nur Werthers Hoffnung, sich jemals als ein autonomes Wesen betrachten zu können; sie veranlaßt ihn darüber hinaus zur Selbstverachtung. Denn Werther schrickt nun begreiflicherweise nicht nur vor dem neuen Anblick der Natur, sondern auch vor sich selbst als Naturwesen zurück. Das Motiv des Stromes impliziert hier nicht mehr die geniale Kraft des einzelnen Menschen, durch die es ihm gelingt, sich selbst zu verwirklichen, sondern im Gegenteil sein Ausgeliefertsein an eine überindividuelle Naturmacht, die jede gezielte Aktivität des Menschen, mit der dieser seine Autonomie unter Beweis stellen möchte, ad absurdum führt, weil sie ihn ungewollt zum Opfer und Mittäter macht. Aufgrund der gewandelten Perspektive liefert nicht mehr das Genie, sondern das gemeinste Lebewesen für Werther das Paradigma der Menschheit. Leben bedeutet aus dieser Sicht für das Individuum nunmehr ein Verbraucht- bzw. Verzehrtwerden. Und gerade ein tätiges Leben, wodurch der einzelne Mensch seine Produktivkräfte unter Beweis zu stellen glaubt, bedeutet demnach, daß das individuelle Maß der Zerstörung vergrößert und der zehrende Prozeß beschleunigt wird.

Der harmloseste Spaziergang kostet tausend tausend armen Würmgen das Leben, es zerrüttet ein Fustritt die mühseligen Gebäude der Ameisen, und stampft eine kleine Welt in ein schmähliches Grab (139).

Aus der Perspektive der niedrigeren Lebewesen erscheint jeder Mensch als vernichtende Bedrohung. Doch im Grunde besäßen sie das gleiche Schicksal, da das Vernichtungswerk der Natur umfassend sei. Völlig sinnlos erscheint Werther hier der quasi instinktive Gestaltungstrieb des Menschen, denn sogar die Ameisen könnten nicht anders, als sich "eine kleine Welt" zu schaffen, deren sinnloser Untergang das normalste Geschehen sei. Nicht die seltenen Naturkatastrophen, sondern das normale Naturgeschehen stellt für Werther die eigentliche Katastrophe dar:

Ha! nicht die große seltene Noth der Welt, diese Fluthen, die eure Dörfer wegspülen, diese Erdbeben, die eure Städte verschlingen, rühren mich. Mir untergräbt das Herz die verzehrende Kraft, die im All der Natur verborgen liegt; die nichts gebildet hat, das nicht seinen Nachbar, nicht sich selbst zerstörte (139).

Die veränderte Lebensperspektive wird Werther dadurch bewußt, daß er begreift, daß der einzelne die Wirkungen der Naturkräfte als verzehrend erfährt. Durch die Einsicht, daß die Kräfte, die ihm von Natur aus eigen zu sein scheinen, nur abnehmen können und naturgemäß nach und nach dahinschwinden, verliert für Werther jegliches Werden und Schaffen den Sinn. In sein Blickfeld rücken plötzlich ganz andere natürliche Phänomene als die nach bestimmten Ordnungsprinzipien hervorgebrachten Bildungen; die Erscheinungen ihrer leidvollen Auszehrung, ihres qualvollen Zerstörtwerdens, bestimmen hier sein Bewußtsein. Man kann diese Stelle auch so verstehen, daß Werther die Theodizeefrage radikalisiert[20], indem er sie nicht mehr auf religiöser, sondern auf naturphilosophischer Grundlage stellt. Der Brief vom 18. August enthält die Antwort, die sich ihm als aufgeklärter, säkularisierter Mensch aufdrängt, der dem Glauben an einen persönlichen, die Welt nach einem weisen, doch für den menschlichen Geist undurchschaubaren Plan regierenden Schöpfergott entsagt hat. Er durchschaut die gesetzmäßigen Zusammenhänge der Natur aus der Sicht eines rationalistisch orientierten Menschen, erschüttert aber durch diese Sichtweise seinen Glauben an ein Harmonie schaffendes, naturimmanentes Prinzip. Er nimmt sich jegliche Metaphysik.

Daß Werther als Paradigma für das menschliche Leben die Organismenwelt wählt, macht eine bis dahin nicht gekannte Intensität der Darstellung einer auf naturwissenschaftlichem Denken basierenden negativen Weltsicht aus. Erschreckender noch als das mechanistische Bild vom 'Rädchen im Getriebe' wirkt das vitalistische Bild eines ungeheuren, selbstorganisierenden, selbstreproduzierenden Organismus, eines "ewig verschlingenden, ewig wiederkäuenden Ungeheuers" (139). Es führt dem modernen Menschen auf eindringlichste Weise vor Augen, daß das Leben als ein sinnloses Zerkaut- und Verschlungenwerden aufgefaßt werden kann. Diese extrem pessimistische Deutungsmöglichkeit wird jedoch letztlich nicht zum dominierenden Element des Romans, obwohl sie Werther tief in Verzweiflung stürzt und ihn das Leben verweigern läßt.

---

20 Vgl. Horst Thomé: Roman und Naturwissenschaft. Eine Studie zur Vorgeschichte der deutschen Klassik, Frankfurt a. M., Bern, Las Vegas 1978, S. 403.

Am Anfang des zweiten Buches, im Brief vom 20. Oktober 1771, reflektiert Werther seine desolate Situation. Er führt sein Unglück auf seine natürliche Veranlagung, auf die innere Konstitution seiner selbst zurück:

> Was! Da, wo andre, mit ihrem Bißgen Kraft und Talent, vor mir in behaglicher Selbstgefälligkeit herum schwadronieren, verzweifl' ich an meiner Kraft, an meinen Gaben. Guter Gott! der du mir das alles schenktest, warum hieltest du nicht die Hälfte zurük und gabst mir Selbstvertrauen und Genügsamkeit (145).

Obwohl Werther - wie er weiß - gemessen an seinen Kräften zu den begünstigten Lebewesen gehört, kann er sich mit der Erfahrung, damit nichts anfangen zu können, nicht abfinden. Aus diesem Grund fühlt er sich durch seine Begabung eher zurückgesetzt, denn sie bewirke, daß er intensiver und bewußter leide als andere, ohne Aussicht auf eine Verbesserung seiner Situation.

> Ich möchte mir oft die Brust zerreissen und das Gehirn einstoßen, daß man einander so wenig seyn kann. Ach die Liebe und Freude und Wärme und Wonne, die ich nicht hinzu bringe, wird mir der andre nicht geben, und mit einem ganzen Herzen voll Seligkeit, werd ich den andern nicht beglükken der kalt und kraftlos vor mir steht (161).

Seine konkreten Erfahrungen sprechen dafür, daß ein Austausch von Kräften zwischen den Individuen nicht möglich ist und es für ihn folglich keine Hilfe geben kann.

Die Hoffnungslosigkeit Werthers spiegelt sich noch am Anfang des Abschiedsbriefs an Lotte, den Werther in mehreren Etappen schreibt. Am schlimmsten fühlt er sich dadurch betroffen, daß ihn das "kalte Bewußtsein" (92) der Bedeutungslosigkeit seiner Existenz jetzt sogar in der Nähe der Geliebten befällt und die Empfindungen zu verdrängen droht; selbst ihre Gegenwart sichert ihn nicht mehr davor, daß es ihn "in gräßlicher Kälte [...] anpackt" (104).

Doch nach der letzten Begegnung mit Lotte verändert sich in Werthers Brief wieder Grundlegendes. Plötzlich scheint Werther sich seiner selbst sicher zu sein, denn er schreibt: "Stehe ich nicht da in meiner ganzen Kraft". Werther glaubt, sich durch seine Geliebte selbst vergewissert zu haben. Das letzte Erlebnis mit ihr, bei dem wiederum ein gemeinsames Literaturerlebnis, die Lektüre Ossians, als Katalysator wirkt, wird von ihm als die ersehnte Erfahrung einer Kräfteübertragung gedeutet. Er schreibt:

> zum erstenmale, zum erstenmale ganz ohne Zweifel durch mein innig innerstes durchglühte mich das Wonnegefühl: Sie liebt mich! Sie liebt mich. Es brennt noch auf meinen Lippen das heilige Feuer das von den deinigen ströhmte, neue warme Wonne ist in meinem Herzen. Vergib mir, vergib mir (181).

Werther sieht in der empfangenen 'Herzenswärme' eine Bestätigung dafür, daß ein Tranzendieren von Kräften prinzipiell möglich ist. Daraus folgt für ihn, daß die Kraft seiner Liebe, womit er sich am meisten identifiziert, auch Bestand haben wird. "Alles das ist vergänglich, aber keine Ewigkeit soll das glühende Leben auslöschen, das ich gestern auf deinen Lippen genoß, das ich in mir fühle" (182). Wenn, wie er erfahren zu haben glaubt, zwischen zwei liebenden Individuen ein Austausch von Kräften möglich sei, werde die elementare Kraft seines Herzens weiterleben und er sich selbst an seinen Empfindungen wiedererkennen. Somit gewinnt er die Zuversicht, sich in Ewigkeit nicht zu verlieren.

In lebenspraktischer Hinsicht eröffnet sich für ihn allerdings keine Perspektive. Vielmehr wird durch Werthers Bitte "Vergib mir! vergib mir" angedeutet, daß er sich an Lotte versündigt hat. Werther hat sich an Lotte gestärkt, hat rücksichtslos und selbstsüchtig "Lebensbalsam und Kraft" in sein "Herz gesaugt" (182) und sie damit, anstatt sich selbst, zum Opfer gemacht. Weil Werther eine grenzenlose Gier nach Lebenskräften besitzt, würde ihm jedes Individuum, das sich ihm öffnete, zum Opfer fallen. Daher kann es für ihn im Leben keine Zukunft geben und er muß seinen Selbstmord als Selbstbefreiung auffassen, da es ihm allein dadurch möglich ist, sich mit allen Ursprungskräften zu vereinigen, ohne sich dabei, wie er jetzt glaubt, im Kern verlieren zu müssen. Damit verbunden, keimt in Werther wieder der Glaube an ein göttliches Prinzip auf. Bezeichnenderweise richtet er seinen Blick zum Schluß auf die leblos erscheinende, anorganische Welt der Gestirne, die nach der klassischen Physik das Paradigma für die Ewigkeit der gesetzmäßigen Naturordnung im Sinne einer planvollen, gottgeschaffenen Natur liefert.

> Ich trete an's Fenster, meine Beste, und seh und sehe noch durch die stürmenden vorüberfliehenden Wolken einzelne Sterne des ewigen Himmels! Nein, ihr werdet nicht fallen! Der Ewige trägt euch an seinem Herzen, und mich (185).

Werther bezieht seine Existenz auf den gleichen Ursprung, aus dem auch die Kraft, durch die die Himmelskörper bewegt und auf ihren Bahnen gehalten werden, stammt. Er glaubt, das Universum werde von einem 'liebenden Prinzip' getragen und auch er werde - in Analogie zum Makrokosmos - nicht in den Abgrund stürzen. Entscheidend für Werther ist, damit Gewißheit darüber gewonnen zu haben, daß ein Transzendieren von Kräften prinzipiell möglich ist. Daß er Lotte seine Zuversicht mitteilt, kann nicht darüber hinwegtäuschen, daß er ihr durch sein Verhalten schadet, weshalb sein metaphysischer Liebesbegriff äußerst fragwürdig bleibt.

Obwohl sich damit für Werthers existentielle Problematik eine Lösung anbietet, wird die rationalistische Vorstellung von der restlos verzehrenden Kraft im Text nicht aufgehoben. Der Herausgeber rückt diese Sichtweise vielmehr am Schluß wieder in den Vordergrund. Er kommentiert das dargestellte Geschehen mit dem Hinweis, Werthers Veränderung sei auf eine innere Zerrüttung seines Organismus zurückzuführen. "Eine innerliche Hitze und Heftigkeit" habe "alle Kräfte seiner Natur durcheinandergearbeitet"(93) und dazu geführt, daß sich "sein ganzes Vermögen verzehrte", sich "seine Kräfte [...] ohne Zweck und Aussicht" (98) verbrauchten. Ohne in moralischer Hinsicht zu werten, interpretiert der Herausgeber Werthers letzte Briefe als Ausdruck des sinnlosen Abarbeitens seiner Lebenskräfte. Vor allem aber durch die realistische Beschreibung seines Sterbens wird dem Leser die erschreckende Trostlosigkeit von Werthers Schicksal noch einmal eindringlich vor Augen geführt.

> Als der Medikus zu dem Unglüklichen kam, fand er ihn an der Erde ohne Rettung, der Puls schlug, die Glieder waren alle gelähmt, über dem rechten Auge hatte er sich durch den Kopf geschossen, das Gehirn war herausgetrieben. Man ließ ihm zum Ueberflusse eine Ader am Arme, das Blut lief, er holte noch immer Athem (186).

Werther, der nach dem Kopfschuß noch zwölf Stunden lang leidet und dessen Leben nur ganz allmählich verlöscht, wird hier selbst zum Schreckbild, das nicht zuletzt durch das Strömen des Blutes und des Atems an das grauenhafte Naturbild im Brief vom 18. August erinnert. Daß zum Schluß gerade das Atmen und die Blutbewegung in den Mittelpunkt gerückt werden, weist einmal mehr darauf hin, daß ihm die Eigenschaften des Lebendigen verlorengehen und hier ein Lebewesen aufhört zu sein. Damit scheinen Werthers schlimmste Angstvorstellungen ihre Bestätigung zu finden.

Werther beendet sein Leben bewußt im Gefühl seiner Stärke. Damit zeigt der Roman eine gegenläufige Tendenz zum Prometheus-Fragment, worin das Selbstbewußtsein der Hauptfigur anfangs am stärksten erscheint. Beide Figuren begründen ihre Individualität auf naturgegebene Kräfte, auf die sie ihre besonderen geistigen bzw. emotionalen Eigenschaften und Fähigkeiten zurückführen; beide sehen darin die Ursache für ihre Unabhängigkeit. Prometheus strotzt so sehr vor Selbstbewußtsein, daß er sich nicht vorstellen kann, seine Kräfte könnten schwinden. Ironischerweise denkt jedoch gerade Prometheus nicht weit genug voraus, wohingegen Werther, der von Anfang an an sich zweifelt, den drohenden Absturz antizipieren kann. Während für jenen der psychische Sturz unaufhaltsam vorprogrammiert ist, gelingt diesem das 'Kunststück', sich im letzten Moment gewissermaßen im freien Fall abzufangen. Er glaubt für sich die Lösung gefunden zu haben, indem er sich von der Transzendierbarkeit individueller Kräfte überzeugt. Was Werther für sich selbst akzeptiert, weil es sich auf seine persönliche Erfahrung gründet, bleibt jedoch als Erkenntnis zweifelhaft. Anhand seines Falles läßt sich allenfalls postulieren, daß jeder diese Erfahrung in seinem Innersten für sich selbst bestätigen muß. Es wird aber ein Bewußtsein dafür geschaffen, daß die Gefahr des psychischen Absturzes für jedes aufgeklärte Individuum groß ist und man desto leichter abstürzt, je mehr man sich um die Abgründe, die einen umgeben, bekümmert.

In den beiden hier behandelten Jugendwerken Goethes zeichnet sich bereits der drohende Verlust jeglicher Metaphysik aufgrund der Einsicht, daß der Mensch in die Reihe der Tiere gehört und von einem analogen Lebensschicksal betroffen ist, ab. Allein die Darstellung des psychischen Schockmoments Werthers, des Grauens angesichts der Teilhabe des Menschen an einem Weltenlauf, der allein durch die Herrschaft der ewigen kausalen Naturgesetze bestimmt wird, läßt auf eine Verarbeitung der naturwissenschaftlichen Denkweise, die generell, auch historisch betrachtet, einen "Modernisierungsschock"[21] bedingt, schließen. Es handelt sich dabei jedoch nicht in erster Linie - wie nach dem heutigen Verständnis der Naturwissenschaften wahrscheinlich unbewußt unterstellt wird - um eine Auseinandersetzung mit einer atomistisch-mechanistischen Sichtweise, sondern vielmehr mit dem gegen Ende des 18. Jahrhunderts aktuellen vitalistischen Denkmodell. Diese Vorstellungen werden von der Literatur als Alternative zum Maschinenmodell des Lebewesens aufge-

---

21 Ruth und Dieter Groh: Weltbild und Naturaneignung, a.a.O., S. 58.

griffen, weil man den Menschen auf dieser theoretischen Grundlage auf akzeptable Weise als Naturwesen deuten und darstellen will.

Im allgemeinen wird bis zum heutigen Tag nicht beachtet, wie viel gerade der Vitalismus zur Herausbildung des Selbstverständnisses des modernen Menschen beigetragen hat. Er liegt dessen gesteigertem Selbstvertrauen zugrunde, trägt aber zugleich auch zu einer für das aufgeklärte Individuum extrem belastenden Sinn- und Identitätskrise bei. Werther ringt mit äußerster Kraftanstrengung um Autonomie. Einerseits fühlt er sich durch seinen Autonomieanspruch gelähmt, weil er begreift, daß sich seine Kräftebasis schicksalsgemäß verzehrt; andererseits kann aber gerade seine Verhaltenheit, die auf eine Verweigerungshaltung schließen läßt, als Ausdruck seiner inneren Freiheit, nicht in gewisser Weise agieren zu müssen, gedeutet werden.

Während Goethes Jugendwerke der Verunsicherung des modernen Menschen auf erschütternde Weise Ausdruck verleihen, 'offenbaren' die klassischen Werke ein völlig verändertes Bild. Der Betrachter ist nicht mehr aus der Ruhe zu bringen; in allem scheint sich eine sinnvolle Ordnung zu bestätigen. Das Vertrauen in die äussere sowie in die eigene innere Natur kann dadurch nur gefestigt werden. Anhand von zwei Lehrgedichten, die Ende der neunziger Jahre, nachdem Goethe zum erfolgreichen Naturforscher avanciert ist, entstehen, soll die darin angebotene Sichtweise kritisch beleuchtet werden.

3.2. "Im heiligen Kreise lebendiger Bildung beschlossen". Zwei naturwissenschaftliche Lehrgedichte Goethes

Die beiden Lehrgedichte *Die Metamorphose der Pflanzen* und *Metamorphose der Tiere* vermitteln die programmatische Absicht Goethes, Grundansichten seiner morphologischen Studien literarisch zu verarbeiten. Drückt sich die Übernahme der naturwissenschaftlichen Denkweise in den Werken des jungen Goethe durch einen ins Negative tendierenden Naturbegriff aus, so läßt sich anhand seiner klassischen Dichtungen generell die Bedeutung seiner eigenen, inzwischen etablierten Naturforschung für die Wiederherstellung des Vertrauens in die Natur ermessen. Indem Goethe den Menschen als Teil der Natur aus dem

Blickwinkel seiner Morphologie betrachtet, erscheint seine Position nicht mehr problematisch, sondern vielmehr geklärt, wie anhand der hier behandelten Gedichte exemplarisch gezeigt werden soll. Sie enthalten Goethes morphologische Lehren, die modellhaft auf die menschlichen Verhältnisse übertragen werden.

Angeregt durch die zeitgenössischen Lehrgedichte *Hymnus an Flora* von Carl Emil von der Lühe[22] und *The Botanic Garden* von Erasmus Darwin[23], und vor allem durch Knebels Übersetzung der Werke des Lukrez, von dem auch das bedeutendste uns erhaltene Lehrepos des Altertums, *De rerum natura*, stammt, plant Goethe, eine moderne Lehrdichtung zu schaffen, die die gesamte Naturlehre seiner Zeit umfassen soll.[24] In einem Briefwechsel mit Schiller über dieses Vorhaben teilen beide die Ansicht, daß es für die Gattung des Lehrgedichts in neuerer Zeit keine qualitativ überzeugenden Beispiele gegeben habe. Schiller befürwortet ausdrücklich Goethes Absicht, indem er darauf hinweist, daß durch Schaffung einer neuen literarischen Form "die Natur in ihrer reichen Mannigfaltigkeit, Bewegung und Zusammenwirkung der Phantasie nahe zu bringen"[25] sei. Daß Goethe seiner Lehrdichtung eine aufklärerische Funktion beimißt, legt eine briefliche Äußerung nahe, die er, auf seine Lektüre der *Anthropologie* Kants Bezug nehmend, an Schiller richtet: "Übrigens ist mir alles verhaßt was mich bloß belehrt, ohne meine Tätigkeit zu vermehren oder unmittelbar zu beleben"[26]. Die Eindeutigkeit dieser Aussage läßt darauf schließen, daß es Goethe auch in seinen eigenen Lehrgedichten darum geht, den Rezipienten zu selbständigen Betrachtungen anzuregen. Diese Vermutung bestätigt auch der später verfaßte Aufsatz *Über das Lehrgedicht*, worin es heißt:

---

22 J. W. Goethe: Briefe vom 9.3.1792, 26.3.1792, 15.9.1794, Sitzung des Weimarschen Gelehrtenvereins am 2.3.1792, LP II, 9,2. Das Gedicht erscheint erst 1797 im Druck.

23 J. W. Goethe: Tagebucheintrag vom 26. 1. 1798, WA., III. Abt., Bd. 2, S. 197. Über das damals bekannte Gedicht des Großvaters von Charles Darwin, das bereits den Abstammungsgedanken enthält, äußert sich Goethe außerdem in einem Briefwechsel mit Schiller. Goethe an Schiller, Brief vom 26.1.1798, LP II, Bd. 9,2, S. 130 f.

24 J. W. Goethe: Tagebucheintrag vom 18.1.1799, Goethe an Knebel, Brief vom 22.1.1799 und Knebel an Goethe, Briefe vom 16.2.1799 und 9.4.1799, LP II, Bd. 9,2, S. 157-160.

25 Friedrich Schiller an J. W. Goethe, Brief vom 30.1.1798, LP II, Bd. 9,2, S. 131 f. Siehe auch: Friedrich Schiller an J. W. Goethe, Briefe vom 5.3.1799 und 16.8.1799, LP II, Bd. 9,2, S. 159 und 161 f.

26 J. W. Goethe an Friedrich Schiller, Brief vom 19.12.1798, MA, Bd. 8,1, 661.

> Alle Poesie soll belehrend sein, aber unmerklich; sie soll den Menschen aufmerksam machen, wovon sich zu belehren werth wäre; er muß die Lehre selbst daraus ziehen wie aus dem Leben.[27]

Wenn Goethe auch nicht von dieser mit den Lehrgedichten verbundenen Zielsetzung abrückt, so bleibt sein ursprünglicher Plan doch unausgeführt: das große Lehrepos bleibt Fragment.[28] Denn während *Die Metamorphose der Pflanzen* ein in sich abgeschlossenes Gedicht, eine Elegie, darstellt, ist *Metamorphose der Tiere* als Bestandteil eines nie vollendeten Lehrgedichts aufzufassen.[29] Noch 1817 verteidigt Goethe in seinen Heften *Zur Morphologie*, in welches das botanische Lehrgedicht in den Aufsatz *Schicksal der Druckschrift* eingefügt ist, seine Absicht, Naturforschung und Dichtung synthetisch zu verbinden.

> Nirgends wollte man zugeben, daß Wissenschaft und Poesie vereinbar seien. Man vergaß daß Wissenschaft sich aus Poesie entwickelt habe, man bedachte nicht daß, nach einem Umschwung von Zeiten, beide sich wieder freundlich, zu beiderseitigem Vorteil, auf höherer Stelle, gar wohl wieder begegnen könnten.[30]

Goethe hält an der Auffassung fest, daß sich Naturerkenntnis auf alle Bereiche des Menschenlebens ausweiten lasse. Da im Grunde überall die gleiche, allumfassende Naturordnung herrsche, sei es prinzipiell möglich, die ursprüngliche Einheit von Wissenschaft und Poesie im Geiste wiederherzustellen. Daß ihm die Konkretisierung dieser 'Mischform' nicht leicht fällt, bestätigt auch der Aufsatz *Über das Lehrgedicht*, worin Goethe bekennt, "wie schwer es sei, ein Werk aus Wissen und Einbildungskraft zusammenzuweben: zwei einander entgegengesetzte Elemente in einem lebendigen Körper zu verbinden"[31]. Beide Lehrgedichte bringen die Grundüberzeugung zum Ausdruck, daß in allen Bereichen des menschlichen Daseins, im Äußeren wie im Inneren, identische Naturgesetze herrschen. Sogar die Dichtung habe sich letztlich an den Naturgesetzen zu orientieren, was sich hier nicht zuletzt auch formal niederschlägt: Beide Ge-

---

27 J. W. Goethe: Über das Lehrgedicht, WA, Bd. 41,2, S. 225.

28 Erich Trunz: Anmerkungen zu Goethes Elegien und Lehrgedichten, HA, Bd. 1, S. 601.

29 Karl Eibl: Kommentar zu "Metamorphose der Tiere", FA, I. Abt., Bd. 2, S. 1090.

30 J. W. Goethe: Schicksal der Druckschrift, FA, I. Abt., Bd. 24, S. 420.

31 J. W. Goethe: Über das Lehrgedicht, WA, Bd. 41,2, S. 227.

dichte sind durch einen streng methodischen Aufbau charakterisiert, welcher genau der 'genetischen Methode' Goethes entspricht.

3.2.1. Bestätigte Liebe. *Die Metamorphose der Pflanzen*

Das Gedicht *Die Metamorphose der Pflanzen* beginnt mit einer Anrede an die geliebte Frau, der die morphologische Betrachtungsweise nahe gebracht werden soll[32]:

> Dich verwirret Geliebte die tausendfältige Mischung / Dieses Blumengewühls über dem Garten umher, / Viele Namen hörest du an und immer verdränget, / Mit barbarischem Klang, einer den andern im Ohr.[33]

Der fiktive Lehrer und Liebhaber macht die Angesprochene darauf aufmerksam, daß dem empirischen Beobachter die Natur leicht als verwirrende Vielfalt erscheine. Er verspricht, ihr die enorme Mannigfaltigkeit der Erscheinungen durch die Vermittlung eines Naturgesetzes durchschaubar zu machen:

> Alle Gestalten sind ähnlich und keine gleichet der andern / Und so deutet das Chor auf ein geheimes Gesetz, / Auf ein heiliges Rätsel. O! könnt ich dir, liebliche Freundin, / Überliefern sogleich glücklich das lösende Wort. / Werdend betrachte sie nun, wie, nach und nach sich die Pflanze, / Stufenweise geführt, bilde zu Blüten und Frucht (639).

Mit dieser Passage wird das anschließende Vorgehen begründet: Da sich das den Naturerscheinungen zugrundeliegende Gesetz nicht auf einmal, in einem Moment erfassen, sondern nur stufenweise auffinden und darstellen lasse,

---

32 Goethe weist auf eine solche Intention des Gedichtes in "Schicksal der Druckschrift" hin: "Freundinnen, welche mich schon früher den einsamen Gebirgen, der Betrachtung starrer Felsen gern entzogen hätten, waren auch mit meiner abstrakten Gärtnerei keineswegs zufrieden. Pflanzen und Blumen sollten sich, durch Gestalt, Farbe, Geruch auszeichnen, nun verschwanden sie aber zu einem gespensterhaften Schemen. Da versuchte ich diese wohlwollenden Gemüter zur Teilnahme durch eine Elegie zu locken", FA, I. Abt., Bd. 24, S. 420.

33 J. W. Goethe: Die Metamorphose der Pflanzen, FA, I. Abt., Bd. 1, S. 639.

müsse die Einsicht 'genetisch' entwickelt werden.[34] Im Mittelteil zeigt das Gedicht die einzelnen Stadien des individuellen Pflanzenwachstums von der Keimung bis zum Fruchten auf. Unter dem Einfluß einer im Samen enthaltenen "Kraft"(639) und der Feuchte des Bodens sowie der "Reize des Lichts"(639) entwickelten sich aus den einfachsten Formen auf epigenetische Weise immer komplexere Blattgebilde, bis in der Blüte die vollkommenste Gestalt erreicht werde.[35] Bestimmendes Moment dieses Prozesses ist ein "Trieb", der der Pflanze zugesprochen wird, ein 'inneres Streben', sich zu vervollkommnen. Damit sich das vegetative Gebilde zur Blüte verfeinern könne, müsse "die Fülle des Triebs" durch die Natur in engere Bahnen gelenkt und somit eingeschränkt werden. Nach der hier zum Ausdruck gebrachten Vorstellung werden die Kräfte, die sich im keimenden Samen zu entfalten beginnen, in einer zweiten Phase der Entwicklung wieder zusammengeführt und sozusagen auf die Fortpflanzungsorgane gelenkt, wo sie sich in den neuen Keimanlagen sammeln. Die fertige Blüte deute schon auf das künftige Schaffen der Natur hin, da in ihr bereits in "schwellenden Früchten" der Drang zu neuem Leben enthalten sei. Der als Vervollkommnung beschriebene Entwicklungsweg der Pflanze wird als Zyklus begriffen, als Teil einer zeitlichen Aneinanderreihung von Zyklen, einer wachsenden Kette aus jeweils verschiedenen, jedoch einander ähnelnden, individuellen Bildungsprozessen, in denen die typischen Entwicklungsstadien in variierter Form rhythmisch wiederkehrten.

> Und hier schließt die Natur den Ring der ewigen Kräfte, / Doch ein neuer sogleich fasset den vorigen an; / Daß die Kette sich fort durch alle Zeiten verlängere / Und das Ganze belebt so wie das Einzelne sei (640).

So wird zum Schluß des mittleren Teils wieder auf die Kräfte zurückgelenkt, wodurch die Entwicklung letztlich als eine geordnete begründet wird. Diese Kräfte erscheinen als das Wesentliche der Natur; sie blieben als Entwicklungspotenz immer erhalten und seien auf eine Fortsetzung und Höherentwicklung des Lebens ausgerichtet. Demnach besitzt die Natur selbst ein 'telos'. Im drit-

---

34 Siehe J. W. Goethe: "Bedenken und Ergebung", worin die Inkongruenz von Idee und Erfahrung auf die Simultanität der Idee und die Sukzessivität des Denkens zurückgeführt wird, FA, I. Abt., Bd. 24, S. 449 f.

35 Die Idee der Metamorphose der Pflanzen, wonach alle Teile der Pflanze Abwandlungen einer idealtypischen Blattgestalt sind ("Alles ist Blatt"), gewinnt Goethe 1786 während seiner Italienreise. Siehe Otto Krätz: Goethe und die Naturwissenschaften, a.a.O., S. 94 ff.

ten und letzten Teil des Gedichtes soll dann die Metamorphoselehre fruchtbar gemacht werden, indem sie auf andere Gebiete, vor allem auf das individuelle menschliche Leben, übertragen wird. Zunächst wird die Geliebte aufgefordert, das bisher Erkannte an konkreten Beispielen zu überprüfen. Anschließend wird ihr mitgeteilt, die genetische Entwicklung des pflanzlichen Individuums sei paradigmatisch für natürliche Bildungsprozesse überhaupt.

> Nun Geliebte wende den Blick zum bunten Gewimmel, / Das verwirrend nicht mehr sich vor dem Geiste bewegt. / Jede Pflanze winket dir nun die ewgen Gesetze, / Jede Blume sie spricht lauter und lauter mit dir. / Aber entzifferst du hier der Göttin heilige Lettern, / Überall siehst du sie dann, auch in veränder-tem Zug (641).

Auf allen Stufen des Lebens ließen sich auf diese Weise Analogien aufdecken, von der Raupe zum Schmetterling etwa, aber auch beim Menschen. Dessen Bestimmung sei es, seine Metamorphose selbstverantwortlich zu gestalten: "Bildsam ändre der Mensch selbst die bestimmte Gestalt" (641).

Der Mensch - als höchste Stufe der Lebewesen - könne und solle sowohl auf die eigene Entwicklung als auch auf sein soziales Umfeld aufs bestimmteste einwirken, selbst die Kraft in Bahnen lenken und nach dem Vorbild der Natur als Bildner wirken. Als Künstler wird der Mensch der Natur analog gesetzt. Auch er vermöge Gestalten zu verändern, ja zu vervollkommnen. Damit wird nahegelegt, der Mensch habe die in der Natur zu beobachtende Vervollkommnungstendenz aufzugreifen und fortzusetzen. Denn nicht nur nach außen hin, sondern auch im Inneren strebe der Mensch nach einer höheren, feineren Lebensart. Dementsprechend wird am Schluß eine Analogie zwischen der naturhaften Außen- und der menschlichen Innenwelt, zwischen den Stufen des pflanzlichen Werdens und dem 'Wachsen' menschlicher Gefühle, hergestellt: Keim und Bekanntschaft, Sproß und Gewohnheit, Blüte und Freundschaft sowie Frucht und Liebe werden parallelisiert, so daß insgesamt die Metamorphose der Pflanzen zum Gleichnis der Entwicklung einer Liebesbeziehung wird.

> Denke wie mannigfach bald diese bald jene Gestalten, / Still entfaltend, Natur unsern Gefühlen geliehn, / Freue dich auch des heutigen Tags! die heilige Liebe / Strebt zu der höchsten Frucht gleicher Gesinnungen auf, / Gleicher Ansicht der Dinge, damit in harmonischem Anschaun / Sich verbinde das Paar finde die höhere Welt (641).

Dieser Schluß impliziert, daß die in der Natur enthaltenen, immerwährend und unaufhaltsam aufstrebenden Kräfte von sich aus zu einer qualitativen Stufung, die durch die aufsteigende Reihe der Lebewesen bis zum Menschen repräsentiert wird, führen. Darüber hinaus sollen diese Kräfte im Inneren, in der menschlichen Seele, durch deren feinste Regungen gewissermaßen sublimiert werden und dadurch in eine erweiterte Dimension gelangen. Gemäß seiner natürlichen Bestimmung könne sich der Mensch im Inneren über die bestehenden Grenzen der äußeren Natur hinausbewegen und in dem dadurch gewonnenen Raum ausweiten. Doch er verwirkliche, wenn er diesem inneren Streben nachgebe, sogar in der innigsten Liebesbeziehung das "geheime Gesetz" (639) der Natur und vollende sie damit und zugleich sich selbst. So wird der angesprochenen Geliebten mitgeteilt, daß das Geheimnis der Natur mit dem Geheimnis der Liebe identisch sei, was durch die in Aussicht gestellte 'Erhöhung' geradezu zur Verheißung wird. Am Schluß soll sich ihr eine neue Dimension des Lebens eröffnen, die durch die "heilige Liebe" (641) erreicht werden könne. Wie schon im *Werther* wird auch hier die Kraft der Liebe als besonders wertvolle Naturkraft aufgefaßt. Sie ermögliche es dem Individuum, seine Kräfte in gewisser Weise zu 'transzendieren'. Aus dieser Perspektive wird verständlich, weshalb die Natur in diesem Gedicht durch Ausdrücke wie "mit mächtigen Händen", "die göttliche Hand" und "der Göttin heilige Lettern" gleichsam als göttliches Wesen dargestellt wird. Verfolgt man die Verwendung der Motive, so fällt insgesamt eine Tendenz zur 'Ent-Naturalisierung' auf, die fast wie eine 'Reinigung' des 'bloß' Natürlichen erscheint. Neben botanischen Fachbegriffen, wie den Bezeichnungen der Pflanzenteile und Begriffen wie "Organ", "Geschlecht" und "Saft" fallen Metaphern aus dem menschlichen und sakralen Bereich auf. Beispielsweise wird der Begriff Fruchtknoten durch das Symbol "geweihter Altar" ersetzt oder die Bedeutung der Frucht wird durch den Ausdruck "Mutterschoß" veranschaulicht. Auf diese Weise offenbart sich auch, daß für Goethe rationale Naturerkenntnis und emotionale Naturverehrung zusammengehören.

Zudem läßt sich eine poetologische Deutungsschicht erschließen, wenn man - der Motivation des Gedichts interpretatorisch entsprechend - das "Paar" mit den Begriffen 'Naturforschung' und 'Dichtung' analogisiert. So kann auf das Programm einer Synthese dieser beiden Bereiche, der das Gedicht selbst exemplarisch entsprechen soll, geschlossen werden.[36] Man könnte sagen, daß Goethe von einer Anziehung zwischen Naturforschung und Literatur ausgeht, ein gemeinsames Interesse bekundet und von der Möglichkeit einer fruchtbaren Verbindung überzeugt ist. Als gemeinsame Aufgabe betrachtet er das Auffinden analoger Beziehungen in allen Bereichen des Daseins, d.h. sowohl anhand der Phänomene der äußeren Natur als auch anhand ihrer Entsprechungen im Inneren des Menschen. Ihr gemeinsames Ziel sei es, den Menschen von der unendlichen Harmonie der natürlichen Verhältnisse zu überzeugen und in der Auffassung zu bestärken, daß er berufen sei, selbst vollkommene Werke zu produzieren.

Wesentlich in Hinblick auf die intendierte "Synthese von Literatur und Naturwissenschaft"[37] erscheinen die Bedeutungen der Begriffe 'Idee' und 'Symbol', insbesondere in Verbindung mit der klassischen Literaturauffassung Goethes. Dieser ist davon überzeugt, daß "alle natürlichen Dinge in einem genauen Zusammenhange stehen"[38] und sich 'Ideen', die an Beispielen aus dem Pflanzenreich gewonnen wurden, auf die Tier- und Menschenwelt übertragen lassen. Aus naturwissenschaftlicher Sicht versteht er darunter zum einen eine methodisch erforschbare, abstrakte Gedankeneinheit; zum anderen sind Naturerscheinungen für ihn selbst Darstellungen, bzw. Manifestationen einer 'Idee', welche vom menschlichen Geist nachträglich erkannt werden könne. Sie ist an konkrete Formen gebunden und besitzt, im Gegensatz zu den Ideen der traditionellen Metaphysik, keine von der Natur unabhängige transzendentale Realität. Der Begriff 'Idee' bezeichnet für Goethe eine in der Natur, in einer Vielzahl von Erscheinungen enthaltene, erfahrbare und in der Regel prozeßhafte, gesetzmäßige Einheit. Sie könne bei der Suche nach Analogien entdeckt bzw. wiedererkannt werden. Als Dichter glaubt Goethe an die poetische Möglichkeit, die menschlichen Verhältnisse und sogar die menschliche Psyche durch Sinnbilder adäquat darzustellen, was die Überzeugung von einer faktisch gegebenen Ordnung voraussetzt. Er begründet seine Anschauung dementsprechend damit, daß von einer tatsächlichen Analogie von Außen- und Innenleben auszugehen sei. Denn die Psyche eines Menschen stelle kein

36 Karl Richter: Wissenschaft und Poesie >auf höherer Stelle< vereint. Goethes Elegie "Die Metamorphose der Pflanzen", in: Gedichte und Interpretationen, Bd. 3, hg. von Wulf Segebrecht, Stuttgart 1984, S. 156-168.

37 Vgl. Ebd., S. 163.

38 J. W. Goethe: <Granit II>, FA, I. Abt., Bd. 25, S. 314.

unübersehbares Chaos von Gefühlen, Motivationen, Wahrnehmungen, Gedanken und Erinnerungen dar, sondern konstituiere sich, entsprechend der auf den ersten Blick verwirrend erscheinenden Außenwelt, als festgegründete Ordnung. Demnach könne das Subjekt Zustände bzw. Vorgänge seines Innenlebens in der lebendigen Natur wiedererkennen und dadurch sein subjektives Erleben objektivieren. Um der realen Gefühlswelt Ausdruck verleihen zu können, sei der Dichter auf das "lebendige Gleichnis"[39] der Außenwelt angewiesen. Goethe hält eine methodische, sprich rationale Betrachtung der Natur für unerläßlich, um als Dichter überhaupt Symbole finden zu können. Bei Karl Richter findet sich eine treffende Aussage in Hinblick auf Goethes Symbolbegriff, die in Anbetracht des beschriebenen theoretischen Fundaments von dessen Dichtung Aussagewert gewinnt:

> Die Art, wie die Pflanzenmetamorphose thematisch wird, wird in einer versteckten Weise auch zu einer Thematisierung der Symbolsprache. Gerade vor dem Hintergrund des Bezugsverhältnisses von Literatur und Naturwissenschaft ist das kein Zufall. Denn das Symbol wird von Goethe mit zunehmender Bewußtheit als Ort jener Synthese begriffen, an dem sich poetische Auffassungsweise und das Studium der Natur die Hand reichen, jene höhere Einheit von Wissenschaft und Poesie sich einstellen kann.[40]

Das Symbol besitzt für Goethe eine so große Bedeutung, da es dem Rezipienten ermögliche, weitere Ähnlichkeitsbeziehungen zwischen den verschiedenen Lebensbereichen zu konstituieren und damit die vorausgesetzte Ordnung selbsttätig zu bestätigen. Auf diese Weise gelinge es dem Individuum nicht nur, sich als Teil der dynamischen Ordnung des Lebens zu erfahren, sondern darüber hinaus auch an der Erweiterung dieses Rahmens mitzuwirken. Die angeführte "höhere Einheit" von Wissenschaft und Poesie besteht wohl darin, daß diese sich verbinden lassen, um - qua Analogisierung - eine Weltordnung im Sinne eines Orientierungssystems zu etablieren. Der Wert des Symbols ergibt sich somit aus seiner Funktion, dazu anzuregen, 'Brücken' zwischen den verschiedenen Bereichen der Wirklichkeit zu schlagen und so einen kohärenten, erweiterungsfähigen Weltentwurf überhaupt erst zu konstituieren.

---

39 J. W. Goethe: Schicksal der Druckschrift, FA, I. Abt., Bd. 24, S. 423.

40 Karl Richter: Wissenschaft und Poesie..., a.a.O., S. 165. Richter leitet in seinem Buch "Literatur und Naturwissenschaft" die Entwicklung dieses Symbolbegriffs historisch am Beispiel der Lyrik her.

Nach Goethes programmatischer Ansicht können naturwissenschaftliche Erkenntnisse für die menschliche Psyche fruchtbar gemacht werden, da die äußere Natur mit ihren gesetzmäßigen Bildungen die Bestimmungen des menschlichen Lebens symbolisiere. Symbole, wie das der Metamorphose der Pflanzen, welche hier mit der Genese einer menschlichen Liebesbeziehung gleichgesetzt wird, sollen die Welt als einen einheitlich nach 'Ideen' organisierten, umfassenden Ordnungszusammenhang bestätigen und dem Menschen zugleich Lebensperspektiven eröffnen. Das Gedicht *Die Metamorphose der Pflanzen* veranschaulicht, daß der äußeren Natur in ihrer Vervollkommnungstendenz eine Welt im Inneren des Menschen entspricht, in der sich die 'Höherentwicklung' der Natur fortsetze. Für den einzelnen Menschen bedeute dies zugleich eine weitreichende Perspektive, nämlich die Möglichkeit, sich im Innersten zu vervollkommnen.

3.2.2. Zweck des Daseins. *Metamorphose der Tiere*

Das Hexametergedicht *Metamorphose der Tiere*, das wahrscheinlich in den Jahren 1798/99 entstanden ist, aber erst 1820 in den Heften *Zur Morphologie* abgedruckt wurde, bestätigt die Programmatik des botanischen Lehrgedichts. Es ähnelt diesem (abgesehen von einigen Unterschieden, wie der zoologischen Lehre, dem epischen Versmaß, der offenen Form und dem Wegfall persönlicher Inhalte) in wichtigen Merkmalen, die hier noch ausgeprägter erscheinen: eine streng methodische Vorgehensweise, verbunden mit einer Dreiteilung des Gedichtes; die Veranschaulichung abstrakter naturwissenschaftlicher Theorien; eine Metaphorik, die auf die emotionale Anteilnahme des Naturbeobachters schließen läßt und - vor allem - die modellhafte Anwendung eines Naturgesetzes auf das menschliche Leben. Auch in dem Gedicht *Metamorphose der Tiere* soll eine Lebensperspektive eröffnet werden, die jedoch nicht nur die Erhöhung der menschlichen Seele, sondern darüber hinaus die Vervollkommnung der menschlichen Gesellschaft verspricht. Die durch die Beobachtung der tierischen Gestaltbildungsprozesse erkannte Organisationsweise der Natur fungiert als Modell für die Handlungsweise des Menschen. Natur erhält also insofern Vorbildcharakter, als dem Einzelnen die Einsicht vermittelt werden soll, wie er sich im praktischen Leben auf ethisch sinnvolle Weise zu verhalten habe.

Dialogpartner des fiktiven Lehrers ist hier ein ungenannter Wegbegleiter, der aufgefordert wird, das "weite Feld der Natur"[41] von einem "Gipfel" (498) aus zu betrachten.[42] Dieser Blickpunkt versinnbildlicht das Erkenntnisniveau des Gedichtes. Durch die Bezeichnung der Natur als "Göttin" bzw. ihre Charakterisierung als Mutter erscheint diese auch hier als ein Orientierungsrahmen, in dem sich der emotional angesprochene Mensch aufgehoben fühlen kann. Als Spenderin der "Lebensgaben" (498) müsse sie sich nicht um ihre Kinder sorgen, denn aus ihrer Sicht sei für alle Lebewesen gesetzmäßig gesorgt. Durch die Ankündigung eines "höchsten Gesetzes" (498), das jedes Leben auf zweifache Weise, nämlich dialektisch, bestimme, wird der Anspruch erhoben, die Organisationsweise der Natur gewissermaßen aus der Vogelperspektive bewußt machen zu können. Zum einen seien die Bedürfnisse, die das Lebewesen verspüre, der jeweiligen Art gemäß beschränkt, zum anderen finde jedes Lebewesen in der Welt, in die es hineingeboren werde, mehr als ausreichend Mittel, seine Bedürfnisse zu befriedigen. Der Gedanke, daß jede Art von Natur aus eine Begabung und dadurch eine "Bestimmung" (498) besitzt, nimmt implizit den Schluß des Gedichtes vorweg, indem die Stellung des Menschen thematisiert wird und dieser also in den dynamischen Prozeß der Natur einbezogen wird. Der mittlere Teil enthält die wesentlichen Aspekte, von denen aus sich der tierische Organismus bestimmen läßt; Thema ist hier die tierische Gestaltlehre Goethes, die in konzentrierter Form anhand von Beispielen vermittelt wird.[43] Es wird behauptet, jedem tierischen Organismus müsse unter teleologischem Gesichtspunkt Selbstzweckcharakter zugesprochen werden. Das bedeutet, es wird die Ansicht vertreten, kein Tier sei dazu bestimmt, einem äußeren Zweck, beispielsweise der Bedürfnisbefriedigung eines anderen Tieres, zu dienen.

> Zweck sein selbst ist jegliches Tier, vollkommen entspringt es / Aus dem Schoß der Natur und zeugt vollkommene Kinder. / Alle Glieder bilden sich aus

---

41 J. W. Goethe: Metamorphose der Tiere, FA, I. Abt., Bd. 2, S. 498.

42 Dieses Motiv erinnert an Goethes Aufsatz über Granit von 1885, worin das Erzählersubjekt durch dieselbe äußere Situation "zu höheren Betrachtungen der Natur hinauf gestimmt" wird. J. W. Goethe: <Granit II>, FA, I. Abt., Bd. 25, S. 314.

43 Die inhaltlichen Aussagen stimmen im wesentlichen mit dem überein, was Goethe in den Aufsätzen "Versuch über die Gestalt der Tiere" und "Erster Entwurf einer allgemeinen Einleitung in die vergleichende Anatomie" behandelt.

nach ew'gen Gesetzen / Und die seltenste Form bewahrt im Geheimen das Urbild (499).

Dem Lebewesen als solchem wird damit 'innere Zweckmäßigkeit' zugesprochen: Alle Lebewesen seien im Hinblick auf ihre jeweilige Organisation vollkommen. Ihre analoge Entstehungsweise deute auf eine im wesentlichen identische Urform hin, die für die 'innere Einheit' der Natur stehe. Durch die Doppeldeutigkeit des Begriffs "Glieder" wird außerdem der Entsprechungsgedanke im Hinblick auf das Einzelne und das Ganze, auf Mikro- und Makrokosmos, zum Ausdruck gebracht. Gemeint ist offenbar zum einen die Ausbildung der Organe des einzelnen Organismus und zum anderen die Reproduktion der Lebewesen als Bestandteile einer genealogischen Kette. Die jeweilige Lebensweise sei von der Natur auf's Beste ausgerichtet, weil ihre Bedürfnis- und Organisationsstrukturen optimal an die jeweiligen Lebensbedingungen angepaßt seien. So sei das Verhältnis jedes Tieres zu sich selbst wie das zu seiner Umgebung seiner natürlichen Bestimmung nach durch Harmonie bestimmt.

> So ist jedem der Kinder die volle reine Gesundheit / Von der Mutter bestimmt: denn alle lebendigen Glieder / Widersprechen sich nie und wirken alle zum Leben (499).

Im Rahmen dieser Naturbetrachtung bestehen sowohl im Inneren der Lebewesen als auch zwischen den einzelnen Organismen und ihrer Umwelt vielfältige Wechselwirkungen, deren normale Produkte positiv zu bewerten seien. Ausgehend von der anfangs geäußerten These, "jegliches Leben" werde "zwiefach bestimmt" (498), entwickelt der Betrachter in einem zentralen Abschnitt ein allgemeines Organisationsmodell der Natur.

> Also bestimmt die Gestalt die Lebensweise des Tieres, / Und die Weise zu leben sie wirkt auf alle Gestalten / Mächtig zurück. So zeiget sich fest die geordnete Bildung, / Welche zum Wechsel sich neigt durch äußerlich wirkende Wesen (499).

Grundaussage dieses Modells ist, daß die im Inneren fest begründete Gestalt der Tiere sich aufgrund von Wechselwirkungen nach außen hin sichtbar auf vielfältigste Weise verändere, im Prinzip aber ihre Ordnung beibehielte. Im wesentlichen entsprächen sich alle Bildungsprozesse, insofern als sie als Wirkungen derselben immanenten Kraft betrachtet werden, wobei diese ihre Wirksamkeit nur innerhalb a priori bestehender Gesetzesschranken entfalten könne.

Diese Beschränkung bezieht sich auf qualitative Unterschiede in der Natur, wird jedoch grundsätzlich positiv bewertet, indem die Behauptung zugrundeliegt, daß sie für die Bildung vollkommener Wesen prinzipiell notwendig sei.

> Doch im Innern befindet die Kraft der edlern Geschöpfe / Sich im heiligen Kreise lebendiger Bildung beschlossen. / Diese Grenzen erweitert kein Gott, es ehrt die Natur sie: / Denn nur also beschränkt war je das Vollkommene möglich.
>
> Doch im Inneren scheint ein Geist gewaltig zu ringen, / Wie er durchbräche den Kreis, Willkür zu schaffen den Formen / Wie dem Wollen; doch was er beginnt, beginnt er vergebens(499).

Dem "Kreis" der hier betrachteten vollkommenen Lebewesen wird insgesamt 'innere Einheit' zugesprochen, so daß die Natur als ein geistiges Gebilde erscheint, dessen Potenzen durch den prinzipiellen Zwang zum Maßhalten beschränkt seien. Jegliches geistige Streben, das darauf ausgerichtet sei, sich zu verselbständigen und sich auf willkürliche Weise zu äußern, sei von vornherein sinnlos. Eine absolute Freiheit des Geistes könne es nicht geben; er bliebe gewissermaßen auf bestimmte Strukturen im Äußeren und im Inneren der Lebewesen angewiesen. Aus diesem Grund sei es der Mutter Natur auch nicht möglich, alle ihre Gaben auf eine einzige Art zu konzentrieren; sie müsse sie sozusagen gerecht verteilen.[44] Diese 'Naturökonomie' wirke sich im Hinblick auf das Ganze aber positiv aus, da Schönheit der Gestalt und Reinheit der Bewegung nur durch das Prinzip der Ausgewogenheit ermöglicht werde. Demnach lassen sich anhand der aus der natürlichen Interaktion resultierenden Produkte 'Schönheit' und 'Reinheit' als ästhetische Begriffe ableiten.[45] Auch das 'Göttliche' wird hier folglich nicht mehr als ein übernatürliches, sondern als innerweltliches Prinzip gedacht, demzufolge alle Teile des Organismus zu einem ausgeglichenen Ganzen zusammenwirken.

Im Schlußteil wird das höchste Lebensgesetz durch vier Paare von Gegenbegriffen "Macht und Schranken", "Willkür und Gesetz", "Freiheit und Maß", "Vorzug und Mangel" und den Ausdruck "bewegliche Ordnung"(500) be-

---

44 Die in diesem Zusammenhang veranschaulichte Theorie einer Naturökonomie wurde von Darwin im 5. Kapitel seines Hauptwerks zitiert und bestätigt. Siehe Charles Darwin: Die Entstehung der Arten durch natürliche Zuchtwahl, übers. aus dem Engl. von Carl W. Neumann, 3. Aufl., Leipzig 1990, S. 159.

45 Vgl. Kap. 1: die Organismusauffassung Kants.

schrieben. Letztere bestehe aufgrund eines Antagonismus zwischen den gewaltigen, in alle Richtungen drängenden, sich alle möglichen Wege suchenden Naturkräften und den sie eindämmenden, in bestimmte Bahnen lenkenden, auf ein gewisses Maß beschränkenden Naturgesetzen. Auf diese Weise sei der Natur eine Richtung vorgegeben; auch wenn das Gesicht der Welt sich ständig verändere, eine Entwicklung sei prinzipiell nur im Rahmen einer a priori bestehenden Naturordnung denkbar. Sie anzuerkennen sei unumgänglich, aber auch erfreulich. Denn der Mensch könne die Natur als Vorbild studieren und dabei die eigene Bestimmung als höchste Erfüllung begreifen. Durch die Bezeichnung der Natur als "heilige Muse"(500) wird die gesetzmäßige Bildung der Tiere als Symbol für sinnvolle Produktivität des Menschen aufgefaßt. Die durch die Naturbeobachtung gewonnenen Begriffe ließen sich praktisch auf die Gesellschaftsordnung und die Herrschaftsform anwenden, weil sich darin die gleichen Gesetze offenbarten.

> Keinen höhern Begriff erringt der sittliche Denker, / Keinen der tätige Mann, der dichtende Künstler; der Herrscher, / Der verdient es zu sein, erfreut nur durch ihn sich der Krone (500).

Demnach soll glaubhaft gemacht werden, daß sich der Mensch an den Bildungen der Natur orientieren könne; er könne erkennen, wie er sich selbst, seiner natürlichen Bestimmung nach, im wesentlichen zu verhalten habe. Dadurch wird das höchste Lebensgesetz zur Richtlinie für das menschliche Handeln überhaupt gemacht. Es werden vorbildliche, erstrebenswerte Tätigkeiten des Menschen genannt, wie das Philosophieren, Produzieren, Dichten, Herrschen und nicht zuletzt das Erforschen der Natur. Sie werden jedoch nur dann als sinnvoll erachtet, wenn dabei die Maxime, sich in seinem Handeln auf vernünftige Art und Weise zu beschränken, berücksichtigt wird.[46] Der Mensch müsse einsehen, daß gewisse Beschränkungen des Lebens notwendig seien. Er müsse die bestehenden Zwänge bewußt akzeptieren, da sie für ihn letztlich von Vorteil seien. Diese Übertragung der naturwissenschaftlichen Erkenntnis auf den Menschen und damit auf den Bereich, in dem ethische Normen gelten, wird gewissermaßen als 'frohe Botschaft' verkündet.

---

46 Aufgrund solcher impliziten Aussagen, schreibt Thomas Mann über den in politischer Hinsicht konservativ denkenden Goethe: "Er liebte die Ordnung, aber er stellte ausdrücklich in ihren Dienst den Verstand und das Licht und verachtete Dummheit und Finsternis", Thomas Mann: Goethe als Repräsentant des bürgerlichen Zeitalters, in: NR 43,1 (1932) S. 456.

> Freue dich, höchstes Geschöpf, der Natur, du fühlest dich fähig / Ihr den höchsten Gedanken, zu dem sie schaffend sich aufschwang, / Nachzudenken. [...] (500).

Wie hier angenommen wird, zeichnet sich die 'Menschennatur' vor allem durch geistige Fähigkeiten aus, die in der Natur selbst begründet sind. Weil die Sonderstellung des Menschen auf seine Reflexionsfähigkeit zurückgeführt wird, erscheint der Einzelne moralisch verpflichtet, mit diesem naturgemäßen Vermögen besondere Leistungen zu vollbringen. Wenn der Begleiter am Schluß aufgefordert wird:

> [...] Hier stehe nun still und wende die Blicke / Rückwärts, prüfe, vergleiche, und nimm vom Munde der Muse / Daß du schauest, nicht schwärmst, die liebliche volle Gewißheit (500),

dann bedeutet das nicht nur, daß er sich der vorgebrachten naturwissenschaftlichen Lehre durch methodische Schritte vergewissern soll; er soll sich zugleich auch, und zwar durch die Kunst, die Gewißheit eines universellen Lebensgesetzes verschaffen und sich in allen Bereichen dementsprechend verhalten.

In diesem Sinne liegt es nahe, das Gedicht *Metamorphose der Tiere* dichtungstheoretisch zu interpretieren. Auch für den Dichter sei die Natur nicht nur "Mutter" und "Göttin", sondern außerdem "Muse". Aufgrund ihrer organischen Schaffenskraft, mit der sie Leben in mannigfaltigen Ausprägungen bewirke, könne sie für ihn zum Inbegriff der gestaltenden Produktivität und zum Vorbild für den künstlerischen Schaffensprozeß werden. Aber gerade deshalb gelte auch hier die These, daß "nur [...] beschränkt [...] das Vollkommene" (499) möglich sei. Unter poetologischem Gesichtspunkt kann der Schluß hinsichtlich des Verhältnisses von Naturforschung und Poesie folglich nur so verstanden werden, daß eine Dichtung, die sich an besagte Grundsätze halte, wahre Anschauungen vermittle und keine Schwärmerei sei. Demnach stellt Goethe, nachdem er sich auf naturwissenschaftlichem Gebiet ausgebildet und betätigt hat, an den Dichter die Forderung, mit seinen Eindrücken und sogar mit seinen Phantasiegebilden so reflektierend, prüfend und vergleichend zu verfahren wie ein Naturforscher. Genauigkeit, Unvoreingenommenheit, Stimmigkeit, Anschaulichkeit etc. zählen für ihn nicht mehr zu den bloßen Tugenden, sie sind Erfordernisse literarischer Gestaltung.

Auch in Goethes klassischer Literatur wird der Mensch programmatisch als Teil der Natur betrachtet. Das hierbei entworfene Naturbild wird - im Gegensatz zum beängstigend bizarren, durch widersprüchliche Eindrücke geprägten Erscheinungsbild der Natur im *Werther* - mittels der morphologischen Sichtweise auf eine beruhigend klare, von allen Unreinheiten, Unschönheiten gereinigte Form gebracht. Thomas Mann führt diese Diskrepanz auf eine theoretische Entscheidung des späten Goethe zurück, der darauf bestehe, "daß die Kunst das Gesunde und Lebensbejahende bieten solle"; Poesie soll "den Menschen mit Mut ausrüsten, die Kämpfe des Lebens zu bestehen"[47]. Ontologisch fundiert, wird in den beiden Lehrgedichten eine Methode vermittelt, die angewandt den menschlichen Betrachter davor bewahren soll, sich von den Phänomenen der Natur irritieren bzw. in die Irre leiten zu lassen. Nur das unter morphologischem Gesichtspunkt bedeutsam Erscheinende soll zum allgemeinen Bild der Natur und indirekt auch des Menschen beitragen. Der Blick aber wird dadurch verengt, so daß von der Norm abweichende Ausdrucksweisen und Ausdrucksformen, die auf eine ungehemmte, ungeregelte Vitalität schließen lassen, zum Verschwinden gebracht bzw. als unwesentlich und akzidentiell abgetan werden. Beide Lehrgedichte werben für diese geschulte Art des Betrachtens, weil durch sie das Vertrauen in die per Naturgesetz reglementierten 'bildenden Kräfte' der Natur gestärkt werden soll. Statt von den im genialen Menschen zum Ausdruck kommenden, ungehemmt hervorbrechenden und ungezügelten Naturkräften wird nun von einem rhythmischen Wechsel zwischen Phasen, in denen sich die Kräfte freier entfalten können und solchen, in denen sie in engen Bahnen geführt werden, gesprochen. Nach der in diesem Kapitel thematisierten Auffassung Goethes können die in der Natur enthaltenen Kräfte nur aufgrund a priori bestehender Gesetzesschranken positiv wirken. Sie hielten sich selbst aufgrund von Wechselwirkungen gegenseitig unter Kontrolle und kanalisierten sich auf diese Weise zur 'bildenden Kraft', wodurch sie die in der Natur zu beobachtende Tendenz zur Höherentwicklung begründeten.

Die Sonderstellung des Menschen wird nun hauptsächlich auf Vernunft zurückgeführt, denn es geht hier primär darum, einzusehen, daß er seine Bedürfnisse nur auf vernünftige Weise befriedigen könne. Habe man das Grundgesetz, wonach in der Natur alles Schöne und Vollkommene entstünde, erst erkannt, dann falle es leicht, notwendige Grenzen zu akzeptieren, anstatt - einem inneren Drang nachgebend - dagegen anzustürmen und - wie Prometheus und

47 Ebd., S. 455.

Werther - daran zu scheitern. Während maßlose Ansprüche nicht weiterführten, sei durch bewußtes Maßhalten die Herstellung von Harmonie der inneren und der äußeren Verhältnisse möglich. Um Sinnvolles leisten zu können, müsse der Mensch sich nach Maßgabe der Vernunft immer wieder selbst beschränken, so daß die Eigenkräfte in eine Richtung gelenkt würden, die mit der Vervollkommnungstendenz der Natur übereinstimme. Der Autonomiegedanke, wie er in Goethes Frühwerk und in der Literatur und Poetologie des Sturmes und Dranges überhaupt zum Ausdruck gebracht wird, wird demnach preisgegeben. Der Akzent liegt hier nicht mehr auf der freien Entfaltung aller vitalen Kräfte im Menschen, sondern auf deren vernunftgesteuerter Lenkung in bestimmten Bahnen. So erscheint der Mensch zwar weiterhin als das autonomste aller Lebewesen, seine relative Autonomie wird aber einem höheren Ziel, nämlich dem tätigen, produktiven Leben zugunsten der Gesellschaft, untergeordnet. Es wird die ethische Forderung aufgestellt, der Einzelne habe seine Naturkräfte nach Maßgabe seiner Vernunft so kanalisieren, daß er an der Vervollkommnung der einheitlich organisierten Welt mitwirke.

Um dem modernen Menschen, der sich als das höchste Lebewesen begreift, nochmals einen geschlossenen Sinnhorizont aufzeigen zu können, spricht Goethe der Natur ein 'telos', das heißt in diesem Fall eine Richtung, zu. Der Sinn des menschlichen Lebens besteht demnach in der Teilhabe an einer Kräfte- und Geistnatur, die im einzelnen vollkommene Werke erzeuge und sich insgesamt durch eine Höherentwicklung auszeichne, die auf ein in sich selbst begründetes geistiges Streben nach Vollkommenheit schließen lasse. Der Natur liegt demnach Geist zugrunde, der zugleich auch ihr 'telos' bildet, und der Mensch hat als 'animal rationale' die Aufgabe, sich im Inneren, im seelischen Bereich, wie im Äußeren, im Bereich seiner Wirksamkeit, auf die ihm gemäße Weise auszubilden und dadurch zugleich das Werk der Natur in einer gewissen Richtung fortzusetzen. Nur auf diese Weise nähere sich Natur ihrem Zweck, nämlich sich im denkenden Menschen selbst zu vollenden. Anstatt an der bis zum 18. Jahrhundert gültigen metaphysischen und teleologischen Betrachtungsweise festzuhalten, konstituiert Goethe, um angesichts des durch die naturwissenschaftliche Denkweise drohenden Sinnverlustes überhaupt noch ein postitives Menschenbild vertreten zu können, eine naturphilosophische Sicht, die der aristotelischen Teleologie nahe steht. Nach Aristoteles entwickelt sich jedes Lebewesen aufgrund einer ihm von Natur aus innewohnenden 'entelechie' in Richtung einer bestimmten Gestalt, welche auszuprägen der eigentliche

Zweck seines Daseins bildet, ohne daß der Natur ein mit Bewußtsein und Absicht handelndes Subjekt vorausgesetzt wird.[48]

Problematisch an Goethes klassischer Dichtung ist jedoch nicht die Wiederentdeckung des überwunden geglaubten teleologischen Denkens, sondern die Verdrängung der in seinem Frühwerk thematisierten antimetaphysischen, antiteleologischen Naturinterpretation. Werthers erschreckende Erkenntnis wird durch die morphologische Lehre sozusagen als Ausdruck subjektiver Verwirrung abgetan. Neben dem vereinheitlichten, verklärten Bild der Natur, wodurch diese gewissermaßen systematisch 'denaturalisiert' erscheint, werden überhaupt keine anderen Sichtweisen zugelassen. Daß die authentischen Entfremdungsgefühle und Entfremdungsängste des modernen Menschen durch die 'klassische Lösung' jedoch nicht unterdrückt werden können, läßt sich exemplarisch an der Literatur Adelbert von Chamissos verständlich machen. In seinem Werk *Peter Schlemihls wundersame Geschichte*, das von einer umfassenden Entfremdungserfahrung handelt, wird unter anderem das in Goethes klassischer Literatur als eine mögliche Art sinnvoller Lebensführung gepriesene Naturforschertum im Hinblick auf den damit verbundenen Verlust an Lebensfülle reflektiert.

3.3. Gelungene Zähmung. Adelbert von Chamissos Erzählung *Peter Schlemihls wundersame Geschichte*

Den Sommer des Jahres 1813 verbringt Chamisso in Kunersdorf auf dem Landgut der Familie Itzenplitz, um an einem *Verzeichniss der auf den Friedländischen Gütern cultivierten Gewächse* zu arbeiten. Dieser Aufenthalt stellt eine unfreiwillige Unterbrechung seines Studiums dar, da der Lehrbetrieb an der Berliner Universität wegen des Freiheitskriegs gegen Napoleon stillgelegt ist. Gleichzeitig mit den Arbeiten zu seiner ersten botanischen Veröffentlichung entsteht hier das literarische Prosawerk *Peter Schlemihls wundersame Geschichte*, das Chamissos Ruf als Dichter begründet.

---

48 Siehe Robert Spaemann und Reinhard Löw: Die Frage Wozu? , a.a.O., S. 262.

An der Geschichte des Schlemihl fällt zuerst das Motiv der Schattenlosigkeit auf, weshalb sich die meisten Deutungen auch darauf konzentrieren. Der Autor gibt selbst in der Vorrede zur zweiten französischen Ausgabe des *Schlemihls* von 1838 eine Auskunft im Hinblick auf den Streit seiner Zeitgenossen über die Bedeutung des Schattens, indem er einen Artikel *De l'ombre* aus einem Lehrbuch der Physik zitiert und anschließend bemerkt:

> C'est donc de ce solide dont il est question dans la merveilleuse histoire de Pierre Schlémihl. La science de la finance nous instruit assez de l'importance de l'argent, celle de l'ombre est moins généralement reconnue. Mon imprudent ami a convoité l'argent dont il connoisait le prix et n'a pas songé au solide. La lecon qu'il a chèrement payée, il veut qu'elle nous profite et son expérience nous crie: songez au solide.[49]

Diese halb ironisch, halb ernst gemeinte Äußerung wird erst im 20. Jahrhundert für die literaturgeschichtliche Rezeption herangezogen, wobei die Deutung von Thomas Mann, dessen Chamisso-Essay (1911) eine Reihe soziologischer Interpretationen nach sich zieht, wegweisend war.[50] Die Empfehlung "Songez au solide" wird von Mann insgesamt als Ironie und das letztc Wort im Sinne von "bürgerlicher Solidität"[51] verstanden. Seitdem wird der Schatten häufig als Symbol für die bürgerliche Existenz, von der Schlemihl weitgehend ausgeschlossen bleibt, ausgelegt.

Dagegen nimmt Josefine Nettesheim Chamissos Hinweis im wörtlichen Sinne ernst und versteht "'das Solide' im Sinne der naturwissenschaftlichen Definition des Schattens" als "das Wirkliche, das Echte, das Kompakte, das Ganze einer Erscheinung, wie sie sich in der Natur darstellt"[52]. Als Naturphänomen

---

49 A. v. Chamisso: Vorrede zur französischen Ausgabe von 1838, Sämtliche Werke, Bd. 2, S. 703.

50 Z.B.: Benno von Wiese: Adelbert von Chamisso. Peter Schlemihls wunderbare Geschichte (1956), Winfried Freund: Adelbert von Chamisso. Peter Schlemihl. Geld und Geist. Ein bürgerlicher Bewußtseinsspiegel (1980), Klaus F. Gille: Der Schatten des Peter Schlemihl (1987), Bernd Leistner: Chamisso und sein Mann ohne Schatten (1989).

51 Thomas Mann: Chamisso, in: ders.: Gesammelte Werke in zwölf Bänden, Bd. 19, Reden und Aufsätze 1, Oldenburg 1960, S. 56.

52 Josefine Nettesheim: Adelbert von Chamissos botanisch-exotische Studien, Peter Schlemihl und die Lieder von "armen Leuten" und Verbrechern, in: Marginalien zur poetischen Welt, hg. von Alois Eder, Berlin 1971, S. 202 f.

aufgefaßt, besteht für diese Autorin ein thematischer Zusammenhang zwischen dem Schattenmotiv in der Geschichte und dem naturwissenschaftlichen Denken Chamissos überhaupt. Auch Jürgen Schwann kommt in einer umfangreichen Studie aufgrund der "naturgesetzlichen Korrelation zwischen Körper und Schatten" zu der "Einsicht, daß der Schatten ein angeborenes Gut ist, das zu veräußern die Einheit des Geist-Körper-Wesens 'Mensch' gefährdet"[53]. Ernst Fedor Hoffmann stellt einen Bezug zwischen der von Thomas Mann als "eigentliche Kunstleistung des Verfassers"[54] hervorgehobenen realistischen Erzählweise und der geistigen "Haltung des Naturforschers"[55] her. Aus Schlemihls Perspektive herrschten in der Welt "feste Kausalverhältnisse"[56], denn auch die ihm unbekannten Phänomene, wie die Ablösung des Schattens vom Körper, ließen sich für ihn beobachten, prüfen und als gesetzmäßig erkennen. Er experimentiere so lange, bis er die Wirkungen der Schattenlosigkeit, des "Vogelnests" (55) und der "Siebenmeilenstiefel" (72) erkannt habe und handhaben könne. Sein Forscherdrang beschränke sich ausschließlich auf Fragen der Kausalität der Erscheinungen und der Möglichkeit ihrer Beherrschung. Zu dieser, meiner Ansicht nach unhaltbaren These kommt Hoffmann möglicherweise, weil er dem Naturstudium Schlemihls zu wenig Beachtung schenkt.

Der Rezeptionsaspekt 'Naturforschung' wurde in der Forschung bisher allgemein vernachlässigt; es gibt weder eine gründliche Analyse noch eine begründete historische Deutung des Werks unter diesem Gesichtspunkt. So kommt es, daß das Naturforschertum Schlemihls entweder einseitig negativ als

---

53 Jürgen Schwann: Vom 'Faust' zum 'Peter Schlemihl'. Kohärenz und Kontinuität im Werk Adelbert von Chamissos, Tübingen 1984, S. 268.

54 Thomas Mann: Chamisso, a.a.O., S. 48.

55 Ernst Fedor Hoffmann: Spiegelbild und Schatten. Zur Behandlung ähnlicher Motive bei Brentano, Hoffmann und Chamisso, in: Lebendige Form. Interpretationen zur Deutschen Literatur. Festschrift für Heinrich E. K. Henel, hg. von Jeffrey L. Sammons und Ernst Schürer, München 1970, S. 182.

56 Ernst Fedor Hoffmann: Spiegelbild und Schatten, a.a.O., S. 183.

Entsagungsexistenz[57], "Surrogat"[58] bzw. "Ersatzrolle"[59] oder positiv als "wahrhaft freie"[60] Existenz diskutiert und bewertet wird; Schlemihls Naturstudium als solches aber ist bislang kaum wahrgenommen worden. In Seitenblicken auf den naturwissenschaftlichen Kontext werden Autor und Text ohne nähere Ausführungen ein "Wissenschaftsideal des 18. Jahrhunderts"[61] oder aber der "Wissenschaftsglaube"[62] des 19. Jahrhunderts unterstellt. Solche Aussagen entbehren allerdings einer ausreichenden, überzeugenden Begründung, da die hier thematisierte Art der Naturforschung, die von den naturwissenschaftlichen Konzepten Goethes und Alexander von Humboldts beeinflußt ist, nicht differenziert genug betrachtet wird, um fruchtbare Bezüge zu den biologischen Traditionen um 1800 herstellen zu können.

Nach einer Aussage Chamissos im Tagebuch seiner Weltreise besitzt *Peter Schlemihls wundersame Geschichte* einen utopischen Kern. Unter der Überschrift *Vorfreude. Reise über Hamburg nach Kopenhagen* schreibt er:

> Nun war ich wirklich an der Schwelle der lichtreichsten Träume, die zu träumen ich kaum in meinen Kinderjahren mich erkühnt, die mir im 'Schlemihl' vorgeschwebt, die als Hoffnung ins Auge zu fassen, ich, zum Manne herangereift, mich nicht vermessen.[63]

---

57 Siehe Benno von Wiese: Adelbert von Chamisso. Peter Schlemihls wundersame Geschichte, in: Die deutsche Novelle von Goethe bis Kafka, Interpretationen I, Düsseldorf 1956, S. 115. Siehe auch Klaus F. Gille: Der Schatten des Peter Schlemihl, in: Der Deutschunterricht, 39, I (1987), S. 82 f.

58 Jürgen Schwann: Vom 'Faust' zum 'Peter Schlemihl', a.a.O., S. 403.

59 Dagmar Walach: Adelbert von Chamisso: Peter Schlemihls wundersame Geschichte, in: Romane und Erzählungen der deutschen Romantik. Neue Interpretationen, hg. von Paul Michael Lützeler, Stuttgart 1981, S. 292.

60 Josefine Nettesheim: Adelbert von Chamissos botanisch-exotische Studien, a.a.O. S. 203. Siehe auch Hans Schumacher: Adelbert von Chamisso: Peter Schlemihls wundersame Geschichte, in: ders.: Narziß an der Quelle. Das romantische Kunstmärchen: Geschichte und Interpretation, Wiesbaden 1977, S. 154.

61 Benno von Wiese: Adelbert von Chamisso, a.a.O., S. 115.

62 Hans Schumacher: Adelbert von Chamisso: Peter Schlemihls wundersame Geschichte, in: ders.: Narziß an der Quelle, a.a.O., S. 154.

63 A. v. Chamisso: Reise um die Welt. 1. Teil: Tagebuch, Sämtliche Werke, Bd. 2, S. 89.

Daß Schlemihls Geschichte auf ein Ideal hinauslaufen soll, verwundert, da ja schon der Name der Figur auf eine bedauernswerte Gestalt deutet. In einem Brief an seinen Bruder Hippolyte, der 1821 eine französische Übersetzung des Werks organisiert, erklärt Chamisso selbst, daß der Name *Schlemihl* eine hebräische Bezeichnung für "ungeschickte oder unglückliche Leute, denen nichts gelingt"[64], sei. Allerdings übersetzt er den Namen auch mit "Gottlieb, Theophil, aimé de Dieu"[65], was auf eine von einer obersten Macht begünstigte Gestalt schließen läßt.[66]

Schlemihl berichtet seinem Freund "Chamisso" den wichtigsten Teil seiner Lebensgeschichte, angefangen bei einer folgenschweren Missetat in seiner Jugend bis zur Verwirklichung der Lebensform eines Naturforschers. Sein Fehltritt ereignet sich bereits bei seinem ersten Schritt in die Selbständigkeit und wird durch seinen ungezügelten Freiheitsdrang begründet. Aufgrund eines Empfehlungsschreibens nimmt der junge, völlig mittellose Mann an einer Gesellschaft reicher Leute teil. Er beobachtet einen graugekleideten Diener, der Gegenstände und sogar Lebewesen herbeizaubert. Während den übrigen Anwesenden die 'Widernatürlichkeit' dieser Dienste überhaupt nicht auffällt, packt Schlemihl das Grauen. Beim Versuch, sich davonzumachen, wird er von dem Diener verfolgt und mit dem Angebot, seinen Schatten zu verkaufen, überrascht. Überwältigt durch den Anblick der als Gegenwert gebotenen Schätze, willigt Schlemihl spontan ein und erhält einen goldspendenden "Glückseckel"[67] dafür. Die Schattenlosigkeit ist fortan sein alle Mitmenschen abschreckender Makel. Nach dem Verschwinden des rätselhaften grauen Dieners versucht er, sich gegen sein Schicksal auflehnend, den unverkennbaren Mangel durch ein rauschhaftes Leben in Reichtum zu kompensieren. Alle Versuche, sich in die menschliche Gesellschaft zu integrieren und ein glückliches Leben zu führen, mißlingen jedoch. Nach einem Jahr, im Moment der größten Verzweiflung, da

---

64 Werner Feudel und Christel Laufer: Anmerkungen zu "Peter Schlemihls wundersame Geschichte", Sämtliche Werke, Bd. 2, S. 695.

65 Ebd.

66 Nach der mittelalterlichen Legende schließt die Gestalt des Theophilus einen Pakt mit dem Teufel, wird aber durch göttliche Gnade gerettet. Literarisch verarbeiteten den Stoff im 10. Jahrhundert Roswitha von Gandersheim und im 13. Jahrhundert Rutebeuf.

67 A. v. Chamisso: Peter Schlemihls wundersame Geschichte, Sämtliche Werke, Bd. 2, S. 28. Im folgenden werden die Zitate aus diesem Text durch nachgestellte Seitenzahlen belegt.

ihm das Liebesglück in Gestalt Minas unerreichbar vor Augen steht, taucht der "Graue" wieder auf und macht ihm den Vorschlag, den Schatten gegen die Seele einzutauschen. Gegen diesen Handel wehrt sich Schlemihl, wird aber letztlich nur durch eine Ohnmacht vor weiterem, noch schlimmerem Schaden bewahrt. Nach einiger Zeit begreift er endlich die Hoffnunglosigkeit seiner Bemühungen, den Schatten wiederzubekommen und schleudert den "Glückseckel", für den er einen Teil seiner selbst weggegeben hat, unwiederbringlich in einen Abgrund. Nachdem er sich auf diese Weise vom "Grauen" losgesagt hat, wird er durch einen schicksalhaften Kauf von Siebenmeilenstiefeln darauf gestoßen, sich für den Rest seines Lebens dem Studium der Natur zu widmen.

Schlemihls Naturforschertum ist kein Zufall, sondern das Ergebnis eines logischen Werdegangs. Sein Weg zur Naturforschung spiegelt einen Entwicklungsprozeß, der sich auch als sozialkritische Allegorie lesen läßt. Am Anfang ist Schlemihl ein typisches Kind seiner Zeit. Der Besuch beim reichen Bürger Thomas John deutet auf die Absicht hin, einen gewinnbringenden Beruf zu ergreifen und sich dadurch selbst aus seiner materiellen Notlage zu befreien. Diesem Geist entspricht auch seine zustimmende Reaktion auf Johns Äußerung: "Wer nicht Herr ist wenigstens einer Million [...] der ist, man verzeihe mir das Wort, ein Schuft" (24). Schlemihl glaubt, er stehe auf der untersten Sprosse der Karriereleiter; er verurteilt bezeichnenderweise die Erfolglosen. Im Zeitalter des Frühkapitalismus ist für ihn Armut das Anzeichen der Nutzlosigkeit und gemäß einer utilitaristisch begründeten Ethik mit Anstandslosigkeit, sprich Unmoral, gleichzusetzen. Aufgrund der zu Beginn der bürgerlichen Epoche revolutionären Vorstellung, durch persönliche Leistung Ansehen und Reichtum erwerben zu können, ist Schlemihl zunächst davon überzeugt, die ökonomische Laufbahn sei die 'natürlichste' Lebensaufgabe und der materielle Gewinn das höchste Lebensziel.

Doch schon beim ersten Geschäft gelangt er sofort zu dem, was ihm das Höchste zu sein scheint. Er tauscht Gold, den Inbegriff materiellen Wertes, gegen einen natürlichen, 'leiblichen' Teil seiner selbst, den er - aufgrund seiner utilitaristischen Geistesverfassung - für überflüssig hält. Schlemihls 'Schuld' besteht in seiner Achtlosigkeit und Geringschätzung dessen, was ihm von Natur aus eigen ist. Mit dem Schatten verliert er zugleich seine Ganzheit, und diese Versehrtheit wirkt sich wiederum fatal auf seine Beziehungen zu den Menschen aus; sie treibt ihn weitgehend in die soziale Isolation. Beim Versuch, seine Situation zu korrigieren, macht Schlemihl eine Reihe von Erfahrungen, die ihn über sich selbst und die Welt aufklären. Während dieses Erkenntnisprozesses entlarvt sich der "Graue" nach und nach als vermeintliches Vorbild, als Personifikation der gängigen Ideologie. Dieser beherrscht mit großer Geschicklichkeit die physische Welt. Interessanterweise bezeichnet er sich selbst als "eine Art von Gelehrten und Physikus" (51) und nennt das "Experimentieren" seine einzige Passion. Er repräsentiert in geradezu klassischer Form den Typus des Positivisten. Seine auf Machtausübung zielenden Versuche haben häufig auch die menschliche Psyche zum Gegenstand. So versucht er, Schlemihl rhetorisch von der Wertlosigkeit, ja von der Nicht-Existenz der Seele zu überzeugen. Als er ihm zum ersten Mal den gut vorbereiteten Seelenhandel vorschlägt, meint er:

> Und, wenn ich fragen darf, was ist denn das für ein Ding, ihre Seele? haben Sie es je gesehen, und was denken Sie damit anzufangen, wenn Sie einst tot sind? Seien Sie doch froh, einen Liebhaber zu finden, der Ihnen bei Lebenszeit noch den Nachlaß dieses X, dieser galvanischen Kraft oder polarisierenden Wirksamkeit, und was alles das närrische Ding sein soll, mit etwas Wirklichem bezahlen will, nämlich mit Ihrem leibhaftigen Schatten [...] (51).

Der "Physikus" macht sich über die vitalistische Auffassung, alle Lebewesen seien durch eine besondere Kraft beseelt, lustig, d. h. er persifliert insbesondere die romantischen Naturforscher und Naturphilosophen, die, wie z.B. Lorenz Oken in seinem *Lehrbuch der Naturphilosophie*, eine Steuerung der Lebensvorgänge durch elektrische Ströme oder magnetische Kräfte postulieren.[68] Er bedient sich solcher skeptischen Kritik am Vitalismus, um den Glauben an eine Seele als Aberglauben lächerlich zu machen. Entsprechend fordert er Schlemihl auf, den empirischen Nachweis für seine Beseeltheit zu erbringen. Durch das vorgeschlagene Tauschgeschäft widerspricht er zugleich seiner eigenen positivistischen Position; die sinnlich erfahrbare Welt deckt sich offenbar nicht mit der Realität. Man kann daraus schließen, daß seine Erfahrung vielmehr durch ein Sinn-Defizit bestimmt ist, was erst die Dringlichkeit des Schatten- bzw. Seelenkaufs erklärt. Evident wird dies dadurch, daß der Graue sich nicht nur auf die Argumentationsweise eines 'exakten' Naturwissenschaftlers versteht, der auf empirisch erbrachte Beweise insistiert, sondern auch das

68 In dessen Lehrbuch heißt es: "Der Galvanismus ist das Prinzip des Lebens. Es gibt keine andere Lebenskraft als die galvanische Polarität". Lorenz Oken: Lehrbuch der Naturphilosophie, 2. umgearb. Aufl., Jena 1831, S. 144.

'Handwerk' eines spekulativen Philosophen beherrscht. Inkognito hält er Schlemihl einen exzellenten Vortrag über "Metaphysik" (63). Dem Problem, "das Wort aufzufinden, das aller Rätsel Lösung sei", also die Beantwortung der Frage nach dem Sein sowie dem Anfang und Ursprung aller Dinge, steht Schlemihl jedoch von vornherein skeptisch gegenüber. In einem Kommentar für den Adressaten "Chamisso" heißt es, er habe, aufgrund früherer Erfahrungen mit dem Fach Philosophie, diesem "Feld völlig abgesprochen" und "seither vieles auf sich beruhen lassen, vieles zu wissen und zu begreifen Verzicht geleistet" (63). Traditionelle Metaphysik ist demnach nicht Schlemihls Sache, da er die Art und Weise, wie diese nach der Wahrheit sucht, nicht akzeptieren kann.[69] Seine Distanz gegenüber dieser Art philosophischer Lebens-Reflexion bedeutet aber nicht, daß er keine praktische Ethik besitzt. Vielmehr sagt er, er verlasse sich in seinem Handeln auf seinen "geraden Sinn", bzw. auf die "Stimme in mir"[70]. Er beruft sich also auf einen angeborenen, natürlichen Sinn für eine vernünftige Lebensführung, wäre theoretisch demnach als Vertreter der 'common sense'-Philosophie oder Philosophie des 'gesunden Menschenverstandes' anzusehen.[71] Schlemihl folgt also dem ethischen Vorsatz, sich nach den inneren Signalen seiner Natur zu richten.

Trotz seiner Absage an eine spekulative Philosophie läßt Schlemihl die Rede des "Grauen", die ihn vom Grübeln über sein Schicksal ablenkt, zu und genießt sie sogar:

> Nun schien mir dieser Redekünstler mit großem Talent ein fest gefügtes Gebäude aufzuführen, das in sich selbst begründet sich emportrug, und wie durch innere Notwendigkeit bestand. Nur vermißt ich ganz in ihm, was ich eben darin hätte suchen wollen, und so ward es mir zu einem bloßen Kunstwerk, dessen

---

69 In seinem letzten Lebensjahr bemerkt Chamisso, sein "Glaubensbekenntnis" sei "noch das zu Anfang des VIII. Kapitels des Schlemihls ausgesprochene", in: Chamisso: Brief an de la Foye vom 9. 6. 1838, in: Leben und Briefe, VI, S. 179.

70 Vgl. Chamissos Aussage in einem Brief an de la Foye vom Herbst 1812: "Ich folge meines Auges geradem Blicke, das soll vor der Hand meine Ethik, meine Theosophie, meine Philosophie sein", in: Leben und Briefe, V, S. 334.

71 Jürgen Schwann führt diese Verhaltensmaxime auf stoisches Gedankengut zurück: "Begriffsgeschichtlich ist der Zusammenhang zwischen "gradem Sinn (= "recta ratio"), "Vernunft" und "innere Stimme" durch den stoischen Terminus vom "lumen naturale" gegeben. Es ist das dem Menschen innewohnende Vernunftprinzip", Jürgen Schwann: Vom 'Faust' zum 'Peter Schlemihl', a.a.O., S. 339.

zierliche Geschlossenheit und Vollendung dem Auge allein zur Ergötzung diente; aber ich hörte dem wohlberedten Manne gerne zu, der meine Aufmerksamkeit von meinen Leiden auf sich selbst abgelenkt, und ich hätte mich ihm willig ergeben, wenn er meine Seele wie meinen Verstand in Anspruch genommen hätte (63 f.).

An dieser Stelle wird deutlich, daß der Prüfstein für Schlemihls Überzeugungen nicht der durch die Sinne gespeiste Verstand, sondern die Seele ist (64). So bewirkt der "Graue" durch seine 'Kunststücke' experimenteller und rhetorischer Art in ihm gerade die gegenteilige Überzeugung. Wider Willen induziert er damit ein bestimmtes Selbstbewußtsein, welches Schlemihl seine materialistische Position überwinden läßt, ohne einem blinden Idealismus zu verfallen.

Bei näherer Betrachtung basiert die Macht des "Grauen" nicht auf übernatürlichen Fähigkeiten, sondern auf praktischem Wissen. Er weiß, wie sich die märchenhaft erscheinenden Gegenstände, die so verläßlich und gesetzmäßig funktionieren wie die gewohnten Naturdinge, kontrollieren lassen. Daher könnte man sagen, es handele sich um "noch nicht erforschte, aber dem Bereich der Empirie und ihrer Gesetze unterstellte Phänomene"[72]. So gesehen verfügt der "Graue" über ein Herrschaftswissen in bezug auf die Natur. Das gilt auch im Hinblick auf Schlemihl; nur braucht er dessen Einwilligung, um Macht über ihn zu gewinnen. In Schlemihls Welt herrschen "feste Kausalverhältnisse"[73], die auch der "Graue" nicht willkürlich umzustoßen vermag. Ironischerweise liefert dieser empirische Beweise für eine Wahrheit, die sich der naturwissenschaftlichen Erkenntnis eigentlich entzieht. So scheitert Schlemihls Versuch, seinen Schatten zu entführen, an der Macht einer ethischen Ordnung: sein eigener Schatten, der ihm nicht mehr gehört, kehrt zu seinem "gesetzmäßigen Eigentümer" (65) zurück. Besonders ironisch wirkt, daß er Schlemihl die Seele des verstorbenen Thomas John zeigt. Dadurch liefert er selbst den sichtbaren Beweis dafür, daß es eine solche 'wirklich' gibt und scheitert folglich endgültig. Man kann sagen, daß der Autor, indem er den "Grauen" die von Empiristen geforderten Beweise für eine seelische Wirklichkeit erbringen läßt, zugleich einer verabsolutierten naturwissenschaftlichen Weltsicht spottet, die Realität objektivistisch auf den Bereich des sinnlich Wahrnehmbaren reduziert. Indem er ihm verschiedene Argumentationsweisen, die sich auf empiristische und rationalistische bzw.

72 Ernst Fedor Hoffmann: Spiegelbild und Schatten..., a.a.O., S. 184.

73 Ebd., S. 183.

positivistische Positionen abbilden lassen, in den Mund legt, scheiden diese als gedankliche und methodische Ansätze für das von ihm vertretene Wissenschaftsideal aus. Schlemihls Berufung zum Biologen geht demnach eine Phase der Läuterung, das heißt der Abklärung/Kritik bestimmter weltanschaulicher und methodologischer Positionen voraus. Obwohl er schon vorher botanische und geographische Kenntnisse besaß (71 f.), öffnen sich ihm jetzt erst die Augen für die lebendige Natur.

Auf den Verlust des Schattens folgt Schlemihls Ausschluß aus der Gesellschaft, wodurch aber gerade die Möglichkeit besteht, daß er seine ganze Aufmerksamkeit und Energie auf das Naturstudium richtet. Schlemihls Lebensweise als Naturforscher kennzeichnet ein hohes Maß an Zurückgezogenheit und Askese. Die Verminderung seiner Leidenschaften macht ihn zum unbeteiligten, distanzierten Beobachter. Daß die Sonne durch seinen Körper hindurchscheint, symbolisiert eine Reduktion seiner Leiblichkeit. Gemessen am klassischen Ideal neuzeitlicher Naturwissenschaft ist er dadurch sogar für den Beruf des Forschers prädisponiert. Gemeint ist die Abstraktion von den jeweiligen Bedingungen, unter denen eine Erkenntnis ermittelt wird, sprich, das Absehen von der Person des Forschers, die für den Moment der Beobachtung absolut unbeteiligt gedacht wird, und von Zeit und Ort seiner Beobachtung. Der Gebrauch der Siebenmeilenstiefel zeigt, daß er sich theoretisch beliebig durch Raum und Zeit bewegen kann, die nach dem Weltbild der klassischen Physik als absolute Größen eines Koordinatensystems erklärt werden.

In diesem Sinne kommt Schlemihls Lebensweise zweifellos einem Ideal des Naturwissenschaftlers nahe, das sich hier im unfreiwilligen Verzicht auf eine gesellschaftliche Existenz manifestiert. Er verkörpert einen deskriptiv-vergleichenden Biologen und Biogeographen des frühen 19. Jahrhunderts, dessen Hauptinteresse der Systematik gilt. Das in den letzten beiden Kapiteln vertretene Wissenschaftsideal läßt sich durch einen Vergleich mit dem im zweiten Kapitel beschriebenen, allegorischen Traumbild charakterisieren. "Chamisso" ist nicht nur der Adressat des Lebensberichts von Schlemihl, sondern erscheint darin als Traumfigur in Gestalt eines Naturforschers, der an seinem Schreibtisch, tot, zwischen Büchern und konservierten Überresten von Pflanzen und Tieren, sitzt. Ein Skelett und getrocknete Gewächse verweisen auf medizinische, zoologische und botanische Untersuchungen an konservierten Naturobjekten. Die genannten Bücher stammen zum Teil von bedeutenden Naturwissenschaftlern, die mit der Physiologie (Haller), der Systematik (Linné) und der

Biogeographie (Humboldt) die Hauptgebiete der damaligen biologischen Wissenschaft repräsentieren. Die beiden letztgenannten Gegenstände eröffnen darüber hinaus den Bezug zur zeitgenössischen deutschen Literatur (Goethe und de la Motte-Fouqué). Gemeinsam deuten sie einen weitreichenden, Biologie und Dichtung umfassenden, Traditionszusammenhang an. Im Kontext von Schlemihls Werdegang betrachtet, stellt dieser Traum jedoch kein "Modell eines (noch) utopischen Glücks"[74], wie Jürgen Schwann meint; utopischen Charakter besitzt allein die spätere Existenzform Schlemihls. Vielmehr überwiegt in dieser Skizze der Lebens- und Arbeitsweise eines zeitgenössischen Biologen nach meiner Deutung der kritische Impuls. Entscheidend ist, daß der Naturforscher ausschließlich von leblosen Gegenständen umstellt, von der lebendigen, mannigfaltigen Natur aber ausgeschlossen ist. Ja, ihm selber fehlt, wie seiner ganzen Umgebung, das Leben: "Du rührtest Dich aber nicht, Du holtest auch nicht Atem, Du warst tot" (31). Dieser negativen Vorstellung wird die von Schlemihl verwirklichte Lebensform eines "privatisierten Gelehrten" (74) gegenübergestellt. Schlemihl gelingt es, den als falsch erkannten Dualismus von Naturwissenschaft als solcher und ihrem Gegenstand zu durchbrechen: Er lebt in der Natur; seine Wissenschaft basiert auf der Beobachtung der ganzen Fülle von Organismen und ihrer Wechselwirkungen mit ihrer Umwelt.

Schlemihl berichtet detailliert über die Art und Weise und das Ziel seiner speziellen biologischen Forschung. Er arbeitet gezielt an der Aufstellung eines "natürlichen Systems" (79), wozu er sich zunächst die nötige Literatur und sonstige Arbeitsmittel aus London und Paris, die neben Berlin, wo Schlemihl früher lebte, um 1800 die Zentren der Naturwissenschaften sind, besorgt. Er lernt die Siebenmeilenstiefel mittels Pantoffeln, die als "Hemmschuhe" (74) wirken, zu kontrollieren[75], um auf seinen zahlreichen Expeditionen ungehindert Beobachtungen am jeweiligen Untersuchungsort durchführen zu können. Seine Vorgehensweise ist induktiv, das heißt, er macht Einzelbeobachtungen zur Überprüfung eines hypothetischen Modells (s.u.). Er beschränkt sich nicht auf die kontinuierliche Erweiterung der Artenkenntnisse, sprich, die Benennung und Beschreibung der Organismen der verschiedenen Regionen, sondern mißt auch die jeweiligen Standortfaktoren mit "physikalischen Instrumenten"(74), um sie in einen theoretischen Zusammenhang stellen zu können. Er schreibt:

---

74 Jürgen Schwann: Vom 'Faust' zum 'Peter Schlemihl', a.a.O., S. 252.

75 Ernst Fedor Hoffmann: Spiegelbild und Schatten, a.a.O., S. 183 f.

Ich streifte auf der Erde umher, bald ihre Höhen, bald die Temperatur ihrer Quellen und die der Luft messend, bald Tiere beobachtend, bald Gewächse untersuchend; ich eilte von dem Äquator nach dem Pole, von der einen Welt nach der andern; Erfahrungen mit Erfahrungen vergleichend (75).

Zweifellos deckt sich die beschriebene wissenschaftliche Praxis mit der Forschungsweise Alexander von Humboldts, dessen Hauptinteresse "der gegenwärtigen Verbreitung der Pflanzen und der Abhängigkeit dieses Verbreitungsmusters von den physikalischen Umweltfaktoren"[76] gilt. Auffällig ist dabei der universelle Forschungsansatz. Der gesamte Umfang von Schlemihls Forschungsinteresse wird aber erst deutlich, wenn man bedenkt, daß die Ergebnisse seiner morphologisch-anatomischen und biogeographischen Studien dazu dienen, ein System der gesamten Natur aufzustellen. Als ein Vertreter der 'natürlichen Methode'[77] berücksichtigt er unterschiedliche Faktoren für die systematische Einordnung der Arten. Angesichts der Entdeckung der ungeheuren Vielfalt der Organismenwelt, insbesondere infolge der Durchführung von Expeditionen und der Intensivierung von Fossilienforschung und Mikroskopie etabliert sich bis Anfang des 19. Jahrhunderts eine "vergleichende und logisch ordnende"[78] Systematik. Schlemihl wendet die von Goethe und parallel dazu von Cuvier wissenschaftlich begründete analytische Methode des Vergleichs an.[79] Entsprechend liegt seiner Suche nach dem "natürlichen System" auch die

---

76 Ernst Mayr: Die Entwicklung der biologischen Gedankenwelt, a.a.O., S. 353.

77 Vgl. Antoine Laurent de Jussieu, der als erster das "natürliche System" durch Merkmalskomplexe zu erfassen versuchte und Augustin Pyrame De Candolle, der 1813 die "Klassifikation als Taxonomie gegen die Beschreibung (Phytographie) und Terminologie (Glossologie) theoretisch" abgrenzte und seine Systeme auf umfassende morphologische und anatomische Beschreibungen gründete.

78 Ilse Jahn: Grundzüge..., a.a.O., S. 239.

79 Deren historischen Stellenwert erläutert Ernst Mayr folgendermaßen: "Erst im späten 18. Jahrhundert wurde eine Methode zum ersten Mal ernsthaft angewandt, die für das Studium der Diversität besonders geeignet ist, nämlich die vergleichende Methode [...]. Die Anwendung der vergleichenden Methode setzt, was häufig übersehen wird, eine Klassifikation der zu vergleichenden Elemente voraus". Mayr erwähnt, daß das Verfahren für die Verbesserung von bestehenden Systematiken dienlich sei. An anderer Stelle bezeichnet Mayr diese Methode als die "zweite bedeutende Methode der Naturwissenschaften (neben dem Experiment)". Ernst Mayr: Die Entwicklung der biologischen Gedankenwelt, a.a.O., S. 26, S. 84.

Vorstellung einer in sich stimmigen, ausgewogenen Naturordnung zugrunde, die es zunächst zu analysieren bzw. zu entfalten gilt. Nach einer ersten, sichtenden Weltumgehung taucht in seinem Bewußtsein plötzlich ein Bild auf, und er erkennt:

> Durch frühe Schuld von der menschlichen Gesellschaft ausgeschlossen, ward ich zum Ersatz an die Natur, die ich stets geliebt, gewiesen, die Erde mir zu einem reichen Garten gegeben, das Studium zur Richtung und Kraft meines Lebens, zu ihrem Ziel die Wissenschaft. Es war nicht ein Entschluß, den ich faßte. Ich habe nur seitdem, was da hell und vollendet im Urbild vor mein inneres Auge trat, getreu mit stillem, strengen, unausgesetzten Fleiß darzustellen gesucht, und meine Selbstzufriedenheit hat von dem Zusammenfallen des Dargestellten mit dem Urbild abgehangen (72).

Es gelingt ihm einen Moment lang, sich die vielfältigen Eindrücke als einen einheitlichen Gesamteindruck vorzustellen, den er "Urbild" nennt. Schlemihls Intention ist es von daher, sein 'Apercu' von der immanenten natürlichen Ordnung methodisch zu überprüfen und die 'Idee' als gesicherte Erkenntnis darzustellen.[80]

Schlemihl ist von der Möglichkeit und dem Sinn seiner wissenschaftlichen Arbeit überzeugt. Er betrachtet sein Naturforschertum als die Konsequenz seiner bisherigen Erfahrungen, vor allem die seiner Versehrtheit. So erläutert er etwa mehrmals seinen Schicksalsbegriff in den Kommentaren zu entscheidenden Ereignissen seines Lebens. Dabei kommt zum Ausdruck, daß sein Lebensweg wiederholt nicht durch bewußte Entscheidungen oder Zufälle, sondern durch Fügungen 'korrigiert' wird. Der erste wichtige Eingriff in sein Leben ist die Verhinderung des Seelenhandels durch die todesähnliche Ohnmacht. Sein rückblickender Kommentar zu dieser Szene lautet:

> Auch hier trat, wie so oft schon in mein Leben, und wie überhaupt so oft in die Weltgeschichte, ein Ereignis an die Stelle einer Tat. Später habe ich mich mit mir selber versöhnt. Ich habe erstlich die Notwendigkeit als eine weise Fügung verehren lernen, und was ist mehr als die getane Tat, das geschehene Ereignis, ihr Eigentum! (60).

---

80 Im Gegensatz zu Jürgen Schwann verstehe ich den Begriff "Urbild" nicht im platonischen oder stoischen Sinne (Jürgen Schwann: Vom 'Faust' zum 'Peter Schlemihl', a.a.O., S. 384), sondern verbinde damit den Ideenbegriff Goethes, der an eine in der Natur konkretisierte, verallgemeinerbare 'Idee' dachte.

Da es sich um ein körperliches Ereignis handelt, das einen weiteren, schlimmeren Identitätsverlust verhindert, ist es möglich, die Natur selber mit der eingreifenden 'höheren Macht' zu identifizieren, d. h., ihr ein immanentes geistiges Prinzip zuzusprechen. Diese Vorstellung kann mit dem vorneuzeitlichen Gedanken einer 'kosmischen Seele' bzw. 'Weltseele' (anima mundi), die die Selbstorganisation des Gesamtorganismus der Natur steuert und den Ursprung aller Einzelseelen bildet, verglichen werden. Descartes, dessen Hauptanliegen die Abschaffung jeglicher Form von Animismus ist, bekämpft diese Vorstellung, indem er alle Funktionen, die in der neuplatonischen Tradition der 'Weltseele' zugesprochen werden, einem transzendenten Gott überträgt. Daß es Schlemihl jedoch nicht um die Verteidigung eines mechanistisch-deistischen Weltbildes geht, wird meines Erachtens in folgender Passage deutlich:

> Dann hab ich auch diese Notwendigkeit als eine weise Fügung verehren lernen, die durch das gesamte große Getrieb weht, darin wir bloß als mitwirkende, getriebene treibende Räder eingreifen; was sein soll, muß geschehen, was sein sollte, geschah, und nicht ohne jene Fügung, die ich endlich noch in meinem Schicksale und dem Schicksale derer, die das meine mit angriff, verehren lernte (60).

Die Maschinenmetapher paßt einerseits zu einem mechanistischen Weltbild, in dem Gott als Konstrukteur und Maschinist einer gesetzmäßigen, dynamischen Natur gedacht wird. Gott als das gesetzgebende und lenkende Prinzip steht danach jedoch außerhalb und greift von dort in das weltliche Geschehen ein. Dagegen glaubt Schlemihl an ein immanentes Prinzip, das durch die Weltmaschine "weht" und rückt somit einer vitalistischen Deutung nahe. Am Werk der Natur sind demnach ein mechanisches und ein nicht-mechanisches, 'seelisches' Prinzip beteiligt. Sein eigenes Leben liefert für Schlemihl den überzeugendsten Beweis für diese Weltsicht. Von einer 'inneren Notwendigkeit' überzeugt ihn insbesondere die Ohnmacht, die er als eine natürliche Selbstschutzreaktion deutet:

> Ich weiß nicht, ob ich es der Spannung meiner Seele, unter dem Drange so mächtiger Empfindungen, zuschreiben soll, ob der Erschöpfung meiner physischen Kräfte, die während der letzten Tage ungewohnten Darbens geschwächt, ob endlich dem zerstörenden Aufruhr, den die Nähe dieses grauen Unholdes in meiner ganzen Natur erregte (60).

Er vermutet, daß die Bewußtlosigkeit kausal durch eine seelische oder eine körperliche Ursache bzw. durch eine Entsprechung oder eine Wechselwirkung von Körper und Seele, die gemeinsam seine "ganze Natur" bilden, verursacht worden ist. Im Gegensatz zum Descartesschen Modell betrachtet Schlemihl die Seele als natürlichen Teil des Organismus und zugleich als Teil einer im ganzen beseelten Natur. Obwohl er den Vorfall durch eine physische wie psychische Überforderung erklärt, macht er letztlich eine 'finale' Ursache, ein die Natur durchwaltendes teleologisches Prinzip der Notwendigkeit, mitverantwortlich. Das heißt nicht, daß Schlemihl glaubt, an ihm erfülle sich ein bis ins Detail vorherbestimmtes Schicksal, sondern meint, sein Lebensweg werde durch einen richtungsweisenden Faktor, der an einigen Stellen als Korrekturfaktor wirke, mitbeeinflußt. Demnach wird das individuelle Leben durch das Gesamtsystem, durch Systemeinwirkungen beeinflußt, die sich nicht allein durch Gravitationskräfte erklären lassen. Innerhalb eines großen Rahmens kann das menschliche Individuum verschiedene Wege einschlagen; bedroht es aber die grundlegende Einheit der Natur bzw. das kosmische Gleichgewicht, macht sich ein Korrekturfaktor bemerkbar, den er "weise Fügung" nennt. Gemeint ist die große kosmische Ordnung der Natur. Diese teleologische Sichtweise gründet, wie bei Goethe, im Organismusmodell der Natur, wonach diese, in Analogie zu einem Lebewesen betrachtet wird, in dem sich alle Funktionen und Strukturen durch Wechselwirkungen im Gleichgewicht halten. Schlemihl schreibt die Kette von Ereignissen, die für ihn eine notwendige Folge bilden, einem immanenten, 'mütterlichen' Lebensprinzip zu, das in seinem Fall ein willkürliches Heraustreten aus der Natur verhindert habe.

Jürgen Schwann kommentiert den Zusammenhang zwischen dem schicksalhaften Ereignis der Ohnmacht und ihrer natürlichen Erklärung aus dem philosophiehistorischen Kontext folgendermaßen: "'Natürlich' erklärt werden kann dieses Ereignis deswegen, weil nach der dem "Schlemihl" zugrundeliegenden stoischen Schicksalsauffassung Notwendigkeit und Natur identisch sind."[81]. Schwann weist einen direkten Einfluß der spätstoischen Philosophie Epiktets auf Chamissos Werk nach. Nach dessen Schicksalsbegriff unterliege das Einzelschicksal einem im Ganzen "vernünftigen, durch Ordnung und Harmonie gekennzeichneten Weltenlauf"[82], weshalb sich die Teile "dem Ganzen

---

81 Jürgen Schwann: Vom 'Faust' zum 'Peter Schlemihl', a.a.O., S. 324 f.

82 Ebd., S. 176.

fügen"[83] müßten. Demgemäß hänge Schlemihls Glück davon ab, sein Schicksal als vernünftig zu akzeptieren und zu bejahen.[84] Um glücklich zu sein, müsse er sich von seinen Affekten reinigen[85] und ein "naturgemäßes und pflichtgemäßes Leben"[86] führen. Das "Ideal der Selbstgenügsamkeit"[87], zu dem Schlemihl am Schluß gelange, setze den Glauben an ein "Fürsorgeprinzip"[88] und die freiwillige Zustimmung zur Anteilhabe an einer von Vernunft durchwalteten Welt voraus.[89] Schwanns Bezüge zum Stoizismus sind für das Verständnis des Werkes hilfreich. Allerdings sollte man nicht vorschnell von einer Übereinstimmung des Autors mit dem stoischen Konzept ausgehen. Meines Erachtens unterscheidet sich Chamissos Naturauffassung in wesentlichen Aspekten, so vor allem durch die Ausblendung metaphysischer Aussagen von der antiken Vorlage. Naheliegender und zutreffender ist meines Erachtens die Feststellung von Übereinstimmungen mit der Denkweise Goethes, der in seinen klassischen Werken ebenfalls von einer durch einen immanenten 'Geist' begründeten, den einzelnen auf ein gewisses Maß beschränkenden Naturordnung ausgeht.

Der zweite wichtige Eingriff des Schicksals, die Verfügung der Siebenmeilenstiefel, bestätigt die besondere Gunst des Schicksals, welche Schlemihl zuteil wird. Denn diese ermöglichen ihm ein Leben unter vorteilhaften Voraussetzungen und legen den Grundstock für seine relative Zufriedenheit. Obwohl es Schlemihl von nun an gelingt, sich weitgehend zu begnügen, fällt ihm die 'stoische' Lebenshaltung nicht immer leicht, da er sich mit der sein Leben sowohl räumlich als auch zeitlich begrenzenden, naturgesetzlichen Ordnung nicht endgültig abfindet. Besonders unglücklich ist er über die Unerreichbarkeit einiger Länder, deren Flora und Fauna er bei seiner Arbeit nicht berücksichtigen kann, so daß sein Werk "Fragment" (73) bleiben muß; für die Vervollständigung des "natürlichen Systems" wäre theoretisch die Erfassung aller Arten notwendig. Schlemihl leidet unter seiner Begrenztheit so sehr, daß er die Welt heulend als "Kerker" (73 f.) bezeichnet, was, wenn auch anders gelagert, als Reminiszenz an *Werther* verstanden werden kann. Im Gegensatz

83 Zitiert nach Ebd., S. 176.

84 Ebd., S. 179, 302, 325.

85 Ebd., S. 360.

86 Ebd., S. 392.

87 Ebd., S. 186, 371.

88 Ebd., S. 323.

89 Ebd., S. 399 f.

zu letzterem findet Schlemihl aber doch immer wieder zu einer gelassenen, bescheidenen Lebenshaltung zurück und gibt sich damit zufrieden, einen wichtigen Beitrag zur Erreichung des wissenschaftlichen Ziels erreicht zu haben. Am Schluß berichtet er über die Ergebnisse seiner langjährigen Arbeit:

> Ich habe, so weit meine Stiefel gereicht, die Erde, ihre Gestaltung, ihre Höhen, ihre Temperatur, ihre Atmosphäre in ihrem Wechsel, die Erscheinungen ihrer magnetischen Kraft, das Leben auf ihr, besonders im Pflanzenreiche, gründlicher kennen gelernt, als vor mir irgend ein Mensch (78).

Es fällt auf, daß er die magnetischen Erscheinungen und das Leben nacheinander nennt, ohne deutlich zu machen, ob es sich um eine Aufzählung oder einen erläuternden Zusatz handelt. Diese Unentschiedenheit im Hinblick auf die Frage des Vitalismus ist bezeichnend. Schlemihl übt zwar Kritik an einem rein mechanistischen Lebensbegriff, setzt aber gleichzeitig auf eine 'exakte' Beantwortung dieser Frage durch die zukünftigen Wissenschaftler, als deren Vorarbeiter er sich sieht:

> Ich habe die Tatsachen mit möglichster Genauigkeit in klarer Ordnung aufgestellt in mehreren Werken, meine Folgerungen und Ansichten flüchtig in einigen Abhandlungen niedergelegt (78).

Die Dokumentation seiner Resultate umfaßt erstens Taxonomien und zweitens theoretische Schriften. Sein wichtigstes Werk nennt er mit Titel: "'Historia stirpium plantarum utriusque orbis', [...] als ein großes Fragment der Flora universalis terrae, und als ein Glied meines Systema naturae" (78). Er habe insgesamt die Artenkenntnis erheblich erweitert und einen Beitrag zum Auffinden des "natürlichen Systems" und zur "Geographie der Pflanzen" (79) geleistet. So arbeitet er bewußt auf das utopische Ziel hin, einen naturgesetzlichen, logischen Zusammenhang im Gesamtwerk der Biologie widerzuspiegeln. Seine ganze Motivation bezieht er von dieser Idee, die ihn mit sich selbst und mit der Welt versöhnen soll. Wenn er sein Leben "Buße der Versöhnung" (77) nennt, meint er damit auch Versöhnung mit der Menschheit, der er sein Versöhnungswissen zukommen läßt: "Ich werde Sorge tragen, daß vor meinem Tode meine Manuskripte bei der Berliner Universität niedergelegt werden" (79).

Schlemihls induktive Naturforschung basiert auf der Annahme eines naturimmanenten, ordnenden und leitenden Prinzips. Zusammenfassend läßt sich seine Naturauffassung folgendermaßen charakterisieren. Die Natur bildet für ihn kein ausuferndes, atomistisches Chaos, sondern eine organisierte Einheit, die als solche einen rational nachvollziehbaren Kausalitätszusammenhang erkennen läßt. Mit Sicherheit beschränkt sich das Naturmodell nicht auf das mechanistische Weltbild der klassischen Physik, denn deren Erkenntnisse erklären noch nicht die Systemeigenschaften der Natur, wie die Wahrung einer bestimmten Grundgestalt und die Zweckmäßigkeit lebendiger Strukturen. Daher wird ein ganzheitstiftendes, harmonisierendes Prinzip, eine Art 'Weltseele' angenommen, wovon ihn nicht zuletzt die eigene Lebenserfahrung überzeugt. Indem er rückblickend eine unbeabsichtigte Ausrichtung seines Lebens feststellt, betrachtet er seine Entwicklung unter teleologischem Aspekt. Das setzt nicht notwendig eine von außen gesteuerte Ausrichtung auf ein vorherbestimmtes Endziel voraus; gedacht ist vielmehr daran, daß jede Individualentwicklung innerhalb eines naturgesetzlich vorgegebenen Rahmens verläuft, wodurch sie in ihrer Ausgestaltung beeinflußt wird. Die Vorstellung eines nicht-mechanischen Prinzips der Natur bleibt absichtlich unbestimmt, weil sich nach dem naturwissenschaftlichen Erkenntnisstand darüber nur spekulieren ließe. Während die Frage, ob sich das 'Leben' vitalistisch deuten läßt, damit unentschieden bleibt, wird die Frage nach dem Ursprung der natürlichen Ordnung weitgehend ausgeklammert. Obwohl die Annahme eines die lebendige Natur leitenden, nichtphysikalischen Prinzips der Vorstellung eines persönlichen Schöpfergottes nicht widerspricht, erfolgt im Hinblick auf metaphysische Fragen keine Festlegung.

Mit Sicherheit ist für Schlemihl jedoch feststellbar, daß alle Lebewesen in einen umfassenden Zusammenhang integriert sind. Der Organismusgedanke bildet die Grundlage für die moralische Botschaft, die Schlemihl am Schluß seinen Lesern und "Chamisso" mit auf den Weg gibt:

> [...] willst Du unter den Menschen leben, so lerne verehren zuvörderst den Schatten, sodann das Geld. Willst Du nur Dir und Deinem bessern Selbst leben, o so brauchst Du keinen Rat (79).

Schlemihls Urteil deutet die Konsequenzen der zugrundeliegenden Naturauffassung in zwei Richtungen an. Zum einen begründet sich hier ein bestimmtes ethisches Welt- und Menschenbild, zum anderen folgt daraus eine Begründung von Naturforschung und Dichtung.

Auch ohne die explizite Annahme eines sinnverbürgenden Schöpfergottes läßt sich aus dem beschriebenen Naturbegriff eine Ethik ableiten. Schlemihl erkennt nachträglich, daß sein Lebensweg einem logischen Schema, nämlich einer "Grund-Folge-Verbindung"[90] entspricht, die sich durch drei Grundmomente beschreiben läßt. Durch die mutwillige Zerstörung seiner natürlichen Einheit überschreitet Schlemihl den von der Natur eingeräumten Entfaltungsspielraum, d. h., er frevelt vor allem gegen das einheitstiftende Lebensprinzip ('früher Sündenfall'). Er erfährt sowohl die beschränkende als auch die erhaltende Macht der natürlichen Ordnung, erkennt die "Notwendigkeit" strenger Naturgesetze für die Aufrechterhaltung des Systems der Natur und akzeptiert schließlich die Beschränktheit seines individuellen Lebens ('Läuterung'). Als Biologe verleiht er seiner Achtung und Verehrung gegenüber der Natur Ausdruck, indem er ihre gesetzmäßige Ordnung erforscht und sich so in ihren Dienst stellt ('Wiedergutmachung').

Durch die wesentliche Bestätigung der Ähnlichkeit alles Lebendigen legt er darüber hinaus auch die Grundlage für eine normative Ethik, wonach der einzelne Mensch eine Verpflichtung gegenüber dem Ganzen besitzt. Rational gesehen ist die Endlichkeit und Determiniertheit des individuellen Lebens notwendig für den Bestand einer überindividuellen Organisiertheit (Natura naturans) bzw. Strukturiertheit (Natura naturata) des Gesamtgeschehens. Doch besitzt der Mensch, aufgrund der ihm angeborenen Vernunft, den Wunsch, sich aus der natürlichen Beschränkung zu befreien und nach eigenen Gesetzen zu leben. Weil er aber durch die Seele mit allen Lebewesen verbunden ist, ist es ihm möglich, sich in seinem Gegenüber wiederzuerkennen und aus 'Liebe' eine Lebensform zu wählen, die sich dem Sinn des Ganzen fügt. Beide Elemente, die normative Ethik des Geistes und die intuitive Ethik der Seele verbinden sich damit zu einer naturphilosophisch begründeten Ethik, die das Glück des Menschen auf seine Teilhabe an der Natur zurückführt. Daß Schlemihl die Verehrung des Schattens fordert, bedeutet demnach, daß er die Ganzheit des Menschen als wichtigste Voraussetzung für ein harmonisches Zusammenleben betrachtet. Nur wer seine Identität wahre, könne sich für die Identität der Gemeinschaft engagieren. Das Ideal dieses gut funktionierenden Natursystems, dem sich die einzelnen Lebewesen unterordnen müssen, impliziert eine gesellschaftliche Utopie. Da die Menschen nicht nur durch Instinkte geleitet werden, bedarf es ihrer Einsicht, um die Eingliederung ins System billigen zu können. Eine ideale menschliche Gesellschaft könne nur im Einvernehmen und durch Entbehrungen ihrer Mitglieder zustande kommen. Der entscheidende Punkt dieser Utopie ist jedoch, daß die gesellschaftliche Einheit, in der ein fürsorgli-

90 Ebd., S. 319.

ches Prinzip herrschen soll, von einer gemeinschaftlichen 'Seele' getragen werden muß.

Bis zu diesem Punkt folgt Chamisso der Entbehrungsideologie Goethes, was sich auch im Hinblick auf erzähltheoretische Aspekte zunächst bestätigt. So gilt Naturforschung auch hier als Paradigma der künstlerischen Darstellung: Schlemihl betrachtet sich nicht nur als Naturwissenschaftler, sondern auch als Schriftsteller, der seine Lebensgeschichte zu einem künstlerischen Werk mit aufklärerischer Absicht formt. Er verwendet das autobiographische Material mit dichterischer Freiheit, orientiert sich dabei aber inhaltlich wie formal am Ideal einer gesetzmäßigen Ordnung, vergleichbar der des 'natürlichen Systems'.

Peter Schlemihls wundersame Geschichte bildet einen in sich stimmigen Erzählzusammenhang, in dem die komplexen Beziehungen zwischen den Komponenten mit 'Notwendigkeit' bestehen. Selbst die Verwendung der Märchenelemente folgt bestimmten Regeln, so "daß auch innerhalb der phantastischen Begebenheiten die Kausalität stets gewahrt bleibt"[91]. Es gehört zur textimmanenten Logik, daß Schlemihl nur 'Tatsachen', die er an Leib und Seele erfahren hat, berichtet und sein Urteil darauf begründet. Die eigentliche Kunst besteht für Schlemihl darin, alle Elemente in einen logisch begründeten und erschließbaren Erzählzusammenhang zu integrieren und dabei eine seelische Qualität zum Tragen kommen zu lassen. Da es nach dieser textimmanenten Poetologie auf eine gesetzmäßige Gestaltung ankommt, erscheint es durchaus zulässig, reine Phantasiegebilde darzustellen, wenn es gelingt, eine in sich geschlossene, das heißt erklärbare, fiktionale Welt zu erschaffen. Auch methodisch ist die Arbeit des Künstlers direkt mit der Arbeit des Naturforschers vergleichbar. Sie beginnt mit der Beobachtung des alltäglichen Lebens und zielt auf die Darstellung eines vernünftigen, geordneten bzw. in sich geschlossenen Werks. Insofern bestätigt Schlemihl als Autor die Literaturauffassung Goethes, wonach der Dichter die Regeln des menschlichen Lebens als einen Teil des natürlichen Lebens erkannt haben muß, um es mit Notwendigkeit gestalten zu können. Das Schicksal Schlemihls impliziert, daß die Kunst eine legitime Möglichkeit darstellt, den menschlichen Freiheitsdrang auszuleben, indem der Dichter seiner individuellen geistig-seelischen Natur Ausdruck verleiht. Die Begrenzung, unter der Schlemihl als Naturforscher leidet, findet ihre Entsprechung in den Schranken der dichterischen Freiheit, die Schlemihl erfährt und auf subtile Weise thematisiert: Aufgrund der dem Text zugrundeliegenden Stringenz läßt

91 Werner Feudel: Adelbert von Chamisso. Leben und Werk. Leipzig 1980, S. 69.

sich beispielsweise Schlemihls Benennung als "Numero Zwölf" (76) als Hinweis auf ein utopisches zwölftes Kapitel verstehen. Logischerweise würde dieses Kapitel Schlemihl in seiner idealen Gestalt im Rahmen des "Urbilds" darstellen. Daß es ungeschrieben bleibt, läßt sich als implizites Eingeständnis der Fragmentarität menschlichen Lebens verstehen. Dies gilt gleichermaßen auch für das Werk, das im Idealfall einem geordneten Kosmos gliche, so aber im Sinne des 'Urbilds' Fragment ist. Dadurch, daß der Text aufgrund seiner Stringenz über seine Grenzen hinausweist, bestätigt er als Ganzes die prinzipielle Offenheit des Lebensprozesses.

Die durch den Text begründete Ethik soll zweifellos eine Lebensweise ermöglichen, die den Einzelnen glücklich und zufrieden macht. Doch was aus Schlemihls Perspektive in seinem Fall als die befriedigendste Lösung erscheint, nämlich sein Leben in der Natur und seine Tätigkeit als Naturforscher, erweist sich verallgemeinert als äußerst fragwürdig. Außerhalb der Gemeinschaft gleichgearteter Wesen und fernab jeglicher Lebensfülle findet Schlemihl seine Behausung in der unwirtlichsten und lebensfeindlichsten Landschaft dieser Erde, in der Wüste. Dieses Bild der Trostlosigkeit veranschaulicht den hohen Preis, den Schlemihl für seine vernünftige, Zufriedenheit verheißende Lebensführung zahlen muß. Er darf an keinem Ort dieser Welt heimisch werden und befindet sich mit seinen Siebenmeilenstiefeln auf ewiger Wanderschaft. Auch darf er sich keinem Artgenossen nähern, geschweige denn ihn ansprechen und seine Gemeinschaft suchen. Die Lebensweise als idealer Naturforscher schränkt Schlemihl demnach in seinen elementarsten Bedürfnissen ein; indem er seine Menschlichkeit nicht ausleben darf, um mit seiner ganzen Kraft einem 'höheren Ziel' dienen zu können, wendet er sich gewissermaßen gegen seine eigene Natur. Daß Schlemihl dieses Leben trotz der ihm auferlegten extremen Einschränkungen in dem Bewußtsein, eine sinnvolle Aufgabe zu erfüllen, durchhält, unterstreicht einerseits die Stimmigkeit seines Lebenskonzepts. Andererseits wirkt der unterstellte Lebenssinn angesichts seiner extrem reduzierten Existenz und seines Leidens unter den Lebensumständen, die er bewußt gewählt hat, wenig überzeugend. Wie schwer Schlemihl diese Lebensweise oftmals fällt, macht sich durch seine von Zeit zu Zeit wiederauftretende Resignation bemerkbar. Seine Bedürftigkeit zeigt sich daran, daß er, um seine Isolation überhaupt ertragen zu können, "die Liebe eines treuen Pudels" (75) und das Schreiben, das heißt, einen imaginären Ansprechpartner, benötigt. Zwar führt Schlemihl sein Leben auf diese Weise zu Ende und empfindet - dank seines Glaubens an eine sinnvolle Naturorganisation - sogar eine gewisse Genugtuung dabei; von außen betrachtet erscheint es jedoch dadurch nicht minder grausam und unmenschlich.

Chamissos Prosawerk treibt das klassische Ideal des Lebens im Dienst eines 'Höheren' anhand eines imaginären Einzelschicksals auf die Spitze und demonstriert auf diese Weise die damit verbundenen praktischen Konsequenzen. Schlemihl widmet sein Leben ganz der Darstellung eines sinnvollen Naturzusammenhangs, weil er erfahren hat, daß der Mensch auf einen naturgesetzlichen Rahmen festgelegt ist und, um glücklich leben zu können, einer Orientierung bedarf. Er glaubt, durch seine Arbeit als Naturwissenschaftler, vor allem aber auch als Verfasser seines Lebensberichts, also als Dichter, einen überzeugenden Orientierungsrahmen zu schaffen. Anhand seines eigenen Schicksals, das er selbst als warnendes Beispiel betrachtet, macht er das Gewicht eines Verstoßes gegen die naturgegebene Ordnung deutlich. So führt die Figur Schlemihl mit letzter Konsequenz vor Augen, daß der Mensch, um überhaupt glücklich und zufrieden leben zu können, sich selbst an der Basis beschneiden und seine angeborenen, ungestümen Kräfte, d. h. seine Vitalität zügeln muß. Wenn Chamisso auch willentlich am klassischen Vorschlag einer vernünftigen Lebensführung festhält, sein Prosawerk unterstreicht die grundsätzliche Problematik, in einer säkularisierten Welt an einem positiven Lebenssinn festzuhalten. Wie sehr er sich selbst den Rat erteilt, seinem "besseren Selbst" zu leben, läßt eine briefliche Äußerung gegenüber de la Foye aus dem Jahr 1823 ahnen, die die Nähe zum Denken Werthers nochmals unterstreicht:

> Lieber Freund, laß uns arbeiten, schreiben, schaffen in unserer Wissenschaft - das schützt davor, auf den Gedanken zu kommen, sich eine Kugel durch den Kopf zu jagen.[92]

Chamisso betrachtet seine Arbeit als Möglichkeit, das Leben erträglich zu machen und sich gegen die Resignation zu schützen, die sich aus der Sichtweise eines rein materialistisch-mechanistisch denkenden Naturwissenschaftlers mit Notwendigkeit ergibt. Er rekurriert auch bei seiner literarischen Gestaltung auf eine vitalistische Vorstellung, wonach in jedem Individuum etwas unbeirrbar auf die sinnvolle Verwirklichung seiner selbst drängt. Obwohl er diese Auffassung für unbewiesen hält, wird sie ihm zur einzig möglichen, indem sie ihm

92 A. v. Chamisso: Brief an de la Foye vom 14. 8. 1823, in: Leben und Briefe, VI, S. 135.

einen gedanklichen Spielraum im Hinblick auf eine vom Menschen unabhängige, natürliche und zugleich geistige Existenzgrundlage.

Während der resignative Unterton in Chamissos Text bei aller Dringlichkeit eher verhalten erscheint, werden in Büchners Erzählung *Lenz* die chaotisch wirkenden Probleme eines modernen Individuums rücksichtslos und realistisch als Verarmung seiner selbst dargestellt. Anders als Chamissos Figur führt Büchners Lenz die Unhaltbarkeit der bestehenden Verhältnisse drastisch vor Augen.

3.4. Zurückgedrängt. Georg Büchners Erzählfragment *Lenz*

Während Georg Büchner im Herbst 1835 an seinem im Frühjahr begonnenen Prosatext *Lenz* weiterschreibt, entscheidet er sich für das Thema seiner Doktorarbeit, die er in diesem Winter anfertigt.[93] Ihrer Zielsetzung nach handelt es sich um eine empirische Überprüfung der von Goethe und Oken aufgestellten 'Wirbeltheorie des Schädels', die er anhand der anatomischen Untersuchung des zentralen Nervensystems der Barbe, einer Fischart, durchführt. In dem Entschluß, in seiner Dissertation einen Beitrag zur Erforschung des Gehirns zu leisten, hat ihn vermutlich auch seine literarische Auseinandersetzung mit dem Schicksal des Sturm und Drang-Dichters Jakob Michael Reinhold Lenz (1751-1792) bestärkt, dessen künstlerische Existenz sich - nach Goethes Aussage in seiner Autobiographie *Dichtung und Wahrheit* - angeblich "in Wahnsinn verlor"[94]. Andererseits läßt sich vermuten, daß seine wissenschaftlichen Auffassungen auf dem Gebiet der vergleichenden Anatomie und Physiologie die Darstellungsweise der Psyche und des Verhaltens der Lenzfigur mitbestimmt haben. Seine Doktorarbeit berührt die Frage nach einem "centre commun qui rassemble les impressions, et qui préside à la réaction"[95], das heißt die Theorie eines 'sensorium commune', wonach ein Teil des Gehirns der Wirbeltiere eine koordinierende, integrierende Wirkung besitzt. Dieser Auffassung nach erscheint der tierische Organismus als eine physisch-psychische Einheit, die beim

93 Georg Büchner: Brief an die Familie vom Oktober 1835, in: Werke und Briefe, a.a.O., S. 310.

94 J. W. Goethe: Dichtung und Wahrheit, Teil III, Buch 14, in: HA, Bd. 10, S. 10.

95 Georg Büchner: Mémoire..., a.a.O., S. 43.

Menschen darüber hinaus durch Bewußtsein gekennzeichnet ist.[96] Büchner schließt sich der Vorstellung an, jegliche Lebensäußerung entstünde durch ein organisches Zusammenwirken der Teile des Körpers über das Nervensystem. Er teilt außerdem den Gedanken, daß in der aufsteigenden Reihe der Tiere sowohl die Gehirnstrukturen als auch die Gehirnfunktionen modifiziert und gesteigert werden und die intellektuellen Fähigkeiten des Menschen als Potenzierung der tierischen Gehirnleistungen verstanden werden müssen.[97] In seinem Erzählfragment thematisiert er anhand der Darstellung des Innenlebens der Lenzfigur das Verhältnis von unbewußt und willentlich gesteuerten Verhaltensweisen und unterstreicht damit unter anderem die den Menschen grundlegend bestimmenden physiologischen Eigenschaften.[98]

---

96 Das Postulat eines "sensorium commune" ist ein wichtiger Bestandteil der in Johannes Müllers "Handbuch der Physiologie des Menschen" enthaltenen Theorie des Zentralnervensystems. Er versteht darunter beim Menschen den Teil der "Centralorgane", der für das "Bewußtwerden der Seele" und die von ihr ausgehenden willkürlichen Aktionen verantwortlich sei. Bezüglich der Seele meint Müller, daß sie allein "durch die Organisation des Gehirns" wirke, wobei fraglich bleibe, ob sie einen Sitz "in einem Organe von einer bestimmten Struktur" habe, oder "vielleicht allgemeiner im Organismus verbreitet" sei. Johannes Müller: Handbuch..., a.a.O., S. 783 f., S. 816.

97 Georg Büchner: Mémoire..., a.a.O., S. 40.

98 Günter Oesterle führt in seinem Beitrag zur Interpretation des "Woyzeck" die "französischen Medizinhandbücher über Physiologie von Cabanais und Magendie" (229) an, um für ein bestimmtes Textverständnis zu plädieren. So hält er beispielsweise Cabanais "Anerkennung der Macht der Instinkte auch noch in willentlichen Handlungen" für bedeutsam. Diese französischen Physiologen seien "von einer Autonomie des animalischen Lebens [...], das von einer weder physikalisch noch chemisch völlig erklärbaren 'force vitale' gesteuert werde und daher keineswegs bloß eine Maschine sein könne" (231) ausgegangen und weist sie folglich - ohne den Begriff zu nennen - als Vitalisten aus. Sie hätten damit nicht nur den wissenschaftlichen Positivismus herausgefordert, sondern "gleichzeitig auch andere Erklärungsmöglichkeiten - seit der Französischen Revolution vor allem gesellschaftstheoretische" (231) ermächtigt. Oesterle kommt bei seiner Interpretation des "Woyzeck" zu dem Schluß, daß für Büchner "wie für Cabanais [...] Wahnsinn und Verbrechen gesellschaftlich erzeugte Abweichungsvarianten" (239) sind. Günter Oesterle: Das Komischwerden der Philosophie in der Poesie. Literatur-, philosophie- und gesellschaftsgeschichtliche Konsequenzen der 'voie physiologique' in Georg Büchners "Woyzeck", in: Georg Büchner Jahrbuch 3 (1983), S. 200-239.

Eine bisher unbekannte Quelle für das Erzählfragment *Lenz* stellen die bis zu Büchners Tod veröffentlichten naturwissenschaftlichen Abhandlungen und das Lehrbuch des deutschen Physiologen Johannes Müller dar, welcher wie Büchner in der durch Goethe entscheidend mitbestimmten biologischen Tradition steht. Müller vertritt beispielsweise eine vitalistisch geprägte, sinnesphysiologische Theorie, wonach die Sinnesempfindungen von den, wie er es nennt, "Energien organischer Körper"[99] abhängen und wesentlich von "inneren organischen Reizen, von verschiedenen Organen ausgehend"[100], mitbestimmt werden.[101] Dementsprechend lassen sich die durch Büchner beschriebenen Wahrnehmungen des Lenz als synthetische Produkte aus Sinnlichkeit, Phantasie und Verstand deuten.[102] Bekannterweise stammen viele Textelemente der Erzählung aus historischen bzw. literarischen Quellen. Das wichtigste Ausgangsmaterial für Büchner sind die Aufzeichnungen Johann Friedrich Oberlins (1740-1826), der über den zwanzigtägigen Aufenthalt des Dichters Lenz vom 20.1. bis 8.2.1778 in seinem Pfarrhaus im Steintal (Vogesen) berichtet und damit den Kulminationspunkt von dessen Wahnsinn dokumentiert. Büchner erhält eine handschriftliche Fassung des Oberlin-Berichts von seinem Straßburger Freund August Stöber und benutzt sie als Vorlage für seine Beschreibung der Episode. Außerdem werden Goethes Erinnerungen an die Bekanntschaft mit dem jungen Lenz aus *Dichtung und Wahrheit*[103] und die

---

99 Johannes Müller: Über die phantastischen Gesichtserscheinungen, Coblenz 1826, wiederabgedruckt in: Ulrich Ebbecke: Johannes Müller - der große rheinische Physiologe, Hannover 1951, S. 94.

100 Ebd., S. 96.

101 Müllers provitalistische Haltung wird beispielsweise in seinem "Handbuch der Physiologie des Menschen" deutlich, worin er sich explizit gegen die materialistische Erklärung, das Leben resultiere aus der "Zusammensetzung der Atome" (822) richtet. Wenngleich er betont, daß die Frage, "ob das psychische Prinzip eine Thätigkeit der Materie oder selbständige Kraft sey" (821) , durch die "empirische Physiologie" nicht zu beantworten sei, hält er einen vitalistischen Lebensbegriff nicht für völlig abwegig. Er beharrt vielmehr darauf, "dass in den Thatsachen der Physik nichts ist, welches die Möglichkeit eines von der Materie unabhängigen, wenngleich in den organischen Körpern in der Materie wirkenden immateriellen Prinzips aufhöbe" (822), Johannes Müller: Handbuch der Physiologie des Menschen, Bd. 1, Coblenz 1834.

102 Vgl. Ebd., S. 98.

103 Hubert Gersch: Nachwort, in: Georg Büchner: Lenz. Studienausgabe, Stuttgart 1984, S. 72-77.

Clarus-Gutachten, die die Hauptquelle zu Büchners Dramenfragment *Woyzeck* bilden[104], in der Sekundärliteratur als Quellen angeführt. Auch die theoretischen Schriften von Johannes Müller, seine Theorie der 'phantastischen Sinneserscheinungen'[105] sowie seine physiologische Theorie des Menschen, können gewissermaßen als Ausgangsmaterial für Büchners Werk betrachtet werden, da sie wichtige Impulse beispielsweise für eine Interpretation der Lenzfigur liefern. Vor dem Hintergrund dieses naturwissenschaftlich-naturphilosophischen Traditionszusammenhangs verstehe ich die Erzählung *Lenz*, anders als manche Interpreten, die von einer quasi authentischen Darstellung einer ausbrechenden Schizophrenie ausgehen[106], als Kritik an einem im Hinblick auf den einzelnen Menschen restriktiv angewandten, idealistischen Lebensbegriff. Als Krankheitsstudie gelesen, büßt der Text einen Großteil und, wie ich meine, den wesentlichen Teil seiner Bedeutungsdimensionen ein. Meine Interpretation zielt daher in erster Linie darauf, deutlich zu machen, daß Büchner die durch Goethe im Zuge der klassischen Poetologie zur Ideologie ausgeweitete anthropozentrische Ansicht, die Natur schreite unaufhaltsam fort und erreiche ihren eigentlichen Zweck erst im Menschen, nicht zuletzt aus der Sicht des Naturforschers kritisiert. Auffällig ist, daß Büchner die Figur des Lenz vor allem anhand von Lebensphänomenen vorführt, die den Eindruck erwecken, daß ihn eine innere, physiologische 'Macht' unerbittlich zur psychischen Regression zwingt. Dadurch wird sein positiv bewertetes Selbstverständnis als autonomes Individuum grundsätzlich in Frage gestellt. Gegen Ende der Erzählung heißt es über Lenz: "Was er tat, tat er mit Bewußtsein und doch zwang ihn ein innerlicher Instinkt"[107].

Schon auf seinem Weg durch die Vogesen zum Steintal empfindet Lenz die Zwanghaftigkeit seiner Existenz. Es ist ihm "manchmal unangenehm, daß er

104 Richard Thieberger: "Lenz", in: EG (Juli/September 1968) S. 405-409.

105 Johannes Müller: Über die phantastischen Gesichtserscheinungen, a.a.O., S. 81.

106 Walter Moos: Büchners "Lenz", in: Schweizer Archiv für Neurologie und Psychiatrie XLII (1938) H. 1, S. 97-114; Gerhard Irle: Büchners "Lenz" - eine frühe Schizophreniestudie, in: ders.: Der psychiatrische Roman, Stuttgart 1965, S. 73-83; Reiner Gödtel: Das Psychotische in Büchners Lenz, In: Horizonte 4 (1980) H. 16/17, S. 34-43.

107 Georg Büchner: Lenz, in: ders.: Werke und Briefe, hg. von Karl Pörnbacher, Gerhard Schaub, Hans-Joachim Simm und Edda Ziegler, München und Wien 1988, S. 155. Zitate aus diesem Text werden im folgenden durch direkt nachgestellte Seitenzahlen belegt.

nicht auf dem Kopf gehn" (137), also daß er die ihm durch den aufrechten Gang naturgemäß eigene Perspektive nicht willentlich verändern kann. Von Anfang an besteht ein Mißverhältnis zwischen seinen Wünschen und Erwartungen sowie den 'tatsächlichen' Verhältnissen. Die lebensfeindliche Landschaft und Jahreszeit bewirken, daß Lenz sich selber wüst und leer vorkommt und einen Mangel spürt, der ihn wie eine Ahnung beunruhigt. "Es drängte in ihm, er suchte nach etwas, wie nach verlornen Träumen, aber er fand nichts" (137). In seinem *Handbuch der Physiologie des Menschen* behauptet Johannes Müller, daß im Tier aufgrund seines Instinkts "Träume entstehen, die es zu zweckmäßigen, zu seinem Daseyn nöthigen und vernünftigen Handlungen nöthigen, ohne dass die Seele des Geschöpfes das Geringste von diesem vernünftigen Vorgange und seinem Zusammenhange einsieht"[108]. Unterstellt man die These, daß das Bewußtsein beim Menschen eine herausragende Rolle spielt, dann kann die zitierte Textstelle so verstanden werden, daß Lenz nach mehr Verhaltenssicherheit sucht, weil es ihm schwer fällt, sich anhand seiner bewußten Vorstellungen zu orientieren. Er fühlt sich von seiner Umwelt entfremdet; sogar die Natur zeigt sich ihm kalt und abweisend, sie "verweigert sich ihm"[109], was seinen Erwartungen und seinem Bedürfnis, sich in einem positiven Sinne in ihr aufgehoben zu fühlen, widerspricht. Die meiste Zeit fühlt er sich von der naßkalten Natur um ihn her abgestoßen. "Nur manchmal" (137) gelingt es ihm, so für ihre Reize so empfänglich zu sein, daß er Lust dabei verspürt. Als sich der trübe Tag für kurze Zeit lichtet und die Szenerie durch die aufreißenden Wolken jäh beleuchtet wird, öffnet er sich der Natur mit allen Sinnen und wird dadurch aufs äußerste erregt. Als sich die Landschaft dann weiter für ihn belebt, "die Stimmen an den Felsen wach" werden, "die Wolken wie wilde wiehernde Rosse heransprengen" und "der Sonnenschein [...] sein blitzendes Schwert an den Schneeflächen" (137) zieht, empfindet er kurzzeitig einen Vereinigungsdrang und meint, "er müsse [...] alles in sich fassen" und "sich in das All hinein[wühlen]" (137). Im Sinnesrausch, worin sich seine Empfindungen bis

108 Johannes Müller: Handbuch der Physiologie des Menschen, 1. Bd., Coblenz 1834, S. 820 f.

109 Für Manfred Durzak zeigt schon die Naturbeschreibung am Anfang der Erzählung, was am Schluß seine endgültige Bestätigung findet: "Die Verbindung zwischen Ich und Welt ist endgültig zerrissen. Es gibt keine Korrespondenz mehr. Beides tritt sich fremd einander gegenüber" (145). Manfred Durzak: Die Modernität Georg Büchners. "Lenz" und die Folgen, in: L'80. Zeitschrift für Politik und Literatur, hg. von Lutz Arnold, H. 45 (1988), S. 132-146.

zur schmerzhaft empfundenen Lust steigern, entsteht für ihn der Eindruck einer Vereinnahmung der äußeren Natur:

> Er stand, keuchend, den Leib vorwärts gebogen, Augen und Mund weit offen, er meinte, er müsse den Sturm in sich ziehen, Alles in sich fassen, er dehnte sich aus und lag über der Erde, er wühlte sich in das All hinein, es war eine Lust, die ihm wehe tat (137).

Lenz erlebt einen ekstatischen Rauschzustand; in seiner Imagination verschwindet die Distanz zwischen dem Selbst und der Natur. Er verschmilzt mit ihr, sich wie ein mächtiger Liebhaber vorkommend. Unmißverständlich wird die Bedeutung der Einbildungskraft für das menschliche Erleben vorgeführt. Durch die Beschreibung der Landschaft aus der Innenperspektive des Lenz[110] wird sein Erleben insgesamt als dynamisches Produkt einer Verarbeitung von Sinneseindrücken, Eingebungen der Phantasie, Erinnerungen und Abstraktionen dargestellt. Lenz ist gezwungen, sich Bilder von der Welt zu machen; in ihm entstehen ungewollt die verschiedensten Vorstellungen von der Natur. Einmal scheint sie ihm nahezu mit seinen sinnlichen Eindrücken identisch, dann wieder betrachtet er sie aus der größtmöglichen Distanz, als ein Produkt seines Denkens. Auf den sinnlichen Vereinigungstraum folgt eine Vision im halbwachen Zustand, die - durch das Wort "oder" (137) angedeutet - jenem Erlebnis gegenübergestellt wird. Diesmal vergrößert sich in seiner Vorstellung die Distanz zur Welt so sehr, daß sie ihm, quasi aus der Sicht eines Astronauten, als ein kleiner, bewegter Planet erscheint.

> [...] er stand still und legte das Haupt ins Moos und schloß die Augen halb, und dann zog es weit von ihm, die Erde wich unter ihm, sie wurde klein wie ein wandelnder Stern und tauchte sich in einen brausenden Strom, der seine klare Flut unter ihm zog (137 f.).

Dieses Bild läßt sich als eine auf rationaler Erkenntnis basierende, abstrakte Weltvorstellung deuten, welche durch die Begriffe 'Weltkörper' oder 'bewegte Materie', 'Raum' und 'Zeit' erläutert werden kann. Das Motiv des Stromes deutet außerdem das irdische Leben an, das aus der in diesem Fall vorherrschenden Distanz völlig "klar" (138) erscheint.

---

110 Zur Erzählperspektive siehe z. B. Richard Thieberger: Lenz lesend, in: Georg Büchner Jahrbuch 3 (1983), S. 43-75.

Die besonderen Erlebniszustände zeigen das Spektrum möglicher Weltverhältnisse, welches von der größtmöglichen sinnlich-gefühlsmäßigen Beteiligung bis zur weitestgehenden Distanzierung des Lenz reicht. Sie veranschaulichen Extrempunkte menschlichen Erlebens, die in dieser Form nur selten erreicht und im nächsten Augenblick auch schon wieder vom alltäglichen Lebensgefühl und Bewußtsein verdrängt werden:

> Aber es waren nur Augenblicke, und dann erhob er sich nüchtern, fest, ruhig als wäre ein Schattenspiel vor ihm vorübergezogen, er wußte von nichts mehr (138).

Demnach verliert Lenz solche Vorstellungen oder Tagträume aus dem Gedächtnis; er kann sie nicht festhalten und in seinem Sinne für sich nutzen, behält aber als beklemmendes Gefühl eine Ahnung von dem Verlust zurück.

Das völlige Versagen seines 'Erlebnisapparates' erweist sich als katastrophale Steigerung dieser für Lenz tragischen Situation, insofern dadurch sein bisheriges Selbst- und Weltverständnis radikal negiert wird. Unter dem Eindruck der Reglosigkeit der unbelebten Landschaft, der abnehmenden Geräusche und des schwindenden Lichts entsteht in Lenz die unerträgliche Erfahrung einer inneren Leere, woraufhin er instinktiv losrennt, wie um diesen Zustand abzuschütteln. Er beruhigt sich erst auf eine Veränderung der äußeren Situation hin, nachdem er Stimmen hört und Lichter sieht, das heißt menschliches Leben registriert. Sobald ihm aber Wärme, Licht und (fremdes) Leben wieder fehlen, stellt sich erneut der 'horror vacui' ein.[111] In diesen Momenten fühlt er sich hilflos wie ein Kind, das sich nicht aus eigenem Willen aus diesen Angstzuständen befreien kann. Instinktiv greift er zu selbsttherapeutischen Maßnahmen, die die schreckliche Anspannung lösen: "ein dunkler Instinkt trieb ihn, sich zu retten" (139). So erklärt sich etwa, warum sich Lenz mehrfach ins eiskalte Wasser stürzt oder sich selbst Schmerzen zufügt. Derartige Verhaltensweisen drücken

---

111 Vgl. Walter Hinderers Hinweis im "Büchner-Kommentar zum dichterischen Werk", München 1977. Immanuel Kant schreibt in der "Anthropologie in pragmatischer Hinsicht": "Die in sich wahrgenommene Leere an Empfindungen erregt ein Grauen (horror vacui), und gleichsam das Vorgefühl eines langsamen Todes, der für peinlicher gehalten wird, als wenn das Schicksal den Lebensfaden schnell abreißt." In: ders.: Werke in zehn Bänden, hg. von Wilhelm Weischedel, Bd. 10, Darmstadt 1981, S. 554 f.

meiner Meinung nach nicht etwa eine selbstquälerische Tendenz aus[112], sondern zielen darauf, das Gehirn durch äußere Reize anzuregen. Für dieses Verständnis sprechen auch die physiologischen Ansichten Johannes Müllers, der schreibt:

> Auch die integrirende Reizung eines Theiles wirkt belebend auf das Ganze zurück, namentlich von der Haut auf die Centralorgane des Nervensystems durch die Nerven, wie man denn mit Erfolg Frictionen und andere Hautreize zur Wiederbelebung anwendet.[113]

Auf die Figur Lenz angewandt, wäre die Theorie Müllers so zu verstehen, daß die Vitalität der Psyche aufgrund von Wechselwirkungen zwischen allen Teilen und Funktionen des Organismus, durch Licht, Töne, Tastempfindungen wie Wärme oder Kälte und Schmerz gesteigert wird. Da der Zustand der Besserung jedoch nicht anhält, greift Lenz immer wieder zu solchen Mitteln. Interessanterweise wirkt auch die menschliche Sprache wiederbelebend auf sein absterbendes Gemüt. Menschliche Stimmen, insbesondere die Stimme und die Worte Oberlins, aber auch Selbstgespräche, Singen und das Rezitieren von "Stellen aus Shakespeare" (140) und "Gedichten" (156) bringen ihn 'zu sich selbst' zurück. Umgekehrt löst ein Mangel an sogenannten "Lebensreizen", wie Müller es nennt[114], in Lenz immer wieder das Gefühl der Leere aus.

Lenz erlebt den Verlust einer Identität, die durch die Vorstellung geprägt ist, ein genialer und vor allem autonomer Mensch und Dichter zu sein. Sein Selbstverständnis wird durch die Regression seiner Psyche untergraben; sein Glaube an ein reiches und originelles Innenleben, Voraussetzung für sein Dichtertum, wird damit zerstört. Je mehr er aufgrund des Bewußtseins, sich aus seinem Zustand nicht selbst befreien zu können, resigniert, desto mehr wird sein Verhalten von unbewußten 'Trieben' bestimmt. Lenz registriert den zunehmenden Einfluß der als dämonisch empfundenen Macht seines eigenen, un-

---

112 So fallen Jochen Hörisch an der Figur des Lenz "zumal masochistische Tendenzen" auf. Jochen Hörisch: Pathos und Pathologie. Der Körper und die Zeichen in Büchners 'Lenz', in: Georg Büchner. 1813-1837. Revolutionär, Dichter, Wissenschaftler (Katalog der Ausstellung Mathildenhöhe, Darmstadt, 2. August - 27. September 1987) Basel, Frankfurt a.M. 1987, S. 274.

113 Johannes Müller: Handbuch..., a.a.O., S. 62.

114 Ebd., S. 53, S. 57.

bewußten Inneren.[115] Der Zwang der inneren Kraft, die ihn immer wieder in "eine unerbittliche Gewalt" (149) hineintreibt, erklärt aber nicht allein die verheerende Wirkung auf seine Psyche. Diese hängt auch mit dem Verlust seiner Sinndeutungsmuster zusammen.

Das ursprüngliche Selbstverständnis des Lenz wird im Text klar skizziert. Bei seiner Ankunft im Pfarrhaus wird er von Oberlin als Dichter, genauer als Dramatiker, angesprochen. Nach wenigen Tagen bekennt er sich außerdem zu seinem Theologiestudium. Auf Oberlins Frage "Sind sie Theologe?" antwortet er lakonisch mit "Ja!" (141). Doch seine Predigt macht deutlich, daß er vom christlichen Glauben abgefallen ist. Er instrumentarisiert sie, um die Bedrängnisse seiner Zuhörer, ihr Leiden am "von materiellen Bedürfnissen gequälten Sein" (142), zu lindern.[116] So entwirft er hier ein Szenario, welches, anstatt das Diesseits in teleologischer Manier als Zeugnis für die Macht und die Herrlichkeit des Schöpfers zu preisen, lediglich das Ausmaß irdischen Leids betont. "Das All war für ihn in Wunden; er fühlte tiefen unnennbaren Schmerz davon" (142). Auf Lenz haben die eigenen rührenden Worte und die Klagelieder der Gemeinde einen so starken Effekt, daß er sich anschließend, als er allein in seinem Zimmer ist, in einen ekstatischen Zustand hineinsteigert, der von der Vision einer 'unio mystica' begleitet wird. So fühlt er sich ein letztes Mal für Augenblicke ganz in einem Absoluten aufgehoben. Um so schmerzlicher wirkt die Ernüchterung danach, durch die er sich wieder der Trostlosigkeit und "Preisgegebenheit"[117] seines Daseins bewußt wird.

Lenz ist, seiner ideologischen Prägung nach, von einem positiv bewerteten Lebensbegriff bestimmt, der nicht mehr religiös, sondern naturphilosophisch begründet wird. Seine Gespräche mit Oberlin über 'mystische' Erlebnisse, die nach Johannes Müller als 'phantastische Sinneserscheinungen' zu verstehen wären (s.u.), lassen auf eine naturphilosophische Bildung schließen. Lenz will mit Argumenten überzeugen, die von einem Absolutheitsdenken hinsichtlich

115 Richard Thieberger verweist auf "eine treibende, verheerende Kraft, die im Innern des Helden ihren Sitz hat und ihn von da aus drängt und jagt", wobei er dieselbe nicht anders als mit dem Freudschen Begriff des 'es' zu deuten vermag, was letztlich hinsichtlich des Gesamtkontextes nicht überzeugt. Richard Thieberger: Lenz lesend, a.a.O., S. 52.

116 Nach einer These Joachim Kahls besitzt Büchner selbst "ein rein historisch-pragmatisches Verhältnis zur Religion". Joachim Kahl: 'Der Fels des Atheismus' Epikurs und Georg Büchners Kritik an der Theodizee, in: Georg Büchner Jahrbuch 2 (1982) S. 99-125.

117 Peter Michelsen: Das Leid im Werk Georg Büchners, in: JbFDH (1989) S. 307.

der Natur zeugen. Er nimmt an, daß alle Bestandteile der Natur auf elementarer Ebene miteinander verbunden, voneinander durchdrungen und grundsätzlich als Ganzheit zu denken sind.[118] Naive, ungebildete Menschen besäßen häufiger als andere ein Gespür für die innige Verbundenheit aller Naturdinge. Er spricht dem Menschen allgemein einen sogenannten "elementarischen Sinn" (143) zu, der ihn, sofern er nicht durch Erziehung und Bildung "abgestumpft" (143) worden sei, sogar das jeweils besondere "Wesen" der "Gesteine, Metalle, Wasser und Pflanzen" (143) empfinden lasse. Während Oberlin sich als Mystiker für solche traumartigen Erlebnisse interessiert, interpretiert Lenz sie aus anthropologischer Sicht. Für ihn handelt es sich um tief in der menschlichen Natur verankerte Fähigkeiten, die auf eine gemeinsame Basis aller Naturwesen schließen lassen. Er bekräftigt diese Auffassung, indem er auf das naturgeschichtliche Modell des Tierreichs rekurriert:

> Er sprach sich selbst weiter aus, wie in Allem eine unaussprechliche Harmonie, ein Ton, eine Seligkeit sei, die in den höhern Formen mit mehr Organen aus sich herausgriffe, tönte, auffaßte und dafür aber auch um so tiefer affiziert würde, wie in den niedrigen Formen Alles zurückgedrängter, beschränkter, dafür aber auch die Ruhe in sich größer sei (143).

Lenz argumentiert hier wie ein Vertreter der vergleichenden Anatomie, der den Grundgedanken teilt, daß sich die Tiere gemäß einem grundlegenden Bauplan organisierten, welcher mit Hilfe der 'genetischen Methode' durch die aufsteigende Reihe der Formen hindurch erkannt werden könne. Aus der Sicht des Naturforschers bestätige sich an den Erscheinungen des Tierreichs der Eindruck von absoluter Harmonie, der bei den höheren, komplizierter gebauten Tieren eindringlicher empfunden werde als bei den niederen, einfacher gebauten Tie-

118 Walter Weiss geht bei seiner Interpretation davon aus, daß in Büchners Werk die "Idee der Ganzheit noch wirksam" sei, weshalb er sein Lenz-Kapitel "Gefährdete Ganzheit" überschreibt. Seiner Ansicht nach beschreibt der Text einen "Zerstörungs- und Auflösungsprozeß, der in Gegensatz zum ganzheitlichen Welt- und Menschenbild steht". Walter Weiss: Enttäuschter Pantheismus. Zur Weltgestaltung der Dichtung in der Restaurationszeit, Dornbirn 1962, S. 251 ff., S. 255.

ren, die stattdessen mehr Ruhe ausstrahlten.[119] Lenz bevorzugt gegenüber der religiös-mystischen Deutung Oberlins eine Argumentationsform, die sich auf die Erfahrung beruft bzw. stützt. Daß diese eine tiefere Bildung voraussetzt, wird durch den Hinweis, daß Oberlin das Gespräch abbricht, weil es "ihn zu weit von seiner einfachen Art" (143) abführt, angedeutet.

Unter der gleichen Prämisse begründet Lenz auch seine Kunstauffassung, mit der er sich im Gespräch mit seinem Bekannten Kaufmann vehement der aufkommenden, idealistischen Ästhetik widersetzt. Er beurteilt deren Anliegen, die Natur gewissermaßen durch edlere, reinere Formen zu übertreffen, als anmaßend bzw. menschenverachtend und fordert, diese unverfälscht darzustellen. Der Dichter habe die Wirklichkeit nicht zu verklären, sondern so zu zeigen, daß "in allem Leben, Möglichkeit des Daseins" (144) empfunden werde. Der aristotelische Mimesisbegriff wird hier im Sinne einer Nachahmung des Prinzipiellen verstanden, wobei als sicherster Maßstab für die Beurteilung der Darstellungsart das menschliche Gefühl genannt wird.

> Ich verlange in allem Leben, Möglichkeit des Daseins, und dann ist's gut; wir haben dann nicht zu fragen, ob es schön, ob es häßlich ist, das Gefühl, daß was geschaffen sei, Leben habe, stehe über diesen Beiden, und sei das einzige Kriterium in Kunstsachen (144).

Lenz ordnet die Leitbegriffe der traditionellen Ästhetik 'Schönheit' und 'Vollkommenheit' dem ästhetischen Begriff 'Leben' unter. Er sieht darin jedoch keinen Widerspruch, denn auch unidealisierte, realistisch gestaltete Kunstwerke könnten der Schönheit Ausdruck verleihen. Bereits in der Natur manifestiere sich "eine unendliche Schönheit, die aus einer Form in die andere tritt, ewig aufgeblättert, verändert" (145). Der Text spielt an dieser Stelle offenbar auf den Metamorphosegedanken Goethes an. Danach wird das Leben als sich ständig verändernde Formgeschichte begriffen, die vom menschlichen Be-

---

119 Schon in Carl Friedrich von Kielmeyers Rede "Über die Verhältnisse der organischen Kräfte" von 1793 läßt sich eine analoge Argumentationsweise belegen. Darin heißt es: "Die Mannigfaltigkeit der möglichen Empfindungen nimmt in der Reihe der Organisationen ab, wie die Leichtigkeit und Feinheit der übrigen Empfindungen in einem eingeschränkten Kreise zunimmt. Somit wäre also bei den niedrigen Tieren der Mangel an Mannigfaltigkeit der Empfindungen durch Innigkeit und Feinheit der jedesmal übrigen ersetzt." Zitiert nach: Theodor Ballauff: Die Wissenschaft vom Leben. Eine Geschichte der Biologie, Bd. 1, Freiburg und München 1954, S. 352.

trachter immer wieder als schön empfunden werde. Das Kunstschöne steht also in Analogie zum Naturschönen; anstatt Schönheit in eine einzige, bestimmte Form bannen und konservieren zu wollen, müsse der Künstler durch vielfache Schattierungen das Prinzip andeuten und für das Veränderliche offen bleiben. Die Lenzsche Ästhetik basiert auf dem naturphilosophisch-anthropologischen Postulat, daß "die Gefühlsader [...] in fast allen Menschen gleich" (144) sei. Als Indiz für den Wirklichkeitsbezug eines Kunstwerkes gilt ihm entsprechend, ob das Dargestellte vom Rezipienten als lebendig empfunden wird. Daher wird beim schaffenden Künstler eine besondere Einfühlungsgabe und ein elementares Mitgefühl mit "der menschlichen Natur" (144) vorausgesetzt.[120] Für Lenz bildet das allgemeinere, schon bei den höheren Tieren vorkommende Lebensphänomen der Empfindung den sichersten Maßstab für die Kunst, weil die Gefahr, einer Täuschung zu unterliegen, geringer eingeschätzt wird, als beim rationalen Umgang mit der Wirklichkeit. Wenn man den Menschen mit offenen Sinnen, unvoreingenommen und mit einer prinzipiellen 'Sympathie' begegne, sei es möglich, das Wesen - die "innere Form", wie Goethe es nennt - jedes Einzelnen einfühlend zu erfassen.

> Man muß die Menschheit lieben, um in das eigentümliche Wesen jedes einzudringen, es darf einem keiner zu gering, keiner zu häßlich sein, erst dann kann man sie verstehen; das unbedeutendste Gesicht macht einen tieferen Eindruck als die bloße Empfindung des Schönen, und man kann die Gestalten aus sich heraustreten lassen, ohne etwas vom Äußern hineinzukopieren, wo einem kein Leben, keine Muskeln, kein Puls entgegen schwillt und pocht (145).

Die von Lenz vorgetragene ästhetische Theorie setzt eine bestimmte naturphilosophische Auffassung voraus, die das seelische Phänomen der Empfindung gegenüber der humanspezifischen, rationalen Komponente, die als ein Teilaspekt des positiv bewerteten, umfassenden 'Lebensprinzips' verstanden wird, aufwertet. So stellt die grundsätzliche Bejahung des Menschen für ihn eine notwendige Bedingung dar, um überhaupt realistisch darstellen zu können. Impliziert ist damit allerdings auch, daß es natürlich sei, eine grundsätzliche 'Sympathie', ein Verbundenheitsgefühl mit allen Wesen zu empfinden.

---

120 Peter Michelsen konstatiert in diesem Zusammenhang "das Prinzip einer neuen 'Mitleidspoetik'", wobei er auf eine grundlegende Arbeit von Hans-Jürgen Schings (Der mitleidigste Mensch ist der beste Mensch. Poetik des Mitleids von Lessing bis Büchner, München 1980, S. 79) verweist. Peter Michelsen: Das Leid im Werk Georg Büchners, a.a.O., S. 301.

Dieser Gedanke, daß das Leben allgemein von einem alle Lebewesen verbindenden 'liebenden' Prinzip getragen wird, der die theoretische Basis seines bisherigen Selbstverständnisses bildet, wird in dem gezeigten Lebensabschnitt als idealistische-harmonisierende Ideologie ad absurdum geführt, wobei das Schwanken des Lenz gleichzeitig die mit dem Verlust dieser Position verbundene, existentielle Erschütterung zum Ausdruck bringt.[121] Besonders nach den Erlebnissen mit dem kranken Mädchen in der Berghütte und mit dem toten Kind in Fouday muß Lenz sich die prinzipielle Abgründigkeit und Sinnlosigkeit seiner Existenz eingestehen. Jeweils im Anschluß an die beiden Episoden wird das Wissen, ins Bodenlose zu stürzen, zum Ausdruck gebracht.

> Die Welt war ihm helle gewesen, und an sich ein Regen und Wimmeln nach einem Abgrund, zu dem ihn eine unerbittliche Gewalt hinriß (149).

> [...], er stand nun am Abgrund, wo eine wahnsinnige Lust ihn trieb, immer wieder hineinzuschauen, und sich diese Qual zu wiederholen (151).

Nicht zuletzt aufgrund seiner Offenheit für die unterschiedlichsten Eindrücke bleibt Lenz am Schluß nur die Negation des Lebens, an das er als den höchsten Wert geglaubt hat. Angesichts des drohenden Verlustes sucht er verzweifelt nach einem über das Selbsterhaltungsprinzip des Lebens hinausweisenden Absoluten. Als Lenz das tote Kind sieht und berührt, erfaßt ihn ein Entsetzen vor dessen Leblosigkeit, indem er den Prozeß der Verwesung geradezu antizipiert. Noch einmal gibt er seinem Verlangen nach einem persönlichen Gott nach, dessen Macht dem unaufhaltsamen, irreversiblen Naturprozeß Einhalt gebieten soll. Mit der Wut des Verzweifelten klammert er sich an den Glauben seiner Kindheit, verlangt eine göttliche Fügung, ein Wunder. Vergeblich lehnt er sich mit ganzer Kraft gegen das unerhörte Leid auf. Nachdem jegliches Lebenszeichen ausbleibt, stürzt er hinaus in die unbewohnte Gebirgslandschaft, um seinem vermeintlichen Schöpfer mit promethischem Trotz zu antworten. Resigniert verflucht er schließlich mit aller Entschlossenheit das Leben und die ganze Schöpfung, deren Prinzip sich für ihn ins Gegenteil verkehrt hat. Anstatt

---

121 Siehe Manfred Durzak, der meint, daß Büchner "das weltanschauliche, das den einzelnen auch im Moment des individuellen Scheiterns dennoch auffängt und schützt, [...] zerrissen" sieht. Manfred Durzak: Die Modernität Georg Büchners, a.a.O., S. 140.

weiterhin daran festzuhalten, daß sich das natürliche Leben im Grunde in idealen Bahnen vollziehe, gesteht er sich endgültig ein, daß die Natur von einem 'Ungeist' regiert wird; er rebelliert daher gegen den Harmoniegedanken als Lebenslüge.

> Der Wind klang wie ein Titanenlied, es war ihm, als könne er eine ungeheure Faust hinauf in den Himmel ballen und Gott herbeireißen und zwischen seinen Wolken schleifen; als könnte er die Welt mit der Zähnen zermalmen und sie dem Schöpfer ins Gesicht speien; er schwur, er lästerte (151).

Doch auch hier, im Gebirge, wird er sich schließlich nur wieder seiner Verlorenheit im Universum bewußt. Nicht die gigantischen Berge und nicht einmal der grenzenlose Himmel können in Lenz das Gefühl der Erhabenheit erzeugen; sie kommen ihm lächerlich vor. Ernüchtert spürt er seine absolute Hilflosigkeit; er verliert sogleich wieder den Halt und stürzt ins Leere. Am nächsten Tag verarbeitet er das Erlebte zu der Erkenntnis, daß es für ihn keine Rettung gibt, geben kann. Obwohl die Absurdität eines Lebens, das sich nur aus dem Prinzip der Selbsterhaltung erklärt, für Lenz aus rationaler Sicht evident ist, wird er von Schuldgefühlen gepeinigt; anders als im Zuge der Rebellion, glaubt er jetzt, durch eigenes Verschulden in Ungnade gefallen zu sein. Er kann sich nicht mit dem Wissen um die Sinnlosigkeit und Unentrinnbarkeit des allgemeinen Lebensschicksals abfinden.

Anhand der Lenzfigur wird anschaulich gemacht, wie psychische und physische Ereignisse voneinander abhängen und durch Wechselwirkungen zu nicht näher definierbaren Erlebnisqualitäten führen. So etwa, wenn er versucht, sich durch lautes Reden zu beruhigen, oder wenn er auf das Gefühl der Beklemmung reagiert, indem er sich "mit verzweifelnder Schnelligkeit" (154) fortbewegt, wenn er sich "zum Fenster herunter[...]stürzt"(153), "den Kopf an die Wand" (157) schlägt oder "sich sonst einen heftigen physischen Schmerz" (157) zufügt, um seiner psychischen Folter entgegenzuarbeiten. In Lenz wehrt sich alles gegen den Verlust seiner Identität - bis zur totalen Resignation. Sein ganzer Organismus ist in Aufruhr; jeder Teil wird in Mitleidenschaft gezogen.

Auf eine derartige Wechselwirkung zwischen Psyche und Sinneswahrnehmung deutet vor allem auch seine Vorliebe für phantastische Tagträume, seine auffällig stark ausgeprägte Neigung, sich Personen und Dinge "lebhaft vor[zustellen]" (155). Er erlebt dann, was Johannes Müller "phantastische Gesichtserscheinungen" nennt. Nach dessen Theorie resultieren Empfindungen oder Vorstellungen, wie sie für Lenz charakteristisch sind, aus der Korrelation der verschiedenen Sinneseindrücke mit Phantasien, Erinnerungen oder Abstraktionen. Derartige, durch innere Reize ausgelösten Wahrnehmungen, stellen im Rahmen der physiologischen Sinnestheorie Müllers normale Lebenserscheinungen dar: Wie jeder Sinneseindruck entstünden sie im Gehirn unter dem Einfluß von äußeren und inneren Faktoren auf synthetische Weise. Er meint, "daß jeder Mensch wenigstens Spuren dieser Erscheinungen habe"[122], und daß sie bei manchen unter bestimmten Umständen besonders häufig und stark auftreten können. Die Qualität der Empfindungen hänge generell von den "Energien organischer Körper"[123] und nicht von den Eigenschaften der Außenwelt ab. Gerade die Beschreibung der Lenzfigur macht deutlich, daß jeder Organismus ein Eigenleben führt, das auf Wechselwirkungen zwischen seinen Organen basiert, über die er zum Teil mit seiner Umwelt in Verbindung steht. Die Qualität dieses Eigenlebens hängt allein vom inneren Kräftepotential eines Organismus ab. Das aufgrund seiner Verzweiflung beschleunigte Wechselspiel von Reaktionen und Gegenreaktionen ist bei Lenz mit einem enormen Kräfteverschleiß verbunden. Die Ruhelosigkeit und permanente Anspannung hat eine entscheidende Reduktion seines Lebens zur Folge, nämlich den Verlust seiner individuellen menschlichen Eigenschaften. Sein Organismus arbeitet lange gegen diesen Bruch, indem der peripherste Teil seines Kräftesystems zur Integration gebracht wird; doch der Selbsterhaltungstrieb wirkt immer unmittelbarer auf sein Verhalten. Nach Büchners Beschreibung wird Lenz immer stärker durch eine von seinem Bewußtsein unabhängige Macht getrieben. Je mehr er sich durch den Verlust seines bisherigen Orientierungsrahmens gelähmt fühlt, desto stärker bemerkt er an sich selbst eine Fremdbestimmung. Unfähig, sich auf etwas Reales zu beziehen, verliert er den Halt und wird, um seine Abhängigkeit wissend, nur noch durch das Korsett seiner Triebe aufrecht gehalten.

> Die Welt, die er hatte nutzen wollen, hatte einen ungeheuren Riß, er hatte keinen Haß, keine Liebe, keine Hoffnung, eine schreckliche Leere und doch eine folternde Unruhe, sie auszufüllen. Er hatte Nichts. Was er tat, tat er mit Bewußtsein und doch zwang ihn ein innerlicher Instinkt (155).

---

122 Johannes Müller: Über die phantastischen Gesichtserscheinungen, a.a.O., S. 106.

123 Ebd., S. 94.

Seine menschliche Psyche hält der extremen Anspannung auf Dauer nicht stand; sie stirbt ab.[124] Lenz verliert dabei zuletzt sogar die existentiellen Fähigkeiten, sich zu ängstigen, sich etwas zu wünschen bzw. sich etwas vorzustellen. Er kommt nicht mehr zur Ruhe, bis sich der Teil seiner Kräfte, der bis dahin seine Individualität ausmacht, verzehrt hat. Die Kraft, mit der er sein Ich und seine Welt aufbauen und erhalten konnte, versiegt. Seine 'geniale' Innenwelt, die die Grundlage seiner dichterischen Existenz ausgemacht hatte, löst sich auf.

> Er schien ganz vernünftig, sprach mit den Leuten; er tat Alles wie es die anderen taten, es war aber eine entsetzliche Leere in ihm, er fühlte keine Angst mehr, kein Verlangen; sein Dasein war ihm eine notwendige Last. - So lebte er hin (158).

Die 'Krisis' hält an, bis das Geistes- und Seelenleben sich weitgehend verzehrt und sein Organismus sich auf niedrigerem Niveau wieder stabilisiert hat. Lenz' individueller Geist gibt auf, lange bevor sein organisches Leben endet; sein Organismus verfolgt den Zweck der Selbsterhaltung auch 'ohne ihn' weiter. Obwohl er an sich als Mensch keine Anforderungen mehr stellt, wohnt ihm als Teil der Natur weiterhin ein 'telos' inne, auch wenn es als solches keinen Sinn macht. Den Schlußpunkt der Identitätskrise bildet eine Reduktionsstufe seines Selbst; seine Autonomie wird auf die instinktive Fähigkeit zur Selbsterhaltung auf einem subhumanem Niveau reduziert. Völlig desillusionierend wirkt, daß der solcherart 'gebändigte' Organismus dabei seine Funktionstüchtigkeit zurückgewinnt und sich jetzt wesentlich besser in den bestehenden sozialen Kontext integrieren läßt. Letzteres bedeutet für mich die schärfste Form der Gesellschaftskritik überhaupt (s.u.).

Anhand des exemplarischen Scheiterns der Lenzfigur wird die moderne Vorstellung vom selbstbewußt sich selbstverwirklichenden Individuum ad absurdum geführt, was unter Berücksichtigung des zugrundeliegenden vitalistischen Lebensbegriffs besonders deutlich wird. Danach werden die unbewußt ablaufenden Lebensvorgänge und Verhaltensweisen, die zur Entwicklung oder Erhaltung der Lebewesen beitragen, auf ein allgemeines Lebensprinzip, oft Lebenskraft genannt, zurückgeführt. Es wird als ein überindividuelles geistiges Prinzip aufgefaßt, das der Natur als Ganzes innewohnt und der Organisation jedes Lebewesens zugrundeliegt. Durch Büchners Text werden tiefe Einblicke in die

---

124 Walter Hinderer meint in seiner Einleitung zum Büchner-Kommentar, Lenz fühle sich "als lebendiger Toter". Walter Hinderer: Einleitung, in: Büchner-Kommentar..., a.a.O., S. 56.

äußerst komplexe, durch vielfache Wechselwirkungen gekennzeichnete Organisation der menschlichen Psyche gewährt, bei der das vom Willen gelenkte, zielgerichtete Denken als ein nicht deutlich zu trennender Teil erscheint. Diese Sichtweise bestätigt Johannes Müller, indem er meint:

> dass in das bewusste und denkende Seelenwirken nur ein kleiner Theil von den Wirkungen jener höhern, vernunftgemäss wirkenden Lebensseele fällt, welche die letzte Ursache eines Geschöpfes ist, und welche in seiner Organisation, in seinen instinktmässigen Trieben alle Schicksale desselben im Zusammenfluss mit der äussern Welt vorsieht.[125]

Demnach stellt das bewußte, dem Willen unterworfene Leben nur einen Ausschnitt des beseelten Lebens der Natur dar. In seinem physiologischen Konzept wendet Müller den Begriff der 'Seele', die er auch "psychisches Prinzip" nennt, keineswegs nur auf den Menschen an. Er behauptet,

> dass das psychische Prinzip nicht bloss in einer Classe von thierischen Wesen, im Menschen, dass es vielmehr bis zu den niedersten Thieren erscheint. Denn alles Thierische ist beseelt.[126]

Seiner Ansicht nach "kommen psychische Erscheinungen bis zu den niedersten Thieren vor, bei den höheren Thieren treten zumal auch Leidenschaften auf"[127]. Während diese sich ausschließlich ihren instinktiven "Vorstellungen und Begehrungen", die sie weder begreifen noch beeinflussen könnten, gemäß verhielten, erlange das "psychische Prinzip" durch den menschlichen Geist Selbstbewußtsein. Doch werden die intellektuellen Fähigkeiten des Menschen dem allgemeinen Lebensprinzip untergeordnet, das als die Hauptursache jedes Lebewesens erscheint.

Vor diesem Hintergrund läßt sich der Schluß so verstehen, daß, nachdem sich die 'oberen' Seelenkräfte des Lenz weitgehend verzehrt haben, nur noch die elementaren Kräfte wirken und das Weiterleben bestimmen. Während er anfangs gewohnt ist, durch fast alles in Erregung versetzt zu werden, regt er sich schließlich über nichts mehr auf. Er ist gleichgültig und teilnahmslos geworden und verliert dadurch seine individuellen Züge. Aus "kalter Resignation" der Welt und sich selbst gegenüber verhält er sich nun aus der Sicht seiner Mit-

---

125 Johannes Müller: Handbuch..., a.a.O., S. 821.

126 Ebd.

127 Ebd.

menschen unauffällig. Daß Lenz den Leuten, die ihn von außen betrachten, in dem Zustand vernünftig erscheint, in dem er aus der Sicht des Lesers sozusagen auf das unterste Lebensniveau reduziert erscheint, ist offensichtlich bissige Ironie. Büchners Kritik zielt auf eine Gesellschaft, in der der psychische Tod eines Menschen nicht nur nicht bemerkt wird, weil dem Innenleben eines Menschen keine Beachtung geschenkt wird, sondern in der der Anpassungsdruck so groß ist, daß der Selbstverlust bewußt in Kauf genommen, wenn nicht gar gezielt herbeigeführt wird. Unter sozialkritischem Aspekt betrachtet, erscheint die Veränderung des Lenz geradezu als Prozeß einer 'Zähmung': Lenz wird zu einem, wenn auch nicht besonders funktionstüchtigen, so doch integrationsfähigen Mitglied der Gesellschaft gemacht. So gesehen, wäre sein 'Wahnsinn' als normale, gesunde, wenn auch erfolglose Schutzreaktion gegen die Verstümmelung durch die bestehende, auf dem Utiliarismus basierende, bürgerliche Gesellschaftsordnung zu begreifen. Anders als Schlemihl gelingt es Lenz nicht, ihrer destruierenden Macht zu entkommen - was seinen Fall wesentlich realistischer erscheinen läßt.

Ergänzt wird dieser Aspekt durch Büchners Kritik am idealistischen Natur- bzw. Lebens- sowie Kunstbegriff und der damit verbundenen Verabsolutierung des Vernunftprinzips. Er führt anhand der Fallstudie Lenz vor Augen, welche Konsequenzen der Idealismus als Ideologie birgt, indem er vom Menschen verlangt, sein Leben folgerichtig, unter dem Diktat der Vernunft, zu Höherem zu kanalisieren. Wie seine Analyse ergibt, führt die Behandlung des modernen Individuums durch die sich am klassischen Harmonieideal orientierende bürgerliche Gesellschaft zur Läsion wesentlicher Teile seiner selbst. So werden Individuen, welche nicht ins System passen (unter Umständen kann es sich dabei auch um die Mehrheit handeln) oder beispielsweise - wie im Falle des Lenz - nicht mehr von der Richtigkeit eines harmonistischen Weltentwurfs überzeugt sind und folglich die daraus resultierende Lebenslüge ablehnen, ausgegrenzt. Dadurch werden sie geradezu experimentellen Bedingungen ausgesetzt und bleiben solange einem vermeintlichen Naturprozeß (der ja gerade aufgrund der sozialen Isolation als unnatürlich erscheint) unterworfen, bis sie mehr oder weniger zugrundegehen und - sich selbst völlig entfremdet - wieder als tauglich befunden werden.[128] Wenn Büchner auch deutlich zeigt, daß die Natur unter bestimmten, vom Menschen herbeigeführten Bedingungen, destruierende Wirkungen entfaltet, - sein Vorwurf trifft allein den Menschen, der sich ihrer Organisationsweise bedient, um eine als 'natürlich' deklarierte, in Wahrheit aber lebensfeindliche Ordnung aufrecht zu erhalten. Allein aufgrund des mit solchem harmonistischen Naturkonzept verbundenen Mißbrauchs, setzt sich Büchners Lenz über alle positiven Werturteile hinweg, die seit dem 18. Jahrhundert mit dem Begriff Natur bzw. mit dem Begriff Leben verbunden werden. Von den Voraussetzungen her entspricht die Figur des Lenz dem Konzept des autonomen, aufgeklärten Menschen, das als solches in Goethes *Werther* erstmals in der Literatur zum Tragen kommt.[129] Die Darstellung der Büchnerschen Lenzfigur deutet auf eine ursprüngliche Begabung hin; er ist gewissermaßen von Natur aus empfindsam und dynamisch, besitzt schöpferische Phantasie und Intelligenz, zeichnet sich durch Produktivität und soziales Engagement aus und stellt an sich selbst die höchsten Ansprüche. Anknüpfend an dieses Konzept stellt Büchner mit letzter Konsequenz dar, was im denkbar schlimmsten Fall aus einem Menschen wie Lenz gemacht werden kann. Unerbittlich wird er durch ein vermeintliches Schicksal, das seine Begründung allerdings in den bestehenden Verhältnissen findet, von der Höhe seines Lebens in den Abgrund gestürzt. Die teuflische Anwendung des ihn betreffenden Verfahrens bestätigt sich einerseits dadurch, daß er sich einbildet, quasi von einem inneren Dämon auf grausamste Weise in den psychischen Tod getrieben zu werden, und andererseits dadurch, daß es ihm so vorkommt, als ob ihn sein eigenes Denken und die damit zusammenhängenden Gefühle, insbesondere die Angst, in den psychischen Tod trieben. Als Folge des ideologischen Programms, das er verinnerlicht hat, nimmt Lenz als Subjekt alle Schuld auf sich. Auch wenn eine Vielzahl von Faktoren zum Selbstzerfall des

128 Peter Michelsen kommt aufgrund seiner Auseinandersetzung mit "Woyzeck" zu folgender, auch auf "Lenz" zutreffenden, Aussage: "Unter dem gewaltigen Eindruck solch gestalteter Zwanghaftigkeit, dem sich niemand entziehen kann, ist das verglimmende Flämmchen menschlicher Freiheit (im Handeln oder im Dulden) kaum noch wahrnehmbar. Alles Tun und Leiden des Menschen erscheint wie - oder als - ein Naturvorgang". Peter Michelsen: Das Leid..., a.a.O., S. 305.

129 Auf Parallelen zur Wertherfigur ist in der Sekundärliteratur vielfach hingewiesen worden, so in der von mir zitierten Literatur bei Peter Michelsen (S. 295), Manfred Durzak (S. 140) und Walter Hinderer (S. 56).

Lenz beitragen, ausschlaggebend ist die unerträgliche Situation, in die er sich als Individuum allererst aufgrund seiner gesellschaftlichen Erfahrungen gedrängt sieht. Nur daraus erklärt sich letztlich, daß er dem Zerfallsprozeß keinen Einhalt gebieten kann, so daß sich sein Leben quasi auf naturgemäße, organische Weise erschöpft. Unter den gegebenen Umständen muß es im Falle des Lenz' dazu kommen, daß die integrierende und selbsterhaltende Wirkung der unbewußten, im allgemeinen Lebensprinzip begründeten Triebe zum Fiasko führt, daß sich Lenz' eigener Organismus quasi gegen ihn richtet.

Büchners konsequent antiteleologische Kritik[130] richtet sich gegen die zweckentfremdende Indienstnahme des Individuums durch die bürgerliche Gesellschaft. Das Leben ist - nach seiner Aussage - "um seiner selbst willen da"[131]. Er kritisiert das zugrundeliegende idealistische Wirklichkeitsmodell, wonach behauptet wird, Zweck der Natur sei die Herausbildung selbstbestimmter Individuen, tatsächlich aber das Gegenteil erzielt werde, nämlich die Genese selbstentfremdeter Menschen. Vor allem bekämpft er die Ideologie, daß sich das menschliche Individuum durch Annäherung an das Ideal körperloser Vernunft gewissermaßen selbst als Naturwesen zu überwinden habe. Nicht unbeabsichtigt erscheint dem Rezipienten das Weiterleben des Lenz in einem Zustand des sich selbst Entfremdetseins schlimmer, als wenn er gestorben wäre. Damit bestätigt Büchner ex negativo die im vitalistischen Denken verankerte Autonomievorstellung des modernen Menschen. Nicht die Natur verhindert die Selbstwerdung des Lenz, sondern anthropogene Faktoren bedingen, daß sie sich scheinbar gegen ihn richtet. Die sich gesetzmäßig vollziehende Dynamik des Lebens spiegelt sich nicht nur inhaltlich, beispielsweise durch die anhand der Lenzfigur beschriebene menschliche Wahrnehmungsweise, sie wird auch formal durch Metaphernwiederholung (Trieb/Drang/Instinkt, Schmerz/Angst, Abgrund) als ein in eine bestimmte Richtung weisender, äußerst zwanghafter, entsetzlicher Prozeß veranschaulicht. Dem positiv konnotierten Lebensbegriff der idealistischen Literatur wird hier also ein extrem negativer Lebensbegriff gegenübergestellt, wobei diese Wertung nur in ethischer Hinsicht Bedeutung

---

130 Wie schon Hans Mayer, der Büchner als "Feind allen teleologischen, überall nur nach den Zwecken, also nach dem 'Nutzen' fragenden Denkens" charakterisiert, bezeichnet auch Joachim Kahl Teleologie-Kritik "als theoretische Konstante in Büchners Denken". Hans Mayer: Georg Büchner und seine Zeit, Wiesbaden 1946, S. 359. Joachim Kahl: Der Fels des Atheismus..., a.a.O., S. 106.

131 Georg Büchner: Über Schädelnerven, Werke und Briefe, S. 259.

gewinnt, indem Büchner die Tatsache, daß dem Menschen das Leben zur Hölle werden kann, auf ideologische Momente der idealistischen Lebensauffassung und ihre Manifestationen in der Gesellschaft zurückführt.

Daß Lenz' Autonomie weitgehend auf die instinktive Fähigkeit zur Selbsterhaltung auf einem subhumanem Niveau reduziert erscheint, kann darüber hinaus als Hinweis auf eine reine Selbsterhaltungsteleologie verstanden werden, deren Konsequenz Schopenhauer zieht, indem er die Überwindung des Ichs und seines Selbsterhaltungsstrebens fordert. Zweifellos wird die Frage nach dem Unbedingten, Absoluten, das zu verwirklichen im Leben einen Sinn machen würde, in äußerster Radikalität gestellt, ohne eine eindeutige Antwort darauf zu geben. Daß das Leben selbst diese Kategorie sein könnte, wird in Zweifel gezogen, da es aus der Sicht des Lesers unmöglich erscheint, den Zustand, in dem sich Lenz am Ende befindet, zu akzeptieren. Die naturphilosophische Sichtweise des Naturforschers Büchners darf gegenüber seiner gesellschaftskritischen Position nicht überbetont werden. Andererseits kann Büchners politisches Engagement nicht ohne seinen "naturwissenschaftlich geschulten Blick für die Kreatürlichkeit der menschlichen Gattung - ihre Gebrechlichkeit und Hinfälligkeit, die sie mit den Tieren teilt -"[132] verstanden werden. Als Dichter sowie als Sozialrevolutionär muß er darauf bauen, daß die Menschen, denen er die Wahrheit ihrer Natur vor Augen führt, "das Leiden nicht ertragen" (156) und dadurch in seinem Sinne menschlicher werden.

132 Joachim Kahl: 'Der Fels des Atheismus'..., a.a.O., S. 108.

4. 'Leben' als Paradigma künstlerischer Gestaltung: Ausblick auf eine Poetik des Lebendigen

4.1. Eigenart und Ganzheit: Vielfältige Entfaltung des vitalistischen Lebensmodells

Die vitalistische Theorie, wonach die Lebewesen einen ontologischen Sonderstatus besitzen, der durch die Evidenz von charakteristischen Eigenschaften, wie der Fähigkeit zur Selbstorganisation, Eigenbewegung und Reproduktion, begründet wird, besitzt auch für die im gleichen Zeitraum stattfindende Reform der Ästhetik Modellfunktion. Hinsichtlich der Frage nach dem Selbstverständnis des aufgeklärten Menschen als individuelles, autonomes Individuum und der daraus resultierenden Problematik, vor allem der sich neu stellenden sogenannten 'Sinn-Frage', lassen die Ergebnisse des vorangehenden Interpretationsteils sich vergleichend auswerten. Wesentlich erscheint im Rahmen dieser Untersuchung des Zusammenhangs zwischen Natur-, Lebens- und Kunstbegriff, daß die hier behandelten literarischen Texte Goethes, Chamissos und Büchners nicht mehr von einer mit dem christlichen Gottesglauben in Einklang gebrachten teleologischen Naturauffassung ausgehen. Die Phänomene der organischen Natur, die in dieser Zeit vielfach ins Zentrum wissenschaftlicher Naturinterpretation gestellt werden, gelten diesen Autoren nicht mehr als Zeugnisse für einen Schöpfergott oder einen göttlichen Konstrukteur. Sie werden - auch wenn sich dem menschlichen Betrachter der Gesichtspunkt ihrer Zweckmäßigkeit aufdrängt - nicht mehr durch ein außerhalb der Natur liegendes, metaphysisches Bewußtsein begründet, sondern - unter dem Einfluß der naturwissenschaftlich orientierten, vitalistischen Denkrichtung - auf eine in der Natur enthaltene, als Prinzip aufgefaßte Kraft zurückgeführt. Dabei wird vor allem der Selbstzweckcharakter der Lebewesen herausgestellt.

Da das mechanistische Weltbild des 18. Jahrhunderts keine auch nur annähernd befriedigende Erklärung für die Zweckmäßigkeitsphänomene der organischen Natur bietet, tendieren viele aufgeklärte Denker um 1800 zu einer vitalistischen Deutung. Noch in den dreissiger Jahren des 19. Jahrhunderts vertritt

Johannes Müller die Auffassung, in den Organismen wirke eine "vernünftige Schöpfungskraft", die "sich in jedem Thiere nach strengem Gesetz, wie es die Natur jedes Thieres erfordert", äußere. Sie sei "in dem Keim schon vorhanden" und erzeuge "die Glieder, die zum Begriff des Ganzen gehören", auf epigenetische Weise.[1] Um seine Theorie vor antiteleologischer Kritik zu bewahren, etwa vor dem Vorwurf, die Steuerung der Lebensprozesse in Analogie zu vorsätzlichem Handeln zu deuten, schreibt er:

> Man darf [...] die organisierende Kraft nicht mit etwas dem Geistesbewußtseyn analogen, man darf ihre blinde notwendige Thätigkeit mit keinem Begriffbilden vergleichen. Unsere Begriffe vom organischen Ganzen sind blosse bewusste Vorstellungen. Die organische Kraft dagegen, die Endursache des organischen Wesens ist eine die Materie zweckmäßig verändernde Schöpfungskraft. Organisches Wesen, Organismus ist die factische Einheit von organischer Schöpfungskraft und organischer Materie.[2]

Wenn Müller hier von der "organischen Kraft" als der Endursache der Lebewesen spricht, weil er diese mit Kant als "Naturzwecke"[3] begreift, so betrachtet er die Natur durchaus unter 'teleologischem' Aspekt. Wie Lothar Spaemann und Rainhard Löw in ihrem Buch *Die Frage Wozu. Geschichte und Wiederentdeckung des teleologischen Denkens* analysieren, stellt Kant in der *Kritik der Urteilskraft* fest, daß Lebewesen als solche nur durch eine 'teleologische' Sichtweise ins Blickfeld gelangen können, weil man von ihrer 'inneren Einheit' ausginge und voraussetze, daß sie Veränderungen ihrer Grundgestalt unter dem Druck der Außenwelt von 'sich' aus entgegensteuern.[4] "Wir müssen sie als natürliche Systeme, d. h. immanent-teleologisch betrachten"[5]. Kant habe "dann im Opus postumum unsere eigene organische Natur als konstitutives, daher prinzipiell nicht rekonstruierbares a priori jeder objektiven Erkenntnis" begriffen, woraus für diese Autoren folgt: "Dann aber nehmen wir offenbar, wenn wir Organismen, wenn wir Leben wahrnehmen, so etwas wie Selbstsein

---

1 Johannes Müller: Handbuch der Physiologie..., a.a.O., S. 23. Zum Begriff 'Epigenese' siehe Kap. 2.1.

2 Ebd., S. 25.

3 Immanuel Kant: Kritik der Urteilskraft, a.a.O., S. 337 ff.

4 Und daher auch von der 'Wissenschaft vom Leben' als teleologisch verfaßte vorausgesetzt werden müssen. Siehe Kap. 2.1.

5 Robert Spaemann und Reinhard Löw: Die Frage Wozu? , a.a.O., S. 293.

nach Analogie unseres eigenen wahr"[6]. Diese Aussage erscheint im Kontext dieser Arbeit sehr aufschlußreich, da sie deutlich macht, daß die Annahme einer Lebenskraft ihre Wurzeln in der "Selbsterfahrung des Subjekts" hat. Der "späte Kant" habe den "Begriff der bewegenden Kraft" auf die - der Wissenschaft a priori vorausgehenden - menschliche Erfahrung, als handelndes Selbst Ursache von Bewegung zu sein, zurückgeführt.[7] Nach Spaemann und Löw muß ein Mensch, der sich "auch als ein Stück Natur" begreift, "gleichzeitig aber sein Selbstverständnis als das eines handelnden Wesens festhalten" will, "die Natur bereits selbst teleologisch [...] denken"[8].

Solange die Erforschung des Menschen als Lebewesen ein explizites Ziel der Naturwissenschaft darstellt, ohne daß bestimmte Aspekte, wie menschliches Handeln, Bewußtsein, Ethik usw. von vornherein ausgeklammert werden[9] - wie es um 1800 durchaus noch üblich ist - , kommt man ohne eine bestimmte Form von teleologischem Denken nicht aus.[10] Bei der wissenschaftlichen Untersuchung der Organismen unter dem vitalistischen Paradigma wird eine naturimmanente Ursache ihrer Selbstbewegung und ihres "Selbstseins" vorausgesetzt, weshalb man heuristisch eine Lebenskraft annimmt. Die Aufgabe weist aber über den in jedem Fall methodisch begrenzten Rahmen der neuzeitlichen Naturwissenschaften hinaus auf philosophische und literarische Versuche, das menschliche Selbstverständnis neu zu bestimmen, weshalb sich die Literatur auch seit der zweiten Hälfte des 18. Jahrhunderts für die Vermittlung aufgeklärter Weltbilder zuständig weiß.

Etwa zur gleichen Zeit, in der die Naturforschung einen Paradigmenwechsel von der mechanistischen zur vitalistischen Naturauffassung vollzieht, etabliert sich in der deutschen Literatur eine Schaffenspoetik, die aus literaturgeschichtlicher Sicht eine wichtige Weichenstellung darstellt. Hinsichtlich deren anthro-

---

6 Ebd.

7 Ebd., S. 137 f.

8 Ebd., S. 288.

9 Dorothea Kuhn : Über den Grund von Goethes Beschäftigung mit der Natur und ihrer wissenschaftlichen Erkenntnis, a.a.O., S. 172 f.

10 Beschränkt man - wie es spätestens seit Mitte des 19. Jahrhunderts der Fall ist - Naturwissenschaft darauf, die Lebewesen ausschließlich unter materialistisch-mechanistischem Aspekt zu betrachten, so wird die Teleologie damit nicht eleminiert, sondern vielmehr auf eine reine Selbsterhaltungsteleologie reduziert. Siehe Robert Spaemann und Reinhard Löw: Die Frage Wozu?, a.a.O.

pologischer Basis läßt sich interessanterweise eine Parallelität zur vitalistischen Denktradition feststellen. Die Vorstellung vom aus angeborener Kraft schöpferisch tätigen Menschen gehört seitdem zu den Grundannahmen moderner Literaturauffassungen. So stellt auch in der Literaturtheorie der Klassik der Gedanke einer 'Kräftenatur des Menschen', wiewohl er bezüglich seines Stellenwerts gegenüber der Sturm und Drang-Poetik reduziert erscheint, eine entscheidende Komponente dar. Er erscheint hier eingekleidet in die von Caspar Friedrich Wolff, Johann Friedrich Blumenbach und auch von Goethe selbst erarbeitete, durch Herder und Kant philosophisch bestimmte Organismusauffassung und hat für das durch die klassische idealistische Literatur propagierte Menschen- und Gesellschaftsbild Modellcharakter.

Außerordentliche Bedeutung für die Verbreitung dieser Sichtweise besitzt Herders Schrift *Ideen zur Philosophie der Geschichte der Menschheit*, die - wie bereits erwähnt - Mitte der achtziger Jahre unter Mitwirkung Goethes entsteht.[11] Daher wird die in ihr enthaltene, vornehmlich auf vitalistischen Annahmen basierende Weltanschauung im folgenden erneut thematisiert.[12] Herder distanziert sich in der Vorrede von jeglicher "metaphysischen Spekulation"[13]. Auch in seiner Abhandlung besteht er darauf, daß er die "physiologische Natur des Menschen"[14] betrachte und seine Ansichten auf "Physiologie und Erfahrung"[15] gründe. Dem Hauptgedanken des Werkes zufolge, stellt die durch eine "bildende Kraft"[16] beseelte, organische Natur eine Einheit dar, deren Teile in analogem Verhältnis zueinander stehen.[17] Demnach bildet auch jedes Lebewesen, dank der ihm innewohnenden Kraft, ein "in allen seinen Theilen [...] lebendig-zusammenwirkendes Ganzes"[18]. Herder gebraucht den Begriff der Kraft hier durchaus kritisch. Er bekennt mehrfach, die "inneren Kräfte" der Natur eigentlich nicht zu kennen, sondern sie nur aufgrund der zu beobachten-

---

11 Dorothea Kuhn: Über den Grund..., a.a.O., S. 165 f.

12 Auf dieses Werk wurde im Zusammenhang mit der Genese von Goethes Naturauffassung bereits in Kap. 2.4.2 eingegangen.

13 J. G. Herder: Ideen..., a.a.O., S. 9.

14 Ebd., S. 92.

15 Ebd., S. 110.

16 Ebd., S. 14 f.

17 Ebd., S. 66-71.

18 Ebd., S. 128.

den "Gestaltung und Bildung nach ewigen Gesetzen" anzunehmen.[19] Beim Vergleich aller Lebewesen ließe sich "eine Reihe aufsteigender Formen und Kräfte"[20] feststellen, wobei der Mensch als die höchste verwirklichte Form zu betrachten sei. Indem Herder die Idee von der 'scala naturae' vertritt, unterstreicht er die bestehende Kontinuitätsvorstellung im Hinblick auf die Natur.[21] So vermeidet er eine scharfe Abgrenzung zwischen Mensch und Tieren und nennt die Tiere des Menschen "älteste Brüder"[22]. Er spricht ihnen ein gewisses Seelenleben zu, das sich jedoch nicht durch höherentwickeltes Vernunftvermögen auszeichne. Einer Betrachtung der Tiere "als Maschinen" widersetzt er sich dagegen entschieden, indem er dies als "eine Sünde wider die Natur"[23] bezeichnet.

Ein zweiter Hauptgedanke dient der Erklärung der Verschiedenheit der Organismen. Herder führt die unterschiedlichen Bildungen auf die Qualität der in jedem Organismus enthaltenen Kräfte und das interne Kräfteverhältnis zurück. Aus seiner Sicht enthalten die Lebewesen eine Vielzahl an Kräften, die entsprechend dem Grad ihrer Feinheit zu unterschiedlichen Entwicklungsstufen führten, in ihrer Gesamtheit aber eine Kraft darstellten.[24] "Bei jedem lebendigen Geschöpf scheint der Cirkel organischer Kräfte ganz und vollkommen; nur er ist bei jedem anders modificirt und vertheilt"[25]. Während die Tiere psychisches Vermögen besäßen, vermöge allein der Mensch, Vernunft zu erwerben, sich zur Humanität zu bilden und Religion zu entwickeln.[26] Auch dafür wird eine in der Natur bereits immanent vorhandene, aber erst durch den Menschen zum Vorschein gebrachte, geistige Kraft verantwortlich gemacht.[27] Wie viele

19 Ebd., S. 47. Siehe auch S. 84, 86, 169.

20 Ebd., S. 167.

21 Zur Geschichte des Gedankens der 'scala naturae' siehe Olivier Rieppel: Unterwegs zum Anfang. Geschichte und Konsequenzen der Evolutionstheorie, Zürich und München 1989, S. 54-83. Die grundlegende Arbeit zu diesem Thema verfaßte Arthur O. Lovejoy: The Great Chain of Being, Cambridge 1936; deutsche Ausgabe mit dem Titel: Die große Kette der Wesen, Frankfurt a. M. 1985.

22 J. G. Herder: Ideen..., a.a.O., S. 60.

23 Ebd., S. 108.

24 Ebd., S. 97, 129, 169.

25 Ebd., S. 91.

26 Ebd., S. 145 f., S. 154, S. 180 f.

27 Ebd., S. 172, 180.

spätere Naturforscher bringt Herder dieses "Principium des Lebens" mit dem noch nicht lange bekannten "ätherischen oder elektrischen Strom"[28] in Verbindung. Er nimmt an, daß zu Anfang des individuellen Lebens auf den Keim eine bestimmte Entwicklungspotenz übergeht, worunter er sich eine Art elektrischen Impuls vorstellt, der der Entwicklung eine Richtung verleiht und den Organismus während des ganzen Lebens in Harmonie erhält.[29] Herder unterstellt der naturgesetzlich wirkenden Lebenskraft die gleiche Beständigkeit wie den Kräften der anorganischen Natur.[30] Sie setze sich durch die Generationen der Geschlechter immer weiter fort. Nach seiner Überzeugung geht innerhalb einer Art "ein Individuum aus dem andern hervor. Das Sterben ist nur ein Uebergang zu einem anderen Leben, nicht zum Tode"[31]. Er betrachtet die 'Seele' eines Lebewesens als "unsichtbaren himmlischen Licht- und Feuergeist, der alles Lebendige durchfließt und alle Kräfte der Natur vereinigt"[32].

Herders vitalistische Ansichten finden sich in konzentriertester Form in dem Kapitel mit dem Titel "Die genetische Kraft ist die Mutter aller Bildungen auf der Erde". Darin postuliert er, "eine lebendige, organische Kraft"[33] gebe "dem todten Chaos der Materie lebendige Form" und fahre fort, sich im Lebewesen "thätig zu offenbaren"[34]; es sei "nur durch sie ein lebendiges Ganze [...], was sich erhält, wächst und wirket"[35]. Das "Vernunftvermögen" des Menschen sei davon unterschieden, stehe jedoch "mit jener Lebenskraft, wie alle Kräfte der Natur in Verbindung"[36]. Aus diesem Kapitel stammt auch folgendes längere

---

28 Ebd., S. 78. Anfang des 19. Jahrhunderts verbreitet vor allem Lorenz Oken die Auffassung, Ursache der "Selbsterregung" der Lebewesen sei der 'galvanische Strom'. Er schreibt: "Der Galvanismus ist das Prinzip des Lebens. Es gibt keine andere Lebenskraft, als die galvanische Kraft" ; " Mit dem Galvanismus ist mithin der erste Schritt aus dem unorganischen Reich in das organische gethan". Lorenz Oken: Lehrbuch der Naturphilosophie, zweite umgearbeitete Aufl., Jena 1831, S. 144 f.

29 Ebd., S. 172 f.

30 Ebd., S. 16.

31 Ebd., S. 149.

32 Ebd., S. 175.

33 Ebd., S. 274.

34 Ebd., S. 275.

35 Ebd., S. 276.

36 Ebd.

Zitat, welches die wichtigsten Aspekte und philosophischen Schlußfolgerungen von Herders Theorie zusammenfaßt:

> So gewiß ichs weiß, daß ich denke und kenne doch meine denkende Kraft nicht: so gewiß empfinde und sehe ichs, daß ich lebe, wenn ich gleich auch nie weiß, was Lebenskraft sei. Angeboren, organisch, genetisch ist dieses Vermögen: es ist der Grund meiner Natur-Kräfte, der innere Genius meines Daseyns. Aus keiner andern Ursache ist der Mensch das vollkommenste Wesen der Erdeschöpfung, als weil die feinsten organischen Kräfte, die wir kennen, bei ihm in den feinsten Werkzeugen der Organisation einwohnend wirken. Er ist die vollkommenste animalische Pflanze, ein eingebohrener Genius in einer menschlichen Bildung.[37]

Wenngleich Goethe sich später von Herders extremer Kontinuitätsvorstellung distanziert, die *Ideen* prägen das seinem eigenen Naturstudium wie auch der klassischen Literatur zugrundeliegende Naturverständnis entscheidend mit.[38] Vom morphologischen Gesichtspunkt aus stellt jedes lebendige Individuum für sich betrachtet eine Totalität dar; alle Organismen lassen sich miteinander vergleichen und bilden gemeinsam wiederum ein geordnetes, auf vernünftigen Gesetzen basierendes, im wesentlichen harmonisches Ganzes. Als Mikrokosmos im Makrokosmos der Natur bildet der Mensch, so Goethe, deren Hauptzweck, nämlich letztlich die Konstitution einer analogen, harmonischen Gesellschaftsordnung. Der Kunst komme dabei insofern eine Schlüsselfunktion zu, als sie erkannte Gesetzmäßigkeiten in geklärter Form zur Anschauung bringe. Anhand dieses "immanent-teleologischen"[39] bzw. "anthropomorph-teleologischen"[40] Naturmodells soll das Vertrauen in die Natur als Bezugsgröße für die durch Aufklärung und Säkularisierung notwendig gewordene Neubestimmung des Menschen gestärkt werden.[41]

Auch für Büchners Werk, und zwar nicht nur für seine naturwissenschaftlichen Schriften, sondern auch für die Erzählung *Lenz*, besitzt die morphologi-

---

37 Ebd.

38 Vgl. Dorothea Kuhn: Über den Grund..., a.a.O., S. 169 ff.

39 Ebd, S. 293.

40 Ebd., S. 278.

41 Nach Spaemann und Löw richtet sich teleologisches Verstehen auf "die Wiederherstellung des Vertrautseins" mit der Natur, als deren Teil wir uns begreifen müssen. Siehe Robert Spaemann und Reinhard Löw: Die Frage Wozu?, a.a.O., S. 17-23.

sche Sichtweise Goethes noch fundamentale Bedeutung[42]; dessen Menschendarstellung unterscheidet sich jedoch radikal von der der klassischen idealistischen Kunst. John Reddik, der zwischen Büchners Fragmentarismus und dem für ihn existentiell wichtigen Ganzheitsgedanken einen paradoxen Zusammenhang sieht, schreibt:

> One of the most extraordinary paradoxes in Büchner is that, whereas the manner of his poetic writing is inexorably un- and anti-classical, the faith and vision that underlie it are classical almost to the point of anachronism.[43]

Auf dieses Paradox, daß auch für Büchners Denken das Wirklichkeitsmodell der Klassik noch grundlegend ist, obwohl seine literarischen Texten auf der inhaltlichen wie der formalen Ebene ein Gegenkonzept entwerfen, führt Reddik die Diskrepanz zwischen der Rezeption Büchners als Schriftsteller und als Naturwissenschaftler zurück. Während er sich als Naturforscher nahtlos in eine Traditionslinie mit Goethe stellen läßt, klaffen sein literarisches Werk und die Poesie der Klassik weit auseinander. In einer für seine Zeit extrem ungewöhnlichen, aus heutiger Sicht höchst modernen Form zeigt Büchner mit der Figur des Lenz das sinnlose Verzehrtwerden bzw. 'Sich-Selbst-Verzehren' eines Individuums, an dessen Körper und Psyche sich destruktive Wirkungen entfalten und potenzieren, so daß es unaufhaltsam zugrundegeht. Analog zu den in der klassischen Literatur vorgestellten progressiven Bildungsgängen wird der sich mit einer gewissen Logik vollziehende, jedoch keineswegs vernünftig und

42 In der Forschungsliteratur wird immer wieder von dem Widerspruch gesprochen, daß Büchner sich in seiner Dissertation und in der Probevorlesung als idealistischer Naturforscher in der Nachfolge Goethes zu erkennen gebe, während er dessen Sichtweise in seinen literarischen Texten bekämpft habe. Ich halte es dagegen nicht für widersprüchlich, daß Büchner - beispielsweise in der Erzählung "Lenz" - eine mit Absolutheitsanspruch vertretene Weltanschauung so reflektiert und verarbeitet, daß ihre Grenzen und ihre Konsequenzen an der literarischen Figur deutlich werden. Gegen: Otto Döhner: Neuere Erkenntnisse zu Georg Büchners Naturauffassung und Naturforschung, in: Georg Büchner-Jahrbuch 2 (1982) S. 126-132. Wolfgang Proß: Die Kategorie der 'Natur' im Werk Georg Büchners, in: Aurora 40 (1980) S. 172-188. Friedrich Vollhardt: 'Unmittelbare Wahrheit'. Zum literarischen und ästhetischen Kontext von Georg Büchners Descartes-Studien, in: JbDSG 35 (1991) S. 196-211.

43 John Reddick: The shattered whole: Georg Büchner and Naturphilosophie, in: Romanticism and the sciences, edited by Andrew Cunnigham and Nicholas Jardine, Cambridge 1990, S. 328.

zweckmäßig erscheinende Desorganisationsprozeß beschrieben. Das Basismodell, nach dem sich der Organismus unter dem Einfluß einer Lebenskraft zu einem Ganzen entwickelt, das durch "innere Zweckmäßigkeit" gekennzeichnet ist, wird damit gewissermaßen radikalisiert. Denn die Organismusvorstellung wird nicht restlos destruiert, sondern in ihren Grundzügen vorausgesetzt, um Lebensphänomene vor Augen zu führen, die in der klassischen Literatur aus ideologischen Gründen nicht vorkommen. So ist es im Sinne des klassischen Harmonie- und Ordnungsideals undenkbar, menschliche Schicksale aufzuzeigen, welche - durch die bestehenden Verhältnisse begründet - in einer Depravation enden oder gar eine Phänomenologie der Gesellschaft als bösartige Geschwulst entwerfen.

Büchner dagegen thematisiert gerade solcherart ins Abseits gedrängte Erscheinungen, die von überzeugten Materialisten, wie zum Beispiel später von seinem jüngeren Bruder Ludwig Büchner, als Argument gegen das Postulat der Zweckmäßigkeit in der Natur angeführt werden.[44] Wenn auch das Verhalten und die Vorgänge, die an der Lenzfigur gezeigt werden, noch so widersinnig erscheinen, weil sie den in diesem Individuum angelegten Potenzen nicht gerecht werden, so resultieren sie doch aus dem Zusammenspiel seiner organischen Kräfte und der Wechselwirkung mit der Umwelt und 'entwickeln' sich auf eine für Organismen typische, also 'echte' und von daher überzeugende Weise. Wird demzufolge bei Büchner die Zweckmäßigkeit des Naturgeschehens geleugnet? Generell wohl kaum. Es wird aber vorgeführt, daß es in der Natur und somit auch beim Menschen das Verfehlen eines Zwecks geben kann.[45] Unabhängig davon, wie der Rezipient das Verhalten von Lenz bewertet, gewinnt er den Eindruck, daß ihm etwas Wesentliches verlorengeht. Doch welchen Zweck könnte Lenz verfehlen, da es sich offensichtlich nicht um den der Selbsterhaltung handelt? Als Antwort bietet sich im Hinblick auf Büchner - als Konsequenz seiner Teleologiekritik - das Selbstsein, die auf sich selbst bezogene Zweckmäßigkeit an. Diese geht Lenz verloren, der im Inneren zerfällt und bis zur Auflösung seiner selbst verzweifelt nach einem Sinn sucht, der als Orientierung dienen könnte. Obwohl Lenz weiterlebt, hat sein Leben keine Richtung mehr; es geht - durch sein bloßes Funktionieren unterstrichen - quasi

44 Ludwig Büchner: Kraft und Stoff oder Grundzüge der natürlichen Weltordnung. Nebst einer darauf gebauten Moral und Sittenlehre, 19. deutsche Auflage, Leipzig 1898. Darin insbesondere: die Kapitel über die "Zweckmäßigkeit in der Natur" und "Die Lebenskraft".

45 Vgl. Robert Spaemann und Reinhard Löw: Die Frage Wozu?, a.a.O., S. 282.

ziellos ins Leere. So gesehen, läßt sich der 'Fall' Lenz auch insgesamt als Diskussion der Bedeutung der Sinn-Frage verstehen.

Aus der Sicht des sich als ateleologisch bezeichnenden Materialismus, der fast schon zu Lebzeiten Büchners wieder zum vorherrschenden Paradigma der Naturwissenschaften wird, wäre der Endzustand des Lenz nicht so negativ zu deuten, wie es die Darstellungsweise Büchners nahelegt. Vom materialistisch-mechanistischen Standpunkt aus erscheint das Resultat des dargestellten Prozesses durchaus positiv, da sich die Ruhe, wonach Lenz sich gesehnt hat, ja einstellt und überhaupt von daher nicht zu verstehen ist, daß ihm fortan etwas Wesentliches fehlt. Zynisch erscheint diese Sichtweise nur insofern, als Lenz seinem Leben von vornherein eine Richtung unterstellt hat, die auf ein Ziel verweist, das über die Selbsterhaltung hinaus geht. Nachdem seine Unsicherheit, die bereits am Anfang der Erzählung ein extremes Ausmaß erreicht hat, total geworden ist, fragt er verzweifelt nach einem Sinn, für den es sich weiterzuleben lohnte. Auf dieses mangelnde Selbstsein kann zurückgeführt werden, daß sein Zerfall unaufhaltsam fortschreitet. Lenz fühlt sich sogar von der eigenen Natur im Stich gelassen, begreift aber, daß der Selbstverlust angesichts einer Natur, die ein Umfassendes ohne Bewußtsein darstellt, durchaus denkbar ist. Darüber zu spekulieren, inwiefern deren 'telos' seiner Selbstverwirklichung förderlich oder schädlich ist, geht an der Geschichte vorbei; Büchners Text übt vielmehr Kritik an dem durch die bürgerliche Gesellschaft errichteten 'telos', das sich darin manifestiert, daß in ihr alles auf die Konstituierung bzw. Aufrechterhaltung von Machtstrukturen ausgerichtet ist, die dazu dienen, aus Menschen - bis zum Verlust ihrer Identität - nützliche Mitglieder zu machen.

Das Menschenbild der klassischen Literatur ist, insofern es mit Absolutheitsanspruch vertreten wird, damit hinfällig geworden. Es fragt sich nur, ob es auch als Leitbild völlig zu entwerten ist. Wenn auch im Hinblick auf die Faktizität realer Naturverhältnisse unhaltbar, besitzt es gegenüber der mechanistischen Vorstellung den entscheidenden Vorteil, dem aufgeklärten, säkularisierten Menschen bis zu einem gewissen Punkt (der im Falle des Lenz überschritten wird) psychischen Halt bieten zu können. Freilich gelingt das nur, wenn es sich - dem Rationalismus zum Trotz - als teleologisch überformtes Menschenbild, das heißt als Interpretation im eigentlichen Sinne, zu erkennen gibt, wie es in Adelbert von Chamissos Text geschieht.

Auch die Schlemihlfigur verliert, was sich infolge der Schattenlosigkeit durch den Einfluß eines korrigierenden, teleologischen Faktors zeigt, einen wesentlichen Teil ihres 'Selbst'. Doch ereignet sich der Verlust hier am Anfang der Geschichte, während am Ende alles 'gut' erscheint. Auf den ersten Blick ist das Vertrauen in die bewahrenden Kräfte der Natur wiederhergestellt. Schlemihl faßt sein eigenes Leben als Beweis für ein sinnvolles Prinzip auf. Er versteht die eigene Natur rückblickend als teleologisch verfaßt, in dem Sinne, daß eine gewisse Ausrichtung seines Lebens erfolgt, die er als Sinngebung für sein Selbst anerkennt. Er ist froh, trotz seines Frevels durch eine vernünftige Naturordnung 'aufgefangen' und vor eine sinnvolle Lebensaufgabe 'gestellt' worden zu sein, woraus er jedoch nicht explizit auf ein zwecksetzendes, göttliches Bewußtsein schließt. Obwohl er sich nachträglich davon überzeugt, daß sein Leben seit dem Fehltritt quasi idealtypisch verlaufen ist, empfindet er seinen 'Endzustand' manchmal als quälend, so daß er sich immer wieder zur 'Vernunft' aufrufen muß. Er meint, sich selbstbestimmter Entwicklungsmöglichkeiten beraubt zu haben, die ihm von Natur aus offengestanden hätten. Dennoch ist das scheinbar Gefügte in Schlemihls Leben letztlich kein Beweis für die von ihm angenommene Ordnung, so wie auch die in der Natur zu beobachtende Zweckmäßigkeit nicht auf einen Schöpfergott schließen läßt. Der Naturforscher Schlemihl erlangt niemals eine absolute Gewißheit; er kann sich nur durch eine nachträgliche teleologische Deutung der Ereignisse davon überzeugen, daß seine Ansicht der Natur, als eines in sich geschlossenen Sinnzusammenhangs, die 'richtige', das heißt seinem Leben zuträgliche ist. Indem er sich selbst, einschließlich seiner individuellen Seele, als Teil einer im ganzen 'beseelten' Natur begreift, gewinnt er einen psychischen Halt, den ihm die im Materialismus wurzelnde, utilitaristische Denkweise nicht geboten hat. Dennoch wird auch Schlemihls offensichtliches Leiden an einer Lebensweise, die er als Ideal anerkannt hat, zum Ausdruck gebracht.

Chamissos Text deckt die Problematik des klassischen Programms auf. Die Einsicht, daß vernünftiges Handeln nicht gegen die allgemeinen Naturgesetze erfolgen kann, stößt bei der praktischen Umsetzung auf emotionalen Widerstand. Dieses intuitive Widerstreben weckt Zweifel an der Richtigkeit eines Konzepts, das auch im Hinblick auf das individuelle Leben selbstverständlich von einer sinnvollen, auf Vervollkommnung zielenden Tendenz in der Natur ausgeht, theoretisch aber deren Realisierung, und das heißt hier die persönliche Freiheit, gänzlich zur Aufgabe des einzelnen macht und ihm bei Nichterreichen bzw. Verfehlen der Idealform Inkonsequenz vorwirft. Beim Rezipienten melden sich Bedenken bzw. Abscheu gegen Schlemihls Los, das nach der textimmanenten Logik auch ohne sein Fehlverhalten nicht hätte besser ausfallen können, weil sein endgültiges Verhältnis zum bewahrenden Urgrund seiner Selbst, der Natur, als nahezu ideal bewertet wird. Als Biologe verleiht Schlemihl seiner Naturverehrung Ausdruck, indem er zur Erkenntnis ihrer Ordnung, ihres 'natürlichen Systems' beiträgt. Daß er dies als seine Bestimmung akzeptiert, wird als Akt der Freiheit gewertet. Es stellt aber letztlich keine befriedigende Lösung dar, da sich das Subjekt aufgrund seiner Einsicht zwar dafür, aufgrund seines Gefühls aber eigentlich dagegen entscheidet, faktisch also eben nicht frei ist. Für die 'klassische Lösung' muß das menschliche Vernunftvermögen allen allgemeineren Fähigkeiten übergeordnet werden. Dies stellt der entscheidende Schritt beim Übergang zu Goethes klassischen Werken dar.

Für Goethes Wendung zum idealistischen Harmoniemodell ist das in Zusammenarbeit mit Herder entdeckte Prinzip der Wechselwirkung, wodurch sich die "bewegliche Ordnung" der Natur erzeuge, entscheidend. Danach bilden nicht nur alle Individuen (qua der in ihnen enthaltenen Kräfte) selbstkonstituierende, selbstorganisierende Systeme, sondern beeinflussen sich als solche auch gegenseitig. So wird der Gesamtorganismus der Natur als ein System betrachtet, worin alle Kräftewirkungen sich derart überlagern, daß insgesamt ungewollt, d. h. durch kein zwecksetzendes Bewußtsein beabsichtigt, ein Ausgleich erzielt werde. Nach dem in dem Lehrgedicht *Metamorphose der Tiere* thematisierten Ökonomiegesetz der Natur führt das Überwiegen eines Organs im ganzen betrachtet immer zu einem negativen Ergebnis. Verlagere sich die in einem System enthaltene Kraft einseitig auf einen oder wenige Teile - was in der Natur überhaupt nur in Grenzen möglich sei -, so entstünde dadurch im Resultat Häßliches, Unzweckmäßiges, Unideales.[46] Demnach garantiert die Natur - von Ausnahmen abgesehen - für eine harmonisch 'schöne' Ordnung. Die größte Ausnahme bilde freilich der Mensch als ein vernunftbegabtes und eingreifendes Lebewesen. Um auf menschlicher Ebene Harmonie herzustellen, sei vernünftiges Handeln notwendig, weil sonst ein gewaltsamer Kräfteausgleich gewisser-

---

46 Siehe Kap 3.2.2.

maßen vorprogrammiert sei.[47] Der Mensch schaffe sich nicht nur in der Kunst, sondern in allen Lebensbereichen eine "zweite Natur", die jedoch symbolisch im vollendeten Kunstwerk auf ideale Weise zum Ausdruck komme. Durch die Auseinandersetzung mit den Naturgebilden wie mit den Kunstwerken der antiken klassischen Kultur kommt Goethe - insbesondere durch die Beobachtungen auf seiner Reise durch Italien - zu dem Schluß, der Mensch habe der vernünftigen Organisation der Natur entsprechend zu handeln, um der natürlichen Vervollkommnungstendenz Genüge zu tun. Bei dem Verständnis der Natur als in sich geschlossenes Sinngebilde wird menschliches Handeln vorausgesetzt; umgekehrt soll die Natur Vorbild des menschlichen Handelns sein. Daß der Natur insgesamt ein 'telos' zugesprochen wird, ist - wenn dabei auch nicht an ein göttliches Bewußtsein gedacht wird - als Anthropomorphisierung zu denken, während umgekehrt von einer 'Naturalisierung' des Menschen gesprochen werden kann, weil das künstlerische Schaffen zum Teil als natürlicher Bildungsprozeß aufgefaßt wird. Der Künstler schaffe nicht, was in seinem Bewußtsein schon vorgestaltet sei, sondern entwickle die ideale Form, seinen immanenten Kräften vertrauend, unter dem kontrollierenden Einfluß seiner Vernunft, aus sich heraus.[48] Die Begriffe Natur und Mensch werden demnach so miteinander verschränkt, das einer nicht mehr ohne den anderen Sinn macht. Eine Analogisierung von Natur und Kultur, wie sie beispielsweise Goethe in den beiden Lehrgedichten vornimmt, ist nur aufgrund der teleologischen Annahme eines Selbstzwecks der Natur möglich, die als eine dem menschlichen Geist vernünftig und zweckmäßig erscheinende gedeutet wird.

---

47 Bernd Witte deutet das durch Goethe und Schiller entworfene Gesellschaftsmodell als antirevolutionären Gegenentwurf "angesichts des Terrors in Frankreich, der auf Deutschland überzugreifen droht" (120). Bernd Witte: Die schöne Gesellschaft als symbolisches Kunstwerk. Über den antirevolutionären Ursprung des Bildungsromans, in: Juni 3 (1989) Nr. 2-3, S. 116-132.

48 Diese Ansicht vertritt auch Kant, der Genie zwar einerseits als Naturtalent, als "angeborenes, produktives Vermögen des Künstlers" definiert, es aber andererseits für notwendig hält, daß der Künstler seinen Geist, sprich "das Vermögen der Darstellung ästhetischer Ideen" schule, damit er der Erkenntnisfunktion der Dichtung, die Vernunftideen versinnliche, gerecht werden könne. Siehe Immanuel Kant: Kritik der Urteilskraft, a.a.O., S. 235-254.

Was die Schaffensvoraussetzungen betrifft, so verliert die klassische Ästhetik teilweise den Optimismus der Sturm und Drang-Poetologie, welche der menschlichen Vernunft ihre bis dahin vorausgesetzte dominierende Rolle zugunsten eines naturimmanenten Lebensprinzips abspricht. Ideologisch aber kehrt sie zu einer extrem optimistischen Weltdeutung zurück, während die Werke der 'Geniezeit', angesichts der zum Vorschein kommenden erschreckenden Anblicke des Lebens, einem ambivalenten Gefühl Ausdruck verleihen. Die Restitution der Vernunft als Kontrollorgan bedeutet für den Autonomiegedanken zwangsläufig eine Abschwächung. Der Akzent verlagert sich damit auf die Korrelation zwischen den Organen und dem Organismus, woraus für das menschliche Individuum die moralische Verpflichtung abgeleitet wird, "auf die Erfüllung persönlicher Neigungen"[49] zu verzichten und zur Konstitution des organischen Ganzen beizutragen. Dabei wird unterstellt, daß der nach den Gesetzen der Vernunft lebende Mensch vornehmlich davon profitiere, indem ein derartiger individueller Bildungsprozeß der Vervollkommnungstendenz der Natur grundsätzlich entspreche. In Goethes klassischen Werken wird explizit programmatisch wie in den Lehrgedichten oder auch implizit wie z. B. im Roman *Wilhelm Meisters Lehrjahre* zum Ausdruck gebracht, daß sich die im Inneren der Lebewesen drängende Entwicklungspotenz durchaus nur als gesetzmäßig beschränkte positiv äußere. So erweist sich der Bildungsprozeß Wilhelm Meisters am Schluß als gelungenes Ergebnis einer vom Abbé bzw. von der Turmgesellschaft eingefädelten und kontrollierten Führung. Die Turmgesellschaft, eine Gruppe "vernünftiger Männer und Frauen" bestimmt die Geschicke des noch formbaren, nach verschiedenen Seiten offenen, in gewissem Grade noch uneinsichtigen Subjekts wie eine allgegenwärtige Fügung bzw. natürliche Ordnung ohne sein Wissen nach den Regeln der "objektiven Vernunft"[50]. Somit wird nicht eine unverhüllt autoritative Bevormundung, wohl aber eine heimliche, mit subtilen Mitteln operierende Lenkung des Individuums als Ideal gepriesen, wodurch die Diskrepanz zum zentralen, ungebrochenen Autonomiepostulat der Sturm und Drang Literatur offenkundig wird. Das Streben nach freier Entfaltung der naturgegebenen, individuellen Kräfte wird nur akzeptiert, insofern es durch die menschliche Vernunft reglementiert ist. Allein so könne der Mensch, sich am universalen Gestaltungsgesetz der Natur orientierend, eine

---

49 Bernd Witte: Die schöne Gesellschaft..., a.a.O., S. 123.

50 Ebd., S. 127.

humane Gesellschaft schaffen, die der natürlichen Ordnung prinzipiell entspreche, zugleich aber etwas Neues darstelle.

Daß die Natur selbst als teleologisch verfaßte betrachtet wird, bedeutet unter lebenspraktischem Aspekt, daß sich der Einzelne in gewisser Weise in ihr aufgehoben fühlt und zugleich an eine - wenn auch begrenzte - Handlungsfreiheit glaubt; eine Freiheit, die dazu genutzt werden soll, die Menschheit im Zyklus von Werden und Vergehen 'emporzuarbeiten'. Mit der Auffassung der Lebewesen als in sich geschlossenen Einheiten und - analog dazu - der Gesellschaft als sozialem Organismus hängt zusammen, daß der Ausdruck einer tiefgreifenden Verunsicherung des Menschen und mit ihm die revolutionäre Geste des Individuums aus der Literatur der Klassik verschwunden ist. Im Gegensatz zu *Die Leiden des jungen Werthers*, worin die ateleologische Sichtweise der modernen Naturwissenschaften zum Tragen kommt, findet das Individuum Halt durch das mit Erkenntnisanspruch vertretene, geschlossene Wirklichkeits- und Lebensmodell der Klassik.

Werther bietet dagegen nur ein subjektives, durch die Selbsterfahrung des seine Individualität entdeckenden Subjekts begründetes Menschenbild an. Er beklagt das Schwinden der Kraft, die es ihm ermögliche, seine innere Welt zu schaffen und zu bewahren, er versucht daher, eine vom natürlichen Regenerationszyklus unabhängige Möglichkeit der Kraftübertragung ausfindig zu machen. Zunächst glaubt er durch emphatisches Naturerleben direkt an die Quelle des Lebens gelangen zu können, wobei dies - wie die Klopstock-Szene zeigt - wiederum literarisch vermittelt ist; später wendet er sich an Lotte, um durch sie seine Kräfte zu mobilisieren bzw. sie für sich als zusätzliche Kraftquelle zu gewinnen. Geht man davon aus, daß Werther persönlich unter der Begrenztheit seiner individuellen Entwicklungsmöglichkeiten leidet und nach einem Ausweg aus der durch das rationalistische Denken ausgelösten Sinnkrise sucht, kann die in diesem Werk ausgedrückte Vorstellung von Innerlichkeit mit der vitalistischen Theorie einer Lebenskraft in Zusammenhang gebracht werden. Am Kulminationspunkt des Romans erscheint das Bewußtsein seiner Individualität, die für ihn den höchsten Wert darstellt, durch die erschütternde Ansicht der Natur als "ewig verschlingendes, ewig wiederkäuendes Ungeheuer" bedroht. Diese Vorstellung entspricht wiederum der Sichtweise der modernen Naturwissenschaften, für die das Zerstörtwerden der Individuen im Dienste der Arterhaltung evident ist. So vertritt Albrecht Haller, der sich selbst noch als Mechanist begreift, auf den sich aber auch die meisten Vitalisten bis weit ins 19. Jahrhundert berufen, in seinem zwischen 1757 und 1766 (und 1776 auf deutsch) erschienenen achtbändigen Lehrbuch *Elementa physiologiae corporis humani* die Ansicht, daß sich im Menschen vom ersten Keimstadium an die Kräfte verzehren und daher während des ganzen Lebens "beständig und insgeheim die Verhärtung des gesamten Körpers" stattfinde. Schon in der Kindheit wirke der "Trieb den Menschen wieder zu Erde zu machen, wie er vorher gewesen"[51]. Diese Auffassung vom Menschen, wonach das Individuum von Natur aus der sinnlosen "Verzehrung"[52] preisgegeben ist, wird nach dem Wegfall des religiösen Unsterblichkeitsglaubens in der Literatur des Sturmes und Dranges zum ersten Mal als Bedrohung des menschlichen Selbstverständnisses ernst genommen und als dringliches Desiderat literarisch diskutiert. Daß das Leben bloß auf naturgesetzliche Weise von einem Lebewesen zum anderen weitergegeben wird, während die Individuen absterben, erscheint aus der Sicht des sich gerade erst selbst entdeckenden, in seiner Einzigartigkeit erfahrenden Subjekts geradezu unerträglich. Werther kommt dieses Bild der völlig sinnlosen Vernichtung der Einzelwesen durch die im Ganzen stetig weiterlebende Natur ins Bewußtsein, wodurch für ihn alle Hoffnung zunichte wird, bis er sich durch das letzte Erlebnis mit Lotte davon überzeugt, daß ein Transzendieren seiner individuellen Kräfte prinzipiell möglich ist. Diese aufgrund seiner Selbsterfahrung wiedergewonnene Zuversicht Werthers ist das einzige, was dem Bedürfnis des Lesers nach Metaphysik entgegengebracht wird, wobei auch diese Zuversicht, im Gesamtkontext betrachtet, Probleme aufwirft. Die subjektive Erfahrung einer Übertragung von Kräften ohne Materieaustausch genügt Werther als Widerlegung einer materialistischen Weltsicht. Er gewinnt für sich die Überzeugung, daß die Kraft seiner Liebe nicht schwächer wird, sondern vielmehr unvergänglich ist. Von daher läßt sich auch seine Abstinenz in bezug auf die geschlechtliche Liebe verstehen. Sich auf natürlichem Wege fortzupflanzen, steht für ihn außer Frage, da es ihm allein darum geht, sich seiner inneren Welt in einem absoluten Sinn zu vergewissern. Kurz vor seinem Selbstmord bei der letzten Begegnung mit Lotte gelingt es ihm - wie er meint - , sein Defizit an "heiliger, belebender Kraft" durch einen Zustrom ihrer Lebenswärme aufzuhe-

51 Albrecht von Haller: Anfangsgründe der Physiologie des menschlichen Körpers. Achter und letzter Band. Von der menschlichen Frucht. Dem Leben und Tode der Menschen, aus dem Lat. übers. und hg. von Johann Samuel Halle, Berlin und Leipzig 1776, S. 857.

52 Ebd., S. 869.

ben und wieder in seiner "ganzen Kraft" dazustehn.[53] Er sieht darin eine Bestätigung seiner Liebe als einer Kraft, mit der er naturgegebene Grenzen sprengen und sich in eine gemeinsame Zukunft transzendieren vermag. Hoffend nimmt er sich das Leben und entzieht sich damit dem profanen, aus der Sicht Werthers sinnlos erscheinenden Lebensstrom.

Eine hinsichtlich der Vorannahmen ebenso bezweifelbare, im Hinblick auf die Bewertung des Schicksals aber bei weitem positivere Ansicht des menschlichen Lebens vermittelt Prometheus seinen Menschen, denen er eine dauerhafte Existenz verheißt. Er setzt ad hoc voraus, daß die Kraft, die ihn selbst beseelt und die auch seine Gestalten zu lebendigen Wesen macht, nicht verrinnt, sondern sich fortsetzt und immer wieder Empfindungen, Reaktionen und menschliches Bewußtsein hervorruft. Diese metaphysische Komponente wird allerdings durch die zugrundegelegte Dramenkonzeption, die sich - wie gezeigt wurde - anhand der vorhandenen zwei Akte rekonstruieren läßt, als subjektive Sichtweise der Prometheusfigur relativiert. Die Selbstvergessenheit der Liebenden verdeutlicht die Nähe des Menschen zum instinktgeleiteten Tier und läßt an ein das einzelne Individuum völlig vernichtendes und damit entwertendes Lebensschicksal denken. Beide Werke des jungen Goethe thematisieren als Ausdruck der existentiellen Verunsicherung des sich auf Erfahrung und Vernunft berufenden Menschen Grundprobleme menschlicher Individualität, die auch heute noch ungelöst erscheinen.

Die Modernität der in Goethes Jugendwerk enthaltenen Ansichten gewinnt vor naturwissenschaftlich-naturphilosophischem Hintergrund besondere Evidenz. So hält Herder in den *Ideen zur Philosophie der Geschichte der Menschheit* an der Vorstellung fest, die Lebenskraft bleibe, unabhängig vom jeweiligen individuellen Bewußtsein, welches erst im Laufe des Lebens entstünde, immer erhalten:

> Die Kraft, die in mir denkt und wirkt, ist ihrer Natur nach eine so ewige Kraft, als jene, die Sonnen und Sterne zusammenhält [...], die Gesetze [...], durch die sie da ist und in anderen Erscheinungen wieder kommt, ändern sich nie. [...] Der Bau des Weltgebäudes sichert also den Kern meines Daseyns, mein inneres Leben, auf Ewigkeiten hin.[54]

53 J. W. Goethe: Die Leiden des jungen Werthers, a.a.O., S. 181.

54 J. G. Herder: Ideen..., a.a.O., S. 16.

Er vertritt die Auffassung, daß "eine lebendige, organische Kraft" jedes Lebewesen nach seiner Art organisiere, um sich nach dessen Tod erneut in einem Individuum zu verwirklichen und so fort. Voll Zuversicht behauptet er, der "Todesschlaf" sei "ein heilsames Opium, unter dessen Wirkung die Natur ihre Kräfte sammelt und der entschlummerte Kranke genest"[55]. Ein naturimmanentes geistiges Prinzip verbürge die Kontinuität der einzelnen Wesen, indem es sich in zeitlicher Folge in Gestaltungen verwirkliche, die sich, was die geistigen Voraussetzungen betreffe, gleich blieben.

In der thematisierten Dichtungstradition treten solche metaphysischen Entwürfe, wie die einer Art Seelenwanderung, seit dem Sturm und Drang immer mehr zugunsten von sozialen Utopien in den Hintergrund, bis sie bei Büchner in konsequentester Weise problematisiert werden. Dagegen bleiben sie in der naturwissenschaftlichen und naturphilosophischen Literatur bis weit ins 19. Jahrhundert erhalten, werden dann aber seit Ende der dreissiger Jahre um so unnachgiebiger bekämpft. Als Vertreter einer stark naturphilosophisch orientierten, aber dennoch auch empirisch arbeitenden Naturforschung vertritt Lorenz Oken noch 1831 die gleiche Ansicht wie Herder, daß "das Sterben [...] nur ein Uebergang zu einem andern Leben, nicht zum Tode" sei. Er behauptet in für die Naturphilosophie seiner Zeit typischer Weise: "Das Verschwinden und Erscheinen der Individuen ist zwar nur eine Metamorphose des einen in das andere, eine Seelenwanderung, deren Weg aber durch Gott geht"[56].

Andere Naturforscher dieser Zeit, die eine größere Abneigung gegen spekulative Aussagen besitzen, wie zum Beispiel Gottfried Reinhold Treviranus, einer der Namensgeber der 'Wissenschaft vom Leben', behandeln solche Fragen mit größerer Zurückhaltung. An die Behauptung, daß "an jedes verlöschende Leben [...] ein werdendes [...] geknüpft" sei, schließt Treviranus den Gedanken an:

> Von welcher Art die Verknüpfung [zwischen Organischem und Unorganischem] aber ist, ob die Lebensflamme beim Verlöschen Funken wirft, die, wenn sie einen entzündlichen Stoff finden, neue Flammen erzeugen, oder ob sie nur

---

55 Ebd., S. 194.

56 Lorenz Oken: Lehrbuch der Naturphilosophie, zweite umgearbeitete Aufl., Jena 1831, S. 149.

Kohlen zurücklässt, die zur Unterhaltung schon vorhandenen Feuers dienen, darüber lässt sich noch nicht entscheidend urtheilen.[57]

Er verweist anschließend auf ein biologisches Untersuchungsprogramm mit niederen Organismen, wodurch dieser "wichtige Gegenstand der Biologie" auf empirische Weise zu klären wäre. Noch größere Vorsicht läßt Johannes Müller in seinem *Handbuch der Physiologie des Menschen* walten. Auf die Frage, "ob das psychische Princip [die Seele] eine Thätigkeit der Materie oder selbständige Kraft sey, ob es an den Leib bloss gebunden sey, oder ob es nichts anders, als der Ausdruck eines gewissen Zustandes, einer gewissen Zusammengesetztheit der Materie sey"[58], könne von seiten "der empirischen Physiologie" keine befriedigende Lösung erwartet werden, wenngleich "es doch Thatsachen [gebe], welche bei dem Versuche dieser Lösung zu benutzen"[59] seien. Sodann behauptet er, gegen die materialistische Deutung einwendend, "dass in den Thatsachen der Physik nichts ist, welches die Möglichkeit eines von der Materie unabhängigen, wenngleich in den organischen Körpern in der Materie wirkenden immateriellen Princips aufhöbe"[60]. Während er als Wissenschaftler darüber hinausgehend nichts aussagen möchte, sympathisiert er doch mit Herders Antwort, aufgrund eines "eingeborenen Glaubens an die Unsterblichkeit nicht des psychischen Principes überhaupt, sondern der individuell beseelten Wesen", tendiere der Mensch dazu, eine "nicht zu schwächende Kraft" anzunehmen.[61] Ende der dreissiger Jahre wird selbst aus den Reihen naturphilosophisch orientierter Naturforscher Kritik am Vitalismus geübt, weil er "die Physiologie mit so manchen abstrusen Vorstellungen über Leben und Lebensverhältnisse belastet"[62] und vielfach mystifizierend gewirkt habe. So hält Carl Gustav Carus die Verwendung des Begriffs der 'Kraft' für problematisch; er polemisiert gegen

---

57 Gottfried Reinhold Treviranus: Die Erscheinungen und Gesetze des organischen Lebens, Bremen 1831/32, S. 196.

58 Johannes Müller: Handbuch der Physiologie..., a.a.O., S. 821.

59 Ebd., S. 822.

60 Ebd.

61 Ebd., S. 823.

62 Carl Gustav Carus: System der Physiologie umfassend das Allgemeine der Physiologie, die physiologische Geschichte der Menschheit, die des Menschen und die der einzelnen organischen Systeme im Menschen, für Naturforscher und Aerzte, 2 Bde., Dresden und Leipzig 1838/1840, Vorrede, S. IX.

die Annahme einer Lebenskraft, sofern darunter nicht eine Abstraktion, sondern etwas "Objektives"[63] begriffen werde. Wolle man unter "Lebenskraft" überhaupt noch etwas Haltbares begreifen, so sei darunter "das Maaß und die Summe der gesamten Lebenserscheinungen, welche wir gerade an diesem gewissen und besonderen Organismus beobachten, durchaus aber nichts vom Organismus selbst realiter Verschiedenes zu verstehen"[64]. Diese Sichtweise erscheint Carus immerhin noch gerechtfertigt, da durch sie die Lebensphänomene ins Blickfeld geraten und als Untersuchungsgegenstand erkannt werden. Dennoch rät er von einer scharfen Grenzziehung zwischen der organischen und der unorganischen Natur genauso ab wie von der Betrachtung der Lebewesen als Maschinen. Es sei Aufgabe der Physiologen, "wesentliche, d. i. normale Lebensvorgänge also, und insbesondere, soweit sich das trennen läßt, leibliche Lebensvorgänge (zum Unterschiede von den geistigen, welche der Psychologie anheim fallen) zu betrachten, zu erforschen, zu erklären"[65]. Hier zeigt sich, indem die Betrachtung der menschlichen Psyche aus dem Untersuchungsgebiet der Physiologie ausgegrenzt wird, die mit fortschreitender Wissenschaftsdifferenzierung verbundene Tendenz zur endgültigen Verabschiedung einer ganzheitlichen Naturbetrachtung. Der vitalistische Ansatz wird dabei auf seine heuristische Bedeutung beschränkt.

Die innovative Wirkung des der naturphilosophisch orientierten, empirischen Naturforschung zugrundegelegten Organismusmodells läßt nach 1800 bereits deutlich nach, auch wenn die darauf gegründeten Vorstellungen als Lehrmeinungen an Popularität zunehmen.[66] Ende der dreissiger Jahre setzt sich die atomistisch-mechanistische Richtung allmählich gegenüber der vitalistischen durch und verdrängt sie in der zweiten Hälfte des 19. Jahrhunderts - durch die paradigmatische Evolutionstheorie Charles Darwins in ihrer Denkweise bestärkt - fast vollständig. Die seitdem vorherrschende reduktionistische Biologie beschränkt sich auf eine Charakterisierung der Lebewesen hinsichtlich ihrer allgemeinen Merkmale, ohne von einem eigenen ontologischen Status gegenüber der unbelebten Welt auszugehen. Damit biegt sich die 'Wissenschaft vom Leben' selbst wieder weitgehend auf die Linie der technikorientierten neuzeitlichen Naturwissenschaften, wovon sie sich um 1800 distanziert hatte, zurück.

63 Ebd., S. XI.

64 Ebd., S. 19.

65 Ebd., Einleitung, S. 4.

66 Hans Driesch: Geschichte des Vitalismus, 2. Aufl., Leipzig 1922, Kap. E.

Im Gegensatz zu den klassischen Teildisziplinen erfährt gerade die Physiologie, nachdem sie den Wechsel zum mechanistischen Paradigma vollzogen hat, einen Aufschwung. Diese Tendenz setzt sich auch in der weiteren Geschichte der Biologie seit dem 19. Jahrhundert fort. Es kommt zur Entwicklung einer Reihe von Spezialdisziplinen, allen voran die Genetik, die dann wiederum in der zweiten Hälfte des 20. Jahrhunderts größtenteils in der Molekularbiologie aufgeht. Dem aus wissenschaftstheoretischer Sicht bestehenden Problem, die Erkenntnisgegenstände einer reduktionistisch eingestellten 'Biologie' zu bestimmen, wird dabei keine Beachtung geschenkt.[67]

Wie nicht zuletzt aus seiner Bedeutung für die Literatur hervorgeht, für das Selbstverständnis des modernen Menschen aber ist der für obsolet erklärte vitalistische Lebensbegriff grundlegend geblieben. Diese zentrale Bedeutung erklärt sich daraus, daß der vitalistische Lebensbegriff seit der zweiten Hälfte des 18. Jahrhunderts zu den Vorannahmen poetischer Menschendarstellung gehört und dabei nicht selten in ein Spannungsverhältnis zu mechanistischen Beschreibungen tritt.[68] Das Bewußtsein der eigenen Kräfte, des aus sich heraus Empfinden- und Schaffenkönnens, steht im Zentrum der modernen Auffassung vom aufgeklärten, sich von autoritärer Bevormundung emanzipierenden, bürgerlichen Individuums. Geistesgeschichtlich betrachtet, konkurriert diese Vorstellung bis heute erfolgreich mit der rationalistischen Auffassung vom Menschen als einem durch Antezedensbedingungen und Naturgesetze determinierten, experimentell erfaßbaren Naturobjekt. Eine Begründung für das Festhalten der Literatur an einem aus naturwissenschaftlicher Sicht obsolet gewordenen Wirklichkeitsverständnis liefern die Autoren Spaemann und Löw. Sie argumentieren für die Notwendigkeit, neben der kausalen Naturerklärung auch eine teleologische Naturinterpretation zuzulassen, wenn man die in der menschlichen Selbsterfahrung begründete Vorstellung des spontanen, aktiven Handelnkönnens nicht aufgeben will. Denn, so das Hauptargument, "kausale Analyse kennt ihrer Natur nach nicht so etwas wie Selbstsein, sie kennt nur abhängige Variable"[69]. Die

67 Siehe Kap. 2.1 und den Anfang dieses Kapitels.

68 In diesem Zusammenhang sind die literaturwissenschaftlichen Untersuchungen zur Verwendung von Maschinenmetaphern zu sehen. Siehe z. B. Peter Gendolla: 'Nichts als Kunst und Mechanismus'. Maschinenmetaphern bei Büchner, in: Georg Büchner: 1813-1837. Revolutionär, Dichter, Wissenschaftler, a.a.O., S. 306-311. Lienhard Wawrzyn: Der Automaten-Mensch. E.T.A. Hoffmanns Erzählung vom "Sandmann", Berlin 1976.

69 Robert Spaemann und Reinhard Löw: Die Frage Wozu?, a.a.O., S. 290.

moderne Literatur wehrt sich gegen die theoretischen und praktischen Konsequenzen der von den Naturwissenschaften heute generell vertretenen auf Kausalitätsaussagen beschränkten Sichtweise seit ihren Anfängen im 18. Jahrhundert. Unübersehbar wird diese Kritik in Büchners Drama *Woyzeck*, worin der verstellte Blick und die menschenverachtenden Praktiken der modernen, mechanistischen Medizin angeprangert werden.[70] Indirekt gefordert wird damit die Anerkennung aller lebendigen Individuen als in sich selbst, in ihrem Selbstsein begründete Wesen. Der Gedanke, daß jeder Mensch in seiner Lebendigkeit zur Autonomie befähigt ist, wird entscheidend von der Literatur und gerade auch von den hier behandelten Autoren mitentwickelt und mitgetragen. Von den Ideen der Aufklärung geprägte Autoren wie Goethe, Chamisso und Büchner finden in der gegen das mechanistische Weltbild opponierenden vitalistischen Perspektive ihrer Zeit, die sie selbst mitgestalten bzw. durch eigene empirische Forschungen unterstützen, einen Ansatzpunkt für die Gestaltung eines vertretbaren und - wie sie meinen - in jeder Hinsicht diskutablen Menschenbildes. Bei der Betrachtung ihrer Werke unter diesem Aspekt fällt allerdings auf, daß sie, der traditionellen Metaphysik grundsätzlich skeptisch entgegenarbeitend, die menschliche Vernunft in ihren Möglichkeiten und Grenzen letztlich kritischer reflektieren als die Verfasser zeitgenössischer naturwissenschaftlicher Lehrbücher und Abhandlungen. Ohne das vitalistische Paradigma wäre es den Dichtern kaum möglich gewesen, die naturwissenschaftlichen Theorien ihrer Zeit aufzugreifen und in ihrem Sinne zu einer Neubestimmung des Menschen zu verwenden. Andernfalls hätte die Naturforschung keine Ansatzpunkte anthropologischer Art geboten, um daran einen Diskurs zu den für die moderne

70 Auf Jean Pauls Vorläuferschaft im Hinblick auf Büchners extrem kritische Betrachtung der Konsequenzen der mechanistischen Naturwissenschaften und Medizin verweist Elvira Steppacher in: Büchners 'Doctor' und Jean Pauls 'Dr. Sphex'. Gedanken zu einer literarischen Quelle des Woyzeck, in: Georg Büchner Jahrbuch 6 (1986/87, Ersch.jahr 1990) S. 281-295. Zur Bedeutung dieses Themas in Büchners Werk siehe auch Sabine Kubik: Krankheit und Medizin im literarischen Werk Georg Büchners, Stuttgart 1991; Wulf Wülfing: 'Autopsie'. Bemerkungen zum 'Selbst-Schauen' in Texten Georg Büchners, in: WB 35 (1989) 11, S. 1788 f.; Alfons Glück: Der Menschenversuch: Die Rolle der Wissenschaft in Georg Büchners Woyzeck, in: Georg Büchner Jahrbuch 5 (1985) S. 139-182. Günter Oesterle: Das Komischwerden der Philosophie in der Poesie. Literatur-, philosophie- und gesellschaftsgeschichtliche Konsequenzen der 'voie physiologique' in Georg Büchners Woyzeck, in: Georg Büchner Jahrbuch 3 (1983) S. 200-239.

Literatur zentralen Themen wie Individualität, Sozialisation, Animalität bzw. Humanität etc. anzuknüpfen. Die vitalistische Theorie von der Kräftenatur des Menschen besitzt von sich aus Aufforderungscharakter, die allgemeinen Lebensphänomene, wie Sensibilität, Reizbarkeit, Selbstbewegung, Individualentwicklung und Reproduktion im Hinblick auf die Stellung des Menschen im Universum auszudeuten. Nur unter Voraussetzung dieser ganzheitlichen Denkweise, die zugleich teleologische Vorannahmen birgt, ist es der Literatur der Klassik möglich, gesellschaftliche Utopien zu entwickeln. Von derselben naturphilosophischen Basis ausgehend und in letzter Konsequenz daran festhaltend, gelingt es vor allem Büchner, ein Menschenbild aufzuzeigen, das aufgrund seiner Modernität gerade heutige Leser besticht.[71]

Nur aus einer kulturhistorischen Perspektive können so extrem unterschiedliche literarische Texte, wie die von Goethe, Chamisso und Büchner, miteinander verglichen und in einem Deutungszusammenhang integriert werden. Ihre Betrachtung unter einem Aspekt der Geschichte der Naturwissenschaften, nämlich dem des Vitalismus, dient dazu, sie innerhalb eines neuen begrifflichen Kontextes zu deuten und so das Interpretationsfeld zu erweitern. Nicht außer acht gelassen werden dürfen jedoch die zum Teil tiefgreifenden Gegensätze zwischen diesen Werken, insbesondere die Diskrepanz zu Büchners Texten, dem es allein gelingt, das in der klassischen Literatur geschönt zum Ausdruck gebrachte Natur- und Menschenbild zu überwinden. Gerade die Differenziertheit der literarisch vermittelten Wirklichkeitsdarstellung seit der zweiten Hälfte des 18. Jahrhunderts, besonders im Hinblick auf die Beschreibung der Innenaspekte menschlichen Lebens, läßt sich durch die Zugrundelegung eines damals progressiven Naturmodells begründen, das aus der Sicht der heutigen Naturforschung im allgemeinen als obsolet bzw. unwissenschaftlich gilt. Ausdrücklich sei noch einmal auf die Bedeutung der mit dem Vitalismus verknüpften 'teleologischen' Sichtweise für die in der Literatur entwickelte Vorstellung vom autonom handelnden Individuum hingewiesen. Sie stehen im Widerspruch zu den traditionellen metaphysischen Deutungen, die gerade in den hier behandelten Autoren erbitterte Gegner finden, weil diese davon ausgehen, daß das Wesen des einzelnen Menschen letztlich nicht durch äußere Bedingungen, Naturgesetze und äußere Zwecke bestimmt ist. Als entscheidendes Moment der vitalistischen Denkrichtung im Hinblick auf literarisch vermittelte Ideologie-

71 Manfred Durzak: Die Modernität Georg Büchners. Lenz und die Folgen, in: L'80. Zeitschrift für Politik und Literatur, hg. von Lutz Arnold, H. 45 (1988) S. 132-146.

bzw. Gesellschaftskritik betrachte ich die Einbindung des Menschen in ein Lebenskonzept, das dem Lebewesen generell die Fähigkeit zuspricht, sich genuin zu entwickeln, ohne daß dabei ein Bewußtsein vorausgesetzt wird. Dem Rationalismus Descartesscher Provenienz wird dadurch widersprochen, daß die Abhängigkeit der menschlichen Vernunft von den ihr zugrundeliegenden, mit ihr verbundenen Lebensphänomenen, wie Phantasie, Empfindung und den sogenannten 'niederen Trieben' zum zentralen Aspekt gemacht wird. Bestärkt und angeregt durch die antimechanistische Denkweise, entwirft die Literatur eine Vorstellung vom modernen Individuum, derzufolge der einzelne in dem Bewußtsein lebt, sich in seinem dynamischen Werden ganz von der eigenen, inneren Natur leiten zu lassen. Es klagt im Hinblick auf die Ausgestaltung des eigenen Lebensentwurfs die Befriedigung aller seiner elementaren Bedürfnissen ein und rebelliert vor diesem Hintergrund gegen jegliche Form der Unterdrückung. Allerdings zieht erst Büchner die Konsequenzen aus diesem Lebensbegriff, denn er besteht darauf, dem Menschen nicht erst als vernünftigem, sondern zumindest schon als empfindendem, reizbarem Wesen ein 'Selbst' zuzugestehen. Bei Lenz erstirbt die rebellische Geste unter dem Druck der bestehenden, angeblich auf Vernunft begründeten, bürgerlichen Gesellschaftsordnung; sie bricht nur aufgrund seiner extremen Erniedrigung noch einmal kurz hervor. Büchners Kritik richtet sich auch gegen den kritischen Rationalismus und das darauf begründete idealistische Gesellschaftsideal, das ideologisch als Herrschaftsinstrument gebraucht wird. Im Gegenzug zur Maxime, der einzelne habe sich den nach Maßgabe der Vernunft aufgestellten Regeln der Gesellschaft freiwillig zu unterwerfen, klagt er Respekt vor der Eigenart und dem Selbstsein jedes einzelnen Lebewesens ein. Entsprechend vermittelt der Text eine Perspektive 'von unten', indem nicht 'von oben', von der Höhe der Vernunft, auf Lenz herabgeblickt wird, sondern vielmehr durch dessen Sicht - der Sicht eines Erniedrigten, auf das unterste Niveau Zurückgedrängten - die Wirklichkeit als eine in jeder Hinsicht unideale gespiegelt wird. Mit dieser Erzählperspektive weist Büchner weit über seine Zeit hinaus auf die moderne Literatur des 20. Jahrhunderts, worin der auktoriale Erzähler endgültig aus seiner Vorrangstellung verdrängt wird. In der literarischen Tradition gehört die vitalistische Sichtweise, im Gegensatz zum naturwissenschaftlichen Diskurs, bis heute zu dem seit der Aufklärung stark reduzierten Kreis akzeptierter Deutungsmodelle. Was allerdings die Naturwissenschaften betrifft, so erscheint ein gewisses 'Comeback' nicht einmal ganz unmöglich, wie neueste Bestrebungen hinsichtlich einer Revolutionierung der Naturtheorie, auf die ich im Schlußkapitel verweisen möchte, vermuten lassen. Zuvor aber soll der Versuch unternommen werden, die von mir untersuchte Traditionslinie gegen die - von der aktuellen Literaturwissenschaft mit einem Forschungsprogramm bedachten - Rezeption des 'animalischen Magnetismus' durch die romantische Literatur abzugrenzen, um damit das hier entwickelte Profil noch schärfer zu konturieren.

4.2. Eine grundsätzlich kritische Sicht: 'Leben' als poetische Kategorie

Die vom Vitalismus als naturwissenschaftlichem Paradigma ausgehende Deutungsperspektive führt - wie in dieser Arbeit gezeigt - zu einer Erweiterung des Verständnisses der deutschen Literatur um 1800. Ihr Stellenwert im Rahmen der germanistischen Forschung läßt sich nicht zuletzt daran ermessen, daß sie sich nicht nur bei der Interpretation unter inhaltlichem und formalem Aspekt, sondern auch in poetologischer Hinsicht ertragreich erweist. Daher werde ich am Ende dieses Kapitels sowie im Schlußkapitel das vitalistische Organismusmodell als ästhetisches Paradigma thematisieren. Zuvor stelle ich die herausgearbeitete Deutungsperspektive in einen Zusammenhang mit dem aktuellen literaturwissenschaftlichen Diskurs, worin sich allmählich ein Themen- und Forschungsgebiet mit Schwerpunkt auf der Untersuchung des Verhältnisses von Naturwissenschaften und Literatur herauskristallisiert. Daß die kulturgeschichtliche Bedeutung des vitalistischen Denkens bisher in der Forschung verkannt wurde, liegt darin begründet, daß der Vitalismus heute weitgehend aus dem Bewußtsein verdrängt ist bzw. aufgrund von Ressentiments abwegig erscheint. Wann immer Beziehungen zwischen der Literatur und den Naturwissenschaften untersucht werden, setzt man in der Regel einen Begriff von Naturforschung voraus, für den die neuzeitliche Physik mit ihrem Interesse an einer mathematisch-mechanistischen Naturbeschreibung das Paradigma liefert. Bestimmte 'Tugenden' der neuzeitlichen Naturforschung, wie geschulte Wahrnehmung (z. T. unter Verwendung technischer Hilfsmittel wie Tele- und Mikroskop), analytisches Denken, methodische Genauigkeit bei der Betrachtung und Beobachtung der Naturgegenstände und beim Experiment, Objektivität ihrer Erkenntnisse etc. werden herausgestellt und mit Merkmalen der modernen Literatur in Beziehung gesetzt.[72] Speziellere literaturwissenschaftliche Arbeiten betrachten, unter Einbeziehung wissenschaftshistorischer Aspekte, die literarische Verarbeitung einzelner naturwissenschaftlicher Lehren, wie beispielsweise der Theorie der chemischen Verwandtschaft, der Hirn- und Schädellehre Franz Joseph Galls oder der Magnetismuslehre Franz Anton Mesmers, wobei der Blickwinkel durch die Fokussierung auf eine bestimmte Theorie begrenzt bleibt.[73] Aus der literaturwissenschaftlichen Forschungsliteratur möchte ich einen aktuellen Untersuchungsschwerpunkt zum Thema literarische Rezeption des 'animalischen Magnetismus' herausgreifen, weil hierbei die Möglichkeit besteht, meine Untersuchung kontrastierend dagegen abzusetzen und zu pointieren. In der Debatte, die im folgenden zunächst vorgestellt wird, werden für die deutsche Literatur die Autoren Goethe, Novalis, Arnim, Kleist, Justinus Kerner, Stifter, Jean Paul und E.T.A. Hoffmann genannt. Dabei konzentrieren sich

72 Unter diese Kategorie literaturwissenschaftlicher Studien fallen beispielsweise: Karl Richter: Literatur und Naturwissenschaft. Eine Studie zur Lyrik der Aufklärung, München 1972; Hans-Peter Hermann: Naturnachahmung und Einbildungskraft. Zur Entwicklung der deutschen Poetik von 1670 bis 1740, Bad Homburg v. d. H., Berlin, Zürich 1970, S. 276-281; Horst Thomé: Roman und Naturwissenschaft. Eine Studie zur Vorgeschichte der deutschen Klassik, Frankfurt a.M. 1978; Michael Böhler: Naturwissenschaft und Dichtung bei Goethe, in: Goethe im Kontext. Kunst und Humanität, Naturwissenschaft und Politik von der Aufklärung bis zur Restauration. Ein Symposium, hg. von Wolfgang Wittkowski, Tübingen 1984, S. 313-335; Wolfgang Frühwald: Fremde und Vertrautheit: Zum Naturverständnis in der deutschsprachigen Literatur seit dem 18. Jahrhundert, in: Zwischen Aufklärung und Restauration. Sozialer Wandel in der deutschen Literatur (1700-1848), hg. von Wolfgang Frühwald und Alberto Martino, Tübingen 1989, S. 451-465.

73 Sigrid Oehler-Klein: 'Der Sinn des Tiegers'. Zur Rezeption der Hirn- und Schädellehre Franz Joseph Galls im Werk Georg Büchners, in: Georg Büchner Jahrbuch 5 (1985) S. 19-51. Jeremy Adler: 'Eine fast magische Anziehungskraft': Goethes 'Wahlverwandtschaften' und die Chemie seiner Zeit, München 1987.

die Einzeluntersuchungen auf die beiden Letztgenannten.[74] Vorausgesetzt wird bei diesen Autoren ein Wissen über die von Franz Anton Mesmer 1779 zur Begründung seiner therapeutischen Erfahrungen und Erfolge veröffentlichten Lehre vom 'animalischen Magnetismus' und deren zu Anfang des 19. Jahrhunderts von deutschen romantischen Naturforschern vorgenommene Transformationen. Nach dem "ganzheitlichen Ansatz"[75] der Magnetismustheorie Mesmers, die er selbst als materialistisch-mechanistisch betrachtet, stehen alle Bestandteile der Natur durch eine Art alles durchdringendes, magnetisches Fluidum, das jeden Körper durchfließt und umflutet und in seiner Dynamik ursächlich bestimmt, miteinander in Verbindung. Hinsichtlich der substantiellen Medien, an die Mesmer die angenommenen Heilungskräfte gebunden glaubt, legt er sich nicht einmal auf den Magnetismus fest, sondern zieht im Laufe seines Lebens alle im 18. Jahrhundert als 'Imponderabilien' bezeichneten physikalischen Kräfte - "Schwerkraft, Licht, Magnetismus, Elektrizität und Wärme"[76] - in Erwägung. Mesmers Theorie erscheint vor dem Hintergrund der zeitgenössischen Naturwissenschaften keineswegs originell, da sie restlos in den

74 Bei der Betrachtung der literaturwissenschaftlichen Debatte zur Rezeption des 'animalischen Magnetismus' beschränke ich mich auf Untersuchungen zu den Werken Jean Pauls und E.T.A. Hoffmanns, die aufgrund ihrer unterschiedlichen Verarbeitungen des Themas in verschiedene Richtungen weisen. Trotzdem seien außer den hier zitierten Beiträgen folgende Aufsätze erwähnt: Gerhard Kluge: Gotthilf Heinrich Schuberts Auffassung vom tierischen Magnetismus und Achim von Arnims Erzählung "Die Majoratsherren", in: Aurora 46 (1986) S. 168-173; Frederick Burwick: Elektrizität und Optik: Zu den Beziehungen zwischen wissenschaftlichen und literarischen Schriften Achim von Arnims, in: Aurora 46 (1986) S. 19-47; Johann Lachinger: Mesmerismus und Magnetismus in Stifters Werk, in: Stifter Symposion. Im Rahmen des internationalen Brucknerfestes 1978, Linz 1979.

75 Dietrich v. Engelhardt: Mesmer in der Naturforschung und Medizin der Romantik, in: Franz Anton Mesmer und die Geschichte des Mesmerismus, a.a.O., S. 96.

76 Heinrich Feldt: Vorstellungen von physikalischer und psychischer Energie zur Zeit Mesmers, in: Franz Anton Mesmer und die Geschichte des Mesmerismus, a.a.O., S. 33. Eine Analogie zwischen "Nervenkraft" und Magnetismus vermutet schon Albrecht von Haller in seinem "Grundriß der Physiologie". Siehe: Ernst Florey: Magnetismus, Elektrizität und das Nervensystem. Eine Ideengeschichte, in: Theoretische Grundlagen und Probleme der Biologie. Festveranstaltung und wissenschaftliche Vortragstagung am 20. und 21. März 1987 an der Friedrich-Schiller-Universität Jena aus Anlaß des 100. Geburtstages von Julius Schaxel, hg. von B. Wilhelmi, Jena 1988, S. 149.

zeitgenössischen Vorstellungen und Begriffen aufgeht.[77] Sie dient ihm vornehmlich zur Beglaubigung seiner zweifellos innovativen therapeutischen Praktiken auf psychopathologischem Gebiet, die auf eine psychische Beeinflussung des Patienten abzielen. Er läßt es bei dem in seiner Zeit durchaus vertretbaren Begründungszusammenhang bewenden und beschränkt sich in seiner eigenen 'Beweisführung' auf spektakuläre Heilungserfolge.[78] Aus der Sicht seiner Kritiker überschreitet er damit den Rahmen der Naturwissenschaften und wird zum pseudowissenschaftlichen Praktiker. Obwohl Mesmer oftmals als Scharlatan verschrieen wurde, wird heute im allgemeinen anerkannt, daß mit ihm eine Traditionslinie beginnt, die sich um eine naturwissenschaftliche Beschreibung der von den reduktionistischen Naturwissenschaften ausgegrenzten psychischen Phänomene bemüht. Aus medizinhistorischer Sicht begründet Mesmer "ein Paradigma neuzeitlicher psychodynamischer Beschreibung"[79], das auch noch im 20. Jahrhundert Gültigkeit besitzt. Besondere Beachtung und Wertschätzung findet die Lehre vom 'tierischen Magnetismus' bei deutschen romantischen Naturforschern, wie Schubert, K. E. Schelling, Ritter und Oken. Diese gehen in spekulativer Weise zum Teil weit über den durch Mesmer intendierten Theorierahmen hinaus bzw. verbinden ihn mit dem traditionellen metaphysischen Denken und leiten so vom Mesmerismus "auf spiritistisch-okkultistische Strömungen"[80] über. Wolfgang Müller-Funk schreibt: "Die romantische Version des Magnetismus ist ein Mesmerismus ohne, ja zum Teil gegen Mesmer und seine aufklärerischen Intentionen"[81]. Solcherart veränderte Lehren vom 'tierischen Magnetismus' bilden den theoretischen Hintergrund für die Autoren Jean Paul und E.T.A. Hoffmann bzw. für deren literarische Rezeptionen.

---

77 Ebd., S. 31.

78 Margarete Kohlenbach: Ansichten von der Nachtseite der Romantik. Zur Bedeutung des animalischen Magnetismus bei E.T.A. Hoffmann, in: Die deutsche literarische Romantik und die Wissenschaften, hg. von Nicholas Saul, München 1991, S. 211.

79 Wolfgang Kupsch: Bemerkungen zur wissenschaftshistorischen Einordnung F.A. Mesmers, in: Franz Anton Mesmer und die Geschichte des Mesmerismus, a.a.O., S. 50.

80 Dietrich v. Engelhardt: Mesmer in der Naturforschung und Medizin der Romantik, a.a.O., S. 101.

81 Wolfgang Müller-Funk: E.T.A. Hoffmanns Erzählung "Der Magnetiseur"..., a.a.O., S. 203. Siehe auch: Margarete Kohlenbach: Ansichten von der Nachtseite der Romantik..., a.a.O., S. 213.

Beim 'tierischen Magnetismus' handelt es sich um eine wissenschaftshistorisch ausführlich dokumentierte und daher begrifflich klar zu erfassende medizinische Praxis, die um 1800 populär war und ihrem Selbstverständnis nach auf eine naturwissenschaftlich begründete Lehre zurückgeht. Da sich ihre Verarbeitung durch die Literatur relativ leicht sondieren und belegen läßt, verwundert es kaum, daß die germanistische Forschung hier ansetzt, um Wechselwirkungen zwischen solchen 'naturwissenschaftlichen' Konzepten und der deutschen Literatur zu untersuchen. Der 'Vitalismus', so wie er in dieser Arbeit vorgestellt wird, läßt sich hingegen nicht so leicht an einzelnen Personen festmachen bzw. in wissenschaftstheoretischer Sicht konkretisieren. Seiner Bedeutung nach ist der Vitalismus als naturwissenschaftliches Paradigma gegenüber der naturwissenschaftlichen Theorie des 'animalischen Magnetismus' auf einer allgemeineren Ebene anzusiedeln, weshalb unter diesem Gesichtspunkt - wie in der vorliegenden Arbeit gezeigt - ein äußerst weitreichender Zusammenhang innerhalb der Literaturgeschichte erfaßt werden kann.

Jean Paul und E.T.A. Hoffmann sind von den Phänomenen des 'tierischen Magnetismus' fasziniert und fassen sie als empirische Beweise für den Einbruch des Irrationalen bzw. des Unbewußten in die weitgehend aufgeklärte, bürgerliche Welt auf. Doch schon aus biographischer Sicht unterscheiden sich die beiden Autoren in ihrem Verhältnis zum 'animalischen Magnetismus'. Aus einem Brief von Jean Paul aus dem Jahr 1807 geht hervor, daß dieser sich schon seit 1787, angeregt durch eine in diesem Jahr erschienene Schrift von Gmelin zum Thema, zu dieser Denkrichtung bekennt.[82] Er studiert die einschlägige Fachliteratur und verfaßt schließlich selbst eine Abhandlung *Mutmassungen über einige Wunder des organischen Magnetismus*, die er 1813 veröffentlicht. Bis zu seinem Tod bleibt er ein enthusiastischer Anhänger und macht - nach Aussage seiner Freunde - sogar selbst als Magnetiseur Gebrauch davon.[83] Seine Rezeption führt, wie Jürgen Barkhoff ermittelt, "in letzter Konsequenz zu einer Spiritualisierung des Ätherleibs"[84]. Sie weise damit hinter Mesmer und die Aufklärung zurück auf vormoderne Wissenstraditionen, wie die naturmagische, hermetische Tradition (Paracelsus, Agrippa v. Nettesheim, Baptista v. Helmont,

82 Zitiert bei Jürgen Barkhoff: Allsympathie im magnetischen Geiste. Jean Paul und der animalische Magnetismus, in: Die deutsche literarische Romantik und die Wissenschaften, a.a.O., S. 178 ff.

83 Ebd., S. 181 f.

84 Jürgen Barkhoff: Allsympathie..., a.a.O., S. 185.

Athanasium Kirchner) und die neuplatonische Sympathielehre. Nach Aussage Rankls hat Jean Paul sich stets um Erklärungen aus natürlichen Ursachen bemüht und sein Denken selbst als naturwissenschaftliches verstanden.[85] Anfang des 19. Jahrhunderts habe er geglaubt, in dem als naturwissenschaftliche Theorie aufgefaßten 'animalischen Magnetismus' den "rettenden Ausweg aus einer wesenhaften Aporie"[86] zwischen der wissenschaftlichen und der religiösen Weltsicht gefunden zu haben. Diese Ansicht bestätigt Götz Müller, indem er schreibt: "Aussichten auf das zweite Leben, auf die Unsterblichkeit der Seele beschließen die 'Mutmassungen über einige Wunder des organischen Magnetismus'. Vom Phänomen des Magnetismus erhofft sich Jean Paul einen empirischen Beleg für eine durchgängig beseelte und begeisterte Natur, deren Anfang und Ende unausmeßbar ist"[87]. Jean Pauls spiritualistische Deutung stellt ihn in die Nähe derjenigen romantischen Naturforscher, die - wie beispielsweise G. H. Schubert - im Magnetismus den Beleg für eine harmonistische, metaphysische Weltdeutung sehen.[88]

Im Gegensatz dazu wird E.T.A. Hoffmann ein vorsichtigerer Umgang mit dem 'animalischen Magnetismus' zugeschrieben. Zusammenfassend bemerkt Friedhelm Auhuber: "Hoffmann hat den Magnetismus in Bamberg durch die Bekanntschaft mit den Ärzten Marcus und Speyer kennengelernt. Seit 1814 erscheint das Sujet in seiner Prosa; es wird mit wissenschaftlicher Genauigkeit, aber immer mit kritischer Distanz rezipiert und die Vielfalt der Erscheinungen und Auswirkungen mit den Mitteln der Poesie dargestellt"[89]. Trotz anhaltenden Interesses an den Phänomenen verhält er sich insbesondere gegenüber der Anwendung von sogenannten Magnetkuren reserviert. Wolfgang Müller-Funk bemerkt dazu: "Hoffmann, ein Autor, der sich nicht selbst der Kraft dieses 'psychischen Prinzips' aussetzt, das ihn augenscheinlich ängstigt, literarisiert

85 Maximilian Rankl: Jean Paul und die Naturwissenschaft, Frankfurt a.M., Bern und New York 1987, S. 279.

86 Ebd., S. 281.

87 Götz Müller: Die Literarisierung des Mesmerismus in Jean Pauls Roman "Der Komet", in: Franz Anton Mesmer und die Geschichte des Mesmerismus, a.a.O., S. 186.

88 Margarete Kohlenbach: Ansichten von der Nachtseite der Romantik, a.a.O., S. 219 f. Monika Schmitz-Emans: Naturspekulation als 'Vorwand' poetischer Gestaltung, in: Mitteilungen der E.T.A. Hoffmann-Gesellschaft, 34 (1988) S. 80.

89 Friedhelm Auhuber: In einem fernen dunklen Spiegel. E.T.A. Hoffmanns Poetisierung der Medizin, Opladen 1986, S. 76.

die Phänomene aus der Betrachterrolle"[90]. Nach einer Deutung von Monika Schmitz-Emans lassen Hoffmanns Erzähltexte auf eine Diskrepanz zwischen seinen Ansichten und denen des bereits erwähnten Naturphilosophen Schubert schließen.[91] Bei Hoffmann drücke sich eine grundlegende "Skepsis gegenüber einer harmonistischen Deutung der Natur"[92] aus.

Aus der aktuellen Diskussion, insbesondere zu Jean Pauls letztem, unvollendetem Roman *Der Komet* (1820-22) und E.T.A. Hoffmanns früher Erzählung *Der Magnetiseur* (1814), lassen sich folgende Ergebnisse festhalten. Von beiden Autoren werden, auf der Grundlage von persönlichen Erfahrungen bzw. zeitgenössischen Berichten, gezielte Anwendungen magnetischer Kräfte literarisch thematisiert. Beide bestätigen auf poetische Weise die Existenz psychischer Übertragungsphänomene in der Natur. Während der 'animalische Magnetismus' bei Jean Paul als ein wirksames "Instrument zur Aufklärung"[93] psychopathologischer Zustände erscheint - auch wenn der Autor, wie Barkhoff meint, "an dem prekären Status der so emphatisch eingesetzten vormodern-unzeitgemäßen Elemente des Magnetismus, ihrer letztlichen Unterlegenheit in wissenschaftsfrommer Zeit"[94] keinen Zweifel läßt -, fungiert der Autor E.T.A. Hoffmann als Aufklärer über die mit dieser Methode verbundenen Gefahren. Beiden Autoren wird demnach eine aufklärerische Absicht zugeschrieben, auch wenn sich das dargestellte Verhältnis zur Anwendung magnetischer Kräfte grundlegend unterscheidet. Als überzeugter Anhänger plädiere Jean Paul für die Methode, indem er am Schluß des Romanfragments die kontrastierend zur Hauptfigur Nikolaus Marggraf konzipierte Ketzer- und Teufelsgestalt Kain durch den Magnetiseur Worble in einen magnetischen Schlaf versetzen und dadurch vorübergehend "von seiner 'fixen Idee'"[95] heilen läßt. Götz Müller vertritt die These, daß dadurch dem Leser einsichtig gemacht werde, daß es sich bei dem ominösen Menschen 'tatsächlich' um einen normalen Sterblichen han-

90 Wolfgang Müller-Funk: E.T.A. Hoffmanns Erzählung 'Der Magnetiseur'..., a.a.O., S. 204.

91 Monika Schmitz-Emans: Naturphilosophie als 'Vorwand' poetischer Gestaltung, a.a.O., S. 81.

92 Ebd., S. 82.

93 Götz Müller: Die Literarisierung des Mesmerismus in Jean Pauls Roman 'Der Komet', a.a.O., S. 199.

94 Jürgen Barkhoff: Allsympathie im magnetischen Geiste..., a.a.O., S. 201.

95 Ebd., S. 192.

dele. Er schreibt: "Jean Paul weist in der Schlußpassage des Romanfragments entschieden alle [...] übernatürlichen Erklärungen ab. Der sich für den unsterblichen Kain hält, ist ein schlichter Mensch"[96]; und "zur Aufklärung verhilft die magnetische Kur, vor allem zur Aufklärung darüber, wie dieser Mann ein 'eingebildeter' Kain werden konnte"[97]. Müller kommt zu dem Fazit, Jean Paul kritisiere in diesem Text den in der Spätromantik wiederauflebenden traditionellen Teufelsglauben und verarbeite den Mesmerismus angesichts dieser Tendenz literarisch als "Instrument der Aufklärung und Heilung"[98]. In den Erzähltexten E.T.A. Hoffmanns dagegen werde der 'animalische Magnetismus' selbst dämonisiert, um dessen "Nachtseite"[99], das heißt einen "mesmeristischen Terror"[100] anzuprangern. Während Jean Paul - in Übereinstimmung mit dem Selbstverständnis Mesmers und seiner Anhänger - den positiven, harmonisierenden Einfluß des Magnetiseurs hervorhebe[101], beleuchte E.T.A. Hoffmann dessen negative Seite, indem er ihn als Mittel darstelle, um sich der Psyche des ohnehin schon geschwächten Opfers zu bemächtigen und es zu beherrschen.

> Hoffmann diabolisiert den Mesmerismus durch Umkehrung des magnetischen Prozesses. Anstatt wie Mesmer die Stockung der tonischen Bewegung durch 'Mitteilung' von Energie (fluide, Lebensfeuer) zu heilen, entzieht der Magnetiseur Hoffmanns dem Patienten Energie, er saugt ihn aus wie ein Vampyr und schwächt ihn wie der Teufel, der lebendige Substanz raubt. [...] Hoffmanns unheimlicher Magnetiseur in der gleichnamigen Novelle ist ein Dämon, der sich von fremder Lebenskraft ernährt.[102]

Vom gleichen Theoriehintergrund wie Jean Paul ausgehend, stimmt Hoffmann keineswegs mit dessen positiver Deutung überein, sondern sieht in der Anwendung magnetischer Kräfte ein wirksames Herrschaftsinstrument, dem er aufgrund der damit verbundenen oder doch naheliegenden Machtinteressen skeptisch gegenübersteht. Er erkennt in den zu seiner Zeit populären 'Magnet-

96 Ebd., S. 195.

97 Ebd.

98 Ebd., S. 199.

99 Diese Intention spricht Hoffmann in einem Brief an Kunz vom 20. 7. 1813 aus. Zitiert bei Götz Müller: Die Literarisierung..., a.a.O., S. 198.

100 Ebd., S. 199.

101 Jürgen Barkhoff: Allsympathie im magnetischen Geiste..., a.a.O., S. 179.

102 Ebd.

kuren' vornehmlich eine allgemeine Gefahr, nämlich die, daß sie eingesetzt werden, um das Emanzipations- und Autonomiestreben des modernen Individuums zu unterdrücken. Dementsprechend lautet Margarete Kohlenbachs These, Hoffmann mache "- auf der Nachtseite der Romantik - die Herrschaftsansprüche und Machtphantasien sichtbar, die sich in ihrer 'Lehre vom Magnetismus' verbergen"[103]. Alban, der Magnetiseur, distanziere sich ausdrücklich sowohl von "einer ausschließlich materialistischen Konzeption" als auch von der "therapeutischen Ausrichtung des Praktikers Mesmer"[104]. Für ihn sei der Magnetismus das Mittel zur Potenzierung seiner Macht, wodurch er zur "Herrschaft des geistig Stärkeren"[105] gelangen wolle. Er behandle das Mädchen Maria, um sie seinem Willen zu unterwerfen und die eigene Position dadurch zu stärken. Obwohl oder gerade weil von romantischen Theoretikern des 'animalischen Magnetismus' oftmals behauptet werde, zwischen magnetisierendem Arzt und magnetisiertem Patienten komme es zu einer harmonischen, auf Gegenseitigkeit basierenden Verbindung[106], demonstriere Hoffmann die Möglichkeit eines einseitigen Kräfteaustauschs zugunsten des Mannes und Magnetiseurs, der "den psychischen Tod der Frau"[107] bewußt einkalkuliere. Diesen Aspekt hebt auch Monika Schmitz-Emans hervor, indem sie schreibt: "Der Magnetismus wird nicht mehr als Therapeutikum gesehen, sondern als ein Mittel, um sich Gewalt über Wahrnehmungen, Gefühle und Gedanken anderer zu verschaffen - bis zu deren Zerstörung, die mit der Unterminierung des eigenen Willens immer schon eingesetzt hat"[108]. Demnach warnt Hoffmann vor allzugroßer Gutgläubigkeit und möglichem Psychoterror der Magnetiseure, die aus menschlicher Schwäche mit ihren Fähigkeiten Mißbrauch treiben können.

---

103 Margarete Kohlenbach: Ansichten von der Nachtseite der Romantik..., a.a.O., S. 229.

104 Ebd., S. 215.

105 Ebd., S. 222 ff.

106 Ebd., S. 226 f.

107 Ebd., S. 225.

108 Monika Schmitz-Emans: Naturspekulation als 'Vorwand' poetischer Gestaltung, a.a.O., S. 81. Hinsichtlich dieser These besteht in der Sekundärliteratur ein breiter Konsens. Nach Auhuber zeigt Hoffmann "die Gefährdungen" des unter Umständen zerstörerisch wirkenden Magnetismus. Friedhelm Auhuber: In einem fernen dunklen Spiegel, a.a.O., S. 78 f. Und auch die Deutung von Müller-Funk unterstellt, Alban habe "die Vernichtung Mariens [...] zynisch mit eingeplant". Wolfgang Müller-Funk: E.T.A. Hoffmanns Erzählung 'Der Magnetiseur', a.a.O., S. 214.

Jean Paul und E.T.A. Hoffmann übernehmen aus der ins Spekulative tendierenden romantischen Naturforschung die Theorie des 'animalischen Magnetismus', bringen die damit beschriebenen Phänomene literarisch zum Ausdruck und reflektieren sie dabei im Hinblick auf die mit ihrer Handhabung verbundenen Konsequenzen. Gegenüber Jean Paul, der sich als Apologet dieser Lehre betätigt, bezieht Hoffmann eine kritischere Position. Wenn auch in seinem Fall von einer theorieimmanenten Kritik gesprochen werden kann, so trifft doch auf beide Autoren zu, daß sie die Beschreibung und Deutung der Phänomene durch diese Denkrichtung grundsätzlich akzeptieren, bzw. das zugrundegelegte Wirklichkeitsmodell nicht genauer hinterfragen. Eine naturphilosophische Kritik des Ansatzes oder eine auf dessen Implikationen gerichtete ideologiekritische Betrachtung findet bei ihnen nicht statt. Beide Autoren bewegen sich vielmehr ausschließlich im Rahmen der Theorie; die Phänomene werden beschrieben, aber nicht darüber hinausgehend erklärt. Jean Pauls Poetisierung des Themas entspricht der spiritualistischen Tendenz der romantischen Naturforschung. Er erhofft sich davon "metaphysische Evidenzerlebnisse, in denen Ahnung und Intuition [...] eine Gewißheit vermitteln von der Verbundenheit und Ganzheit, die [...] essentiell Dauer, d. h. immaterielles Weiterleben, einschließt"[109]. Hoffmann nimmt eine Gegenposition dazu ein, indem er den 'animalischen Magnetismus' dämonisiert, wobei er durch seine Darstellung "okkulter Erlebnisse", "ihre Dämonie ins innerpsychische Geschehen verlegt"[110]. Demnach kehrt er also keineswegs zu einer traditionell metaphysischen Weltsicht zurück, sondern bleibt - wie in gewisser Weise auch Jean Paul - der Linie der Aufklärung treu.

Hinsichtlich ihrer aus der deutschen romantischen Naturforschung übernommenen Vorstellungen unterscheiden sich Jean Paul und E.T.A. Hoffmann essentiell von den Autoren Goethe, Chamisso und Büchner, die sich zu einer anderen naturwissenschaftlichen Tradition bekennen und die Grenze von Erfahrung und Vernunft daher auch literarisch deutlich markieren. Wenngleich auch sie bei der Darstellung psychischer Phänomene von einem naturphilosophischen Konzept ausgehen, verwundert es doch aufgrund ihrer tendentiell empirisch-rationalistischen Grundhaltung kaum, daß keiner von ihnen den 'animalischen

109 Jürgen Barkhoff: Allsympathie im magnetischen Geiste..., a.a.O., S. 189.

110 Johanna Geyer-Kordesch: Die Nachtseite der Naturwissenschaft: Die 'okkulte' Vorgeschichte zu Franz Anton Mesmer, in: Franz Anton Mesmer und die Geschichte des Mesmerismus, a.a.O., S. 30.

Magnetismus' thematisiert, der ihnen vom Ansatz her zu materialistisch-mechanistisch bzw. in seinen geistesgeschichtlichen Transformationen zu spekulativ-spiritualistisch erscheinen muß.[111] Sie orientieren sich am Vitalismus, den sie ihren wissenschaftstheoretischen Grundsätzen gemäß auslegen, wenngleich sie mit diesem Paradigma ebenfalls von einer streng rationalistischen Denkweise (der das mechanistische Weltbild näher steht) abweichen. Auch geht es in ihrer Literatur vornehmlich um eine Reflexion der Konsequenzen dieser Sichtweise für das menschliche Selbstverständnis und das gesellschaftliche Zusammenleben.

Interessanterweise spielen bei allen drei Autoren auch Phänomene, die unter dem Aspekt der Lehre des 'animalischen Magnetismus' betrachtet werden könnten, eine Rolle, was ich an drei der behandelten Werke kurz beleuchten möchte. Für Werther besitzt die Vorstellung eines Tranfers von Naturkräften eine zentrale Bedeutung, wobei es ihm schließlich gelingt, sich durch eine subjektive Erfahrung von der Möglichkeit solch eines Austauschs zu überzeugen. Neigt man heute aus psychologischer Sicht dazu, von einer Autosuggestion zu sprechen, so suggeriert der Text dem zeitgenössischen Leser die Möglichkeit einer 'tatsächlichen' Übertragung von Kräften von einem Lebewesen auf ein anderes. Im Sinne der Lehre Mesmers könnte man sagen, es gelingt Werther, sich einen Moment lang mit Lotte zu einem 'Ätherleib' zu verbinden und durch einen Zustrom von Kräften in gewisser Weise geheilt zu werden. Mit dieser Deutung stimmt überein, daß er dieses Erlebnis als Bestätigung für eine grundsätzliche Harmonie der Natur bewertet. Eine relative Distanz zu diesem Weltverständnis drückt der Text jedoch dadurch aus, daß Werther - ähnlich wie später E.T.A. Hoffmanns Magnetiseur Alban - einseitig von dem Vereinigungsmoment mit Lotte profitiert, ihr gewissermaßen gewaltsam Kräfte raubt, um sein subjektiv empfundenes Defizit auszugleichen. Die Assoziation mit dem Vampyr liegt hier ebenfalls nahe. Dadurch, daß die entscheidende Liebesszene des Romans auch als ein Gebrauchen Lottes durch Werther gelesen werden kann, baut Goethe einer romantischen Deutung ihrer Beziehung gewissermaßen vor, auch wenn er solch ein Liebesverständnis durch andere Momente, beispielsweise den Ewigkeitsgedanken, unterstützt. Es drückt sich darin, wie an anderen Stellen des Romans, ein ambivalentes Verhältnis des Autors zu seinem

111 Entsprechend lehnt auch Kant die Lehre vom 'animalischen Magnetismus' ab. Dietrich v. Engelhardt: Mesmer in der Naturforschung und Medizin der Romantik, in: Franz Anton Mesmer und die Geschichte des Mesmerismus, a.a.O., S. 90.

Gegenstand aus. Doch weist der Beschreibungsmodus insgesamt auf einen geistesgeschichtlichen Horizont, in dem Liebe als ein Lebensphänomen unter anderen, wie zum Beispiel der Fortpflanzung und Werthers Sterben am Schluß, erscheint.

Schlemihl wird durch den 'Grauen' mit einer Deutung im Sinne des romantischen Verständnisses des 'animalischen Magnetismus' konfrontiert. Dieser macht sich darüber lustig, einen wie auch immer gearteten Begriff von Seele mit einer naturwissenschaftlichen Theorie vom Galvanismus oder Magnetismus begründen zu wollen. Dieser Spott zielt vor allem in Richtung der romantischen Naturforschung, die damit zum Teil die traditionelle Vorstellung einer unsterblichen Seele verbindet. Später macht er sich selbst lächerlich, indem er Schlemihl die unsterblichen Reste seines ehemaligen Vertragspartners Thomas John zeigt, eine - wie es heißt - "bleiche, entstellte Gestalt"[112] mit leichenhaften Zügen. Diese besitzt aber aufgrund ihrer Sichtbarkeit, ja sogar Farbigkeit ("blaue Lippen") substantielle Qualität und verhält sich, da sie tatsächlich spricht, wie ein lebendiger Mensch. Man könnte diese Gestalt aus Sicht der spiritualistischen Magnetismustradition als einen "Ätherleib"[113] betrachten, den 'der Graue' in seine Gewalt gebracht und von seiner eigentlichen Bestimmung abgelenkt, d.h. "entstellt" hat. Wie gegenüber allem, was vom 'Grauen' kommt, distanziert sich der Autor durch Ironie von dieser Vorstellung. Der sophistische 'Graue' verstrickt sich selbst in der eigenen Falle des Widerspruchs, indem er Schlemihl an entscheidender Stelle einen empirisch erfahrbaren 'Seelenleib' vorführt und sich dadurch endgültig unglaubwürdig macht. Des weiteren kann angenommen werden, daß der 'Graue' beim Versuch, Schlemihl zu magnetisieren und dadurch unter seine Herrschaft zu zwingen, fehlschlägt, bzw. daß Schlemihl, der letztlich doch auf seine natürlichen Kräfte vertraut, die Versuche des 'Grauen', ihn in den Dunstkreis seiner Macht zu ziehen, erfolgreich abwehrt. Betrachtet man Chamissos 'Grauen' als Magnetiseur, dann ähnelt er einem Dämon; als solcher aber verwandelt er sich schließlich in eine lächerliche Figur. Dadurch distanziert sich der Autor sowohl von der traditionell spiritualistischen Vorstellung vom menschlichen Leben als auch von der pseudowissenschaftlichen Behauptung, die Seele steuere den Organismus in Form von feinsten Materieströmen bzw. den daran gebundenen Kräften. Wenngleich auch er an ein teleologisches Prinzip der Beseelung lebendiger Wesen glaubt, erlaubt er

112 Adelbert von Chamisso: Peter Schlemihls wundersame Geschichte, a.a.O., S. 68.

113 Zit. nach Jürgen Barkhoff: Allsympathie im magnetischen Geiste, a.a.O., S. 184.

sich mangels empirischer Beweise nicht, etwas Bestimmtes über die Arten der Vermittlung von naturimmanentem Geist und sinnlich-konkreter Natur auszusagen.

Lenz wird während seines Aufenthalts im Steintal vielfach mit "Träumen, Ahnungen"[114], mit "einer Art von Somnambulismus"[115], mit Erscheinungen, außergewöhnlichen Sinneserlebnissen, Trancezuständen, Geisterbeschwörungen etc. konfrontiert, die er zum Teil am eigenen Leib, zum Teil durch Erzählungen erfährt. Er entwickelt seine eigene naturphilosophische Theorie über solche Phänomene, die er Oberlin mitteilt, der ein begeisterter Anhänger einer mystischen Deutungsart ist. Dessen Besuch bei "Lavater"[116], der sich in den achtziger Jahren maßgeblich an der Verbreitung der Lehre Mesmers in der Schweiz und in Deutschland beteiligt, läßt nicht zuletzt auf eine Verbindung zur Theorie des 'animalischen Magnetismus' schließen.[117] Lenz Bildungs- und Deutungshorizont unterscheidet sich jedoch eindeutig von dem Oberlins, der den Ausführungen von Lenz nicht folgen kann. In zwei Szenen versucht Lenz gezielt, mit seinem Gegenüber über besondere Kräfte in Verbindung zu treten. Man könnte sagen, er macht mindestens zweimal den Versuch, etwas durch Magnetismus zu bewirken. Zum einen kann die Erweckungsszene so gedeutet werden, daß Lenz versucht, dem verstorbenen Kind von seinen Lebenskräften mitzuteilen, um es wiederzubeleben. Zum anderen versetzt er Oberlins Katze in eine Art Hypnose, so daß sie zunächst "wie bezaubert von seinem Blick"[118] ist, dann aber aggressiv wird und sich der 'Behandlung' durch einen Gegenangriff entzieht. Durch das Fehlschlagen dieser beiden Versuche, seine Mitwelt zu beeinflussen, werden derartige Praktiken und die ihnen zugrundeliegende Lehre in Frage gestellt. Da sie nicht nur den gewünschten Erfolg missen lassen, sondern Lenz' Verlassenheitsgefühl noch steigern und ihn in der Vorstellung einer von unüberbrückbarer Isolation der Einzelwesen gekennzeichneten Natur bestärken, sind sie als Irrwege zu betrachten. Solche Erlebnisse bestätigen nur die von Lenz leidvoll empfundene Vereinzelung in einer sich ihm entziehenden Welt. Heilung im Sinne Mesmers kommt in der von ihm erfahrenen Welt nicht vor.

---

114 Georg Büchner: Lenz, in: Werke und Briefe, S. 140.

115 Ebd., S. 143.

116 Ebd., S. 146.

117 Dietrich v. Engelhardt: Mesmer in der Naturforschung und Medizin der Romantik, a.a.O., S. 91.

118 Georg Büchner: Lenz, in: Werke und Briefe, S. 155.

Auch wenn der 'animalische Magnetismus' in den drei angesprochenen Texten nicht ausdrücklich thematisiert wird, lassen sich im Rahmen der hier gemachten Untersuchung doch anhand dieses Begriffs punktuell weitere Deutungsergebnisse ermitteln. Mesmers kosmologische Naturlehre gehört insofern nicht unter die Kategorie des Vitalismus, als sie, in der materialistischen Tradition verankert, auf eine Unterscheidung zwischen der anorganischen und organischen Natur verzichtet, dafür aber um so stärker die Einheit der Natur betont. Sie fällt bei solchen Autoren auf fruchtbaren Boden, die - wie Novalis, Lichtenberg und Jean Paul - der romantischen Naturphilosophie nahe stehen und ihre naturwissenschaftlichen Motive und Begriffe eher aus der zeitgenössischen Physik beziehen als aus der sich gerade erst formierenden biologischen Forschung. Insgesamt kann auf eine grundsätzliche Distanz Goethes, Chamissos und Büchners gegenüber solcherart in hohem Maße spekulativen Lehren und den damit verbundenen Praktiken und Weltanschauungen geschlossen werden, indem diese keine echte Alternative zum mechanistischen Denken darstellen.[119]

Während der Materialismus bzw. der Mechanismus der klassischen Physik aufgrund der daraus resultierenden deterministischen Weltsicht für die behandelten Autoren indiskutabel erscheint, begegnet ihnen in den vitalistischen Theorien der zeitgenössischen Naturforschung und Naturphilosophie ein 'teleologisches' Wirklichkeitsmodell, mit dem sich ein differenziertes Bild vom Menschen als dem obersten Geschöpf der Natur entwickeln läßt, das gleichzeitig als Identifikationsangebot für das bürgerliche Individuum fungiert. Unverzichtbar erscheint es, einen entsprechenden Lebensentwurf zu schaffen, da im Zuge ihrer Kritik am christlich-teleologischen Denken das irdische Leben eine enorme Aufwertung erfährt und zu einer des obersten Kategorien wird. Der vitalistische Lebensbegriff forciert dabei die Auseinandersetzung über das Wesen des Menschen, weil durch ihn überhaupt erst Phänomene ins Blickfeld gelangen, die auf eine Autonomie des Lebendigen schließen lassen. So werden beispielsweise 'Epigenese' bzw. 'Metamorphose' bei Goethe zum Paradigma der

119 Zu diesem Ergebnis gelangt auch Klaus H. Kiefer, der in einem Aufsatz Goethes Verhältnis zum Magnetismus untersucht. Er schreibt: "Ganz eindeutig hatte also der Mesmerismus für Goethe auch nach der Jahrhundertwende die Schwelle zur Verwissenschaftlichung nicht überschritten, war bloß 'empirisches Phänomen' (LA 11:4) - nicht wissenschaftliches! -, mußte aber als solches (empirisches) prinzipiell anerkannt werden". Klaus H. Kiefer: Goethe und der Magnetismus. Grenzphänomene des naturwissenschaftlichen Verständnisses, in: Philosophia Naturalis 20 (1983) S. 304.

körperlichen und seelischen Entwicklung auch des Menschen, die naturgemäß zur Ausbildung eines autonomen und selbstbewußten Individuums führe und in dessen wissenschaftlichen sowie künstlerischen Wirken eine Fortsetzung finde. Aber auch die Einsicht, daß es zu Fehlentwicklungen kommt, findet in der Literatur einen Niederschlag, wie in Büchners Werk, - wird dann aber in einen Kontext gestellt, der bewußt macht, daß an der Ausprägung der beschriebenen Deformationen die Wechselwirkungen zwischen Individuum und seiner sozialen Umwelt maßgeblich beteiligt sind.

Die im Zentrum der vorliegenden Arbeit stehende Deutungsperspektive läßt sich - wie in den Einzelinterpretationen vorgeführt - auch auf die poetologische Dimension ausweiten. Denn der Begriff 'Leben', der sich durch die Einflüsse des Vitalismus überhaupt erst im Diskurs der neuzeitlichen Naturwissenschaften durchgesetzt hat, bewirkt eine grundlegende ästhetische Reform der Erzähltradition, mit der sich wesentlich veränderte Erzählformen einstellen. Das vitalistische Paradigma von Natur bewirkt einen neuen Begriff von Kunstwerk als dynamischer Prozeß bzw. als Organismus; damit rücken ästhetische Kategorien wie Selbständigkeit, Echtheit, Komplexität und Organisiertheit in den Vordergrund und wirken sich wiederum grundsätzlich auf die Rezeptionssituation überhaupt aus. So scheint jeder literarische Text sich quasi von einem in ihm selbst angelegten, ihm eingeschriebenen Prinzip her zu entwickeln. Das literarische Kunstwerk funktioniert also - in Analogie zu dem durch 'innere Zweckmäßigkeit' gekennzeichneten Organismus - von seiner Grundkonzeption her als ein geschlossenes, komplexes System; in seiner spezifischen Dynamik aber läßt es sich zugleich auf die Vorstellung einer sich spontan und autonom vollziehenden, aber auch störungsanfälligen und prinzipiell offenen organischen Entwicklung abbilden. Diese beiden in der modernen Literatur realisierten ästhetischen Grundmuster einer 'offenen' und 'geschlossenen' Form[120] lassen sich im Hinblick auf das vitalistische Paradigma als korrelative Aspekte begreifen. Demnach wird der lebendige Organismus entweder vorrangig unter dem Aspekt seiner eher statischen Organisationsform während der mittleren Lebensphase (dem Adultstadium) des Einzelwesens bzw. unter dem Aspekt der für die Ge-

120 Vgl. die bedeutende dramengeschichtliche Untersuchung von Volker Klotz, der mit den Begriffen "geschlossene und offene Form [zwei] als idealtypische Tendenzen" (12) verstandene ästhetische Grundmuster innerhalb der Dramenentwicklung unterschieden hat. Volker Klotz: Geschlossene und offene Form im Drama, 11. Aufl., München 1985.

samtnatur angenommenen Artkonstanz, oder aber unter dem Aspekt seiner Autogenese und seiner Seneszenz während der übrigen Entwicklungsstadien bzw. dem Aspekt eines sich in der Natur vollziehenden Artenwandels betrachtet. Der Lebensbegriff ist, welche Schwerpunktsetzung auch immer damit verbunden wird, grundsätzlich konstitutiv für die Vorstellung vom Kunstwerk: 'Leben' wird zum Kriterium der poetischen Darstellung überhaupt. Die Natur liefert in ihrer Lebendigkeit den Maßstab für ästhetische 'Echtheit', auf die die moderne Literatur hin orientiert ist. So avanciert 'Lebendigkeit' zum höchsten ästhetischen Wert. Literarische Texte sollen hinsichtlich ihrer Inhalte, ihrer Strukturen und folglich auch ihrer Wirkungen so lebendig sein wie jede Pflanze, jedes Tier, oder besser noch wie jeder beliebige Mensch, wobei 'Lebendigkeit' literarisch in allen Facetten vom überschaubaren Naturbild bis hin zum Chaos umgesetzt wird, was sich zum Beispiel bei Büchners *Lenz* bereits andeutet. Die Dichter erheben den Anspruch, lebendige Gebilde, Realität zu schaffen oder glauben - wie im Falle der klassischen Ästhetik -, diese hinsichtlich ihrer Wohlgestaltetheit und Schönheit sogar noch übertreffen zu können. Wirklichkeit adäquat wiedergeben zu wollen, bedeutet Ende des 18. und Anfang des 19. Jahrhunderts, sich am Paradigma eines naturwissenschaftlich verstandenen, in seiner philosophischen sowie heuristischen Bedeutung weitreichenden Vitalismus zu orientieren und Kunstwerke so zu gestalten, daß sie gewissermaßen selbständig 'Leben' entfalten und dadurch einen relativ autonomen Status besitzen; dank ihrer lebendigen Gestalt sollen sie jeweils zu Keimzellen eines unendlichen Prozesses der Veränderung werden. Anhand dieses ästhetischen Paradigmas läßt sich auch die Vielschichtigkeit moderner literarischer Texte begreifen. Sie werden - analog zu den Lebewesen - als hochkomplexe ästhetische Zeichensysteme beschrieben, die sich aufgrund ihrer verschiedenen Betrachtungsebenen nur so untersuchen bzw. interpretieren lassen, daß sich auf jeder Deutungsebene andere, einander ergänzende Einsichten ergeben. Versteht man Kunstwerke in Analogie zu organischen Gebilden, dann verlangen sie nach einer Deutung, die sowohl die einzelnen Bedeutungsschichten für sich betrachtet und auf ein grundlegendes Prinzip hin analysiert, als auch die Verständnisebenen untereinander in Beziehung setzt. An diese 'Poetik des Lebendigen' möchte ich im folgenden Schlußkapitel anknüpfen, weil sich von daher, wie ich deutlich machen werde, unmittelbar ein Bezug zur postmodernen Ästhetik ergibt.

5. Schlußbetrachtung

Die vitalistische Beschreibung der Lebewesen besitzt - allen polemischen Nachrufen zum Trotz - in der aktuellen Diskussion der Naturwissenschaften wieder eine gewisse Attraktivität. So wird sie nicht mehr bloß in Konkurrenz mit der physikalisch-chemischen Beschreibung der Lebewesen gesehen, sondern auch aus anderen Blickwinkeln betrachtet. Während man einerseits aus mechanistischer Sicht noch immer auf die Erfolglosigkeit dieser naturwissenschaftlichen Traditionslinie verweist, gewinnt der durch den Vitalismus entwickelte Beschreibungsmodus andererseits als 'verstehende' Form der Naturbeschreibung zunehmend an Aktualität. Es verwundert daher kaum, daß diese Denkrichtung unter wissenschaftshistorischem Aspekt wieder Anerkennung findet, so beispielsweise bei dem Biologen Ernst Florey, der, auf die Entstehung der Biologie rückblickend, schreibt:

> Noch bis in die Anfänge des vergangenen Jahrhunderts wurde das Denken der neuen 'Wissenschaft vom Leben', der Biologie, von diesem Naturverständnis geprägt. Die beherrschende Idee der Biologen war der Vitalismus, die Lehre von der Beseeltheit lebender Körper.[1]

Unter theoretischem Gesichtspunkt wird dem Vitalismus durchaus eine gewisse Gültigkeit zugestanden. Beispielsweise meint der Physiker Hans Primas, man könne "im Vitalismus auch einen verzweifelten Versuch sehen, das mechanistische Prinzip der Naturerklärung beizubehalten, aber zusätzlich neue transphysikalische Vitalkräfte einzuführen" und merkt dazu an, die moderne Physik könne "durchaus neue Kräfte in ihr Denksystem integrieren"[2]. Das Verhältnis zum Vitalismus scheint sich heute allmählich zu 'entkrampfen', wohl deshalb, da sowohl das im 18. Jahrhundert entwickelte vitalistische Naturverständnis als auch das klassische mechanistische Weltbild tatsächlich obsolet geworden ist. Die Bedeutung des Vitalismus ist vor allem darauf zurückzuführen,

1 Ernst Florey: 'Was kann das Leben?' Vom Wunder seiner Vielfalt, in: Die Frage nach dem Leben, a.a.O., S. 185. Bezeichnenderweise betrachtet er diesen Begriff nicht differenziert genug und identifiziert auch den Animismus Georg Ernst Stahls damit.

2 Hans Primas: Biologie ist mehr als Molekularbiologie, in: Die Frage nach dem Leben, a.a.O., S. 79.

daß im Rahmen dieses Ansatzes spezielle Fragestellungen entwickelt wurden, die für die Wissenschaftsgeschichte weichenstellend waren. Fragestellungen, die erst von vitalistischer Seite aufgeworfen wurden, wie etwa die Fragen nach der selbstgesteuerten Genese (Epigenese), der Selbstregulation der Lebewesen und dem "absoluten Unterschied zwischen Lebewesen und unbelebter Materie"[3] gehören heute selbstverständlich zu den aktuellen Themen der Naturforschung. Von seiten der Physik räumt man mehr denn je die Defizite einer rein mechanistischen Beschreibung der Lebewesen ein. So erklärt beispielsweise der Nobelpreisträger Ilya Prigogine:

> Die traditionelle Physik beschrieb eine Welt, die mit dem Auftreten von organisierten Strukturen offenbar nichts anzufangen wußte. Wie hätten wir da die biologischen und sozialen Phänomene begreifen können, die uns zeigen, wie eine immer komplexer werdende Ordnung entsteht? Die großen physikalischen Theorien beschrieben eine Welt, in der die Zeit und das Werden keine Rolle spielen. So schön und leistungsfähig diese Theorien auch sein mochten, sie machten die Menschen, selbst Geschöpfe der Zeit, zu Fremden in der von ihnen beschriebenen Welt; und sie machten all unsere empirischen Erkenntnisse gleichsam zu bloßen Näherungen, bar jeden tieferen Sinnes.[4]

Von daher kann die vitalistische Naturtheorie des 18. Jahrhunderts, die eine auf Naturprinzipien basierende Lebensdynamik ins Zentrum ihrer Betrachtung stellt, gerade heute wieder in der Diskussion um eine adäquate Naturbeschreibung interessant erscheinen. Programmatische Bedeutung besitzt aus heutiger Sicht allerdings weniger der Versuch, in den Lebewesen besondere lebensspezifische Kräfte empirisch nachzuweisen, sondern - wie gesagt - der Modus der Beschreibung der Lebewesen als dynamische Ganzheiten. Es werden heute noch gelegentlich Zweifel geäußert, ob die sich unter heutigen wissenschaftshistorischen wie -theoretischen Voraussetzungen stellende Aufgabe einer adäquaten naturwissenschaftlichen Beschreibung der Lebewesen mit den Methoden und Begriffen der heutigen Physik überhaupt zu bewerkstelligen sei.[5] Kritiker eines naturwissenschaftlichen Reduktionismus stimmen in der Regel darin überein,

---

3 Ernst Mayr: Die Entwicklung der biologischen Gedankenwelt, a.a.O., S. 46.

4 Ilya Prigogine und Isabelle Strengers: Vorwort zur fünften, erweiterten Auflage, in: Dialog mit der Natur. Neue Wege naturwissenschaftlichen Denkens, übers. aus dem Engl. und dem Frz. von Friedrich Griese, 6. Aufl., München und Zürich 1990, S. III f.

5 Walter Elsasser: Eine Kritik am Reduktionismus, in: Leben = Physik + Chemie?, a.a.O., S. 225.

daß die Frage nach dem Leben keinesfalls durch die Physik oder die Molekularbiologie allein zufriedenstellend beantwortet werden kann. Sie halten eine naturphilosophische Fundierung genuin biologischer bzw. systemtheoretischer Betrachtungsweisen für unverzichtbar. Solange jedoch das Interesse an der Naturbeherrschung Vorrang hat, wird die Dominanz eines methodischen Reduktionismus anhalten, und dementsprechend wird das Gros der Naturwissenschaftler die Ansicht vertreten, daß "ein tiefergehendes, das heißt ein über die experimentell-deskriptive Ebene hinausgehendes Verständnis der Lebenserscheinungen" nur durch eine naturwissenschaftliche Analyse möglich sei.[6] So steht die Umsetzung der Einsicht, daß das Weltbild der sogenannten exakten Naturwissenschaften der Ergänzung, beispielsweise auch durch eine teleologische Naturdeutung, bedarf, innerhalb der heutigen Naturforschung immer noch aus. Die aktuelle Situation der Naturwissenschaften ist vielmehr dadurch gekennzeichnet, daß die 'mächtigen', mit der Erzeugung von praktischem Wissen erfolgreichen, technikorientierten Zweige sich mit einem methodischen Reduktionismus zufrieden geben, während die bei weitem weniger geförderten theoretischen Fächer weitaus offener für einen grundlegenden Wandel des naturwissenschaftlichen Denkens sind. Bei den Theoretikern herrscht Unzufriedenheit mit der bisher gültigen physikalistischen Erklärung der Organismen, die sich bis in die synthetische Theorie der Evolution (Neodarwinismus) hinein erstreckt.[7] Intendiert wird nicht nur eine umfassendere Naturtheorie, sondern ein paradigmatischer Einschnitt, wie ihn beispielsweise der Biologe Heinz Penzlin fordert:

> Selbstverständlich muß man davon ausgehen, daß alle physikalischen Gesetze auch im Bereich des Organischen ihre volle Gültigkeit behalten [...]. Man wird auch keine 'neue Kraft' im Organischen finden, die im Anorganischen fehlt, und trotzdem reicht die gegenwärtige Physik nicht aus, das Lebensphänomen zufriedenstellend verständlich zu machen.[8]

---

6 Bernd Olaf Küppers: Einleitung. Inwieweit lassen sich die Lebenserscheinungen physikalisch-chemisch erklären?, in: Leben = Physik + Chemie?, a.a.O., S. 9.

7 Robert Wesson: Die unberechenbare Ordnung. Chaos, Zufall und Auslese in der Natur, übers. aus dem Amerikan. von Peter Gillhofer, München 1993.

8 Heinz Penzlin: Ordnung - Organisation - Organismus. Zum Verhältnis zwischen Physik und Biologie, in: Sitzungsberichte der sächsischen Akademie der Wissenschaften zu Leipzig, Mathematisch-naturwissenschaftliche Klasse, Bd. 120, H. 6, Berlin 1988, S. 25.

Er schließt daraus, daß die Physik gezwungen sei, "ihre wissenschaftliche Analyse auch auf solche komplexen Systeme mit spezifischen Eigenschaften auszudehnen, wie wir sie in den Lebewesen vorfinden"[9].

In diesem Sinne versteht sich der an die Kybernetik, also die Wissenschaft von den selbstregulierten Systemen, anknüpfende systemtheoretische Ansatz in den Naturwissenschaften. Indem die Systemtheorie der Natur bestimmte Dogmen der Physik, wie die Vorstellung von einem "statischen, ewigen Universum"[10], aufgibt, will sie den Streit zwischen Mechanisten und Vitalisten überwinden. Dem Unterschied zwischen unbelebten und belebten Systemem wird jedoch bei den systemtheoretischen Beschreibungen keine prinzipielle Bedeutung zugemessen. Ilya Prigogine, einer der führenden Vertreter des neuen Systemdenkens, betont ausdrücklich die Diskrepanz zwischen den Theorien der klassischen Physik und seiner Theorie von den 'dissipativen Strukturen', die er prinzipiell für geeignet hält, um die komplexen und vielfältigen Erscheinungen der organischen Welt einschließlich der Welt des Menschen verständlich zu machen.[11] Die Systemtheorie findet derzeit bei vielen Naturwissenschaftlern Zustimmung und wird mittlerweile in allen Teilbereichen der Biologie bis hin zur Evolutionstheorie angewandt. Beispielhaft sei hier ein bedeutender Theoretiker einer systemtheoretischen Beschreibung der Evolution, Franz M. Wuketits, zitiert.[12] Dieser behauptet einerseits, die Entstehung des Lebens sei "Folge der materiellen Selbstorganisationsprozesse auf der Erde" gewesen, stellt andererseits aber nicht in Abrede, daß "das Lebendige [...] sich in einer für es allein typischen Weise äußert, also eine bestimmte Eigengesetzlichkeit oder Eigendynamik entfaltet"[13]. Nach dem systemtheoretischen Evolutionsmodell verläuft die Entwicklung stufenweise, wobei "mit jeder neuen 'Stufe' (Or-

9 Ebd., S. 26.

10 Ilya Prigogine und Isabelle Strengers: Vorwort zur fünften, erweiterten Auflage, in: dies.: Dialog mit der Natur, a.a.O., S. I.

11 Ilya Prigogine und Isabelle Strengers: Anhang I. Neue Wege des Dialogs mit der Natur, in: dies.: Dialog mit der Natur, a.a.O., S. 295-311.

12 Auf den grundlegenden Theoretiker der Selbstorganisation des Lebens sei nur verwiesen: Manfred Eigen: Selforganization of matter and the evolution of biological macromolecules, in: Naturwiss., 58 (1971), S. 465-523; ders.: Stufen zum Leben. Die frühe Evolution im Visier der Molekularbiologie, München und Zürich 1987.

13 Franz M. Wuketits: Grundriß der Evolutionstheorie, 2. überarb. Aufl., Darmstadt 1989, S. 141.

ganisations-, Integrationsform) [...] neue Systemgesetzlichkeiten auf[treten]"[14]. Die von Systemtheoretikern wie Wuketits intendierte Abkehr von einem - wie er sagt - "platten Reduktionismus"[15] findet mittlerweile auf breiter Basis Zustimmung. Die Polemik trifft heute solche Kritiker der vorherrschenden Theorie vom Leben, die sich auch mit den systemtheoretischen Erklärungen der Entstehung und Entwicklung des Lebens (z. B. Manfred Eigens Theorie des 'Hyperzyklus') nicht zufrieden geben und demgegenüber nicht nur ein erweitertes, sondern ein grundlegend neues Naturverständnis, das heißt letztlich eine Revolutionierung der grundlegenden Prinzipien, fordern. Einzelne Forscher wagen sich - bestärkt durch die Problematik der durch den modernen Menschen hervorgerufenen weltweiten Umwelt- und Kulturkrise - weit über die Grenzen der Naturwissenschaften im klassischen Sinne hinaus. So verteidigt der Biochemiker Rupert Sheldrake seit den achtziger Jahren die Ansicht, es sei an der Zeit, die naturwissenschaftliche Weltsicht wieder mit animistischen Deutungen zu versöhnen bzw. zu verbinden.[16]

Im Zusammenhang mit der Frage (auf die ich abschließend noch einmal zurückkommen möchte), ob sich das Systemdenken endgültig durchsetzen oder ob die aktuelle Naturforschung hinsichtlich der Schaffung einer adäquaten Naturtheorie sich in eine andere Richtung weiterentwickeln wird[17], stellt sich auch die Frage nach den bis in die Zukunft hineinreichenden Konsequenzen der seit dreihundert Jahren miteinander konkurrierenden vitalistischen und mechanistischen Sichtweisen. Was die Nachwirkungen hinsichtlich der aktuellen Naturforschung betrifft, möchte ich auf die derzeit gewaltig expandierende molekularbiologische Forschung verweisen. Die Begründer dieser Disziplin (z. B. Francis Crick und Max Delbrück) traten in den sechziger Jahren mit dem Anspruch auf, die Biologie endlich in den Rang einer exakten Naturwissenschaft zu heben. Indem es ihnen gelang, die zentralen Lebensphänomene 'Stoffwechsel', 'Regeneration' und 'Evolution' auf ihre molekularen Grundlagen zu-

14 Ebd., S. 142.

15 Ebd., S. 141.

16 Ansätze, wie der von Sheldrake sind sehr umstritten; ihre endgültige Bewertung unter naturphilosophischem Aspekt steht noch aus. Siehe Rupert Sheldrake: Die Wiedergeburt der Natur. Wissenschaftliche Grundlagen eines neuen Verständnisses der Lebendigkeit und Heiligkeit der Natur, übers. aus dem Engl. von Jochen Eggert, Bern, München und Wien 1991.

17 Siehe Klaus Michael Meyer-Abich: Wissenschaft für die Zukunft. Holistisches Denken in ökologischer und gesellschaftlicher Verantwortung, München 1988, S. 101 ff.

rückzuführen, glaubten sie, alle Probleme der Biologie in Zukunft mit größter Beweiskraft lösen zu können. Die Funktionsabläufe in der Organismenwelt sollten als Teil eines lückenlos determinierten Funktionszusammenhangs der gesamten physikalischen Natur erklärt werden können, mit dem Ziel, die biologischen Phänomene, die sich auf den höheren Ebenen der Organismen zeigen, als Ausdruck der gesetzmäßigen Wechselwirkungen zwischen den molekularen Elementen zu deuten und von dieser Ebene aus nutzbar zu machen. Da sich - nach Meinung Francis Cricks - ein genaueres Verständnis der Lebewesen nicht gewinnen lasse, müsse die Biologie schließlich in Molekularbiologie übergehen.[18]

Gegen eine solche Verabsolutierung der molekularbiologischen Betrachtungsweise spricht, daß sich mit den Beschreibungen auf der molekularen Ebene Lebensphänomene, wie sie sich auf den höheren Ebenen der Organisation zeigen - etwa physiologische Funktionen, morphologische Strukturen oder Verhaltensweisen der Lebewesen - überhaupt nicht erfassen lassen. Hans Primas etwa übt daher in einem aktuellen Aufsatz scharfe Kritik am Reduktionismus der Molekularbiologie. Sein Ausgangspunkt ist dabei die These, daß Naturforschung heute tendentiell noch immer im Sinne Francis Bacons betrieben werde, d. h. die Mechanismen der Natur würden erforscht, um sie in gezielter Weise manipulieren und dadurch beherrschen zu können. So sei auch die Molekularbiologie eine "technische Wissenschaft von großer demiurgischer Potenz", die "in erster Linie Herrschaftswissen und kaum Orientierungswissen"[19] produziere. Aufgrund des vorrangigen Interesses an der Naturbeherrschung sei ihr Beitrag zu einer "wissenschaftlichen Theorie der belebten Natur"[20] sehr gering. Ohne ihr die praktischen Erfolge abzusprechen, wendet Primas sich gegen eine Verabsolutierung des molekularbiologischen Wissens, indem er die theoretischen Schwachpunkte dieser Disziplin aufzeigt.[21] Die Denkweise der modernen Quantentheorie werde von der heutigen Molekular-

18 Francis Crick: Of molecules and man. Univ. of Washington Press, Seattle und London 1966, S. 10.

19 Hans Primas: Biologie ist mehr als Molekularbiologie, in: Die Frage nach dem Leben, a.a.O., S. 65.

20 Ebd.

21 Ihre wichtigsten Begriffe, wie 'Molekül', 'Entropie', 'Information' und 'Ordnung' seien dem Weltbild der klassischen Physik entnommen und würden nun in einem kontextunabhängigen Sinn verstanden. Ebd., S. 71 ff.

biologie einfach ignoriert. Er kritisiert unter anderem den molekularbiologischen Begriff des "essentiellen Zufalls" (Monod) als "deus ex machina der Molekularbiologie"[22]. Da dieser Begriff weder aus der Sicht der klassischen Mechanik noch der Quantenmechanik verstanden werden könne, gibt er grundsätzlich Folgendes zu bedenken:

> Möchte man den Zufall im Sinne eines akausalen Geschehens verstehen, so muß man zeigen (oder zumindest plausibel machen), daß dieses Geschehen nicht lediglich darum als zufällig bezeichnet wird, weil seine Kausalität oder auch seine Finalität noch nicht aufgedeckt ist.[23]

Er schließt sich der Einschätzung Wolfgang Paulis an, wonach der Begriff des 'essentiellen Zufalls' gebraucht werde, um alle finalen Aspekte der Natur aus dem Weltbild der modernen Biologie zu eliminieren. Dagegen wendet er ein, daß die "morphologisch orientierte Biologie [...] Begriffe wie Zweckmäßigkeit und Zielstrebigkeit nicht entbehren"[24] könne und meint, die Finalität stehe fälschlicherweise bei den meisten Naturwissenschaftlern aufgrund einer Verwechslung von 'Teleologie' und 'Vitalismus' in schlechtem Ruf. Darunter eine Theorie zu verstehen, wonach behauptet werde, "in den Lebewesen fänden Prozesse statt, die nicht den Gesetzen der Physik gehorchen"[25], sei nicht zwingend notwendig, denn eine vitalistische Sicht könne die bisherigen Erkenntnisse der mechanistischen Forschung durchaus in ihr Denkmodell integrieren. In jedem Fall sei einer teleologischen Betrachtungsweise der Natur ein Recht einzuräumen. Er schreibt:

> Vom Standpunkt einer erkenntnisorientierten theoretischen Naturbeschreibung sollte man sich die Option finaler Beschreibungen offenlassen, denn nach dem heutigen Wissensstand über die ersten Prinzipien fundamentaler physikalischer Theorien gibt es keine Argumente zugunsten einer ausschließlichen Verwendung kausaler Beschreibungen. Bis heute haben wir allerdings kaum Erfahrungen mit finalen Beschreibungen physikalischer Prozesse.[26]

---

22 Ebd., S. 76.

23 Ebd., S. 78.

24 Ebd.

25 Ebd., S. 79.

26 Ebd., S. 82.

In Hinblick auf die "biologische Begriffsbildung" kennzeichnet er die finale Betrachtungsweise aber als "unentbehrliches Element"[27] und stellt dabei noch einmal ausdrücklich fest: "Eine finale Betrachtungsweise in der Biologie hat nichts mit Vitalkräften zu tun"[28]. Nach seiner Aussage bildet die Quantentheorie, die "sowohl dem Atomismus als auch jeder reduktionistisch-mechanistischen Philosophie längst die naturwissenschaftliche Basis entzogen"[29] habe, eine geeignete theoretische Grundlage für eine Naturbeschreibung, die dem "Ganzheitscharakter"[30] und der "Vielschichtigkeit der Natur"[31] gerecht werden könne. Im Gegensatz zur heutigen Molekularbiologie, welche sich als eine "wissenschaftliche Technologie"[32] auf eine einzige, in ihrem Absolutheitsanspruch überholte Betrachtungsweise beschränke, müsse eine moderne Naturwissenschaft, die an einer Theorie der "ganzen Natur" interessiert sei, auch die "den Lebewesen erst als Ganzheiten zukommenden Eigenschaften"[33] berücksichtigen. Er fordert daher: "Wir alle werden noch lernen müssen, gleichzeitig mit mehreren zueinander komplementären Naturbeschreibungen zu arbeiten"[34].

Bedenkt man, daß die Molekularbiologie demzufolge auf dem mechanistischen Denken der klassischen Physik basiert, so verwundert es kaum, aus dieser Richtung auch heute noch Polemik gegen eine vitalistische Denkweise zu hören. Beispielsweise schreibt Francis Crick abwertend in einem Artikel, der sich ausdrücklich gegen den Vitalismus richtet: "Wenn Fakten zur Tür hereinkommen, entweicht der Vitalismus durchs Fenster"[35]. Mit solchen Aussagen korrespondiert gewöhnlich ein Festhalten an den traditionellen Begrenzungen einer Naturwissenschaft, deren Hauptinteresse im gezielten Eingriff in die Natur besteht, nicht aber in einem adäquaten Naturverständnis. Während sich die Theoretiker - Naturwissenschaftler wie Philosophen - heute wieder verstärkt mit dem Problem eines wissenschaftlichen Lebensbegriffs auseinandersetzen,

---

27 Ebd., S. 82.

28 Ebd., S. 83.

29 Ebd., S. 84.

30 Ebd., S. 86.

31 Ebd., S. 87.

32 Ebd., S. 87.

33 Ebd., S. 88.

34 Ebd.

35 Francis Crick: Die Natur des Vitalismus, in: Leben = Physik + Biologie, a.a.O., S. 133.

wird das Fach Biologie mehr denn je von dem Interesse an einer Beherrschung der lebendigen Natur bestimmt. So wird die Entdeckung der molekularen Strukturen und Funktionen der Vererbung als durchschlagender Erfolg der 'Wissenschaft vom Leben', als entscheidender Durchbruch gefeiert, durch den aus einem Liebhaberfach eine exakte Naturwissenschaft geworden sei, wobei vergessen wird, daß für ein umfassendes Verständnis der Lebewesen als autonome organische Ganzheiten damit letztlich nichts gewonnen ist.[36] Zwar werden die molekularen Mechanismen, die den morphogenetischen Prozeß steuern, prinzipiell beschrieben, doch ist damit noch nichts über das Wesen dieses Lebensprozesses ausgesagt. Der überwiegende Teil der Biologie hat sich wie die anderen Naturwissenschaften von diesem Problem entbunden, indem sie ihren Wissensbereich als reine Erfahrungswissenschaft gegen metaphysische Problemfelder abgrenzt, diesbezüglich auf die Naturphilosophie verweist und sich selbst weitgehend darauf beschränkt, Praktiken der Naturbeherrschung zu entwickeln. So beteiligt sich gerade die Molekularbiologie, in der mechanistischen Traditionslinie stehend und aufgrund ihres Erfolgs bei der empirischen Erzeugung von technischem Wissen großes Ansehen genießend, heute zu einem erheblichen Anteil an der Spitzenforschung, von der entscheidende Hilfen zur Verbesserung der Lebenssituation auf dieser Welt erwartet werden. Bedenkt man, daß die Vorherrschaft der reduktionistischen Denktradition in ihren praktischen Konsequenzen global gesehen zu einer katastrophalen ökologischen und sozialen Situation geführt hat, so sind Zweifel an der Richtigkeit dieser Lösungsstrategie und besonders an der ihr zugrundeliegenden Wirklichkeitssicht angebracht. Die rigorose Abkopplung vieler Naturwissenschaftler und Mediziner von anderen Wissenstraditionen, ihre Fixierung auf das atomistisch-mechanistische Paradigma, hat entscheidend zur heutigen weltweiten Krisensituation beigetragen, die mit der Verschärfung der Identitäts- und Sinnkrise des modernen Menschen einhergeht. 'Aufweichungen' der festen Strukturen in der Front der Naturwissenschaften lassen auf ein verändertes Wissenschaftsklima hoffen,

36 Diese Ansicht bestätigt Heinz Penzlin, der folgenden Einwand macht: "So fruchtbar, wie sich dieser 'pragmatische Reduktionismus' tausendfach bei der physikalisch-chemischen Analyse unmittelbarer Kausalzusammenhänge einzelner Lebensprozesse bis in unsere Gegenwart hinein erwiesen hat und weiter erweisen wird, so untauglich erwies er sich auf der anderen Seite bei der Charakterisierung der Lebewesen als Ganzheiten mit ihren selbstregulatorischen Eigenschaften, ihrem hohen Grad an zweckmäßiger Ordnung und ihrer Historizität". Heinz Penzlin: Ordnung - Organisation - Organismus, a.a.O., S. 9.

- als Voraussetzung dafür, daß es vielfach zu Wechselwirkungen zwischen den Denktraditionen kommt.

Was die vitalistische Sichtweise betrifft, könnte man annehmen, sie besitze für das heutige Bild von der Welt kaum mehr eine Bedeutung. Für weite Bereiche der naturwissenschaftlichen Forschung scheint diese Aussage im Moment zutreffend, nicht aber im Hinblick auf das Alltagsbewußtsein des modernen Menschen, das - wie sich gerade in der literarischen Weltreflexion zeigt - nach wie vor vom Gedanken einer Subjektivierung aufgrund einer ganzheitsstiftenden Naturkraft geprägt ist. Das in der modernen Literatur aufgezeigte menschliche Selbstverständnis deckt sich nicht mit der naturwissenschaftlichen Definition des Menschen; es umfasst vielmehr eine 'von der traditionellen Metaphysik ausdrücklich abgesetzte' teleologische Sicht vom 'Selbst' als einem Teil der Natur, "die Betrachtung eines Wesens als eines in sich geschlossenen Sinnzusammenhangs, als monadische Welt, die in gewisser Hinsicht einmalig und inkommensurabel ist"[37]. Es sei hier noch einmal auf die Thesen der Autoren Spaemann und Löw hingewiesen, die die Notwendigkeit einer Naturteleologie unterstreichen. Diese für eine Naturbeherrschung denkbar ungeeignete Sichtweise sei unverzichtbar, sofern es um die Interpretation menschlicher Handlungen gehe.

> Wenn wir den Menschen als Natur begreifen, gleichzeitig aber sein Selbstverständnis als das eines handelnden Wesens festhalten wollen, dann können wir nicht umhin, die Natur bereits selbst teleologisch zu denken.[38]

Ethische Konsequenzen dieser Sichtweise deuten sie an mit der Aussage, "daß wir alles, was den Charakter des Selbstseins hat, also teleologisch verfaßt ist, nicht nur als Mittel, sondern immer auch als Zweck gebrauchen müssen"[39]. Durch die Anerkennung des Selbstzweckcharakters jedes einzelnen Lebewesens werde ein gewisser Respekt vor dem Anderen verlangt, der die Chance biete, menschliches Handeln auf sinnvolle Weise zu begrenzen.

Hinsichtlich des vitalistisch-teleologischen Menschenbildes, das im Programm der Aufklärung verankert ist, sich aber gegen die Descartessche Vorstellung vom menschlichen Subjekt behauptet, scheint die moderne Literatur eine Schlüsselfunktion zu besitzen. Sie transportiert - und zwar nicht nur in den

---

37 Robert Spaemann und Reinhard Löw: Die Frage Wozu? a.a.O., S. 285.

38 Ebd., S. 288.

39 Ebd., S. 296.

Werken des späten 18. und frühen 19. Jahrhunderts, sondern weit darüber hinaus bis in die gegenwärtige Erzähllandschaft hinein - die Früchte der vitalistischen Naturinterpretation, die Ausdeutung ihrer Annahmen im Hinblick auf das menschliche Leben. Wer aus der Literatur lernt, dessen Ansichten werden auch heute noch zumindest indirekt vom Vitalismus mitgeprägt. Seine Nachwirkung im Bereich der literarischen Moderne hält bis in die Gegenwart an, obgleich - oder gerade weil - das durch die Klassik propagierte Konzept des autonomen, in sich geschlossenen Individuums durch die Literatur des 20. Jahrhunderts radikal kritisiert wird. Meiner Ansicht nach läßt sich zwischen der Ende des 19. Jahrhunderts einsetzenden Verschärfung der Ich-Krise des modernen Individuums und dem Wandel der Naturwissenschaften in der zweiten Hälfte des 19. Jahrhunderts ein Zusammenhang sehen, so wie sich das aus der Geschichte der Naturwissenschaften entnommene Modell einer Kontroverse zwischen Mechanisten und Vitalisten[40] im allgemeinen auf die Literaturgeschichte seit dem 18. Jahrhundert abbilden ließe. Im Anschluß an den von mir betrachteten Zeitraum, in dem die naturwissenschaftliche Vorstellung von einer elementaren Lebenskraft im Bereich der Literatur und Poetik innovative Wirkungen entfaltet, setzt sich im Bereich der Naturforschung eine extrem reduktionistische Tendenz durch, die von Seiten der Naturwissenschaften mit einer strikten Abgrenzung gegenüber anderen, insbesondere aber den geistesgeschichtlich orientierten Kulturbereichen, einhergeht.

Die Dichter nehmen an dieser Entwicklung auf verschiedene Weise Anteil, so zum einen (hinsichtlich der Oberflächenstruktur) durch die Verarbeitung einschneidender Ereignisse der Wissenschaftsgeschichte, wie etwa der Evolutionstheorie und der Relativitäts- und Quantentheorie[41], andererseits aber auch und vor allem durch die Begründung der "modernen Theorie von der Anonymi-

---

40 Thomas Fuchs: Die Mechanisierung des Herzens, Frankfurt a.M. 1992; Richard Toellner: Mechanismus - Vitalismus: ein Paradigmenwechsel? Testfall Haller, in: Die Struktur wissenschaftlicher Revolutionen und die Geschichte der Wissenschaften, hg. von Alwin Diemer, Meisenheim 1977, S. 61-72.

41 Beispielsweise werden in den späten Romanen Wilhelm Raabes ("Der Lar", "Odfeld", "Die Akten des Vogelsangs") sowie in Gerhard Hauptmanns frühen Dramen ("Vor Sonnenaufgang", "Einsame Menschen") Konsequenzen der durch Ernst Haeckel in Deutschland verbreiteten Evolutionslehre kritisch beleuchtet. Robert Musil setzt sich in seinem Hauptwerk "Der Mann ohne Eigenschaften" unter anderem mit der Einsteinschen Relativitätstheorie auseinander.

tät des Dichters"[42]. Parallel zur Durchsetzung des methodischen Reduktionismus in den Naturwissenschaften zeichnet sich in der Literatur um 1900 eine tiefgreifende Krise des Selbstverständnisses des bürgerlichen Individuums ab, dem jegliches metaphysische Bezugsystem, an das sich sein Ich anbinden ließe, verdächtig geworden ist.[43] Das dem atomistisch-mechanistischen Paradigma entsprechende deterministische Menschenbild steht im Widerspruch zu der Vorstellung eines sich spontan und autonom entfaltenden und kreativ äußernden, das heißt handelnden Individuums und läßt jegliche Sinnkonstitution, die über die Selbsterhaltungsteleologie hinausweist, haltlos erscheinen. Seit der zweiten Hälfte des 19. Jahrhunderts und in gesteigerter Form seit Anfang des 20. Jahrhunderts bringt die Literatur die Entfremdungs- und Zerstückelungserfahrung des bürgerlichen Individuums in der von der atomistischen Denkweise beherrschten, technisierten und nicht nur in der Ökonomie durch Nützlichkeitsdenken bestimmten Massenkultur zum Ausdruck. In einer aus rationalistischer Sicht begriffenen Wirklichkeit wird dem Individuum sein 'Selbst' zur Illusion. Es zerfällt in einzelne, losgelöste Wahrnehmungssplitter, die keinen Zugang zu einer objektiv verstandenen Realität gewährleisten.[44] Aufgrund des durch die Beschreibung von radikalen Entfremdungserfahrungen zum Ausdruck gebrachten Erkenntnis- und Sprachproblems der literarischen Moderne, das schon in

---

42 Josefine Nettesheim: Ursprung und Sinn der Wissenschaftskunst in der Lyrik, in: LWJb, N.F., Bd. 3 (1962) S. 326. Die Autorin bezieht sich in diesem Zusammenhang vor allem auf die Lyrik-Theorie von Arno Holz.

43 Etwa zur gleichen Zeit konstituieren sich auch die Geisteswissenschaften.

44 Paradigmatische Zeugnisse für eine Poetisierung der Diskrepanz zwischen den für die Ich-Konstruktion unabdingbaren subjektiven Erfahrungen der inneren und der äußeren Welt und der Weltkonstruktion durch die rationalistische Moderne stellen in der deutschen Literatur Hugo von Hofmannsthals fiktiver "Brief" des Philipp Lord Chandos an Francis Bacon, Rainer Maria Rilkes "Aufzeichnungen des Malte Laurids Brigge" und Robert Musils "Mann ohne Eigenschaften" dar. Zu diesem Thema siehe beispielsweise: Manfred Engel: Rainer Maria Rilkes 'Duineser Elegien' und die moderne deutsche Lyrik, Stuttgart 1986; Walter Busch und Hans-Georg Schmidt-Biggemann: der Gestus des Verstummens - Hugo von Hofmannsthals Chandos-Brief, in: LfL (1986) S. 212 ff; Hartmut Böhme: Eine Zeit ohne Eigenschaften. Robert Musil und die Posthistoire, in: ders.: Natur und Subjekt, Frankfurt a. M. 1988, S. 308-333; Das neuzeitliche Ich in der Literatur des 18. und 20. Jahrhunderts Zur Dialektik der Moderne, hg. von Ulrich Fülleborn und Manfred Engel, München 1988.

Büchners *Lenz* "das Selbstverständnis des Menschen unterhöhlt"[45], wird die poetologische Konsequenz gezogen, daß die reale Welt durch den Dichter nicht adäquat zum Ausdruck gebracht werden kann.[46] Zugleich aber wächst das Bewußtsein der Dichter für die vielfältig gegeneinander ausspielbaren Möglichkeiten subjektiver Weltbespiegelung. Obwohl der klassische Mythos vom Menschen als Mikrokosmos im Makrokosmos der Natur im 20. Jahrhundert radikal zerschlagen wird, bleibt der Autonomiegedanke als konstitutives Moment bis in die poetologische Dimension zeitgenössischer Texte hinein erhalten, - wächst doch mit der Zurücknahme der Position des traditionellen Erzählers[47] gleichzeitig auch die (Mit-) Beteiligung des Lesers. Im Zuge derartiger 'Demokratisierung' des Erzählens wird das Autonomiepostulat heute allgemein als ein wesentlicher Grundzug der modernen Dichtung angesehen.[48] Fraglich ist nur, ob dieser Begriff heute in der sich als postmodern verstehenden Poetik noch in gleicher Weise verstanden wird wie in der Tradition vom 18. bis ins 20. Jahrhundert. Wenn der Autor Hanns-Josef Ortheil heute über die postmoderne Ästhetik schreibt:

> Die postmoderne Literatur ist die Literatur des kybernetischen Zeitalters. Sie verabschiedet nicht die ästhetischen Projekte der Moderne, sondern verfügt über diese als Modelle, die in Spiele höherer Ordnung überführt werden können[49],

so liegt die Vermutung nahe, daß es dabei nicht mehr um die Analogie zwischen vitalistischem Denken und moderner Literatur und Poetik, sondern um eine zwischen Systemtheorie und Postmoderne geht. Um diese These zu untermauern, sei zunächst noch einmal Franz M. Wuketits, der Verfechter einer Systemtheorie der Evolution, zitiert. Er beschreibt die Entwicklung der Natur als "ein Wachstum von Mustern bzw. ein Wachstum von Komplexität"[50] und

45 Silvio Vietta: Die literarische Moderne. Eine problemgeschichtliche Darstellung der deutschsprachigen Literatur von Hölderlin bis Thomas Bernhard, Stuttgart 1992, S. 136.

46 Ebd., Kap. II,4, S. 131-158.

47 Siehe Theodor W. Adorno: Standort des Erzählers im zeitgenössischen Roman, in: ders.: Noten zur Literatur I, Frankfurt a.M. 1963, S. 61-72.

48 Ebd., S. 39 f. Der Autor verweist auf Theodor W. Adorno, der "das Prinzip der Autonomie" "als eine zentrale Kategorie der Ästhetik" erkannt und hervorgehoben habe.

49 Hanns-Josef Ortheil: Was ist postmoderne Literatur? in: ders.: Schauprozesse. Beiträge zur Kultur der 80er Jahre, München 1990, S. 107.

50 Franz M. Wuketits: Grundriß der Evolution, a.a.O., S. 141.

fährt fort mit der heute keineswegs unüblichen Aussage, der Mensch schaffe darüber hinaus "mit seiner Evolution die Grundlagen [...] für ein Wachstum von Mustern, das nunmehr, wenn man so will, die Evolution auf einer neuen Ebene fortsetzt: der Ebene der Kulturen"[51]. Der Gedanke, daß im Laufe der natürlichen wie der kulturellen Evolution "immer kompliziertere Systeme [...] jeweils zu noch weiter differenzierten Systemen zusammengeschlossen (integriert) wurden"[52], ist vermutlich auch für die Ästhetik der Postmoderne von Bedeutung. So wird heute von Literaturtheoretikern die Auffassung vertreten, die postmoderne Kunst erzeuge neuartige Textgebilde, indem sie die Elemente der literarischen Tradition wie auch der Alltagskultur so mische und kombiniere, daß diese vom Leser als vielschichtige Sinnkomplexe einer höheren, diffizileren Ordnung gelesen werden könnten. Die Theoretiker der literarischen Postmoderne stellen sich die Sinnkonstitution durch die zeitgenössische Kunst also analog zum Erklärungsmuster der heutigen Biologie vor, wonach die Lebewesen als "kybernetische Maschinen"[53], als komplexe, dynamische, hierarchisch geordnete Systeme zu betrachten sind. Nach systemtheoretischer Deutung entstehen die Lebenserscheinungen, von der Selbstregulation bis hin zum menschlichen Denken, durch netzwerkartig verflochtene, miteinander rückgekoppelte Wechselwirkungen zwischen den einzelnen Elementen der Lebewesen.[54] Entsprechend kann man sich vorstellen, daß in der postmodernen Literatur, durch vielfältige Kombination verschiedenster Elemente neuartige Effekte, sprich neue Muster auf höherer Integrationsstufe, entstehen. Eine wissenschaftliche Untersuchung der Frage nach dem Zusammenhang zwischen biologischer Systemtheorie und postmoderner Literatur und Literaturtheorie scheint mir jedenfalls erfolgversprechend zu sein. Auffällig ist in diesem Zusammenhang, daß Hanns-Josef Ortheil selbst eine Analogie zu einer aktuellen molekularbiologischen Theorie zieht, nämlich zur Theorie der 'springenden Gene'. Um die "postmoderne Perspektive"[55] zu veranschaulichen, benutzt er aus dem

---

51 Ebd. Die gleiche These vertritt auch schon Erich Jantsch in: Die Selbstorganisation des Universums. Vom Urknall zum menschlichen Geist, München und Wien 1979.

52 Ebd.

53 Ernst Florey: Was kann das Leben? Vom Wunder seiner Vielfalt, in: Die Frage nach dem Leben, a.a.O., S. 190.

54 Franz M. Wuketits: Evolution als Systemprozeß: Die Systemtheorie der Evolution, a.a.O., S. 458 ff.

55 Hanns-Josef Ortheil: Was ist postmoderne Literatur?, a.a.O., S. 109.

Bereich "der modernen Gentechnologie" die Metapher der "Lebendigkeit springender Gene"[56]. Damit betrachtet er die molekularbiologische 'Beobachtung', daß sich aus dem Genom mancher Organismen unvorhersehbar, das heißt quasi von selbst, Teile der DNA-Sequenz aus der linearen Ordnung der Nukleotide (der Genbausteine) lösen, auf ein anderes Genom 'überspringen' und dort eine phänotypische Veränderung bewirken, als paradigmatisch für die Wirklichkeitsauffassung der Postmoderne. Er postuliert somit die freie Kombinierbarkeit der verschiedenen Strukturen der bisherigen Realitätsmodelle, beschreibt also eine Perspektive, die der atomistischen Weltsicht entspricht. Nachdenklich stimmt von daher folgende Aussage Silvio Viettas: Während sich "die klassische Moderne (noch) [...] um eine Rückbindung des Menschen an die Natur bemühte", scheine "in der Postmoderne genau dieser Bezug der Kultur zur Natur zerfallen zu sein"[57]. Es wäre zu fragen, ob die Naturferne dieser neuesten Kunstrichtung damit zusammenhängt, daß die heutige Naturforschung den Naturbegriff letztlich so stark mit dem Mechanismus konnotiert und den aus vitalistischer Sicht betonten Wesensunterschied zwischen unbelebter Natur und Lebewesen dementiert. Rechnet man aufgrund der Unzufriedenheit mit den bisherigen naturwissenschaftlichen Beschreibungen der Lebewesen mit einer Neubegründung der Naturtheorie für die Zukunft, dann wäre - aus der von mir aufgezeigten Perspektive - zugleich ein parallel dazu verlaufender grundlegender Wandel der Literatur zu erwarten.

56 Ebd., S. 110.

57 Silvio Vietta: Die literarische Moderne, a.a.O., S. 323.

6. Literaturverzeichnis

6.1. Textausgaben

Goethe - Textausgaben:

Goethe, Johann Wolfgang: Sämtliche Werke. Briefe, Tagebücher und Gespräche, hg. von Dieter Borchmeyer [...], 40 Bde. in 2 Abt., Frankfurt a.M. 1985 ff. (Zit. als Frankfurter Ausgabe unter Angabe der Sigle: FA).

Goethe, Johann Wolfgang: Sämtliche Werke nach Epochen seines Schaffens, hg. von Karl Richter [...], 20 Bde.. in 25 Teilen, München 1985 ff. (Zit. als Münchner Ausgabe unter Angabe der Sigle: MA).

Goethe, Johann Wolfgang: Werke. Hamburger Ausgabe in 14 Bdn., hg. von Erich Trunz, München 1988 (Zit. als Hamburger Ausgabe unter Angabe der Sigle: HA).

Goethe, Johann Wolfgang: Werke, hg. im Auftrage der Großherzogin Sophie von Sachsen, Abt. I - IV., 133 Bde. in 143 Teilen, Weimar 1887-1919 (Zit. als Weimarer Ausgabe unter Angabe der Sigle: WA).

Goethe, Johann Wolfgang: Gedenkausgabe der Werke, Briefe und Gespräche, hg. von Ernst Beutler, 24 Bde.., Zürich 1948-54 (Zit. als Artemis-Gedenkausgabe).

Goethe, Johann Wolfgang: Die Schriften zur Naturwissenschaft. Vollständige mit Erläuterungen versehene Ausgabe, hg. von R. Ruprecht Mathaei [...], Weimar 1947 (Zit. als Leopoldina Ausgabe unter Angabe der Sigle: LP).

Der junge Goethe, neu bearbeitete Ausgabe in 5 Bdn., hg. von Hanna Fischer-Lamberg, Berlin 1963-73 (Zit. als: Der junge Goethe).

Chamisso - Textausgaben:

Chamisso, Adelbert: Sämtliche Werke in zwei Bänden, hg. von Werner Feudel und Christel Laufer, Leipzig 1980 (Zit. als: Sämtliche Werke).

Leben und Briefe von Adelbert von Chamisso, hg. von Julius Eduard Hitzig, in: Adelbert von Chamissos Werke, Bd. 5 und 6, Leipzig 1839 (Zit. als: Leben und Briefe).

Chamisso, Adelbert: Und lassen gelten, was ich beobachtet habe. Naturwissenschaftliche Schriften mit Zeichnungen des Autors, hg. von Ruth Schneebeli-Graf, Berlin 1983.

Büchner - Textausgaben:

Büchner, Georg: Werke und Briefe, hg. von Karl Pörnbacher, Gerhard Schaub, Hans-Joachim Simm und Edda Ziegler, München und Wien 1988 (Zit. als: Werke und Briefe).

Büchner, Georg: Gesammelte Werke. Erstdrucke im Faksimile, hg. von Thomas Michael Mayer, Frankfurt a.M. 1987 (Zit. als: Gesammelte Werke).

Büchner, Georg: Lenz. Studienausgabe. Im Anhang: Johann Friedrich Oberlins Bericht 'Herr L......' in der Druckfassung 'Der Dichter Lenz, im Steintale' durch August Stöber und Auszüge aus Goethes 'Dichtung und Wahrheit' über J.M.R. Lenz, hg. von Hubert Gersch, Stuttgart 1984.

Werke anderer Autoren:

E.T.A. Hoffmann: Fantasie- und Nachtstücke, hg. und mit einem Nachwort versehen von Walter Müller-Seidel, mit Anmerkungen von Wolfgang Kron, Lizenzausgabe, Darmstadt 1985.

Jean Paul: Der Komet, in: Werke in drei Bänden, Bd. II, hg. von Norbert Miller, Nachwort von Walter Höllerer, 4. Aufl., München 1986, S. 53-661.

6.2. Philosophische und biologische Quellentexte

Blumenbach, Johann Friedrich: Über den Bildungstrieb und das Zeugungsgeschäfte, Göttingen 1781.

Büchner, Ludwig: Kraft und Stoff oder Grundzüge der natürlichen Weltordnung. Nebst einer darauf gebauten Moral und Sittenlehre, 19. deutsche Auflage, Leipzig 1898.

Carus, Carl Gustav: System der Physiologie umfassend das Allgemeine der Physiologie, die physiologische Geschichte der Menschheit, die des Menschen und die der einzelnen organischen Systeme im Menschen, für Naturforscher und Ärzte, 2 Bde., Dresden, Leipzig 1838/1840.

Darwin, Charles: Die Entstehung der Arten durch natürliche Zuchtwahl, übers. aus dem Engl. von Carl W. Neumann, 3. Aufl., Leipzig 1990.

Descartes, René: Abhandlung über die Methode des richtigen Vernunftgebrauchs und der wissenschaftlichen Wahrheitsforschung, Stuttgart 1990.

Du Bois-Reymond, Emil: Untersuchungen über tierische Elektrizität, Bd. 1, Berlin 1848.

Du Bois-Reymond, Emil: Über die Grenzen des Naturerkennens, Leipzig 1872.

Haller, Albrecht von: Anfangsgründe der Physiologie des menschlichen Körpers, 8. Bd.: Von der menschlichen Frucht. Das Leben und Tode der Menschen, aus dem Lat. übers. und hg. von Johann Samuel, Halle, Berlin, Leipzig 1776.

Herder, Johann Gottfried: Fragmente, in: Sämtliche Werke, hg. von Bernhard Suphan, Bd. I, Berlin 1877, Neudruck Hildesheim 1967.

Herder, Johann Gottfried: Kritische Wälder, in: Sämtliche Werke, hg. von Bernhard Suphan, Bd. III, Berlin 1878, Neudruck Hildesheim 1967.

Herder, Johann Gottfried: Shakespeare, in: Sämtliche Werke, hg. von Bernhard Suphan, Bd. V, Berlin 1891, Neudruck Hildesheim 1967.

Herder, Johann Gottfried: Ideen zur Philosophie der Geschichte der Menschheit, in: Sämtliche Werke, hg. von Bernhard Suphan, Bd. XIII, Berlin 1887, Neudruck Hildesheim 1967.

Humboldt, Alexander von: Ansichten der Natur, mit wiss. Erläuterungen und sechs Farbtafeln nach Skizzen des Autors, hg. von Hans Magnus Enzensberger, Nördlingen 1986.

Kant, Immanuel: Kritik der Urteilskraft, hg. von Gerhard Lehmann, Stuttgart 1986.

Kielmeyer, Carl Friedrich: Über die Verhältnisse der organischen Kräfte untereinander in der Reihe der verschiedenen Organisationen, die Gesetze und Folgen dieser Verhältnisse, Tübingen 1793.

Lenz, Jakob Michael Reinhold: Anmerkungen übers Theater, in: ders.: Werke, hg. von Friedrich Voit, Stuttgart 1992, S. 369-401.

Medicus, Friedrich Casimir: Von der Lebenskraft, Mannheim 1774.

Müller, Johannes: Handbuch der Physiologie des Menschen, 1. Bd., Coblenz 1834.

Müller, Johannes: Über die phantastischen Gesichtserscheinungen. Eine physiologische Untersuchung mit einer physiologischen Urkunde des Aristoteles über den Traum, Coblenz 1826. Wiederabgedruckt in: Ebbecke, Ulrich: Johannes Müller. Der große rheinische Physiologe, Hannover 1951.

Müller, Johannes: Von dem Bedürfnis der Physiologie nach einer philosophischen Naturbetrachtung. Antrittsvorlesung, gehalten zu Bonn am 19. Oktober 1824. Wiederabgedruckt in: Biologie der Goethezeit, hg. von Adolf Meyer-Abich, Stuttgart 1949, S. 252-281.

Oken, Lorenz: Abriß der Naturphilosophie, Göttingen 1805.

Oken, Lorenz: Lehrbuch der Naturphilosophie, 2. umgearbeitete Aufl., Jena 1831.

Reil, Johann Christian: Von der Lebenskraft, hg. von Karl Sudhoff, Leipzig 1910, unveränderter Nachdruck, Leipzig 1968.

Treviranus, Gottfried Reinhold: Biologie oder Philosophie der lebenden Natur für Naturforscher und Aerzte, 1. Bd., Göttingen 1802.

Treviranus, Gottfried Reinhold: Die Erscheinungen und Gesetze des organischen Lebens, 2 Bde., Bremen 1831/1832.

Walther, Philipp Franz von: Physiologie des Menschen mit durchgängiger Rücksicht auf die comparative Physiologie der Tiere, 2 Bde., Landshut 1807/1808.

Wilbrand, Johann Bernhard: Was ist Physiologie? und wie ist diese Wissenshaft zu behandeln?, Frankfurt a.M. 1827.

Wolff, Caspar Friedrich: Theoria Generationis, übers. und hg. von Paul Samassa, Leipzig 1896.

6.3. Sekundärliteratur

Adorno, Theodor W.: Standort des Erzählers im zeitgenössischen Roman, in: ders.: Noten zur Literatur I, Frankfurt a.M. 1963, S. 61-72.

Alewyn, Richard: Klopstock!, in: Euphorion 73 (1979) S. 357-365.

Anz, Heinrich: 'Leiden sei all mein Gewinnst'. Zur Aufnahme und Kritik christlicher Leidenstheologie bei Georg Büchner, in: Georg Büchner Jahrbuch 1 (1981) S. 160-168.

Arendt, Dieter und Günter Oesterle: Georg Büchner als Medizinstudent und Revolutionär in Gießen oder 'eine hohle Mittelmäßigkeit in allem', in: Georg Büchner im interkulturellen Dialog. Vorträge des Kolloquiums vom 30. 9. - 1. 10. 1987 in der Universität Aalborg, hg. von Klaus Bohnen und Ernst-Ulrich Pinkert, Kopenhagen, München 1988, S. 19-50.

Auhuber, Friedhelm: In einem fernen dunklen Spiegel. E.T.A. Hoffmanns Poetisierung der Medizin, Opladen 1986.

Adler, Jeremy: 'Eine fast magische Anziehungskraft': Goethes 'Wahlverwandtschaften' und die Chemie seiner Zeit, München 1987.

Ballauff, Theodor: Die Wissenschaft vom Leben. Eine Geschichte der Biologie, Bd. 1, Vom Altertum bis zur Romantik, Freiburg, München 1954.

Barkhoff, Jürgen: Allsympathie im magnetischen Geiste. Jean Paul und der animalische Magnetismus, in: Die deutsche literarische Romantik und die Wissenschaften, hg. von Nicholas Saul, München 1991, S. 177-208.

Baruzzi, Arno: La Mettrie, in: Die französischen Materialisten des 18. Jahrhunderts. La Mettrie - Helvétius - Diderot - Sade, hg. von Arno Baruzzi, München 1968, S. 21-62.

Benjamin, Walter: Goethe, in: Gesammelte Schriften, II.2, hg. von Rolf Tiedemann und Hermann Schweppenhäuser, Frankfurt a.M. 1977, S. 705-739.

Bessler, Otto: Chamisso als Naturforscher. Bisher unveröffentlichte Briefe, in: Wissenschaftliche Zeitschrift der Martin-Luther-Universität Halle-Wittenberg, Mathematisch-naturwissenschaftliche Reihe 4 (1954/55) H. 1, S. 137-152.

Böhler, Michael: Naturwissenschaft und Dichtung bei Goethe, in: Goethe im Kontext. Kunst und Humanität, Naturwissenschaft und Politik von der Aufklärung bis zur Restauration. Ein Symposium, hg. von Wolfgang Wittkowski, Tübingen 1984, S. 313-335/336-340.

Böhme, Hartmut: Geheime Macht im Schoß der Erde. Das Symbolfeld des Bergbaus zwischen Sozialgeschichte und Psychohistorie, in: ders.: Natur und Subjekt, Frankfurt a.M. 1988, S. 67-144.

Böhme, Hartmut: Lebendige Natur. Wissenschaftskritik, Naturforschung und allegorische Hermetik bei Goethe, in: ders.: Natur und Subjekt, Frankfurt a.M. 1988, S. 145-178.

Böhme, Hartmut: Sinne und Blick. Zur mythopoetischen Konstitution des Subjekts, in: ders.: Natur und Subjekt, Frankfurt a.M. 1988, S. 215-255.

Braungart, Wolfgang: Naturverhältnisse. Zur poetischen Reflexion eines Aufklärungsproblems beim jungen Goethe, in: Idealismus und Aufklärung: Kontinuität und Kritik der Aufklärung in Philosophie und Poesie um 1800, hg. von Christoph Jamme und Gerhard Kurz, Stuttgart 1988, S. 13-34.

Brockhaus Enzyklopädie in 24 Bdn., Artikel: Leben, 19. Aufl., München 1990.

Buchheim, Wolfgang: Der Farbenlehrestreit Goethes mit Newton in wissenschaftsgeschichtlicher Sicht, in: Sitzungsberichte der Sächsischen Akademie der Wissenschaften zu Leipzig. Mathematisch-naturwissenschaftliche Klasse, Bd. 123, H. 1, Berlin 1991.

Buck, Theo: 'Man muß die Menschheit lieben'. Zum ästhetischen Programm Georg Büchners, in: Georg Büchner III, Sonderband aus der Reihe 'Text und Kritik', hg. von Hans Ludwig Arnold, München 1981.

Burckhardt, Sigurd: Sprache als Gestalt in Goethes 'Prometheus'und 'Pandora', in: Euphorion 50 (1956) S. 162-176.

Burwick, Frederick: Elektrizität und Optik: Zu den Beziehungen zwischen wissenschaftlichen und literarischen Schriften Achim von Arnims, in: Aurora 46 (1986) S. 19-47.

Conrady, Karl Otto: Goethe: 'Prometheus', in: Zum jungen Goethe, hg. von Wilhelm Große, 1. Aufl., Stuttgart 1982, S. 81-91.

Cramer,Friedrich: 'Denn nur also beschränkt war je das Vollkommene möglich...'. Eine wissenschaftstheoretische Interpretation von Goethes Gedicht 'Metamorphose der Tiere', in: Goethe und die Natur. Referate des Triester Kongresses, hg. von Horst Albert Glaser, Bern 1986, S. 119-131.

Crick, Francis: Die Natur des Vitalismus, in: Leben = Physik + Chemie? Das Lebendige aus der Sicht bedeutender Physiker. Ein Lesebuch, hg. und eingeleitet von Bernd-Olaf Küppers, 2. Aufl., München 1990, S. 121-137.

Crick, Francis: Of molecules and man, Univ. of Washington Press, Seattle und London 1966.

Döhner, Otto: Georg Büchners Naturauffassung, Diss., Marburg 1967.

Döhner, Otto: Neuere Erkenntnisse zu Georg Büchners Naturauffassung und Naturforschung, in: Georg Büchner Jahrbuch 2 (1982) S. 126-132.

Doerr, Wilhelm: Georg Büchner als Naturforscher, in: Georg Büchner: 1813-1837. Revolutionär, Dichter, Wissenschaftler (Katalog der Ausstellung Mathildenhöhe, Darmstadt, 2.8 - 27.9.1987) Basel, Frankfurt a.M. 1987, S. 286-291.

Doerr, Wilhelm: Wenig bekannte Seiten eines sehr bekannten Dichters. Georg Büchner als Anatom, in: Ruperto Carola. Heidelberger Universitätshefte 39 (1987) H. 76, S. 28-31.

Driesch, Hans: Geschichte des Vitalismus, 2. verbesserte und erweiterte Auflage des 1. Hauptteils des Werkes: Der Vitalismus als Geschichte und als Lehre, Leipzig 1922.

Durzak, Manfred: Die Modernität Georg Büchners. 'Lenz' und die Folgen, in: L'80. Zeitschrift für Politik und Literatur, hg. von Lutz Arnold [...], H. 45 (1988) S. 132-146.

Elsasser, Walter: Eine Kritik am Reduktionismus, in: Leben = Physik + Chemie? Das Lebendige aus der Sicht bedeutender Physiker. Ein Lesebuch, hg. und eingeleitet von Bernd-Olaf Küppers, 2. Aufl., München 1990, S. 211-236.

Engelhardt, Dietrich v.: Die Naturwissenschaft der Aufklärung und die romantisch-idealistische Naturphilosophie, in: Idealismus und Aufklärung. Kontinuität und Kritik der Aufklärung in Philosophie und Poesie um 1800, hg. v. Christoph Jamme und Gerhard Kurz, Stuttgart 1988, S. 80-96.

Engelhardt, Dietrich v.: Mesmer in der Naturforschung und Medizin der Romantik, in: Franz Anton Mesmer und die Geschichte des Mesmerismus: Beiträge zum internationalen wissenschaftlichen Symposion anlässlich des 250. Geburtstages von Mesmer, hg. von Heinz Schott, Stuttgart 1985, S. 88-107.

Feld, Heinrich: Vorstellungen von physikalischer und psychischer Energie zur Zeit Mesmers, in: Franz Anton Mesmer und die Geschichte des Mesmerismus: Beiträge zum internationalen wissenschaftlichen Symposion anlässlich des 250. Geburtstages von Mesmer, hg. von Heinz Schott, Stuttgart 1985, S. 31-43.

Feudel, Werner: Adelbert von Chamisso. Leben und Werk, Leipzig 1980.

Florey, Ernst: 'Was kann das Leben?' Vom Wunder seiner Vielfalt, in: Die Frage nach dem Leben, hg. von Ernst Peter Fischer und Klaus Mainzer, München 1990, S. 185-232.

Florey, Ernst: Magnetismus, Elektrizität und das Nervensystem. Eine Ideengeschichte, in: Theoretische Grundlagen und Probleme der Biologie. Festveranstaltung und wissenschaftliche Vortragstagung am 20. und 21. März 1987 an der Friedrich-Schiller-Universität Jena aus Anlaß des 100. Geburtstages von Julius Schaxel, hg. von B. Wilhelmi, Jena 1988.

Förster, Jürgen: Literatur und Subjektivität. Goethes 'Werther' unter Aspekten der Subjektivitätsdiskussion in Literaturwissenschaft und Literaturdidaktik, in: DD, 16 (1985) H. 81, S. 297-312

Foucault, Michel: Die Ordnung der Dinge. Eine Archäologie der Humanwissenschaften, übers. aus dem Frz. von Ulrich Köppen, 8. Aufl., Frankfurt a.M. 1989.

Freund, Winfried: Adelbert von Chamisso. Peter Schlemihl. Geld und Geist. Ein bürgerlicher Bewußtseinsspiegel. Entstehung - Struktur - Rezeption - Didaktik, Paderborn, München, Wien, Zürich 1980.

Frühwald, Wolfgang: Fremde und Vertrautheit. Zum Naturverständnis in der deutschsprachigen Literatur seit dem 18. Jahrhundert, in: Zwischen Aufklärung und Restauration. Sozialer Wandel in der deutschen Literatur (1700-1848). Festschrift für Wolfgang Mertens zum 65. Geburtstag, hg. von Wolfgang Frühwald und Alberto Martino, Tübingen 1989, S. 451-465.

Fuchs, Albert: Goethes 'Prometheus-Fragment'. Irrtum, Not und Erlösung, in: Zum jungen Goethe, hg. von Wilhelm Große, 1. Aufl., Stuttgart 1982, S. 125-138.

Fuchs, Thomas: Die Mechanisierung des Herzens. Harvey und Descartes - Der vitale und der mechanische Aspekt des Kreislaufs, Frankfurt a.M. 1992.

Gerth, Klaus: Die Poetik des Sturm und Drang, in: Sturm und Drang: ein literaturwissenschaftliches Studienbuch, hg. von Walter Hinck, Kronberg/Ts. 1978, S. 55-80.

Gendolla, Peter: 'Nichts als Kunst und Mechanismus', Maschinenmetaphern bei Büchner, in: Georg Büchner. 1913 - 1937. Revolutionär, Dichter, Wissenschaftler (Katalog der Ausstellung Mathildenhöhe, Darmstadt, 2. August - 27. September 1987) Basel, Frankfurt a.M. 1987, S. 306-311.

Geus, Armin: Die Rezeption der vergleichend-anatomischen Arbeiten Georg Büchners über den Bau des Nervensystems der Flußbarbe, in: Georg Büchner: 1813-1837. Revolutionär, Dichter, Wissenschaftler (Katalog der Ausstellung Mathildenhöhe, Darmstadt, 2. August - 27. September 1987) Basel, Frankfurt a.M. 1987, S. 292-295.

Geyer-Kordesch, Johanna: Die Nachtseite der Naturwissenschaft: Die 'okkulte' Vorgeschichte zu Franz Anton Mesmer, in: Franz Anton Mesmer und die Geschichte des Mesmerismus: Beiträge zum internationalen wissenschaftlichen Symposion anlässlich des 250. Geburtstages von Mesmer, hg. von Heinz Schott, Stuttgart 1985, S. 13-30.

Gille, Klaus F: Der Schatten des Peter Schlemihl, in: DU, 39, I (1987) S. 74-83.

Glaser, Horst Albert: Pflanzen, Schnauzenknochen, Physiognomien und Leidenschaften. Goethes Naturbegriff, in: Goethe und die Natur. Referate des Triestiner Kongresses, hg. von Horst Albert Glaser, Frankfurt a.M., Bern, New York 1986, S. 189-202.

Glück, Alfons: Der Menschenversuch: Die Rolle der Wissenschaft in Georg Büchners 'Woyzeck', in: Georg Büchner Jahrbuch 5 (1985) S. 139-182.

Gödtel, Reiner: Das Psychotische in Büchners Lenz, in: Horizonte 4 (1980) H. 16/17, S. 34-43.

Golz, Jochen: Die naturphilosophischen Anschauungen Georg Büchners, in: Wissenschaftliche Zeitschrift der Friedrich-Schiller-Universität Jena 13 (1/1964) S. 65-72.

Groh, Ruth und Dieter: Weltbild und Naturaneignung. Zur Kulturgeschichte der Natur, Frankfurt a.M. 1991.

Gundolf, Friedrich: Georg Büchner, in: Zeitschrift für Deutschkunde 43 (1929) S. 1 - 12. Wiederabgedruckt in: Georg Büchner, hg. von Wolfgang Martens, Darmstadt 1965, S. 82-97.

Guntermann, Georg: Auf der Suche nach Büchners Weltanschauung. Edition und Interpretation des 'Woyzeck', in: Lenau-Forum 15 (1989) S. 101-116.

Gurjewitsch, Aaron J.: Das Weltbild des mittelalterlichen Menschen, übers. aus dem Russ. von Gabriele Loßack, München 1982.

Haarmann, Hermann: Fremd in der Welt, zu Hause in der Sprache. Adelbert von Chamisso und die Berliner Romantik, in: IASL Bd. 15 (1990) H. 2, S. 43-54.

Hall, Rupert A.: Die Geburt der naturwissenschaftlichen Methode. 1630 - 1720. Von Galilei bis Newton, übers. aus dem Engl. von Theodor A. Knust, Gütersloh 1965.

Hasselbach, Karlheinz: Georg Büchner. Lenz. Interpretation, München 1986.

Heisenberg, Werner: Die Goethesche und die Newtonsche Farbenlehre im Lichte der modernen Physik, in: ders.: Wandlungen in den Grundlagen der Naturwissenschaft, Stuttgart 1949.

Herrmann, Hans-Peter: Naturnachahmung und Einbildungskraft. Zur Entwicklung der deutschen Poetik von 1670 bis 1740, Bad Homburg v. d. H., Berlin, Zürich 1970.

Herrmann, Hans-Peter: Landschaft in Goethes "Werther". Zum Brief vom 18. August, in: Goethe. Vorträge aus Anlaß seines 150. Todestages, hg. von Thomas Clasen und Erwin Leibfried, Frankfurt a.M., Bern, New York 1984, S. 77-100.

Hinderer, Walter: Büchner Kommentar zum dichterischen Werk, München 1977.

Hinderer, Walter: Georg Büchner: 'Lenz' (1839), in: Romane und Erzählungen zwischen Romantik und Realismus. Neue Interpretationen, hg. von Paul Michael Lützeler, Stuttgart 1983, S. 268-294.

Hörisch, Jochen: Pathos und Pathologie. Der Körper und die Zeichen in Büchners 'Lenz', in: Georg Büchner. 1813 - 1837. Revolutionär, Dichter, Wissenschaftler (Katalog der Ausstellung Mathildenhöhe, Darmstadt, 2. August - 27. September 1987) Basel, Frankfurt a.M. 1987, S. 267-275.

Hoffmann, Ernst Fedor: Spiegelbild und Schatten. Zur Behandlung ähnlicher Motive bei Brentano, Hoffmann und Chamisso, in: Lebendige Form. Interpretationen zur Deutschen Literatur. Festschrift für Heinrich E. K. Henel, hg. von Jeffrey L. Sammons und Ernst Schürer, München 1970, S. 167-188.

Hohendahl, Peter Uwe: Nachromantische Subjektivität: Büchners Dramen, in: ZfdPH 108 (1989) S. 496-511.

Hunger, E.: Grundbegriffe des physikalischen Denkens, Frankfurt a.M. 1969.

Irle, Gerhard: Büchners Lenz, eine frühe Schizophreniestudie, in: ders.: Der psychiatrische Roman, Stuttgart 1965, S. 73-83.

Jahn, Ilse: Grundzüge der Biologiegeschichte, 1. Aufl., Jena 1990.

Jantsch, Erich: Die Selbstorganisation des Universums. Vom Urknall zum menschlichen Geist, München und Wien 1979.

Jorgensen, Sven Aage, Klaus Bohnen und Per Ohrgaard: Aufklärung, Sturm und Drang, frühe Klassik 1740 - 1789 (Geschichte der deutschen Literatur von den Anfängen bis zur Gegenwart, begründet von Helmut de Boor und Richard Newald, Bd. 6) München 1990.

Käfer, Dieter: Methodenprobleme und ihre Bedeutung in Goethes Schriften zur Naturwissenschaft, Köln, Wien 1982.

Kahl, Joachim: 'Der Fels des Atheismus'. Epikurs und Georg Büchners Kritik an der Theodizee, in: Georg Büchner Jahrbuch 2 (1982) S. 99-125.

Kellner, Rolf: Der Mann ohne Schatten. Erinnerungen an Adelbert von Chamisso, in: Stuttgarter Zeitung, N. 192 vom 20. 8. 1988, Brücke zur Welt.

Kiefer, Klaus H.: Goethe und der Magnetismus. Grenzphänomene des naturwissenschaftlichen Verständnisses, in: Philosophia Naturalis 20 (1983) S. 264-311.

Klotz, Volker: Geschlossene und offene Form im Drama, 11. Aufl., München 1985.

Kluge, Gerhard: Gotthilf Heinrich Schuberts Auffassung vom tierischen Magnetismus und Achim von Arnims Erzählung 'Die Majoratsherren', in: Aurora 46 (1986) S. 168-173.

Kohlenbach, Margarete: Ansichten von der Nachtseite der Romantik. Zur Bedeutung des animalischen Magnetismus bei E.T.A. Hoffmann, in: Die deutsche literarische Romantik und die Wissenschaften, hg. von Nicholas Saul, München 1991, S. 209-233.

Korf, Hermann August: Peter Schlemihl, in: ders.: Geist der Goethezeit. Versuch einer ideelen Entwicklung der klassisch-romantischen Literaturgeschichte, Bd. IV, 2. unveränderter Nachdruck der 2. durchgesehenen Auflage, Leipzig 1958, S. 148-151.

Krätz, Otto: Goethe und die Naturwissenschaften, München 1992.

Kreis, Rudolf: Dichtung und Umwelt. Von Gilgamesch bis zu den 'Physikern'. Das Sprachkunstwerk zwischen Erde, Leib und Geist, Frankfurt a.M., Bern, New York, Paris 1989.

Kroner, Peter A.: Adelbert vom Chamisso, in: Deutsche Dichter der Romantik. Ihr Leben und Werk, hg. von Benno von Wiese, Berlin 1971, S. 371-390.

Krzywon, Ernst Josef: '...im Schlamme des Lebens die wahre Würde bewahren'. Freiheit, Gott und Natur im Werk Georg Büchners, in: Spuren der Erlösung, hg. von Alois Halder, Düsseldorf 1986, S. 175-182.

Küppers, Bernd-Olaf: Einleitung. Inwieweit lassen sich die Lebenserscheinungen physikalisch-chemisch erklären?, in: Leben = Physik + Chemie? Das Lebendige aus der Sicht bedeutender Physiker. Ein Lesebuch, hg. und eingeleitet von Berd-Olaf Küppers, 2. Aufl., München 1990, S. 9-34.

Küppers, Bernd-Olaf: Materie, Information und der Ursprung des Lebens, in: Die Frage nach dem Leben, hg. von Ernst Peter Fischer und Klaus Mainzer, München 1990, S. 93-124.

Kuhn, Dorothea: Versuch über Modelle der Natur in der Goethezeit, in: Typus und Metamorphose. Goethe-Studien, hg. von Renate Grumach, Marbach a.N. 1988, S. 159-176.

Kuhn, Dorothea: Über den Grund von Goethes Beschäftigung mit der Natur und ihrer wissenschaftlichen Erkenntnis. Friedrich Beißner zum 65. Geburtstag, in: JbDSG 15 (1971) S. 157-173.

Kubik, Sabine: Krankheit und Medizin im literarischen Werk Georg Büchners, Stuttgart 1991.

Kubitschek, Peter: Die tödliche Stille der verkehrten Welt - Zu Georg Büchners 'Lenz', in: Studien zu Georg Büchner, hg. von Hans-Georg Werner, Berlin und Weimar 1988, S. 86-104.

Landau, Paul: Lenz, in: Georg Büchners Gesammelte Schriften, hg. von Paul Landau, Bd. I, Berlin 1909, S. 104-123. Wiederabgedruckt in: Georg Büchner, hg. von Wolfgang Martens, Darmstadt 1965, S. 32-49.

Leistner, Bernd: Chamisso und sein Mann ohne Schatten, in: ders.: Sixtus Beckmesser. Essays zur deutschen Literatur, Berlin und Weimar 1989, S. 80-89.

Lepenies, Wolf: Angst und Wissenschaft, in: ders.: Gefährliche Wahlverwandtschaften. Essays zur Wissenschaftsgeschichte, Stuttgart 1989, S. 39-60.

Lepenies, Wolf: Historisierung der Natur und Entmoralisierung der Wissenschaften seit dem 18. Jahrhundert, in: ders.: Gefährliche Wahlverwandtschaften. Essays zur Wissenschaftsgeschichte, Stuttgart 1989, S. 7-38.

Lovejoy, A.O.: Die große Kette der Wesen, Frankfurt a.M. 1985.

Lubosch, Wilhelm: Was verdankt die vergleichend-anatomische Wissenschaft den Arbeiten Goethes?, in: JbGG Bd. 6 (1919) S. 157-191.

Maaß, Christian: Georg Büchner und Johann Bernhard Wilbrand. Medizin in Gießen um 1833/34, in: Georg Büchner. 1813 - 1837. Revolutionär, Dichter, Wissenschaftler (Katalog der Ausstellung Mathildenhöhe, Darmstadt 2.8 - 27.9.1987) Basel, Frankfurt a.M. 1987, S. 148-155.

Mainzer, Klaus: Die Philosophen und das Leben. Eine wissenschaftstheoretische Einführung, in: Die Frage nach dem Leben, hg. von Ernst Peter Fischer und Klaus Mainzer, München 1990, S. 11-44.

Mann, Thomas: Chamisso, in: ders.: Gesammelte Werke in zwölf Bänden, Bd. 19, Reden und Aufsätzen 1, Oldenburg 1960, S. 35-57.

Mann, Thomas: Goethe als Repräsentant des bürgerlichen Zeitalters, in: NR 43,1 (1932) S. 434-462.

Martin, Günther: Goethes evolutionärer Sinn, in: GJb 105 (1988) S. 247-269.

Matt, Beatrice von: Von den Segnungen des freien Blicks. Zum 150. Todestag von Chamisso (1781-1838), in: Neue Züricher Zeitung, Nr. 191 vom 19. 8. 1988, S. 43.

Mayer, Hans: Werthers 'Leiden', in: Das unglückliche Bewußtsein, Frankfurt a.M. 1986, S. 137-146.

Mayer, Hans: Georg Büchner und seine Zeit, Wiesbaden 1946.

Mayr, Ernst: Die Entwicklung der biologischen Gedankenwelt: Vielfalt, Evolution und Vererbung, übers. aus dem Engl. von Karin de Sousa Ferreira, Heidelberg, New York, Tokyo 1984.

Menza, Gisela: Adelbert von Chamissos "Reise um die Welt mit der Romanzoffschen Entdeckungs-Expedition in den Jahren 1815 - 1818". Versuch einer Bestimmung des Werkes als Dokument des Überganges von der Spätromantik zur vorrealistischen Biedermeierzeit, Frankfurt a.M., Bern, Las Vegas 1978.

Mette, Alexander: Medizin und Morphologie in Büchners Schaffen, in: SuF 15 (1963) H. 5, S. 747-755.

Meyer-Abich, Klaus Michael: Wissenschaft für die Zukunft. Holistisches Denken in ökologischer und gesellschaftlicher Verantwortung, München 1988.

Michelsen, Peter: Das Leid im Werk Georg Büchners, in: JbFDH (1989) S. 281-307.

Moos, Walter: Büchners 'Lenz', in: Schweizer Archiv für Neurologie und Psychiatrie XLII (1938) H. 1, S. 97-114.

Müller, Götz: Die Literarisierung des Mesmerismus in Jean Pauls Roman 'Der Komet', in: Franz Anton Mesmer und die Geschichte des Mesmerismus: Beiträge zum internationalen wissenschaftlichen Symposion anlässlich des 250. Geburtstages von Mesmer, hg. von Heinz Schott, Stuttgart 1985, S. 185-199.

Müller, Günther: Goethes Elegie 'Die Metamorphose der Pflanzen'. Versuch einer morphologischen Interpretation, in: DVjs 21 (1943) S. 67-98.

Müller-Funk, Wolfgang: E.T.A. Hoffmanns Erzählung 'Der Magnetiseur', ein poetisches Lehrstück zwischen Dämonisierung und neuzeitlicher Wissenschaftskritik, in: Franz Anton Mesmer und die Geschichte des Mesmerismus: Beiträge zum internationalen wissenschaftlichen Symposion anlässlich des 250. Geburtstages von Mesmer, hg. von Heinz Schott, Stuttgart 1985, S. 200-214.

Müller-Seidel: Walter: Natur und Naturwissenschaft im Werk Georg Büchners, in: Festschrift für Klaus Ziegler, hg. von Eckard Catholy und Winfried Hellmann, Tübingen 1968, S. 205-132.

Nettesheim, Josefine: Adelbert von Chamissos botanisch-exotische Studien. Peter Schlemihl und die Lieder von 'armen Leuten' und Verbrechern, in: Marginalien zur poetischen Welt, hg. vom Alois Eder, Berlin 1971, S. 197-217.

Nettesheim, Josefine: Ursprung und Sinn der Wissenschaftskunst in der Lyrik, in: LWJb, N.F., 3. Bd. (1962) S. 315-333.

Neubauer, Wolfgang: Zum Schatten-Problem bei Adelbert von Chamisso oder zur Nichtinterpretierbarkeit von <Peter Schlemihls wundersamer Geschichte>, in: Literatur für Leser, hg. von Harald Weinreich, München 1986, S. 24-34.

Nisbet, Hugh B.: Lucretius in 18th-Century Germany. With a Commentary on Goethe's 'Metamorphose der Tiere', in: MLR 81 (1986) S. 97-115.

Oehler-Klein, Sigrid: 'Der Sinn des Tiegers'. Zur Rezeption der Hirn- und Schädellehre Franz Joseph Galls im Werk Georg Büchners, in: Georg Büchner Jahrbuch 5 (1985) S. 19-51.

Oesterle, Günter: Das Komischwerden der Philosophie in der Poesie. Literatur-, philosophie- und gesellschaftsgeschichtliche Konsequenzen der 'voie physiologique' in Georg Büchners Woyzeck, in: Georg Büchner Jahrbuch 3 (1983) S. 200-239.

Oettinger, Klaus: Unschuldige Hochzeit. Zu Goethes Elegie 'Die Metamorphose der Pflanzen', in: DU 38 (1986) H. 1, S. 69-78.

Ortheil, Hanns-Josef: Was ist postmoderne Literatur?, in: ders.: Schauprozesse. Beiträge zur Kultur der 80er Jahre, München 1990.

Penzlin, Heinz: Ordnung - Organisation - Organismus. Zum Verhältnis zwischen Physik und Biologie, in: Sitzungsberichte der Sächsischen Akademie der Wissenschaften zu Leipzig. Mathematisch-naturwissenschaftliche Klasse, Bd. 120, H. 6, Berlin 1988.

Peters, Günter: Das Schauspiel der Natur. Goethes Elegien 'Metamorphose der Pflanzen' und 'Euphrosyne' im Kontext einer Naturästhetik der szenischen Anschauung, in: Poetica (1990) Bd. 22, S. 46-83.

Poschmann, Henri: 'Wer das lesen könnt' - Zur Sprache natürlicher Zeichen im 'Woyzeck', in: Studien zu Georg Büchner, hg. von Hans Georg Werner, Berlin, Weimar 1988, S. 193-206.

Prange, Klaus: Das anthropologisch-pädagogische Motiv der Naturauffassung Goethes in dem Lehrgedicht 'Metamorphose der Pflanzen', In: LWU 8 (1975) S. 123-133.

Prigogine, Ilya und Isabelle Stengers: Dialog mit der Natur. Neue Wege naturwissenschaftlichen Denkens, aus dem Engl. und dem Frz. von Friedrich Griese, 6. Aufl., Neuausgabe, München 1990.

Primas, Hans: Biologie ist mehr als Molekularbiologie, in: Die Frage nach dem Leben, hg. von Ernst Peter Fischer und Klaus Mainzer, München 1990, S. 63-92.

Proß, Wolfgang: Lorenz Oken - Naturforschung zwischen Naturphilosophie und Naturwissenschaft, in: Die deutsche literarische Romantik und die Wissenschaften, hg. von Nicholas Saul, München 1991, S. 44-71.

Proß, Wolfgang: Die Kategorie 'Natur' im Werk Georg Büchners, in: Aurora. JbEG 40 (1980) S. 172-188.

Puszkar, N.: Goethes Metamorphose der Pflanzen. Innere Form und sozialer Organismus, in: EG (Jan-Mars 1990) S. 10-24.

Rankl, Maximilian: Jean Paul und die Naturwissenschaft, Frankfurt a.M., Bern, New York 1987.

Reddick, John: The shattered whole: Georg Büchner and Naturphilosophie, in: Romanticism and the sciences, ed. by Andrew Cunnigham and Nicholas Jardine, Cambridge 1990, S. 322-340.

Renner, Karl N.: '...laß das Büchlein deinen Freund seyn'. Goethes Roman 'Die Leiden des jungen Werthers' und die Diäthetik der Aufklärung, in: Zur Sozialgeschichte der deutschen Literatur von der Aufklärung bis zur Jahrhundertwende: Einzelstudien, hg. von Günter Häntzschel [...], Tübingen 1985, S. 1-20.

Renner, Maximilian: Leitfaden für das zoologische Praktikum, 2. überarb. Druck der 18. Aufl., Stuttgart, New York 1982.

Renner, Rolf Günter: Schrift der Natur und Zeichen des Selbst Peter Schlemihls wundersame Geschichte im Zusammenhang von Chamissos Texten, in: DVjs 65 (1991) H. 4, S. 653-673.

Richter, Karl: Wissenschaft und Poesie auf höherer Stelle' vereint. Goethes Elegie `Die Metamorphose der Pflanzen', in: Gedichte und Interpretationen, Bd. 3, hg. von Wulf Segebrecht, Stuttgart 1984, S. 156-168.

Richter, Karl: Literatur und Naturwissenschaft. Eine Studie zur Lyrik der Aufklärung, München 1972.

Ricoeur, Paul: Die lebendige Metapher, mit einem Vorwort zur deutschen Ausgabe, übers. aus dem Frz. von Rainer Rochlitz, München 1986.

Rieppel, Olivier: Unterwegs zum Anfang. Geschichte und Konsequenzen der Evolutionstheorie, München 1989.

Rohse, Eberhard: 'Transzendentale Menschenkunde' im Zeichen des Affen. Raabes literarische Antworten auf die Darwinismusdebatte des 19. Jahrhunderts, in: JbRG (1988) S. 168-210.

Rothschuh, Karl E.: Physiologie. Der Wandel ihrer Konzepte, Probleme und Methoden vom 16. bis 19. Jahrhundert, Freiburg, München 1968.

Sachtleben, Peter: Das Phänomen Forschung und die Naturwissenschaft Goethes, Frankfurt a.M., Bern, New York, Paris 1988.

Saine, Th. P.: Von der Kopernikanischen bis zur Französischen Revolution, Berlin 1987.

Saran, Franz: Goethes Mahomet und Prometheus, unveränderter reprographischer Nachdruck der 1. Aufl., Halle a. d. Saale 1914, Tübingen 1975.

Schaub, Gerhard: Georg Büchner: Lenz. Erläuterungen und Dokumente, Stuttgart 1987.

Schings, Hans-Jürgen: Der mitleidigste Mensch ist der beste Mensch. Poetik des Mitleids von Lessing bis Büchner, München 1980, S. 68-84,

Schmid, Günther: Chamisso als Naturforscher. Eine Bibliographie, Leipzig 1942.

Schmidt, Alfred: Goethes herrlich leuchtende Natur. Philosophische Studie zur deutschen Spätaufklärung, München, Wien 1984.

Schmidt, Jochen: Die Geschichte des Genie-Gedankens in der deutschen Literatur, Philosophie und Politik 1750 - 1945, 2 Bde., Darmstadt 1985.

Schmitz-Emans, Monika: Naturspekulation als 'Vorwand' poetischer Gestaltung. Über das Verhältnis E.T.A. Hoffmanns zu den Lehren G.H. Schuberts, in: Mitteilungen der E.T.A. Hoffmann-Gesellschaft 34 (1988) S. 67-83.

Scholz, Gunter: Zwischen Wissenschaftsanspruch und Orientierungsbedürfnis. Zu Grundlage und Wandel der Geisteswissenschaften, Frankfurt a.M. 1991.

Schütt, Hans-Werner: Naturverständnis und Naturwissenschaft im Biedermeier, in: Droste-Jahrbuch 2 (1988-90) S. 7-16.

Schumacher, Hans: Adelbert von Chamisso: Peter Schlemihls wundersame Geschichte, in: ders.: Narziß an der Quelle. Das romantische Kunstmärchen: Geschichte und Interpretation, Wiesbaden 1977, S. 150-154.

Schwann, Jürgen: Vom <Faust> zum <Peter Schlemihl>. Kohärenz und Kontinuität im Werk Adelbert von Chamissos, Tübingen 1984.

Senglaub, Konrad: Adelbert von Chamisso war auch Schulbuchautor, in: Biologie in der Schule 37 (1988) 7/8, S. 297.

Senglaub, Konrad: Die Erörterung alternativer Artkonzepte durch Adelbert von Chamisso 1827 und Erwin Stresemann 1919, in: Mitteilungen aus dem Zoologischen Museum Berlin, 65 (1989) Suppl.: Amm. Orn. 13, S. 9-25.

Sevin, Dieter: Die existentielle Krise in Büchners 'Lenz', in: Seminar 15 (1979) S. 15-26.

Sheldrake, Rupert: Die Wiedergeburt der Natur. Wissenschaftliche Grundlagen eines neuen Verständnisses der Lebendigkeit und Heiligkeit der Natur, übers. aus dem Engl. von Jochen Eggert, Bern, Münschen, Wien 1991.

Simon, Josef: Subjekt und Natur. Teleologie in der Sicht der kritischen Philosophie, in: Die Struktur lebendiger Systeme. Zu ihrer wissenschaftlichen und philosophischen Bestimmung, hg. von Wolfgang Marx, Frankfurt a.M. 1991, S. 105-132.

Spaemann, Robert und Reinhard Löw: Die Frage Wozu? Geschichte und Wiederentdeckung des teleologischen Denkens, München 1981.

Spaemann, Robert: Teleologie, in: Handlexikon zur Wissenschaftstheorie, hg. von Helmut Seiffert und Gerard Radnitzky, München 1989, S. 366-368.

Spaemann, Robert und Reinhard Löw: Die Frage Wozu? Geschichte und Wiederentdeckung des teleologischen Denkens. Erweiterte Neuausgabe, München 1991.

Springer, Michael: Natur/Literatur/Wissenschaft, in: Kürbiskern 3 (1986) S. 40-47.

Steppacher, Elvira: Büchners 'Doctor' und Jean Pauls 'Dr. Sphex'. Gedanken zu einer literarischen Quelle des 'Woyzeck', in: Georg Büchner Jahrbuch 6 (1986/87) S. 281-295.

Sudheimer, Hellmuth: Der Geniebegriff des jungen Goethe, Berlin 1935.

Taylor, Rodney: Georg Büchner's Materialist Critique of Rationalist Metaphysics, in: Seminar. A Journal of Germanic Studies, Vol. 22, N.1 (1986) S. 189-205.

Teller, Jürgen: Der Prometheus des Ein-und-Alles. Zum Spinoza-Verständnis des jungen Goethe, in: Impulse 8 (1985) S. 25-42.

Thieberger, Richard von: 'Lenz' lesend, in: Georg Büchner Jahrbuch 3 (1983) S. 43-75.

Thienemann, D. Friedrich August Ludwig: Lehrbuch der Zoologie (Encyclopädie der speziellen Naturgeschichte, Bd. III) Berlin 1828.

Thomé, Horst: Roman und Naturwissenschaft. Eine Studie zur Vorgeschichte der deutschen Klassik, Frankfurt a.M. 1978.

Toellner, Richard: Mechanismus - Vitalismus: ein Paradigmawechsel? Testfall Haller, in: Die Struktur wissenschaftlicher Revolutionen und die Geschichte der Wissenschaften, hg. von Alwin Diemer, Meisenheim 1977, S. 61-72.

Vietta, Silvio: Die literarische Moderne. Eine problemgeschichtliche Darstellung der deutschsprachigen Literatur von Hölderlin bis Thomas Bernhard, Stuttgart 1992.

Vollhardt, Friedrich: 'Unmittelbare Wahrheit'. Zum literarischen und ästhetischen Kontext von Georg Büchners Descartes-Studien, in: JbDSG 35 (1991) S. 196-211.

Wiedemann, Conrad: Bestrittene Individualität. Beobachtungen zur Funktion der Barockallegorie, in: Formen und Funktionen der Allegorie. Symposion Wolfenbüttel 1978, hg. von Walter Haug, Stuttgart 1979, S. 574-591.

Wachsmuth, Andreas B.: Geeinte Zwienatur. Aufsätze zu Goethes naturwissenschaftlichem Denken, Berlin, Weimar 1966.

Walach, Dagmar: Adelbert vom Chamisso: Peter Schlemihls wundersame Geschichte (1814), in: Romane und Erzählungen der deutschen Romantik. Neue Interpretationen, hg. von Paul Michael Lützeler, Stuttgart 1981, S. 285-301.

Walach, Dagmar (Hg.): Adelbert von Chamisso. Peter Schlemihls wundersame Geschichte. Erläuterungen und Dokumente, Stuttgart 1982.

Walzel, Oskar: Das Prometheussymbol von Shaftesbury zu Goethe, 3. unveränderte Aufl., München 1932.

Wawrzyn, Lienhard: Der Automaten-Mensch. E.T.A. Hoffmanns Erzählung vom "Sandmann", Berlin 1976.

Weiss, Walter: Enttäuschter Pantheismus. Zur Weltgestaltung der Dichtung in der Restaurationszeit, Dornbirn 1962.

Werner, Hans-Georg: Büchners aufrührerischer Materialismus. Zur geistigen Struktur von 'Dantons Tod', in: WB 35 (1989) II, S. 1765-1779.

Werner, Hans Georg: 'Peter Schlemihls wundersame Geschichte' von Chamisso, in: Geschichte der Deutschen Literatur von den Anfängen bis zur Gegenwart, Bd. 7, 1798-1830, hg. von Hans-Günther Talheim [...], Berlin 1978, S. 583-585.

Wenzel, Manfred: Goethe und Darwin - Der Streit um Goethes Stellung zum Darwinismus in der Rezeptionsgeschichte der morphologischen Schriften, in: GJb 100 (1983), S. 145-158.

White, Ann and John: The devil's devices in Chamisso's 'Peter Schlemihl': an article in seven-league boots, in: GLL 45 (1992) 5, S. 220-225.

Wiese, Benno von: Adelbert vom Chamisso. 'Peter Schlemihls wunderbare Geschichte', in: ders.: Die deutsche Novelle von Goethe bis Kafka, Interpretationen I, Düsseldorf 1956, S. 97-116.

Wiese, Benno von: Georg Büchner. 'Lenz', in: ders.: Die deutsche Novelle von Goethe bis Kafka. Interpretationen II, Düsseldorf 1962, S. 104-126.

Willems, Gottfried: Goethe - ein 'Überwinder der Aufklärung'?, in: GRM, N.F., 40 (1990) S. 22-40.

Witte, Bernd: Die schöne Gesellschaft als symbolisches Kunstwerk. Über den antirevolutionären Ursprung des Bildungsromans, in: Juni 3 (1989) Nr. 2-3, S. 116-132.

Wülfing, Wulf: "Autopsie". Bemerkungen zum "Selbst-Schauen" in Texten Georg Büchners, in: WB 35 (1989) II, S. 1780-1795.

Wuketits, Franz M.: Grundriß der Evolutionstheorie, 2. überarbeitete Aufl., Darmstadt 1989.

Zimmermann, Rolf Christian: Das Weltbild des jungen Goethe. Studien zur hermetischen Tradition des deutschen 18. Jahrhunderts, 2. Bd.: Interpretation und Dokumentation, München 1979.

Zissler, Dieter: In der Mannigfaltigkeit die Einheit zu erkennen. Über Natur und Naturwissenschaft im Werk Ernst Jüngers, in: Text und Kritik, H. 105/106 (1990) S. 125-140.

Zons, Raimar Stefan: Ein Riß durch die Ewigkeit. Landschaften in 'Werther' und 'Lenz', in: LfL 4 (1981) H. 1, S. 65-78.

GPSR Compliance

The European Union's (EU) General Product Safety Regulation (GPSR) is a set of rules that requires consumer products to be safe and our obligations to ensure this.

If you have any concerns about our products, you can contact us on ProductSafety@springernature.com

In case Publisher is established outside the EU, the EU authorized representative is:

Springer Nature Customer Service Center GmbH
Europaplatz 3
69115 Heidelberg, Germany

Batch number: 10578186

Printed by Printforce, the Netherlands